AMACOM
(美国管理协会)

美国管理协会培训完全手册

[第三版]

[英] 加里·米切尔◎著
郭鸣宇◎译

THE AMA GUIDETO EFFECTIVE TRAINING

陕西师范大学出版社

图书在版编目（CIP）数据

美国管理协会培训完全手册/（英）米切尔著；郭鸣宇译.
-- 西安 ：陕西师范大学出版社，2008.2
ISBN 978-7-5613-3821-6

Ⅰ.美… Ⅱ.①米…②郭… Ⅲ.企业管理—职工培训—
手册 Ⅳ.F272.92-62

中国版本图书馆CIP数据核字(2007)第130383号

图书代号：SK7N0782

美国管理协会培训完全手册

责任编辑：周宏
装帧设计：开言神韵
出版发行：陕西师范大学出版社
（西安市陕西师大120信箱　邮编 710062）
印　　刷：北京飞达印刷有限责任公司
开　　本：787×1092　1/16
字　　数：500千字
印　　张：28
版　　次：2011年11月第2版
印　　次：2012年1月第2次印刷
ISBN 978-7-5613-3821-6
定　　价：69.80元

第三版序

克林顿总统在他1996年的选举中，曾反复强调：他所提出的教育政策可以保证美国的大学教育将永远是“美国式”的。听起来，他的雄心是值得褒奖的，可事实并非如此。主观上不愿意，缺乏学习天分，不善或不甘去掌握毕业所需的那些技能，从而找不到为大学入学而学习的动机等等，种种这些都是影响人们上大学的因素。但是除此之外，难道他们有其他选择吗？现在有了总统先生的承诺，公立学校作为大学入学工具的趋势将会日趋明显；而对于那些不想上大学的学生，公立学校则没有提供有效的、可供他们选择的培训教育。

在我年轻的时候，我没有去那些为大学入学作准备的学校，而是选择了上一所技术学校，因为技术学校里有我想学习的手工技能。在技术学校里，我当然还得学习英语文学、写作、历史、科学和数学（实际上是我所上过的最好的数学课）等科目；可除此之外，我还学习过家具制作、电路布线、管道维修，还有基本的房屋建筑知识，以及一些电路工具和机器的使用方法。

后来我上了大学，并且慢慢喜欢上它了，现在我也获得了三个学位，其中包括一个博士学位；但是直到今天，我在现实生活中使用到那些我在技校里学到的技能的机会，远比使用那些科学、历史或数学知识的要多，而且我也很高兴能用上那些技能。虽然现在还有一些技术学校（我当年学习的那所学校早就关闭了），但是它们在数量上是少之又少，而且在筹资方面，又比那些得到资助的正规院学校要困难得多。

由于文化因素，大学教育的重要性已经在我们脑海中根深蒂固了。哪怕是非常基本的工作，也需要大学文凭，纵使这些工作根本用不上任何大学技能。我认识许多没有大学文凭的管理者，他们甚至在应聘第一份工作时得对他们得教育背景撒谎，但是这并不影响他们成为优秀得经理人，也不妨碍他们成为所在企业和行业中的佼佼者。我也认识很多人，他们在工作中很成功，但是他们的工作与他们所受的大学教育毫不相关。譬如，一家产品价格昂贵、面向高档消费者的汽车进口公司的全国销售经理，攻读博士学位时学的是中世纪历史学。这种对大学文凭的盲目注重，是美国教育的主要问题所在。

在这个世纪里，美国的教育理念很大程度上受约翰·德威的教育理论的影响。从一个以农村人口为主体的农业型社会，到一个以城市为主体的工业型社会，在美国这一重要的经济转型过程中，德威的理论发挥了重大作用。他设想了一种教育体制，这种体制以不同课程为学习对象，在结构上学习难度与学习级别成正比，从而使学生具有全面的读写能力，并且能够应付以后的成人生活。德威的教育体制影响了他所在的年代以及之后的教育，使得美国的教育成为世界的典范。从而，有史以来美国第一次达到了近乎全民脱盲的宏伟目标。

我们不满足于停留在脱盲的水平上。在过去的50年里，我们一直认为，为了进一步完善德威的教育体制，应该在高中设置更为广泛的课程；而在高中之后，还应设置为期四年的大学教育。但是，很明显这种设想是大错特错。

美国的全民脱盲率曾经很令人羡慕，不过全民脱盲率正在下降。在高中同等学力的学术技能测试中，美国学生的排名在发达国家中总是居于后列。公司也在抱怨说，招聘到能够认识说明书并按说明书进行操作或者能够进行基本的数学运算的新员工，真是越来越困难了。越来越多的经理们发现在公司里有的员工缺乏基本的文化技能，甚至在老员工中也存在这种现象。随着本世纪末期的临近，美国员工的结构发生了巨大的变化，这也能明显地说明上述问题。但是，我们选出的领导者仍然将大学教育作为成人工作的必要条件。相反地，我们应该对将大学教育作为放之四海而皆准的就业要求这一问题进行重新思考，创造并增加技术培训机会；而且像德国人那样平衡工业和教育的关系，创造工作与学习之间的联系（见第13、14章）。

在《培训完全手册》第三版中，我力求涵盖所有的培训技巧，这样做主要是基于以下两个原因：首先，将来有可能工作就业所需要的不仅仅是大学教育，还有可能包括其他技能要求，这样以来，对培训专家的需求量就会增加；其次，公司培训将会是传授与工作相关的技巧的主要渠道。科学技术的高速发展迫使人们不断地提升自己地技能，随着科技的发展，情况就尤为如此。《培训完全手册》应该对改善这些问题有所帮助。

最后，在第一版和第二版读者反馈地基础上，我在第三版中着重注意了需要进一步阐释的有关内容，而且增加了许多新的案例。能有机会修改自己许多年以前写的著作，并加以完善，真是难得的，同时这又是一项很令人开心的工作，我非常喜欢。

简介

任何书都有其写作目的，或供娱情，或为教人，为作参考，更有甚者，可充门碰头，可当后备座，亦可装点书架。这本书是一本案头的参考书，也就是说我希望它能和字典摆放在一块，经常为你提供便捷的参考信息。

你可以将这本书从头到尾读下来（毕竟它是以这种方式编写的），你会发现每一点都有意义。但是，该书的基本结构既非连续式的，亦非高潮式的，相反，它以培训的三个主要功能为核心，而第四和第五部分则对培训的应用这一问题进行了探讨。培训的功能主要有以下几点：对受训对象的面对面的培训；培训策划；对培训设备、人事以及操作的管理。培训的应用主要有：团队精神培训，在职培训，以及技术培训。第五部分是新增加的内容，着重讨论了将培训与公司目标结合为一体的重要性。我亲爱的读者们在过去的版本的基础上给我提出了许多宝贵的反馈意见，本书新增加的内容就是对这些反馈意见的答复。

本书第一部分“培训的性质”阐述了培训师所需的重要沟通技巧，例如维持领导地位、创造学习团队、策划培训课程、控制培训团体、分析受训者状况，以及树立诚信等技巧，同时还讲述了针对拒绝受训的问题应该采取的措施，以及如何创建一个能激励受训者在工作行为上有所进步的培训环境。第一部分主要论述了培训的观点、培训的方法以及培训作用的基本原理。

第二部分“培训策划及准备”详细描述了进行需求分析、撰写培训项目报告以及开展评估的具体步骤。这一部分中提供了阐述需求分析和任务分析的内容和过程的调查问卷以及案例，其中还论述了在定义和评估培训需求的过程中统计分析的重要性，以及进行统计分析的一些小技巧。该部分还提及了对外界资源的评估，比如对畅销培训包、咨询师以及商业论坛机构等的评估。还论及了在培训过程中视听手段的便捷作用以及如何创建视听软件，其中就有一章专门论述科学技术对培训的影响和作用，以及如何最大限度地在培训过程中发挥它们的作用。总之，第二部分详细地描述了进行基本培训的具体步骤。

第三部分“培训的特点”详细讨论了培训的以下特殊方面，其中包括如何创建和培训高效的团队，如何对高层管理者进行行之有效的培训，在进行管理性培训和技术性培训的过程中所遇到的问题以及这两者之间的区别，等等。最后，我们详细地论述了进行高效的销售培训的关键因素。

第四部分是有关管理方面的论述，不是笼统的论述，而是涉及了与培训有密切联系的相关问题，包括针对市场和销售的内部培训项目以及经常被我们所忽视的写作技巧、谈判技巧、财务管理和预算以及人力资源管理等方面的问题。

在第五部分里，第 18 章预测了培训经理在本世纪末的十年里以及下个世纪初将会面临的有关问题，包括雇员的教育问题以及员工结构的改变问题。第 19 章讨论的问题是如何扩展传统的培训模式，其趋势是在传统培训模式的基础上增加战略性策划和培训后的追踪服务。第 20 章在第二版的基础上，深入地对目前的培训中存在的问题以及在跨世纪时期和下个世纪将会出现的相关培训问题进行了探讨。

在第三版里附录中的培训资源进行了扩展，增加了一些新的信息。为了更好的对读者做培训指导，在每一章的后面还增加了相关的培训练习，以便读者能更好地掌握所学习的培训技巧。对那些利用本书对其员工进行培训的管理者而言，这些内容会非常有用。

在此有必要提醒一下读者，这本书不是衡量所有培训工作的准绳，相反，它针对许多培训方面的问题提出了简要可行的解决方案。当然你千万不要把这些解决方案当成是解决问题的惟一途径。从某种程度上讲，培训也是一种艺术。正如其他艺术一样，解决同一问题会有许多途径，只不过有些方法优于其他的。在本书中所论及的方法都是经过多年的使用，被证实是行之有效的，在你还未找到其他解决方法之前，不妨试试我们提供的方法。

最后，在重复原则的指导下，本书中所使用的概念主要以下面两种方式呈现：首先在每一章节内详细阐述，然后在章节末尾简要概括。为了进行强调，许多重要的概念也会在一览表、表格和备注中进行重复。如果你是一位老练的培训师，建议你首先阅读摘要，看看每一章节的主要内容；如果你对相关章节的内容非常熟悉，或者在相关方面没有任何疑问，那么继续往下看。关注细节的读者可以跳过章节中的内容，着重注意书中的表格和一览表，在这些表格和一览表中你可以快速地找到关于培训的基本告诫和指导方法。对于那些想要透彻地了解培训的精髓的读者，通篇阅读全书就显得很有必要了，这样才能详细地考虑培训的问题。

另外，书中的图表对读者也会有很大帮助。通过章节之间的大标题，你就可以对本书的全貌有个大概的了解。读完全书或部分以后，书中的图表可以帮助你梳理知识，更好地记住所读内容。每一章节末尾的小结也可以帮助你回顾前面所读的内容，另外，一览表和表格能帮助你在回看的过程中快速地回顾起重要的培训步骤和技巧。

虽然这本书不是作为培训的参考标准出现的，但我希望它能作为对培训师进行培训的实用手册。培训经理可以读取书中相关章节，并对书中论述的某些论题进行实践操作，这也是我在每一章节后面增加了培训练习的目的所在。用作培训指导时，这些培训练习是非常重要的，千万不可忽视。这些培训联系强调的不是理论知识，亦非培训技巧的掌握，而是如何落实相关培训技巧的问题。如果培训师对培训技巧尚未完全掌握，对某些培训项目并不熟悉，他们可以利用这本书中介绍的行之有效的培训技巧，对他们所不熟悉的培训任务进行实践操作。

这本书适用于不同阶层的培训师。对于新手而言，它可以作为日常操作手册；对于新上任的培训专家而言，这本书可以在某些常用的资料上为他们提供全新的视角；对于那些资深的培训经理而言，无论是回顾基本知识，了解最新形势，梳理知识结构，培训新的培训师，还是培养年轻的培训经理，这本书可以作为可靠的参考。

阅读和使用过第一版或第二版的读者会发现，在第三版中增加了许多新的内容，它们非常有阅读价值。而对那些第一次接触《培训完全手册》的读者而言，他们会发现该书是非常实用的培训工具。无论新老读者，我都祝愿他们工作好运，培训顺利！

鸣谢

1987年，我在开始撰写《培训完全手册》第一版的时候曾经说道：

在培训中知识和技能是不可分割的，对于我来说是这样的，对于阅读这本书的读者来说，同样如是。在这里我应该感谢我的培训师贝弗利·海曼，我的这本书的写作很多地方都是得益于她的教导。我从教20多年，教授的课程从四年级课程到研究生课程，这都要感谢我的加拿大亚伯达大学所接受的教育专业的本科学习，四年的专业学习给我的教学事业打下了坚实的基础。但是，我是在认识贝弗利之后才开始接触培训行业的，是她让我认识到苏格拉底式提问的神奇作用，是她让我领悟到培训目标的重要性，也是她教我如何设计培训项目。她的教导对我影响至深，影响到了我在其他方面的学习，影响了我的专业人际关系。在过去的六年里，我对成千上万的培训师、秘书、销售人员以及管理人员进行了培训，也从他们身上学到了很多东西，不过我从这些人身上学到的东西也是受到了贝弗利的影响。在这里我想对贝弗利表示衷心的感谢，也感谢克里斯·尼斯多姆让我们有机会在一起工作。

现在出版本书的第三版，我依然要感谢贝弗利对我的指导。不过，在这些年里发生了很多事情，在原有同事的基础上，我又结识了很多新的同事，他们都对本书的撰写起到了很大的帮助。

重新出版一本书，出版第二版、第三版……其实往往不是作者的选择。出现以下两种情况时，就会出版新的版本：前一个版本的销售情况非常好，所以出版社觉得新版也会有很大的市场潜力；在这个课题领域里产生了翻天覆地的变化，只有对原来的版本进行更新，才能跟上时代发展的步伐。本书出版第二版以后，这两种情况都出现了。因此，在这里我要再次感谢世界各地购买《培训完全手册》并参照本书进行培训的培训师和经理们。

我还要感谢我的编辑 Adrienne Hickey，是她建议我对该书进行再版，并在书中包括这些年培训领域所发生的变化，我也要感谢她给我提供的非常有用的建议和背景资料。

最后，我还要感谢所有参加过或者将要参加我的培训的学员，与他们共事是一种享受，我也从他们身上学到了很多东西。

目　录

第一部分　培训的性质

第二部分　培训计划和培训准备

第三部分　培训中的特殊应用

第四部分　培训管理

第五部分　培训及其发展

第一部分

培训的性质

简　介

第一部分是本书五个主要部分中理论性最强的，但这并不是说它就不具实用性。这一部分是对培训理论知识的引导学习，并且向你介绍了许多培训技巧。第一章论述了培训师在企业中的作用，他们使公司员工结构产生变化，促进公司的快速发展。这一点确定了全书的基调，对于那些学习培训技巧的人而言，这一章奠定了培训艺术的地位，使他们更为坚定地学习那些必需的培训技巧。

接下来，在第一章中包含了成人学习理论，阐述了如何解决抵制学习的问题以及群体行为的动态性。该章中讨论的核心内容是受训的人或群体，讨论人们如何进行学习，在接受外界信息的过程中意识所起的作用，人与人之间学习能力差别，以及挖掘受训者已知、乐知和须知的内容。这一章还涵盖了管理团队的一些有效的技巧，包括团队成员角色的定位和决策的制定。

第二章探讨的是培训的结构问题。在这一章里，阐述了培训的根本问题——培训目的，从文化的角度论述了现场培训的重要性，还讨论了维持启迪性对话的重要性以及重复模式。这一章探讨了培训的结构模式，最后还讨论了设置有效培训课程的四个基本步骤。

第三章探讨了培训师的作用，特别是人际沟通方面的技巧。这一章探讨了培训师如何给自己的领导角色定位，以及培训领导者的职责。还解释了如何控制培训课堂中的分歧，以及如何应付桀骜不驯的受训者。除此之外，这一章还阐释了如何提高倾听技巧，如何提高你的提问能力，包括如何使你的提问受到重视以及具有变化性。另外，该章还提供了对受训者提问作答的技巧，以及论述了如何在受训者面前维持一个积极的绅士形象。最后，探讨了诚信的问题，包括如何建立诚信以及如何有效的发挥个人诚信。

综上所述，该部分既是对培训技巧的概述，又是针对培训新手或专家的培训理论基础，其实该部分对于任何想更好了解培训性质的人都是适用的。

第一章

培训的功能和目的

公司为何雇佣培训师呢？当你听到这个问题时，脑子里可能会涌现数十个具体的有待解决的状况，为了解决这些状况，公司不得不设立培训项目。但是，不管你设想的有多少状况，这个问题的答案只有一个：公司雇佣培训师是为了使公司的运转有所改变。培训的功能只有一个，那就是促进变革。如果经过培训，变革产生了，那么培训就是成功的；如果没有，这次培训就是失败的。尽管培训师或培训经理还可以有其他成就，其基础仍是公司运转中可量化的变革。培训师是促成变革的催化剂，本书着重论述了促成变革的不同途径。

变革的性质

虽然我们都希望能够改变别人来迎合自己的需求、习惯或愿望，但是我们每个人，包括渴望看见改变的经理们，都不想改变我们自己的行为方式。我们这个社会不断地呼吁变革，我们自诩是飞速发展、高度发达的社会。诚然，从科技发展的角度而言，我们是高度发达的，但是如果科技使我们不得不改变我们的行为方式，我们就会强烈的抵制它（当然，如果科技使我们的工作明显地变得简单得多，情况就不一样了）。我们渴望有更加敏捷的思维能力，更加高效的工作能力，但是如果要获得这些，就意味着我们不得不打破习惯性的工作模式，继而学习全新的工作方式，我们就会放弃这些东西。我们喜欢不断学习更具国际竞争力的美国商业理念，但是如果这种商业理念意味着减薪或失业，我们就不会喜欢它了。人们大都安于现状，这是人类的本性。变革意味着我们有可能失去现有的东西，大部分人都不愿意去冒这个险。

当然，也有例外。有些人喜欢来自各方面的变革，但是，大多数人关注的是变革会给我们带来什么。所以当学习新的工作技巧时，他们在意的是自己作出改变的能力。他们抵制培训师所要达到的变革，而且这种抵制经常是非常微妙的，培训师就是要预料并认识这种抵制行为，而且采取措施减少这种抵制行为。

变革的动机

变革无所谓好坏，变革无时不在。个体经常对周边环境中各种因素的组合作出反应，这些因素多种多样，包括来自家庭或同事的压力、室温、疾病、交通状况、工作条件、消化不良引起的不适，对年龄的态度、对通货膨胀的担忧，或者对世界经济的恐惧。或者可以说，以上种种是对我们产生影响的主要因素。我们不断调整自我，以求适应环境的改变和满足新的要求。虽然培训师不能创造这种变革，但是他们可以引导变革。

教育家们经常谈到动因——学习的动机，但是最终的情况是，学习者要么主动学习，要么懒于学习。如果学习者完全没有学习动机，那么老师也无法创造出学习动机。俗话说，“你能拉马到河边，但你不能迫使它喝水”，这句话我们都很熟悉。但是你所能做的，就是在拉马到河边之前，让它拼命工作，使它饥渴难忍，那么到河边时它就非常想喝水了。也就是说，培训师应该控制环境，使受训者自觉产生学习的动机，本书中的那些具体的操作指南都是围绕如何影响和控制学习环境，以促进变革的。

改变人们的行为方式

打破一个根深蒂固的习惯是件非常困难的事情，尝试减肥和戒烟的人对这一点都深有体会。除非放弃旧的习惯，否则很难有所改变。所以，尝试变革的第一步就是摒除现有的习惯。一旦原有的习惯打破了，第二步就可以尝试用新的习惯代替旧的，也就是说，完全改变行为方式。第三步是巩固新的习惯，一般是通过奖励措施来达到巩固的目的的。奖励给处于变革中的人相应的好处，使他们对变革感觉良好。

这种“三步”法则最成功的应用之一就是美国Marine Corp公司的激励体制。将公司的新员工带到一个他们从未去过的地方，采取一种他们从未接触过的方式跟他们说话，让他们抛弃过去常穿的衣服，给他们穿上大小剪裁不合适的新衣服（包括内衣）。把他们的头发剪成短得不能再短的式样，让他们彼此挤在一起睡觉阻止他们同老朋友以及家人的联系完全控制他们的所有活动，如睡觉、吃饭和训练。这样做的效果是，Marine Corp公司摒除了所有陈旧的习惯。因为新员工们所有在接受激励训练之前的生活方式都被“冻结”了，所以除了作出改变，他们别无选择。

接下来Marine Corp公司开始创建自己的变革。新员工需要在为期6个星期的时间里学会一种全新的生活方式。他们减肥，身体更加健康，学习新的技能，听从指挥，体验团队生活，而且接受其他在这个组织中生存所必需的行为方式。如果员工做到了以上每一点，公司就会给他们适当的鼓励，让他们为自己所做的感到骄傲，让他们具有成就感，让他们体会到自我价值，而这些又为巩固新的行为方式，使新的行为方式看起来是正确的、适当的和有价值的。据我所知，大部分Marine人都忠于公司，而且激励训练让他们在以后的生活中都受益匪浅。

变革无时不在，变革就在我们身边。我们每个人都在改变，时刻都在改变。正如作家艾尔文·托弗勒（Alvin Toffler）所指出的那样，变革不仅时常发生，而且变革产生的频率也在不断增加，进入21世纪以后，变革将会更加频繁。但是，大部分人抵制变革，除非他们能在改变之后能马上得到实在的好处。许多变革还不仅仅是通过培训就能促成的，所以对于培训师而言，促进变革的过程极其复杂。但是，毕竟培训有助于促成变革。培训师能改变的是员工的技能，既然新的技能能使公司产生所需要的变革，培训就能发挥一系列积极的作用。单靠培训是无法激励公司员工的，单靠培训也无法改变经济体制，但是无论对任何组织而言，培训都是——而且应该是——促成变革的一种主要措施。

促成有效变革的 10 个步骤

1. 分析公司现状，确定变革发生的环境
2. 从变革的最终结果上确定你进行变革想要达到的目标，而不是进行变革的方式
3. 设计方法摒除现有操作方式
4. 设计方法教授新的操作方式
5. 设计方法奖励新的操作方式
6. 将步骤 3 中的方法付诸实践
7. 实施步骤 4 中的方法
8. 利用步骤 5 中设计的方法
9. 评估到目前为止产生的变革的有效性，并做适当调整
10. 重复以上操作，直到产生预想的变革为止

即使是在最基本的、最简单的技能上，学习者也会抵制变革。不管他们所接受的培训是公司变革中的一部分，还是应聘考核，除非进行改变简单易行，而且具备非常大的诱惑力，不然他们不愿进行改变。所以，必须激励受训者进行改变，培训师应该创造一种有利于产生变革的环境。为了确保你所创建的环境确实了产生有利变革，建议你参照以下基本的学习原则来安排你的培训课程。

成人学习的三大法则

20 世纪初，教育心理学的先驱爱德华 · L. 松戴克（Edward L. Thorndike）做了许多关于学习的定义性工作，他总结出左右我们学习的三大法则有：[①] [426 页]

准备法则

简而言之，准备法则指的是当我们准备好去学习时，我们才会学有成效。

所谓的准备，包括觉察到学习的必要性，有学习的渴望，对所学的东西充满兴趣，以及具备掌握和利用新信息的技能。

效果法则

没有什么比成功更令人兴奋了。效果法则指的是在学习过程中，我们的成功感越强，我们学习的动力就越大。我们需要从学习中找到乐趣，成功地完成了一项难度很高的任务，是人生的一大快事。

练习法则

众所周知，熟能生巧。练习法则指的是亲身实践的联系是非常必要的，我们的参与性越强——也就是说，我们越是用功练习，我们在学习中投入的就越多，进而我们收获就越大。

基于松戴克的学习理论，你可以问问自己以下问题，并评估一下自己的培训方法时候恰当：

1. **受训者是否准备好学习了？**这个问题其实包含两方面：（a）他们是否有学习动机？如果答案是否定的，我如何用行动或言语来激励他们？如果他们有学习的动机，我又该如何更好地鼓励他们，并将他们的学习动机与培训内容更好的联系在一起？（b）他们是否具备良好的基础来理解所学习的内容，是否具备足够的能力来实践所学的新技能？如果答案是否定的，我该如何带领他们做好学习的准备工作？如果他们已经做好了学习准备，我又该如何更好地教授学习内容，使学习内容即富有挑战性，又不至于难倒受训者？

2. **我是否为受训者提供了足够的取得成功的机会？**我是否创建了足够的反馈机制，以便使受训者能够发现自己的成功所在？我是否为受训者制造了一些建设性的失败的机会？那些失败能否转变成成功？

3. **我是否计划了练习的阶段？**是否每个小组都有亲身实践的机会？练习是否能够提高受训者的技能？我是否计划了足够多的练习机会，还有，我是否搭建了足够的概念性桥梁来吸引受训者的学习兴趣？

如果以上所有问题的答案都是否定的，那么你就得好好熟悉一下学习的原则了。

学习的原则

成人学习具有公认的10大原则。你可以根据以下10 大学习原则来准备你的培训课程：

1. 只有在人们做好了学习的准备时，才会努力去学习；
2. 在实践中学习最有成效；
3. 人们从错误中学习；
4. 最熟悉的东西，最容易学习；
5. 人们采用不同的感官进行学习；
6. 人们通过学习方法进行学习，在我们的文化中，人们通过系统学习进行学习；
7. 人们难以学会他们不懂的东西；
8. 人们通过不断练习进行学习；
9. 当人们看见自己的进步时，他们学习得更快；
10. 当所学知识以一种特殊的方式教授时，人们反应最快这一点因人而异。

所有这些学习原则都对实现你的培训目标至关重要。在下面的内容中，我们将详细讨论这些学习的法则和原则问题，看它们是如何影响培训的。

准备和抵制

在前面我们曾提到，如果没有准备好去学习，那么学习者就不会积极主动的学习。实际上，如果没有准备好去学习，学习者就会更加强烈地抵制学习，对培训产生反感，在这种情形下，当然培训就不会有效果了。解决抵制学习的问题，第一步是疏通抵制情绪鼓励受训者表达他们的抵制情绪。一旦你知道受训者产生抵制的原因，你就可以对症下药了。根据管理和培训咨询师贝弗利·海曼博士（Dr. Beverly Hyman）的理论，对培训产生抵制情绪有以下7种原因：

1. **狭隘的个人兴趣**。这是态度关注的是所学内容是否对“我”有帮助。

受训者会问："为什么我们要学这个？"你最好从正面向他们强调培训对他们的好处，而不要将自己的观点强加于人。一方面对他们的抵制情绪表示理解，另一方面让他们看到培训给他们带来的好处，给他们讲述为什么他们应该努力学习，或者至少尝试着去学习。

2. **缺少信任。**作为培训师，你的立场总是从管理的角度出发的。如果受训者对公司管理持不信任态度，他们就会怀疑你对他们进行培训的动因。同样的，不妨向他们强调培训带给他们的好处，也就是说重新定义培训的目的。例如，如果受训者的上司说："要么给我去参加培训，要么离职！"这样给受训者的感觉就是培训的目的就仅仅是为了对他或她进行评估。你首先必须取得受训者的信任，你可以和他们坦诚相待，谈谈他们为什么对培训产生抵制情绪，倾听他们的心声，然后向他们强调培训项目的好处。顺便提一下，如果你想维持受训者对你的信任，你所作出的任何承诺都必须兑现。
3. **对不同信息的评价不一样。**在这种情形中，受训者认为培训的目的或价值并不是你所认为的那样。如果你在一开始的时候就详细地强调你的培训计划和培训目的，就可以大大减少这种抵制情绪。你可以重申一下为什么对受训者进行培训，要措辞严谨，千万不要让受训者产生误会。同样的，在向受训者阐述培训目的之前，你可以和他们谈谈他们产生抵制情绪的原因，让他们说说自己的看法。我认为这是对培训产生抵制最常见的情形，也是最容易应付的。
4. **难以接受改变。**害羞的人经常会产生这种抵制情绪，他们往往不甚自信，而且学习反应慢。这是一种无助的态度，当然他们并不会明确的表达出他们的抵制情绪，但是他们的举止可以反应这一点，他们缺乏参与性，耸肩、紧张、迟疑地笑。他们就是担心他们那缺乏学习新知识的技能或者表现不佳。为了减少这种抵制情绪，不妨给他们一些成功的机会，让他们做一些他们能够胜任的事情，让他们看看其实自己是可以做好的，可以成功的，让他们找回自信。

抵制的7种形式

1. 狭隘的个人兴趣
2. 缺乏信任
3. 对不同信息的评价不一样
4. 难以接受改变
5. 害怕丢脸
6. 来自同事的压力
7. 错误的第一印象

5. **害怕丢脸。**这种担心比刚刚的还要严重，任何人都不想让人觉得自己很愚蠢，想要证明自己并不愚蠢，需要很大的勇气，而且大部分也不愿意这么做。要解决害怕丢脸的问题，你应该引导这些人来调整他们这种心态。避免“要么……或者……”这样模棱两可的措辞，选择确定的词汇，让每个人相信培训的最终会达到结果，并努力去促成这个结果。这样一来，培训就成了他们力所能及的事了。也就是说，应该给受训者足够的机会保全面子。
6. **来自同事的压力。**同事的压力也是促使受训者产生抵制情绪的一个重要因素。虽然索雷欧非常赞赏那些能公开认可与自己观念相左的意见的人，但是事实上，很少有人能做到这一点。大部分人都不想让同行觉得自己很愚蠢，特别是对于那些自认为在社会上很吃得开的人而言，尤为如此。这些人把自己当作是一个道德群体中、工会中、社团中、宗教群体中或者性伴侣等群体中不可或缺的一分子。“别人会怎样看我呢?”这个问题成为他们处事的主要动因。如果你在集体中受到的评价对你非常不利，你就会觉得很难受。为了缓解这种抵制情绪，你应该争取赢得整个群体的认可，而不是某一个的认可。为了得到整个群体的认可，你应该向这个群体中的负责人灌输你的培训思想，让他认同你的培训价值。同样，还是首先找出问题所在，然后与主要负责人一起找出解决问题的办法，最后让整个受训群体认同培训项目的优点和好处。

7. **错误的第一印象。**根据创新理论的著名研究者爱德华·德波诺（Edward. Debono）的理论，人们倾向于对新事物作出草率的判断，而后就会尽其所能全力维护那个第一印象。[2]［426 页］如果受训者对培训的第一印象不好，那你的麻烦就大了，避免这个问题最好的办法就是确保受训者对你的培训项目有个积极的第一印象，要做到这一点，你就得在你最开始的广告中或者竞选过程中，谨慎地给你地培训项目“定位”。创造一个良好的培训环境，对树立积极的第一印象也很重要。如果你没能树立一个良好的第一印象，那么接下来你就必须想法缓解这种抵制情绪，尽量消除受训者的负面第一印象，站在受训者的立场为他们着想，然后共同找出愉快合作的办法。[3]［426 页］

在所有以上七种情况中，最根本的解决办法就是通过坦诚布公来疏通抵制情绪，站在受训者的立场为他们着想来建立一个充满信任的培训环境，然后向受训者灌输培训必要的思想，强调培训的创新所在，并阐释受训者将从培训中得到的好处。

主动学习与被动学习

人们在实践中学习。想想你当初是怎样学习驾驶的，是不是通过开车实践来学习的？任何课堂学习、书本学习，或者讲座都无法教会你开车，除非你亲自把手放在方向盘上亲身实践。总之，无论你学习什么，你都应该亲身实践，这就是为何在美国 75% 以上的培训都在工作中进行的原因。

为了把这条基本的学习原则应用到你的培训中，你应该记住两点：

1. 尽量减少被动学习，例如讲座、电影、幻灯片、录像或者演示等学习方式。
2. 尽量增加主动学习，例如案例分析、工作、研习小组、项目分析、讨论会或者实践等。

如果没有机会去应用所学的知识，人们就很难去转化所学的东西——即把所学的知识应用到工作中。

在学习中，对于我们所阅读到的内容，我们会记住 10% 对于我们所听到的，会记住 20% 对于我们所看到的，会记住 30% 对于我们即看到的又听到的内容。但是一旦我们主动学习，我们会记住我们所讲述的50%的内容，而记住我们即讲述又实践的90%。不妨让受训者向你反馈他们所学到的东西。总之，掌握一门技能最好的方法是向别人教授这项技能。

尝试与错误

我们在错误中学习。通过前面讨论过的爱德华·德波诺的效果理论，我们知道，没有什么比成功更能鼓舞人，成功给我们学习的动力，使我们有了更强的求知欲。但是，我们印象最深刻的却是我们所犯过的错误，我们在错误中学会改正。为了更好地学习，我们应该有一个机会，不，一些机会，失败的机会（或者成功）。错误问题的严重性在于在生产线或者实际操作中的错误往往代价昂贵，而在培训中出错则无大碍，这也体现了培训的必要性。在培训中，应该容许错误的存在，使培训更具挑战。医生在塑料假人上进行试验，飞行员在驾驶舱中进行模拟驾驶，律师在法律学校举行正式的辩论和模拟法庭。比起成功而言，错误教会我们更多；所以，你应该在你的培训项目中为受训者添加犯错误的机会。

新旧知识的关联性

培训不可能在真空环境中进行。没有人带着空无一物的大脑来参加你的培训课程。我们通过在新旧知识之间建立一定的关联来学习，每个人的学习进展不一样，正是因为他们学习前的知识储备不同。受训者难以接受所学知识，往往是因为他们的知识储备与新知识之间没有任何联系他们理解不了所学知识，因为新知识与他们的储备知识没有一丝关联。

培训的核心技巧之一就是力争在新知识与培训师的储备知识之间构架起一座桥梁。几乎没有人能从零开始便会有量化的飞跃，我们必须把新知识同原有的知识联系起来，这样我们才能更好地理解新的知识。培训师可以通过挖掘受训者的储备知识，在新旧知识之间寻找关联（这一点会在第四章与需求分析一起进行详细讨论）。你可以在培训课程开始时向受训者提问，这样你就可以从他们的回答中发现他们储备知识的大概内容，并且可以了解到他们对新知识的反应。除此之外，在培训前进行一场训前测试，也可以很好地了解受训者的储备知识。最好的办法就是在培训开始时进行一场群体测验或者管理游戏，这样每个受训者都经历相同的受试过程，你可以更好地对他们的反应作出判断。在培训过程中，不妨使用一些故事、寓言或者个人经历，这可以给每个受训者一点提示，以便使他们更好地在新旧知识之间建立联系。

充分调动感官的学习

我们的每种感官都是学习的源泉。我们通过感官中的一种或者几种来认知。工业心理学家加德·德威尔（Jard Deville）指出，我们受父母特点的影响，受我们感官体验的影响，受我们在生活中作出的选择的影响，我们每个人都是这些因素的产物。[④]［426 页］感官体验和在生活中作出的选择，这两者结合起来，影响我们的感官差异，也就是说，我们每个人可能倾向于在学习过程中使用不同的感官。虽然其他的感官仍然会在我们的认知过程中发挥作用的，但是发挥主要作用的是我们倾向于经常使用的那种感官。

下面我们看看感官的差异是如何影响我们的学习的。

视觉。许多人难以跟上复杂的描述话语，但是当所描述的过程是以图表的形势呈现在他们面前时，他们却能迅速地掌握描述的内容。从童年时期开始，我就偏爱“带图片的书籍”，这就是为什么计算机制造商和软件开发商都致力于宣扬他们的 CD－ROM 技术，而互联网则推出了万维网。“一图胜千语”，这句话对于大部分人都是适用的。建筑师不仅为他们心中的建筑描绘图表，而且设计尺度模式，并勾勒出具象视图。我们的眼睛是重要的认知感官之一。

听觉。我们通过聆听得知他人的个人经历。听觉是一种重要的感官，听觉将我们同过去（有时并非是很久以前的过去）联系在一起。所有的人类文化都曾从口头交际发展而来，那时他们没有书面语言，即使有，也仅限于极少数人使用。即便是现在，也有一些文化仍然保留着以口头交际为主的传统。在这些文化中，声音和口头语言发挥着极大的作用。口语交际是口头的，并具重复性在口语交际中，充满了民歌、诗歌和传说，良好的记忆力显得异常重要，社会活动和仪式也有了更为深厚的意义。在现代的美国社会中，我们仍然保留着两种口头交际的传统：宗教活动和教学活动。我们倾向于通过聆听他人的诉说来学习，连做礼拜也喜欢一个社区一起聆听牧师的布道。口头交际的传统是有很深的渊源的。(注意到没有,我们是通过话语讲授,而不是讲座。为了更好地学习,我们需要听到自己的声音。)

触觉。我们通过触觉感知到物体的大小、形状、光滑度或粗糙度、质地以及温度。触觉是我们衡量物理舒适程度的工具,因此,它很有可能使受训者对培训产生负面的反应。室温过高或过低,座椅过硬或过软,等等,这些触觉上的感知都影响着学习环境,所以你应该努力调整它们到最舒适的状态。

肌肉运动知觉。人们经常将这种感官同触觉相混淆,其实,它和触觉紧密相连,共同作用。我们通过肌肉运动知觉感知物体的软硬度、肌肉运动的方向和力度以及搬动物体所需的力度。这种感官对操作性技能起着至关重要的作用,它对实地培训也有直接影响。通过肌肉运动知觉,我们判断手指如何在打字机或计算机的键盘上运动通过这种感官,我们估量举起工具或杠杆所需的力度。在学习中,这种感官也非常重要。我们应该尽可能地利用肌肉运动知觉来帮助理解学习内容和加强记忆。

嗅觉。嗅觉虽然对创建记忆至关重要,但是它在培训中并没有发挥很大的作用。嗅觉给受训者一种存在的感知——地点感知。如果受训者的工作环境弥漫着强烈的气味,那么你可以利用工作环境的这一特点,并向受训者强调这一特点的积极作用,以此来激励他们。在海上或者打印室工作过的人,在家具店,咖啡种植场或者木材厂工作过的人,都会识别他们工作环境中的特殊气味,这些气味可以使他们清醒,加强记忆。当然,负面的气味也有相同的作用,一旦受训者经历过房屋着火的场面,他们可能一辈子都忘不了那种气味。

味觉。除了在食品行业或者医药行业,味觉在培训中所起的作用不大。当然,如果你能很好地利用这种感官,它同样可以像其他感官一样,在培训学习中发挥作用。

在培训中经常使用到的感官是视觉、听觉和肌肉运动知觉、为了在培训中利用这些感官促进学习,你可以在培训中试试以下方法:

视觉

- 图表
- 图解和曲线图
- 培训手册
- 活动挂图

- 参考资料
- 内容目录或者定义列表
- 案例交换
- 电影
- 幻灯片
- 需要观察的实际情形
- 演示
- 互动的计算机课程（例如，CD－ROM 等）
- 虚拟现实课程

声音

- 讨论
- 讲解
- 问答
- 定义
- 讨论会
- 小组项目
- 讲座
- 电影
- 视听课程
- 互动的计算机课程（例如，CD－ROM 等）
- 虚拟现实课程

肌肉运动（活动）

- 练习并实施监督
- 模拟
- 书面测试
- 流程图
- 案例分析
- 小组项目
- 角色扮演
- 互动的计算机课程（例如，CD－ROM 等）
- 虚拟现实课程

你应该给受训者创建多种感官认知的机会，因为一种感官接受不了的内容却可以通过另一种感官弄明白，难道你忘记了人们往往倾向于利用某一种感官认知事物吗？

一次做一件事

有些培训师往往会使他们的受训者不堪重负。作为培训方面的专家，我们当然可以懂得所有的问题和其外延，但是不要忘记，我们的受训者是这方面的新手，他们难以一下子接受所有的内容。我们经常进展迅速，给受训者在短时间灌输很多材料。殊不知，当我们这样做时，受训者跟不上我们的节奏。

可能由于时间限制，我们总想加快培训速度，但是这样的培训往往会露掉一些重要的内容。如果在培训中露掉了重要的内容，那问题就严重了。正如在计算机使用过程中信息超载是一个严重的问题，在培训中超负荷学习也非常严重。如果你给受训者的信息过多，超过了他们能够接受的信息量，他们的大脑就难以接受任何信息了。

为了防止信息超载问题的出现，不妨学学20世纪30年代波豪斯设计学校（Bauhaus School of Design）的口号：过犹不及。如果你能将学习材料设计得尽可能地简单些，受训者就能更好得接受它们。这就是说你应该将那些复杂得科技材料分解成受训者可以接受的模块。不妨设计一种简单的知识结构、样式或模式，然后围绕你所设计的模式组织你的教学内容。为了使你的教学模式更具接受性，你还可以增添受训者所熟知的故事（寓言）、类比等内容，或者视听手段。

理解

只有通过理解才能学习，这就是为什么即使像这本书这样的指导性书籍也必须有理论章节。如果没有理解，简单地通过死记硬背，学习效果就会很差，所学知识和技能也会很快被遗忘。反之，如果受训者能够理解他们学习的目的以及所学内容在整个知识框架中的位置，他们就能很好地理解所学内容，学习也会变得简单许多。因此，任何时候你都应该引导受训者去理解，向他们解释培训的内容和目的，向他们展示整个培训项目的安排，这样他们就可以知道他们已经做到了什么和还应该做什么。不妨在你的培训课程中加进日程表、小结、进度表以及流程表等。

除此之外，应该在培训之前确定好你所希望受训者达到的理解程度。有必要的话，不妨让受训知道他们应该达到的理解程度。你可以以下面一种或所有四种理解程度为基准：

1. **简单的识别**。学习者是否可以识别正确的答案（多项选择中的）？当出错时，他们能发觉吗？他们知道所学步骤中所需的正确的使用工具或者必要性吗？

2. **具体的回顾**。受训者能描述所学的过程吗？他们能描绘学习的步骤吗？能做填空练习吗？能背诵所学的公式吗？能记住所学内容的用处吗？

3. **识别能力**。受训者能在几个近似的选项中选择最合适的答案吗？（多项选择。）他们能选择适合情景的方法或者反应吗？（就像在紧急培训中、紧急预算等情况下。）他们能挑选合适的应聘者吗？他们能发现错误的使用方法吗？

4. **判断能力**。受训者能用所学知识来解决实际问题吗？他们能做案例分析吗？能做角色扮演吗？能设计新的模式吗？能正确的比较两种均为合适的反应，并判断孰优孰劣吗？他们能找出体制中的弊端吗？

练习

众所周知，“熟能生巧”。你应该经常给受训者练习的时间。受训者练习的机会越多，他们所学的知识就越能得到巩固。培训中的练习应该尽可能地与工作情形相似，在练习开始的时候，受训者应该严格按说明行事。作为培训师，你应该将练习当成培训中不可或缺的一部分。

反馈

人们都急于知道他们进展如何。学习虽然不是在真空中进行的，但是对所学知识进行测试仍然可以发现不少问题。我们许多人可能都有过考试焦虑的体验，我们知道培训师通过考试来对我们的学习进行判断，所以我们在考试的过程中背负着很大的压力。如果你的受训者正受着考试焦虑症的煎熬，不妨告诉他们（这一点对于成人学习非常有用），考试的目的不是为了对他们作出评判，而是为了对他们所学的知识进行评估，并将他们的学习进展与学习目标进行比较。测试只是反馈的一种形式而已，通过测试可以得知受训者学习的进展情况。

但是，除了测试，还有其他的反馈形式。你可以设计有对话安排的课程，你可以对受训者的表现进行评估，你还可以给受训者自我评估的机会。对于那些没有对受训者进行监督的工作，给受训者自我评估的机会非常重要，通过自评，可以帮助受训者提高自己的技能。

独特性

个别差异是学习过程中的一个重要因素。每个人都是一个独立的个体，每个人的学习都千差万别，受训者的背景、能力、技能、知识以及性格都各不相同。为了成功地进行培训，你应该识别每个人的理解能力、学习习惯和学习方式，并且对它们作出积极的反应。典型的个体学习差异包括以下几点：

抵制的原因和种类。人们抵制学习是基于不同的原因的。我们已经在前面讨论过抵制的七种类别以及其缓解抵制的方法。但是请务必记住，在你能解决所有形式的抵制问题之前，受训者唯一能学到的就是如何有效地进行抵制。所以，你必须识别所有形式的抵制，并对它们进行疏通，并努力缓解它们，这样培训才能顺利进行。

个人脾性。人和人是不一样的，有的人热情洋溢，而有的人脾气暴躁，还有的人平易近人，在各种场合都和蔼可亲。和蔼、热情和主动等积极的个性都有助于学习，而且作为培训师，你应该时刻鼓励这些正面的脾性。而脾气急躁、喜好抱怨、说三道四、冷漠无情、厌倦无趣、懒惰散漫或者疑心猜忌等不好的品性都会对学习产生负面的影响。对于这些不好的品性，你应该尽可能地避免激发它们。此外，你还应该做到以下几点：

1. **提出建议，而不是强下命令**。告诉别人该做什么不该做什么，这一举动意味着一种上级－下级的关系，将会引起受训者的负面反应。对于成年人而言，你最好以提出建议的方式引导他们学习。如果受训者对你的引导产生抵制，这是对你的权威的挑战。在这种情况下，你应该询问清楚问题所在，毕竟询问是我们都尊重的一种美德，千万要避免对立情绪的产生。

2. **向受训者阐述培训的好处。**告诉他们通过使用你所教授的技能，他们在各自的工作岗位上会有怎样的进展。即使受训者没有产生抵制情绪，你仍然应该向他们强调培训的好处，因为带着个人目标去学习，受训者会进展更快。此外，你可以告诉他们，通过理解你所教授的理论和概念知识，他们在工作中会有很大提高。
3. **将必要的行为方式确立为行为规范，而不是惩罚性准则。**必要的话，不妨向受训者明白地阐述规范对于整个团体的必要性。不然，就会出现混乱状况——可能有点有趣，但是过后你会发现这是个非常棘手的问题，而且也不利于学习。
4. **维持领导风范。**其核心就是你应该通过明确的指示、建议、日程安排、提问和集中的指导来带领受训团队学习，而不是通过高压政策强迫学员学习。

作为一名培训师，你无权通过独裁对受训者进行控制，你所能做的最大的惩罚就是把冒犯你的学员从你的培训班中开除；此外，你所能做的第二大独裁行动就是将学员的“劣迹”向其上司汇报。即使在军营里，对纪律管理也有一定限制。如果你采取了以上严重的惩罚行动，这位冒犯者将不会成为你的学员，你也会失去其他受训者的尊敬，他们会觉得你不是一位称职的老师，而且你还有可能丢掉工作。强制和高压政策都不是有效的教学手段，对于培训来说，也是不可行的。

你必须赢得学员的尊敬，才能很好地引导他们。你所面对的是成年人，所以你必须以对待成年人的方式对待他们。你可以采取建议、敦促、说服，甚至好言相劝的方式，但是如果你想主宰一个人或者一个场景，你就会失去更多。我之所以强调应该以协商的方式解决抵制问题，部分也是基于这个原因。当你向有问题的学员询问问题所在时，你就创建了一个协商的舞台相反，如果你强制他们行事，你就等于树立了一个敌人，你势必失去这个学员。

总之，你应该对个体差异有一定容忍度，并想办法帮助那些需要帮助的受训者利用好学员的积极的脾性，不要将你的学员当成是你的下属，将他们当作同事相待即使对那些本性就不相信人或者脾气暴躁的人，也应该努力建立相互信任的关系，避免敌对情绪。

经历和学历。如果你的学员各方面情况基本相同，你就可以简单地按日程安排授课。注意两种差别：（1）个人抵制形式；（2）是否需要额外的解释或者指导）。如果其中一种情况出现，你就应该合理应对（一般私下地），找出解决问题的办法。但是，如果你的学员在经历、学历以及技能方面各有差异，你就应该考虑以下三个步骤：

1. 如果可能的话，在学员中挑选出比较有经验的学员作为你的教学队伍中的成员。可以请他们以他们的个人体验来证实你的观点，例如，他们可以讲述他们的战争经历；指定他们为实践练习中的技术指导者，这样他们就可以为一个或几个新手的技术练习负责；你还可以创建小组项目，在这些项目中，那些有经验的学员可以作为全组的专家；此外，还可以请他们就他们的兴趣和专长向其他学员作公开讲演。
2. 根据经验水平将学员分组，然后给每个小组指定与他们能力相符的任务。那些只有一个教师的学校经常采用这种方法。在庞大的城市教学体制中，这也许不是一种有效的教学方法，但是一百多年的实践证实了这种方法还是行之有效的。
3. 给每个学员不同的指导。如果你采用的是单一教师授课方法，特别是当个体差异非常明显时，这种方法非常必要。这种方法浪费时间，所以，见效最慢。但是，它是最好的学习方法，所以在美国有很多培训课程采取这种方式。这也是中世纪的协会培训体制，从初学者到熟练工，都是经过这种方式掌握技能的。艺术家们认为要使自己的艺术登峰造极，这是最好的方法，他们往往向大师学习。

学习能力。虽然人与人之间，学习能力各不相同，但是可以简单地把学习者分成三类：迟钝的、普通的和反应敏捷的。大部分的指导主要是针对普通学习生的，即中间学员。即使在一个天才的培训班中，也有反应比其他人更敏捷的或者更迟钝的，而且大部分人都是中等水平。你的课程应该是主要针对培训班中的中间群体，这样就会有些人跟不上学习进度或者有些人嫌课程过于简单。为了使你的培训课程更加有效，你不能忽视这两种极端的出现。

为了帮助那些反应迟钝的学员跟上学习进度，你首先应该找出他们学习的困难所在。经常问题在于他们难以在新旧知识之间建立起联系。学习材料越简单，越容易在新旧知识之间找到共同点，学员们就能更加迅速地掌握所学概念。

另一种困难可能是学员知识储备不足。可以通过两种途径解决这个问题：(1) 给学员指定与所学内容相关的学习内容，以弥补他们的知识缺陷。(2) 给他们额外的照顾，或者进行单独指导。

阅读能力差（视力差）也是一个问题。如果学员的问题在于阅读能力差，可以给他们安排一些补救性质的学习任务，这些任务阅读量小，更多的是注重口头练习或者手工实践。

如果问题在于学员学习反应迟钝，你就应给给他们额外的照顾，或者进行单独指导。还可以向他们提问，这些问题必须是他们能够回答的，这样就可以帮助他们树立自信心。你还应该表现出对他们以及他们的工作非常感兴趣。给他们作讲解时，应该使用明了生动的术语，如果可能的话，尽量使用视听教学手段。最后一点，在给学员分组时，将反应迟钝的学员和中等学员安排在一起，而不要把他们同那些反应敏捷的学员安排在一个组。

面对那些反应迟钝的学员，要对他们有信心，请记住他们是能够掌握知识概念以及提高技能的。你所要做的就是，发现他们当前的理解水平，接着在他们的当前水平与所要掌握的知识之间构架起理解的桥梁，勾勒出必要的学习框架，然后按照他们的学习节奏，带领他们跨越所构建的知识桥梁，直到他们掌握必要的基本知识。在这一过程中，耐心至关重要。

为了帮助那些高等水平的学员，你应该设计一些教学方法去激发他们。他们学习反应敏捷，又能很快地掌握知识概念，他们总是走在你的教学进度之前，这样他们很容易觉得无聊或者失去耐性。在这种情况下，他们会变得挑剔，会以评价的眼光对待你的教学。一旦这种情况出现，他们就可能对你的教学产生抵制情绪，你的权威也会面临着挑战。

作为培训师，你应该让那些高等水平的学员忙碌起来，给他们具有挑战性的学习任务，比如说，让他们做案例分析，给他们安排额外的阅读量或者让他们解决问题，你可以让他们去完成具体的研究任务，或者为他们设计一些全部学员都适用的练习任务（例如：完成流程图，为案例设计一些具体的数字或者设计紧要事件的案例分析等）不妨让他们帮助其他学员，让他们为其他学员提供信息，让他们观察其他学员的进展，并对其他学员进行评估还可以让他们为其他学员准备材料，或者让他们参与小组讨论和策划日程安排。所有这些都可以使那些高等水平的学员积极主动地进行学习。

在设计特殊任务的过程中，切记不要把它们设计成惩罚性任务或者单纯为了保持学员忙碌的工作。你可以把它们定位为扩展所学知识的机会，或者是对你的教学的补充，或者是一种挑战，但是千万不要把它们当作是打发时间的工具。此外，给学员安排具有挑战性的学习任务时，千万不要让他们对你产生敌意，毕竟没有人喜欢被特殊对待，特别是当他们并不需要特殊对待时，尤为如此。大部分人对个性差异都有很大的容忍度，比如说那些总是第一个主动回答问题的反应积极的人，或者是那些很少发言的害羞的人；所以，对于那些反应敏捷或者迟钝的人，他们同样以宽容的态度对待。但是人们的容忍是有限度的，所以作为培训师，你应该尽量缩短学员之间的差距，避免有的事情过于张扬。大部分人在受到明显的特殊照顾时，都会感到尴尬而几乎对于所有人而言，如果他们感觉到别人比他们受到更多的照顾，他们就会非常生气。

你培训的对象是谁?

弄清你所培训的对象，比你实际的培训内容要重要得多。你所培训的内容主要是基于你的培训目的。如果你是变革催化剂，那么你培训的效果就体现在你所带来的变革之上——也就是，学员所学到的东西。但是你首先必须确立其一条基准线，确定好你从哪里开始的，这样你才能带来变革。如果你没有确立好这条基准线，你就无从知晓你到底带来了多少变革，这样就会造成混乱状况，你所带来的变革没有变革的方向，没有实际意义。培训对象是你所确立的基准线的主要部分。

例如，如果你的培训对象是从事技术性工作的，这种技能要求很高，很难掌握，但是对智商要求并不是很高，这种技能对于那些已经掌握了它的人而言几乎是按部就班的，但是对于那些初次接触它的人来说，却是非常棘手。假如你必须教授这个团队一种新的计算机程序，你所设计的课程很大程度上取决于团队中的成员。你的学员也许是 7 年级理科班，或者 12 年级经济专业，或者是大学里的等离子物理专业，或者是博士研讨会的成员，或者是新雇的秘书，或者是高级执行部长，新上任的机器人工程师，或者是在基层从业 15 年的老兵。对于不同的受训团队，你应该采取不同的教授方法。

你应该记住，你无法创造学习，你所能做的是为学员们创造一种有利于学习的环境。对于上面提及的不同学员，适合不同的学习环境。教学内容是一样——如何编写和运行计算机程序，但是你最终是否能成功地带来变革，取决于你是否能正确地分析学员的知识结构和学员的学习需求，取决于你是否创建了一种能够鼓励学员学习的学习环境。因此，培训对象比培训内容更加重要。

在你开始培训之前，你应该考虑清楚一个基本问题：受训团队通过这次培训会有多大改变？毕竟你所从事的工作就是要给这个问题一个完美的答案。在后面的第 19 章会提到，你的工作很重要的一项内容就是确保公司各阶层，员工、中层管理者、主管、支持系统成员以及高层管理者，都看到培训的成果。如果你没有向他们证明你培训的有效性，他们就会对你有所戒心，对你的每一项开支也会斤斤计较。培训总得有开支，为了避免公司在开支方面斤斤计较，你就应该利用每个机会向公司展示你所带来的变革。因此，在培训之前，你首先应该考虑前面提到的那个问题：受训团队通过这次培训会有多大改变？

一旦你开始思考这个问题，你就会发现这个问题其实并不简单。为了寻找答案，你应该继续思考有关受训者的其他三个问题：

1. 受训者对所学习的内容了解多少？
2. 关于所学课题，受训者想要知道什么？
3. 关于所学课题，受训者应该知道什么？

下面我们详细地探讨以上这三个问题：

受训者对所学习的内容的了解程度

根据前面学习过的学习原则理论，培训应该从已知到未知，从旧知识到新知识。所以，首先你应该找出受训者对所学内容已经了解多少，只有这样，你才能从他们的已知水平开始，引导他们学习，直到他们达到你所期望的水平。

你应该进行一项正式的学习需求分析，这一点在第四章中会提及。了解学员的信息以及他们的经历，做一项课前调查，或者让学员们描述他们对培训的个人期望，看看他们期望通过培训收获什么。你可以在第一堂开始的时候，对学员进行一项学前测试，然后认真分析测试结果。

让学员们相互就格子参加这次培训的目的进行提问，找出其答案的共同之处。你还可以开设“牢骚时间”，让学员们列出所有困扰他们的事情。*

设计一项游戏或者活动，在以后的培训中你可以经常采用，这也是管理游戏的主要作用。给学员指定一项任务，然后对他们的表现进行评估。你还可以请学员描述一件最近发生的大事，然后和学员们一起对这件事进行讨论。

通过上面这些方法，你可以知道受训团体对所学内容的了解程度。不过，上面列举的有些方法在培训开始前不适用的，你可以从那些可以在培训开始前使用的方法开始，比如，需求分析等，然后围绕这些分析来设计你的培训课程，接着你可以在培训的过程中利用其他方法来验证你最初的分析是正确。不管怎样，不要按部就班，在培训的过程中你应该不断地调整培训课程，使课程与学员的知识储备相符。

学员想要知道的内容

这个问题关注的是受训者的学习动机和抵制情绪。前面提及的很多方法都有助于你寻找这个问题的答案。最有效的方法包括：进行需求分析（根据每个学员的过去经历以及其主管的评价），开展“牢骚时间”，向他们询问其学习目的，进行学前测试，询问其参加培训的动机，或者开展对重大事件的讨论等。

学员必须知道的内容

虽然这一点是早就由该课题领域的专家确定好了的（有可能是你自己），但是它只是作为培训结果向受训者陈述的——预想达到的变革，而不是在培训伊始就向他们陈述的。考虑到学员的知识储备以及他们想要知道的内容，怎样确定学员必须知道的内容呢？你应该把你了解到的关于学员必须知道的内容，与他们已知的内容，以及他们愿意学习的新知识这三者结合在一起考虑。例如，假设 N 代表学员必须知道的内容，O 代表预期的变革（你的目标），K 代表他们的知识储备，W 代表他们想要知道的内容：

---

* 在对公司职员的交际技巧以及客服技巧进行培训时，我成功地应用过这种方法。许多受训者告诉我，他们非常高兴其他人也存在和他们相同的问题。

$$N = O - K + W$$

解决第三问题的方法就是前面提到的解决前两个问题的方法，具体指的是：

- 需求分析
- 学前调查
- 学前测试
- 管理游戏
- 对重大事件的讨论或者角色扮演
- 课前作业

团队行为的原则

在这一章中我们讨论了影响培训个体的各种因素。但是，你的培训并不总是针对单独个体的，实际上，在一般的培训中，经常会有3个到300个之多的受训学员。对于团队培训，我们应该考虑到团队行为的几个重要因素，下面我们分别看看团队行为的这几点重要因素：

团队的特征

在团队中，人们经常和其周边的人交往，但是有时候他们也作为一个整体和外界进行交往。例如，同在等电梯或者在十字路口等交通灯的陌生人，同参加一个会议的经理们，同看一部电影的人们，或者同参加一次研讨会的受训者，他们能够忽视其他人，保持独立，能够同团队中的其他人随意交谈，能够与团队中的其他人一起作为一个整体，这个整体有其独特的行为方式。

一旦团队准备以一个整体的形式出现，就会表现出一些特征。特别是对于培训团队而言，这些特征发挥着重要的作用。第一个特征是所有的团队都有其团队目标。单独的个体可能没有目标，但是没有目标的团队就不能称其为团队了。正是因为有了共同的目标，人们才感觉到自己是一个团队。因此，在创建学习团队的时候，你首先应该解散原来的小团队，然后将他们当作一个新的整体（大力推荐这个技巧）。培训团队创建之前的小团体倾向于坐在一块、待在一起，一起为他们的共同目的而努力（可能有积极的目的，当然也可能不是），而且他们倾向于排除其他人。他们在培训课堂中创建了一个独立的基地，这一点当然对有效学习非常不利。如果情况好，这些小团体可能无伤大雅，但是如果情况不好，他们可能造成危害。不管怎样，在培训开始之前，你应该解散这些小团体。你可以采取以下方式：（1）按照随机的姓氏字母顺序或者编号顺序编排座次；（2）将原有团体的成员安排到新的学习团队中。

但凡团队，都有其行事规范。这些行事规范往往是不成文的行为准则。对于团队而言，有所为，有所不为。在制定行为规范时，最好询问学员的意见，在跨文化的培训团队中，这一点尤为重要，因为学员的行事准则大不相同。在第18和19章中，我们将详细地讨论跨文化培训的问题。如果制定的行为准则与学员的行事规范相冲突，就有可能导致抵制情绪的产生，反之，如果制定的行事准则与学员的行为规范一致，就可以促进团队合作，减少抵制情绪。

一般情况下，你经常用来培训学员进行改变的方式，会被当作是团队的行事规范。学员们经常会说，“那就是我们经常使用的方法”。如果你随意地忽视了这些说法，就会拉开与学员的距离，并且降低或者抹杀了培训的有效性。理解学员的需求和习惯对于培训师而言，是非常重要的。

如果你实在需要改变学员们的行为准则，你可以参考本章关于打破固有习惯的一些技巧。在任何一个团队中，都有一些言论或者行事的核心模范。你必须努力说服这些人，力争赢得他们的支持，因为他们将会影响团队中的其他人。

当团队需要对某个问题作出决定时，会陆续发生以下三件事。首先，每个有地位的成员都会力陈他们的观点，并且努力争取他人的支持。如果团队中只有一位核心人物，这场讨论就会非常简短。但是对于结构松散的团队而言，这将会是一场喋喋不休的争论（就像是国会或者议会辩论）。

其次，那些意见受到大多数人反对的人会重新思考这个问题，并调整他们的立场，向多数人或者最有影响力的意见靠拢。如果他们没有受到外界威胁，他们就会选择对于他们而言是最明智的立场。如果他们能接受他人意见，或者他们能说服其他人达成一致妥协，决定就可以作出了，团队就会选择大家一致同意的那个决定。如果实践证实这是个成功的决定，并且没有人对它产生怀疑，它就会成会团队的一个新的行事规范。

但是如果到此为止没有达成任何一致意见，第三步就会发生。那就是，两方都努力说服对方，两方都努力调整自己的立场，并力争达成妥协，但是徒劳无功。在这种情况下，持不同意见的两方（或者多方）就会重新去确定各自的立场。两方都会排斥对方如果做不到这一点，他们就会表面达成一致意见，但是各自持保留意见。如果持保留意见的是单独的个体，他或者她就会遭到其他人的反对和排斥，甚至成为替罪羊但是如果持保留意见的是团队中的大多数，他或者她只是简单地脱离这个团队，寻找其他团队，并且往往会贬低这个团队的价值或其成员。如果团队中的一部分排斥掉了其他部分，我们称其为分裂政策：分散的团队、狂热者、中立者或者小集团。

团队的改变

我们已经知道，培训会带来改变，这意味着摒弃旧的习惯。这是团队培训的第一步，但是你还必须通过第二步来促使他们重新思考其目前的行为准则。如果你逼迫他们向第三步迈进，他们就会放弃学习或者对任何学习都产生抵制（在高中时我们经常碰到这种情况）。作为培训师，你应该在第一步中给学员机会阐述他们自己的意见，不然的话，他们就会对强加于自己的新的行事规范产生抵制。由此看来，创建一个有利于学习的培训环境是何等重要。

当你站在学员的立场考虑，并促使他们重新思考自己习以为常的行为方式时，你就算赢取了学习战的第一场战役。这也是为什么培训师应该帮助学员为学习做好准备工作，在第三部分中我们会谈到这一点。这也是必须解决抵制问题的一个重要原因。除非每个学员都意识到你所教授材料的重要性——即他们值得作出改变，否则他们会将你从培训团队中排除掉，否定你的管理规范，转而推崇他们所创建的小团体的行为模式。有利于学习的培训环境应该是：

- 允许并鼓励受训者公开阐述他们的问题、习惯和疑问；
- 鼓励学员主动进行交流，鼓励任何新的想法；
- 鼓励学员对概念和技能进行测试，这样学员就可以从错误中进步；
- 让学员忙碌起来，给他们富于挑战性的任务，不要让他们觉得无聊；

- 鼓励积极思考、刻苦用功、相互讨论以及创新的观点；
- 鼓励大家坦诚布公，不要把意见藏在心里；
- 要求学员言出必行；
- 给学员提供大量练习和评估的机会。

很明显，当我们给准备好学习的团队进行培训时，培训过程会变得简单得多。这样的团队已经意识到改变的重要性。但是对于那些缺乏主动性的团队，你就得应对团队动态性的三个阶段。

团队中的角色

在一个团队中，学员们扮演着一些很容易识别的角色。一旦你识别到这些角色，你就可以根据它们来适当减小所要求的改变程度。如果你致力于去改变这些学员们选定扮演的角色，无疑会导致抵制情绪的产生；但是，如果你通过设计一些符合团队的行为规范的问题和学习任务，来加强这些角色，你就可以鼓励并促进学员主动学习。

领导。在很多团队中，领导的产生都是非正式的，当团队为某个决定性问题犹豫不决时，领导的力量就体现出来了。在影院里，表演结束后总有人带头站起来喝彩，而其他人则等着紧跟其后。一群坐在一起百无聊赖的朋友在围绕设计点什么节目的问题进行讨论时，那些主动提议的人往往是带头人。在培训教室里，如果有人迟到了，很快（一般是 20 分钟后）就会有人提出对迟到者采取点什么惩罚措施。

这些举动都是领导作风。如果在同一时间有好几个人出现，那么他们就会进行讨论，甚至争论，直到团队成员完成前面提到过的三个步骤。然后他们就会确立一位领袖，或者是解散为几个小团体。对领导地位的竞争主要是由于团队成员对挫败感的忍耐有一定限度，最不能忍受挫败感的人就会改变立场，向他们认为比较简单的方向靠拢。

一般情况下，这些竞争领导地位的人会努力争取其他人的支持。如果他们得不到任何支持，他们要么会孤军奋战，要么会放弃，和别人一起竞争领导地位。如果他们得到一定的支持，他们就会试试这些支持的分量，要求大家立即采取措施或者进行直接或间接的讨论，讨论后最终他们会把自己的支持者集中起来，让他们重新思考，重新认清他们的立场。领导地位一般通过以下三种方式产生：（1）建议或要求采取行动；（2）对进度进行监督；（3）对他人表现或者其他建议进行评估。

权威/导师/顾问。另一种控制性角色是权威角色。一个团队中的权威人物往往因其丰富的经历或者特殊的技能，受到每位成员的尊重和信任。在一个陌生人团队中，权威人物是那个因其对所谈论话题的丰富知识而取得大家信任的人。一般情况下，权威地位通过“自我宣告”建立的（“我曾经读过一本关于……书”，或者“我认识一位……的朋友”，或者“我叔叔曾经是……”等话语提示）。可以制定这些人为团队中的权威人物，但是过后他们必须证明他们有能力担当此职。这些权威人物也可以竞争领导地位，但是他们往往只能维持其权利地位，替有希望的领导者争取支持。团队中的权威人物往往是领导者幕后的策划者。

逗乐者。有些人反应敏捷，善于对任何事开玩笑，对于这种人我们都很熟悉。这些人需要的是观众，在社交群体或者商业团队中，他们不缺观众。他们的幽默举动往往可以缓解紧张气氛，经常还可以阻止冲突的发生，所以他们对一个团队而言，也起着非常重要的作用。因此，即使是最严肃的团队中，也有幽默的扮演者。

和平维持者。维持和平的人厌恶冲突，他们往往是优秀的协调者，他们平息在对领导地位的竞争中所产生的矛盾。他们使大家和睦相处，面对问题，他们总是寻求理智的、互赢的解决办法。这样做的结果就是，他们自己有可能成为成功的领导人物，不过有时并不是那么成功的。在诸如英国、以色列和法国这样议会制度的国家，这种情况尤为明显，在这些国家里，联合政府是通过首相进行领导的，他们维持和平，解决问题，协调冲突群体之间的关系。实际上，即使在最难以应付的团队中，培训师也可以扮演和平维持者的角色，维持其领导地位。

普通员工－追随者。普通员工完成领导者、权威人物和和平维持者交代的任务，他们是领导者赖以生存的人力基础，占团队的大多数。他们不喜欢改变，他们宁愿随大流也不愿制造麻烦，在一个团体中他们很容易应付。要改变他们的意见，只需要说服领导就可以了，他们就会跟随领导改变意见。你也许觉得这种说法过于幼稚，但是事实证明，情况是这样的。心理学家所罗蒙·阿奇（Solomon Asch）做的一系列试验表明，面对屏幕上的几个图案，很大一部分人宁愿相信那些明显对自己所看到的东西撒谎的人，也不愿相信自己的直觉。如果不止一个人的看法与他们的相背，更多的人就会歪曲自己的看法，向其他人的谎言靠拢。[⑤] ［426 页］似乎当我们把自己当成一个团队中的一员时，我们强烈希望遵循那个团队的行为规范，即使放弃自己的观念也在所不惜。

大部分都不习惯单独行事。作为培训师，如果你能正确地识别受训团队中每个成员所扮演的角色以及行为模式，你就可以利用这些思想状况，建立一个与受训团体原本的行为方式相符的学习环境，这样就可以引导学员朝积极的方向作出改变。如果你忽视了团队的动态特征或者故意违背其特征行事，就会导致矛盾、抵制、冲突的产生，最终可能会严重地影响学习效果。

小结

在这一章中，我们着重讨论了受训对象的问题，培训个体或者培训团队。在开始的时候，我们提到：作为培训师——变革的催化剂，你所能带来的改变很大程度上取决于你能够教会学员使用的技能。为了教会学员必要的技能，你有可能面对来自学员的抵制，因为大部分习惯于按自己的惯有方式行事，而不想作出改变。抵制有许多形式，但是它们主要由 7 种原因造成的，你应该认真面对这 7 种原因并设法解决它们。一旦你发现了阻止改变的原因，你就可以为学员的学习需求考虑，鼓励他们进行学习，以取得预期的改变，这样你就可以消除抵制情绪。要解决抵制的问题，你应该创建一种坦诚布公的学习环境，这样才有利于学习，有利于大家坦诚的讨论问题和寻找解决问题的办法。为了做到这一点，你应该特别注意你的培训课程设置，可以基于成人学习的心理法则来组织你的教学内容，这些法则是松戴克的三大成人学习法则：准备法则，指的是当成功的完成任务能够激励人们更加努力地学习；练习法则，指的是应该给受训者练习所学技能的机会。这些学习法则之后是成人学习的十大原则，这十大原则是所有培训的基础。我们还讨论了如何利用这些基本原则来创建良好的学习环境，特别是详细讨论了如何解决抵制问题，如何应用多感官的方法，如何在学员的新旧知识之间建立联系，以及如何处理学员之间的个体差异问题。

如果你想把这些理论应用到你的培训课堂中，你首先必须清楚地知道受训对象的学习需求。我们还探讨了分析受训者的已知知识和必知知识的各种方法。最后提及的是，了解受训对象的一个重要途径就是正确认识团队的互动性。我们探讨了团队行为和团队规范，以及人们如何面对改变。我们还简单地了解了在大多数团队中的不同角色。在本章的末尾，我们提到为了创建高效的学习环境，我们应该正确利用团队的互动性。

练习

1. 复习成人学习的10大原则。对于每一准则，设计一个应用到该准则的情景或者从你过去的学习体验中找出一个类似的情景。
    - 在这种情形中，学习原则起着怎样的作用？
    - 在这个情形中，该原则起到积极的作用了吗？
    - 该学习原则是如何帮助你学习（或教学）的？
    - 这是一个反面例子吗？
    - 在什么情况下，学习原则并没有发挥作用？
2. 回顾以下抵制的7种形式。就拿你正接受的培训课程做例子。对于每种抵制形式，设计一个解决问题的方法。请将你的方法写下来。当你碰到类似的抵制问题时，可以参考一下这些解决方法。
3. 选择一个培训场景。找出以下问题的答案并将答案写下来：
    - 受训学员对所学课程了解多少？
    - 他们想知道什么？
    - 他们必须知道什么？

详细地回答以上问题。正确回答这些问题对你的培训工作非常有帮助，使你能更好地完成培训工作。

第二章

培训的结构

在前面的一章中，我们讨论了在公司或企业中培训所起的作用，着重关注的是对大多数培训团队都适用的培训的普遍特征。此外，我们还探讨了学习的基本法则，并且通过讨论发现培训对象比培训内容有着更重要的意义。接下来在这一章中，我们将着重关注培训的内容问题，探讨一下如何准备和组织培训课程。

培训的目标

作为培训师，最重要的一件事就是确定好明确的、切实可行的培训目标。当你弄清楚了学员人数以及他们的当前水平之后，你就应该确定你的培训方向，即你预想通过培训带来的变革。你的培训内容、培训方式、评估手段以及培训结束后企业如何对你的培训作出评价等等，都取决于你设定的培训目标。要想成功地进行培训，确立明确的培训目标是首要问题。如果没有明确具体的培训目的，你的培训很难有所成效。

管理目的和培训目标的区别

首先，我们需要区别一下管理目的和你设定的培训目标。管理目的指的是培训意图，它表明了培训的靶的以及如何通过努力达到这个靶的，是对培训结束时所达到的水平的预测。管理目的是一种有效的工具，但是对描述达到该目的所需的具体技能以及途径而言，它并不能发挥很大的作用，它的作用主要局限于对最终结果的描述。

然而，培训目标既描述了途径和方法，又定义了最终结果。培训目标通过详细地定义所必须掌握的技能、如何进行教学以及如何进行评估，描述了最终结果（是学习的最终结果，而不是培训的）。因为培训目标描述了培训手段、培训结果以及评估性的反馈方式，它是培训中最重要的工具。在确立培训目标过程中，你也可以明确你的管理目的，所以培训目标可以看作是实现整个管理目的的过程中的一个分支，一系列的直接步骤。当你实现一个培训目标时，就等于向整个培训的管理目的靠近了一步。

培训目标的标准

行之有效的培训目标应该满足以下五个条件：

1. 培训目标应该定义受训学员在培训中所要做的事情；
2. 应该对学员在培训中所要做的事进行具体地、详细地描述；
3. 学员在培训中所要做的事情应该可以进量化评估（可见的）；**
4. 学员在培训中所要做的事情应该是切实可行的；
5. 学员在培训中所要做的事情应该有一个时间限制。

想要记住这五个条件，有一个简单的方法，你可以把它们按字母顺序排列：

具体（Specific）
可量化的（可见的）（Measurable）
受训者应该做的事情（Action performed by the trainee）
切实可行的（Realistic）
时间限制（Time frame）

** 在定义培训目标时经常会用到“可量化评估”这个术语。但是，你所要教授的很多技能都是不可量化评估的（比如说，工具的正确使用，或者与客户的有效交流等）。基于这个原因，笔者倾向于使用“可见的”这个术语，它比“可量化的”更为精确。

下面我们分别看一看：

具体要做的事情。缺乏经验的培训师经常不能确定在培训目标中学员具体应该做些什么。“学员应该能够操作这台机器”，这种说法太抽象了。“学员应该在操作中进行以下步骤……”，这种说法就要有效的多。培训目标关注的是学员应该完成的具体任务，而不是空洞乏力的抽象说教。

如果某项任务需要在特殊的条件下完成，这种方法就显得更为有效了。例如，在海防训练中，在狂风大作的情况下，在大雨如泼、可见度很低的情况下，在海浪阵阵、甲板颠簸的情况下，所需进行的操作各不相同。应该特别强调的是，特殊的工作情形会严重地影响操作过程。遇到特殊情形时，应该把特殊条件考虑到培训目标中去。

如果你的培训课程是信息型的，并不强调技能，那么你的培训目标就应该以具体的测试成绩出现。

受训学员将会进行期末考试，必须取得 X 或者 X 以上的成绩。

光是考试及格还不够，培训目标应该和具体的表现挂钩。如果可能的话，将培训目标进行量化，例如：

> 进行基本内容测试时，学员的错误率应该限制在3%以内；对于其他内容的测试，错误率应该在原来的基础上降低16%。
>
> 受训学员应该在完全和工厂条件相似的情况下，在4分半的时间内，毫不犯错地连续完成8项任务。

经过以上分析你会发现，一旦培训条件和标准规定清楚了，培训目标也就显而易见了。清楚明了的培训目标可以让学员们和培训师找到方向感，也有助于明确管理方向。培训目标是详细具体的，并能够对学员进行行动指导，所以它们是富于条理性的培训目标同时也是非常专业的，一旦确立了培训目标，就应该取得相应的培训结果。

可量化的表现。对于有些普通词汇，我们认为不仅自己清楚它们的含义，听话人也能够理解，但是有时候情况并非如此。问题在于别人对于该词语的理解可能同我们的理解大相径庭，所以他们有时会产生误解或者感到迷惑。究其原因，在于这些词汇词义太抽象，每个人的理解可能不尽相同。在措辞不严谨的培训目标中经常会出现这样的词汇。在这样的词汇中，词义最模糊的就是诸如“懂得”、“知道”以及“感觉”之类的词语，例如，“受训者应该懂得……”、“学员们将会知道……”或者“受训者会对……了解更多”等等。这类词汇毫无实际意义，它们太抽象了。像“理解”这样的词汇对于不同的人可能有着不同的意义，另外，除非进行理解测试，你无法知道他们是否真正“理解”了。在这种情况下定义培训目标的词语就应该是：通过测试来“证实”或者“显示”学员的理解程度。

定义培训目标的词汇不仅需要描述一个具体的动作，还应该是可以通过量化分析或者观察方法进行评估的。诸如“懂得”和“理解”这类的东西只存在于大脑中，是个人的，培训师都不会明白它们到底是怎么回事。培训师所能观察的是能够显示学员已经懂得或者理解了的具体的行为动作。因此，培训目标描述的应该是显示学员已经掌握好所学知识的具体的行为动作。

幸好，避免使用不可量化的词汇并非难事。你可以问问自己：这是可量化的或者可见的吗？我怎样才能知道学员已经掌握了学习知识？如果你所使用的词汇并不能很好地回答地这些问题，那么你就应该改变你的措辞，使用那些能够告诉你如何才能判断出学员时候掌握了所学知识的词汇。在这一过程中，你会发现，培训目标中都包含了对培训进行评估的方法，它不仅确立了培训的目标，还阐释了如何达到该目标以及如何评估是否达到了该目标。

写培训目标时的评估性词汇

比较	解释	进展
创建	证明	展示
证实	使得	解决
描述	作出	使用
消除	提出	利用

受训者在培训中所应该做到的事情。我见过很多像“我应该教学员们做……”、“我将探讨关于……的……原则”以及“培训师应该对学员进行指导”等等之类的培训目标。这些都是对培训师培训计划的描述，它们描述的是教学计划，而非学习计划。也许培训师的教学无可挑剔，但是受训学员可能学习进展不大，学习任务无法完成，所以培训目标就难以实现。实际上，在很多公立学校里，经常会出现这种现象，学生进行着填鸭式学习，自然跟不上老师的进度。

企业雇佣培训师，是希望培训师能为员工的工作表现带来变革；企业关注的是最终会带来的变革，而不是培训师通过怎样的方式带来这种变革（当然，培训师所采用的方式应该是理性的）。如果培训目标仅仅定义培训师的培训计划，那么这项培训计划就没有多大意义，很难同管理挂钩。受训学员能做到什么，这才是在培训中的关键，培训目标中应该详细地描述这一点。

为了制定出面向受训学员的培训目标，最简单的方法就是首先问问你自己："如果我教他们……，他们能够做到什么?"在培训目标中，你应该着重注意那些描述学员能够做到什么的词汇，然后利用这些词汇来组建能够清楚描述培训目标的句子或者句群。

下面举几个例子：

受训学员将能够执行______________________________。

受训学员将能够建立______________________________。

受训学员将能够描述______________________________。

受训学员将能够评价______________________________。

你会注意到，这些不是对培训课程中培训师的行为描述，而是学员们应该学习做的事情。

同样的你也会发现，在写培训目标时，会经常使用到"受训学员将能够……"这个短语。大家经常使用的格式是，只是在培训目标的开头是使用这个短语，然后把学员们应该做的事情都列在其下，即上面的描述可以写成：

此项培训结束后，受训学员应该能够做到以下几点：

执行______________________________。

建立______________________________。

描述______________________________。

评价______________________________。

学员在培训中实际的表现。有时候培训师制定的培训目标虽然是大家都期望达到的，但是超出了受训学员的能力范围，在规定的时间内，学员可能很难达到这些目标。制定了不切实际的培训目标，就会给学员带来挫败感，长期的挫败感就会令学员对培训产生绝望情绪。因此，培训目标不仅应该通过评估性语言描述学员应该实践的具体的行动，还应该是可以实现的。

时间限制。没有时间限制，培训目标就没有任何意义。如果你想要学员们掌握驾驶汽车的技能，你不能永远等待他们慢慢去学习这项技能，你应该让他们明白在一定的时间内，你会对他们进行测试，看他们是否真正掌握了你所教授的技能。如果学员们花了数年时间都没学会，那就是说你没有完成管理任务，没能给受训学员的行为表现带来有意义的改变。相反的，作为培训师，如果你能在三到四个课时的时间里，令学员的表现有所改变，也就是让他们能够正确地驾驶，那么你就达到你的培训目标了。因此，你应该明确学员掌握你所教授的技能的时间范围。

综上所述，为了确保你所制定的培训目标完全符合前面提到的标准，你应该看看你的培训目标是否满足以下条件：

- 受训学员通过怎样的方式才能掌握我所教授的内容？
- 有哪些词能正确描述这种动作方式？
- 这些词是否明确地说明了学员在培训中应该做到的事情？
- 有哪些简单的话语能描述预期的结果？
- 这些话语既描述了学员在培训中具体的行为动作，又描述了这些动作发生的实际情形吗？
- 这些话语明确地定义了学员完成学习任务的时间范围吗？
- 评估的方法是否清楚明了？
- 培训目标是切实可行的吗？这些目标能通过培训变成现实吗？

测评情感学习

到目前为止，我们讨论的都是认知学习，即对具体技能的学习，这种培训的目标是让受训学员掌握如何实践这些技能。除了认知学习，还有一种非常重要的学习，它描述的是我们希望学员在态度上的改变，这就是所谓的情感学习。作为培训师，企业希望我们既能改变学员的技能，也能改变他们的态度。在本章和第三章中，我们将探讨如何对学员的态度进行改变，以确保他们在学习过程中能够全力以赴。描述情感学习的培训目标更为抽象，你不仅应该确定你希望学员在学习中有何感觉，还应该确定你希望他们如何进行思维和行事。

情感学习的问题在于感觉既不具体，也不可测量，但是你还必须尽可能精确地对它进行描述和评估。幸好感觉往往会导致行动，通过对所发生的可以观察到的行为进行详细的描述和评估，你就可以测评情感学习。表征态度的可见的行为动作包括：

- 旷课
- 迟到

- 工作中的卫生状况
- 发生冲突情况的频率
- 员工职业变动率
- 来自客户的投诉
- 废品量
- 安全记录
- 销售额
- 业务电话
- 参加公司组织活动的次数
- 参加公司自愿项目的次数

除了以上这些行为，还有其他很多行为，都是对员工工作态度进行测评的可靠表征，即使是让受训学员解释一下某一项技能或者步骤的重要性，也可以反应他们的学习态度。学员学习态度的转变，可以通过他们完成一项新的学习任务时的自觉度以及自信心表现出来，还可以通过他们在工作中主动展示新技能的程度表现出来。如果培训目标是同具体的、可见的行为联系在一起的，就可以对态度进行测评，所以制定情感学习目标的关键就是定义可观察的行为动作。当学员们展示这些行为动作时，你就可以观察出他们对正在学习或者已经学习过的内容所持的态度。

学习模式

我们倾向于按时间顺序进行思维，那是因为大人们从小就训练我们那样做。一旦我们开始进行阅读了，我们使用线性思维。在西方文化中，文字是按从左到右、从上到下的数字顺序排列的，这种模式固定成型。因为我们大部分学习都是通过阅读的方式进行的，我们也倾向于以那种线性模式进行思维。在对他人进行培训时，我们会很自然地遵循一种线性的、时间顺序的方式。但是，这不是教授一门课程的最好方式，事实上，它往往是最糟糕的一种培训方式。

一旦你确定了培训目标，你就应该确定达到这种目标应该采取的最有效的培训结构。你对所教授的内容了如指掌，所以很有可能你首先考虑的是你该教授的内容。正如我们刚刚讨论过的，千万不要不假思索就使用了时间顺序模式。这种模式枯燥乏味，在小说、电影或者电视剧中经常会使用这种叙述模式。但是现在小说、电影或者电视剧中也开始设置悬念，现实被升华了，你看到的只是最重要的、最精彩的部分。没用经过编辑的文件是冗长枯燥的，就像是乏味苍白生活中的一天。作为培训师，你应该创建一种有利于学习的环境，这种环境能鼓励学员们学习，能吸引他们的学习兴趣。如果你的培训结构没有任何引人入胜或者经过升华了的东西，有点只是简单的时间顺序模式，这种培训环境会挫败学员的学习激情，使学习变得困难。

培训模式

1. 漏斗型：从广义的概念到具体的技能
2. 倒漏斗型：从具体的技能到广义的概念
3. 隧道型：内容按部就班地进行教授，往往需要基本结构的支持
4. 线轴型：从最初的概念到具体的技能，然后回到广义的概念

传授信息有四种基本的模式：漏斗型、倒漏斗型、隧道型和线轴型。作为培训师，你可以尝试使用每一种模式，直到找到最适合你的受训学员、教学内容以及培训目标的培训模式。这个过程其实就是创建学习模式的过程，你根据所创建的模式来组织或者安排你的课程内容。

漏斗模式

漏斗型模式指的是在培训中从广义的概念开始，然后将概念实际化，直到最基本的操作技能。这种模式就像一个漏斗，所以称之为漏斗型（见图2-1）

图 2－1 漏斗型培训模式

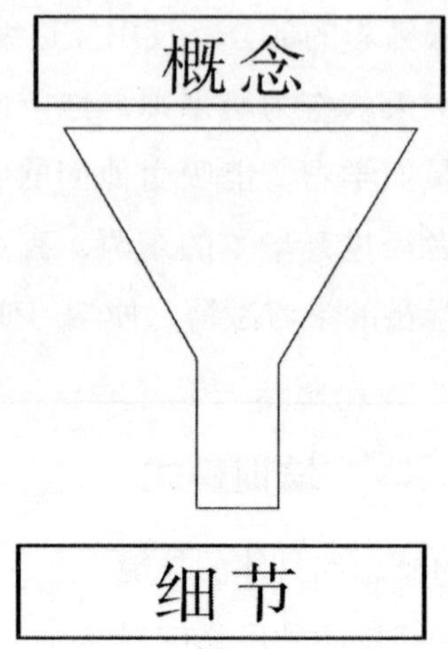

例如，这是本书的整体框架，我们首先看看书中的概念——课程的理论问题，然后再应付具体的细节问题。通过实践学习时，我们往往遵循这种模式，这是我们解决问题的方式，设计房屋、衣服和汽车的方式，交友的方式，在生活中学习方式。利用这种模式时，我们首先对所学的概念产生兴趣，然后把它应用到实践中，这是一种演绎推理模式。

倒漏斗模式

图 2－2 倒漏斗培训模式

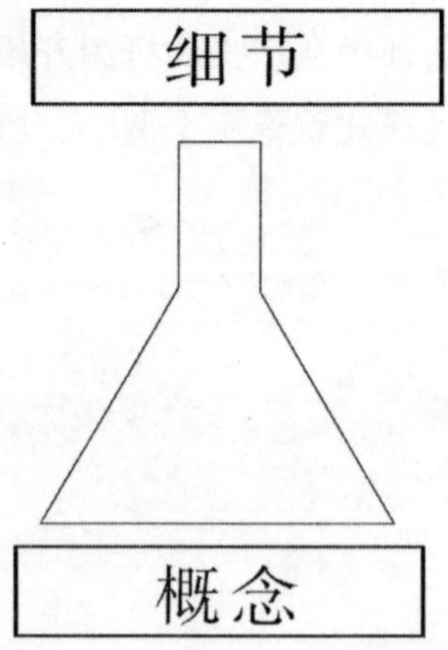

倒漏斗模式是指在学习中你从细节着手，然后逐步升华到广义的概念问题（见图 2 -2）。传统教学中经常采用倒漏斗模。在这种模式中，我们从基本知识和简单的算术开始，当我们掌握这些技能之后，再扩展我们的理解内容，阅读小说和散文、量子力学以及相关的理论知识，或者我们学习历史上发生的真人真事。当我们理解它们之后，我们继续研究这些事情发生的原因以及于其他事情的联系。传统的技能训练经常也采用这种倒漏斗模式。学乐器、数学或者驾驶，我们都是采用这种模式，首先从部分开始，然后逐渐扩展到整体，这是一种归纳推理模式。

隧道模式

第三种是隧道模式。所谓隧道模式，就是指使用直线进展的教学方式，即通过线性方式组织信息（见图 2 -3）。

旅游时我们即通过线性的旅游路线我们也是以线性的方式看待我们的生活的从 A 点到 B 点，我们尽可能地走直线，我们就是以这种方式进行阅读的计算机程序也是以线性的方式教授的，按照菜单进行操作就是从上一步操作到下一步的过程，在这一过程中，很少出现概念性的问题，重要的是在时间限制里按照操作步骤进行操作。

不管是作为父母、亲戚还是朋友，我们都有过带小孩进行长途旅行的经历。回想一下，小孩在开车后，每 15 分钟之后可能就会问：“我们到了吗?”按直接的时间顺序或者线性顺序进展，本身就会让人觉得没劲。所以在培训中，如果你使用的是隧道模式，千万注意不要让学员对学习失去兴趣。

图 2 -3 隧道培训模式

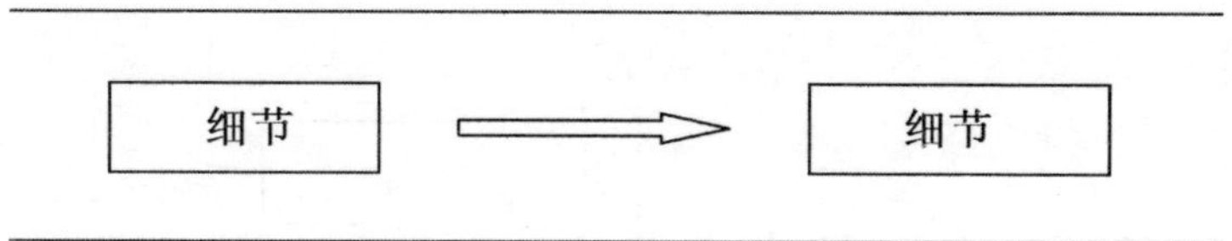

线轴模式

以上每种培训模式都有其各自的应用范围，作为培训师，你应该根据培训团队、培训队容以及培训目标的具体情况，来决定采取哪种培训模式。对于技术培训而言，如果你能确保你的课程生动有趣，采用隧道模式比较好；对于培养学员长期的策划能力而言，譬如，培养高级总裁的管理能力培训，采用倒漏斗型模式比较好，可以确保培训难度逐步增加。这些培训模式各有其弊端，隧道模式的问题在于，如果受训学员缺乏学习动力，该模式很难激发学员的学习动力；倒漏斗模式的问题在于，培训的前期阶段学员将缺乏学习动力。学习过乐器的人都知道，在这些课程的开始阶段，是非常痛苦的。漏斗模式在培训开始阶段就抓住了学习者的心理，如果你想创建一个能以激发学员学习动力的学习环境，漏斗模式最为有效。

在这本书中，我们自始至终都在强调，创建一种能够激发学员学习动力的学习环境，是非常必要的。良好的培训环境，应该都是对学员具有激发性的，培训课程越引人入胜，培训效果越好。最好的培训模式应该是以上三种模式的结合，即所谓的线轴模式（见图2－4）。

在线轴模式的培训中，你可以经常利用概念吸引学员的注意力，然后教他们把这些概念应用到更为广泛的概念中去。如果可能，你应该把线轴模式作为主要的培训方法。

图2－4 线轴培训模式

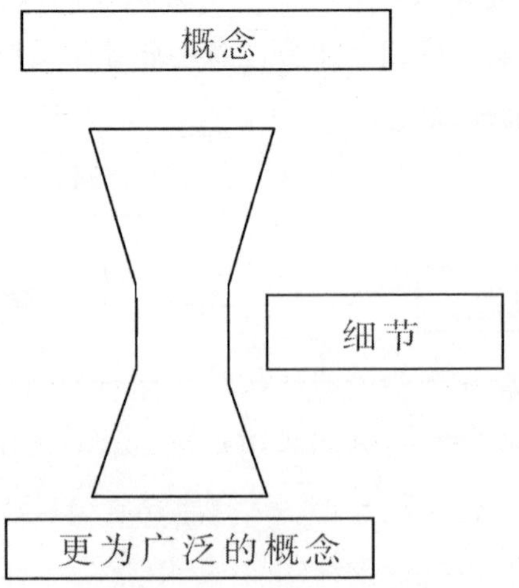

学习模式的应用

最终你将会选择一种培训模式，在这种模式的开始阶段是漏斗的上半截，即利用概念来激发学员的学习动力。你可以在学员对该概念已知的了解与该概念本身之间构架理解的桥梁，然后将概念运用到具体的技能上。在教授具体的技能时，应该将它分解为详细的步骤，这样学员就很容易看到自己取得的进步。在培训过程中，培训师应该不断用新的概念来激发学员，然后恰如其分地将概念运用到技能之中，这样学员就可以独立掌握技能和概念，并且有明确的学习方向。

最近，神经病领域的研究发现，婴儿能够辨别信息模式，并将信息的模式与其背景知识区分开来。[①] ［426 页］这似乎证实了心理学家一直认可的一条原则：我们的认知过程是，主动获取感兴趣的信息，并且能够将这些信息与其周围的背景信息区分开来。据称，这就是区分核心与背景，也就是说，在我们的学习过程中，我们首先单独学习核心内容，然后才将它们放到其独特的认知背景知识中去学习。

为了更好地将这种学习或者认知原则运用到你的培训中，你可以采用以下六种逻辑模式。从对认知的影响程度排列，这六种逻辑模式依次为：

1. 对比模式。
2. 问题/解决办法模式。
3. 因果模式。
4. 趣闻模式。
5. 逻辑模式。
6. 时间顺序模式。

对比模式

对比指的是将概念、步骤或者技巧与我们所想当然的概念、步骤或者技巧放在一起对比。这样，当你将那些相互之间具有可比性或者类似性的材料放在一起时，学员就很容易掌握它们之间的联系。只要是具有对比性的内容，对/错、浅/浓、前/后、左/右或者以前/后来等，都可以采用这种方式。

问题/解决办法模式

这种模式是对比模式的一种变体。让学员寻找解决问题的办法，最能激发学员的学习动力。对于建立概念和设立培训基调或者创建培训环境而言，这种模式最为有效。你可以提出一个问题，然后让学员进行讨论，寻找解决办法，或者在培训中集中讨论公司问题的解决办法。你所讨论的问题越贴近学员的个人需求，越能激发学员的学习动力。

因果模式

对比模式的另一种变体是因果模式。人们不是带着空无一物的大脑进行学习，因果关系能够帮助学习者在已知知识和未知知识之间构建桥梁，在概念和实际操作之间寻找关联，它们为学习者提供了学习的基本原理。你可以通过举例来解释案例的因果关系，对于这种情况，因果关系特别有效。因果模式同典型的对比模式以及问题/解决办法模式一样，都是一种动态形式。比起毫不关联的信息片断来，通过因果关系关联的信息给人的印象更为深刻，因为因果关系有助于帮助理解和记忆。此外，因果模式是可以通过测试来验证的，所以通过练习并观察练习结果，学员能更为有效地学习。

趣闻模式

几乎没有人不喜欢故事的，每种文化都是建立在神话和故事之上的。简单的时间顺序使人觉得枯燥乏味，如果在培训中适当增加一些趣闻之类的结构，有引人入胜的开始，有涵盖高潮的中间部分，以及完整的结尾，就可以给单调的时间顺序结构增添不少新意。那些具有犹太和基督双重血统的人，他们的生活就是建立在寓言以及历史故事的基础上的，我们从这些语言和历史故事中学习到很多东西。同样的，我们的先祖和同时代人的伦理教育和道德教育，都可以给我们很多启发。大部分的道德教育都是通过学习寓言、神话或者传奇故事来给人以启迪的。在你的培训课程中，不妨适当地添加这些元素，这就是为何我称案例分析是有效的教学方法。寓言故事、个人经历、战争故事以及法庭故事都可以给我们精神上的震撼和启迪。

你还可以利用文学修辞手段中的寓言体来解释复杂的概念，赋予概念具有象征意义的名称和特性，然后围绕一系列具有象征意义的话题点进行分析，这样就可以清楚明了地对你的观点进行证明。人们从这些寓言故事中受到启发，而且觉得它们比起单调的重复实际例子要有趣得多，并且更容易接受和学习。当你需要讲解概念时，不妨试试使用寓言故事，你可以利用它们来把其他逻辑模式联系在一起，毕竟神话故事总是引人入胜的，而且在教学中也是非常有效的。例如，一个由因果关系模式组成的笑话，对于讲解某个复杂的观点，具有很大的帮助案例分析可以将理论概念运用到实际中。因此，在你的培训过程中，尽量使用寓言故事和奇闻逸事，这样可以使学员对你的课程印象更为深刻。

逻辑顺序

在已知知识与未知知识之间构架认知桥梁的另一种方式是在它们之间创建逻辑关系。漏斗模式和倒漏斗模式都是经典的逻辑模式，在培训课程中，除了应用这两种模式之外，你还可以综合利用其他模式来提高你的课程质量，使你的课程生动有趣。例如，你可以带领学员探讨一系列问题的解决办法，然后在此基础上，运用归纳或者演绎的方法，寻找更为复杂的问题的解决办法。逻辑模式使学习变得更具挑战性。

一种有效的逻辑结构就是主题模式，也就是一系列的主题按一定的顺序排列。一般情况下，你所要讲授的主题是互不关联的，你应该寻找或者创建它们之间的相似点，或者通过一定的结构把它们串在一起（例如，故事或者因果结构）。如果能够按首字母进行排列，将会帮助学院进行有效地记忆，例如，在前面提到的优秀的培训目标的五个基本条件，可以按首字母排列为单词“SMART”，便于记忆。如果你所教授内容的首字母没有什么特殊意义，不妨用它们来造句，使其顺序更为有趣，便于记忆。比如说，上面提到的优秀的培训目标的五个基本条件（SMART）可以利用以下方式进行有效地记忆：

具体

可量化的（可见的）

受训者应该做的事情

可行的

时间限制

（具体的可测量的行为，切实可行的时间限制）

创建便于记忆的结构，其核心在于化繁为简，这也是学习的十大原则之一（见第一章）。如果学习者认为自己能够掌握学习任务，他们就会越用功地学习。这似乎有点不可思议。作为培训师，你可以把学习内容分解成便于掌握的小章节。举例说吧，要让学员一下子记住某操作的24个具体步骤，是非常困难的，但是，如果将该操作分解为四个大步骤，每个大步骤下面有六个小步骤，学员们就可以很快记住这些操作，而且不会觉得繁琐。学习材料越琐碎或者越复杂，你越应该遵循"化繁为简"的原则。

还有一种基本的逻辑模式，那就是空间顺序模式。你可以根据事物的空间物理关系来组织材料，比如，你可以以培训课堂为空间基准点。如果你的培训材料可以以流程图的形式表述或者通过图表进行解释，这种方法就非常有效。采用这种模式时，可以采用图表、统计图、或者模型等方式。

时间顺序模式

我们已经在前面提到过这种直截了当的时间顺序模式。如果你能同时利用其他的结构模式来制造一些悬念，这种模式还是有效的。当然，如果你讲授的是复杂的计算机编程，学员必须一步一步地遵循操作步骤，你必然会使用这种时间顺序模式。使用这种模式时，尽量同时穿插使用问题/解决办法模式、因果模式以及寓言模式，这样就可以避免过于单调。如果时间顺序模式适用于你的培训团队、培训目标以及培训内容，你可以尝试使用这种模式，不过应该同时穿插利用其他结构模式。

结构安排

1. 根据以下因素选择整体结构：
   - 受训学员
   - 培训目标
   - 培训内容
2. 选择能够促进学员参与的基本结构模式
3. 选择那些有利于在学员已知知识与所要掌握的技巧之间建立关联的结构模式
4. 确定你要求学员达到的学习标准，这样有助于对学员进行评估
5. 时刻记住，最终培训结果是让学员掌握技能，能够独立操作。你应该根据此目标选择相应的结构模式

重复性

对于学习而言至关重要的另一个因素是反复，或者说是重复。在第一章中，我们简单讨论过口头交际的有效性及其对学习的影响。现在我们需要详细地探讨一下这个问题。

人类具有言语的能力，我们周围任何动物的口头表达，无论在长度、深度，还是流利程度上，都无法与人类媲美。虽然有些动物确实掌握了大量的词汇，可是人类的词汇量是任何动物都无法企及的，单是英语中就具有 25 万单词。即便如此，意义的传递取决于我们所言的方式，而非所言的内容，这一点是众所周知的。

在口头交际的基础上，人类还能设计和使用影响和控制环境的工具，这两种能力的结合，促成了书面语言的形成，再后来，印刷语言也出现了。书写凝滞了时间，解决了遗忘的问题。人们一旦把事情写下来，就会永久地记住它。而印刷缩短了空间，它使任何地方的能够学习读写技能的任何人都具备凝滞时间的能力。文字和后来发展的印刷术一旦为一种文化所吸纳，它们就会改变该文化中人们的生活和生计。即便是今天，情况依然如此。

文化人类学家一直致力于研究一种文化在从口头模式向文字模式转化的

过程中所发生的变化。他们发现在这一过程中会产生许多变化，其中之一便是口头语言可信度的降低。生活于具有文字的文化中的人们只有在看到印刷体的文字后才会相信其记载的东西，从而导致了对书面法律合同的需求，以及产生了媒体的影响力。另一变化是人们对倾听不再具有昔日的耐性。纵然近在100年前，美国人曾专心致志聆听长达6个小时的政治辩论，但今天1个小时就已远远超过了人们耐性的极限了。一些广播电台曾想方设法挽救那些老式广播节目的收听率，可是徒劳无功。而后，他们发现听众也需要视觉刺激，今天的人们实在没有耐性倾听了。第三种变化是人们愈来愈依赖书面文字。人们开始崇奉书面文字，把书面文字作为事实的最终裁决者。第四种变化是语言呈现萎缩状态。诗性的表现手法、华丽的措辞、精辟的表达方式——所有这些在口头语言中的使用频率都降低了。试比较一下莎翁剧中文字还未发展健全的社会中那些精妙的对话语言，以及在文字高度发展的今天我们的对话语言，我们会发现，口头语言丢失了那些便于记忆的表现手法和寓言故事、朗朗上口的节奏感、生动形象的比喻手法，以及具有较强表现力的副词和形容词。

但是这些变化并不是普遍存在的，而且并不是在每种文化的每个方面都存在着这些变化。在有些领域，人们依然保留着口头交际的传统，例如，在教育领域。虽然你所想学习的任何课程都是以书籍的形式存在的（当然也包括本书），但是依然有成千上万的人参加培训课程，这些课程大部分都是通过口头教学的。在美国以及世界其他地方，公共的商业培训取得了巨大的成功。虽然课程都是以书面的形式存在的，可是人们学习时，依然觉得口头授课是非常必要的。但是，现在人们接受口头教学的能力降低了，他们很难长时间集中精神，记忆力也大不如以前，也丧失了在已知知识和新知识之间寻找关联的能力，无法创造生动的比喻。似乎人们更习惯于被动的娱乐形式，而不是主动的学习。人们喜爱精彩的表演，但是很少会去思考他们在表演中会学到什么。

为了弥补人们在文化的发展中逐渐丧失的某些学习能力，培训师应该在培训中补充一些口头交际的传统做法。重复性就是这些传统做法中的一种。在所有的神话和传奇故事中，叙事诗中，古代的家谱中等等，对人名、事件、消息以及道德的重复是非常常见的。在保留下来的口头文化中，例如，仪式、舞蹈、歌曲以及言语和身势语中，也存在重复模式。人类学家们认为，重复结构能够帮助记忆，使人们在不自觉中记住事物。因此，在有效的培训课程中，重复模式应该是不可或缺的一种教学方法。安排培训课程时，设计并利用重复模式，它们能够有效地帮助增强记忆。

当然，重复并不是说一遍又一遍地反复说某件事情，这会影响学习者的注意力，使人们觉得单调沉闷。公共演讲有一条约定成俗的规则：首先告诉听众你准备说什么，然后告诉听众这些内容，最后告诉听众你已经说了什么。我习惯于把这条规则简称为“告诉他们”。这就好像是把告诉他们的内容三次方了。学数学的学生都知道，一个数字的三次方大于这个数字与3的乘积。所谓的“告诉他们”规则包括对演讲内容的预告、阐述和重申，每种重复形式都是不一样的，其重复目的也各不相同。

当你在培训课程中应用重复模式时，你最好使用以上模式：预告、讲授和重申。这就像是那种过时的写作练习，老师让你一页又一页地写循环的内容。学习进展就是像那一样的：进两步退一步。创建重复结构有许多方法，只要是从不同角度阐述同一内容的任何方法，都有助于记忆。我们所要做的就是利用多感官的学习原则，把我们已经学过的知识以重复的形式，储存于我们的记忆仓库里。在培训中，不妨在你的授课内容中增加重复结构，并将这些重复结构同我们在第一章学习过的学习原则一一联系在一起：

1. 在培训开始之前，告诉受训学员你的培训目标；
2. 在开始授课之前，让受训团队知道培训日程；
3. 利用热身训练（如角色扮演等）来开始一堂课，然后带领学员从中发现规律；
4. 给学员布置学习任务，然后和大家一起看看任务的完成情况；
5. 复习你到目前为止已经教授的内容；
6. 总结已经教授的内容；
7. 利用不止一种的视听手段使知识点清楚明了，并使授课方式多样化；
8. 设计练习课程，这样学员就可以将所学知识运用到实践中；
9. 进行书面评估和口头评估；
10. 经常组织考试或者测试；
11. 在培训中穿插复习时段；
12. 设计游戏，这些游戏应该有助于证实所教授的材料；
13. 安排阅读任务，这些阅读材料应该是从不同的角度阐述同一内容的。

时间安排与结构安排

第一印象和最近的印象，到底是哪个对个体的影响更大呢？到底是哪个更容易记忆呢？关于这个问题，一直以来都存在着争议。现在，人们一致认为第一印象对个体的影响更大。无论在什么情况下，第一印象和最近的印象对于记忆而言，都起着重大的作用。所以，在安排课程结构时，你应该特别注意开始部分和结尾部分，看哪些重要的概念应该放在开始部分——第一件事、第一天、下午课程的开始、每天的开始或者是休息后的第一课。学员对所学知识是否互产生抵制情绪，是否会愿意注重学习，在一定程度上，都取决于对所学知识的第一印象。所以，应该力争使第一印象便于记忆，对学员有积极的影响。在介绍某课题之前，应该认真思考如何介绍该课题才是最合适的。这就是说，你的课程开始部分应该对学员具有激励性，这些激励手段包括：

- 演示
- 故事
- 练习
- 视听手段（例如，幻灯片和图片等）
- 案例
- 讨论
- 具有挑战性的任务

除此之外，你还有利用其他能够吸引学员的手段，这些手段还必须为主要授课内容作铺垫。

时间安排还意味着把最重要的内容放在开始部分。有些学者认为，应该按时间顺序安排课程内容，把最重要的内容——例如，解决问题的办法，放在课程末尾部分。但是，不要忘了前面提到的“告诉他们”规则。作为培训师，应该在课程开始的时候就把最吸引人的解决办法告诉学员，以吸引他们的注意力，然后一一介绍问题的始末，最后回到解决办法，不过这次应该把解决办法放在具体的情景中。这样安排是因为课程末尾的内容对记忆的重要性次于课程开始的部分，你可以在这一部分里重申已经讲述过的内容。你可以以抓住学员注意力开始课程，以重申概念结束课程，这样你就可以充分利用好开始部分和结束部分，来增强学员的记忆。

十大学习原则在课程安排中的应用

1. **准备与抵制**。准备阶段。使用漏斗模式和倒漏斗模式来组织课程；缓解抵制情绪；告诉学员培训目标；利用基本结构形式吸引学员的注意力
2. **主动学习与被动学习**。练习阶段。设定着眼于具体行动的、面向学员的培训目标；介绍学习内容时，先提问；在培训中穿插互动的基本结构（例如，问题与解决办法模式，或者因果模式等）
3. **尝试与错误**。练习和评估阶段；安排实践练习，巩固学习知识；设定评估方式
4. **联系性**。准备、教授以及评估阶段。通过向学员提问的方式，介绍新知识；利用重复，巩固所学内容；设置练习阶段，通过练习对学员的学习进行评估
5. **多感官认知**。讲授和练习阶段。利用苏格拉底问答法和讲座形式，穿插重复使用视听手段
6. **一次做一件事**。在连续讲授某一课程时，使用前面提到的四步方法；遵循“化繁为简”的原则；避免信息过量；利用首字母缩写、数字排序以及简化的信息模块使信息更容易记忆；使用重复结构
7. **理解**。准备、讲授、练习和评估阶段。设定清楚明了、详细具体的培训目标，其必须规定理解的程度要求以及你所希望学员达到的目标；将提问当作热身训练；遵循“化繁为简”的原则；按顺序讲授知识；利用重复来巩固所学知识
8. **练习**。练习阶段。设定对学员行为有指导意义的、面向学员的培训目标；利用重复来巩固所学知识；设置实践练习、模仿练习以及其他练习方式
9. **反馈**。练习和评估阶段。利用提问的方式，向学员解释正确答案，分析出错原因，并向学员提供学习指导
10. **独特性**。准备和练习阶段。通过提问来发现和识别学员个体差异；缓解抵制情绪；调动资历丰富的学员协助你的教学，并帮助其他需要帮助的学员；在培训中穿插使用小组讨论、项目分析等方式；作业的设置也应该因人而异

课程设置的四个步骤

一旦你设定了培训目标，选择了培训结构，建立了重复模式，并考虑了开始和结尾的时间安排；接下来，你就可以准备具体的培训内容了，即课程设置。

每一知识章节都应安排在一个单独教学课时之内。把所要教授的知识分开，安排在一个教学时日的各个课时之中。例如，从一个教学时日的开始到第一次下课，安排课时并非难事。合理安排教学内容与教学课时，采用“四步”课程设置法最为有效。这种课程设置法还可以确保在你的培训中学员有足够的时间练习使用新的技能。课程设置的四个步骤分别是：准备阶段、讲授阶段、练习阶段和评估阶段。下面我们对这四个步骤分别进行讨论：

准备阶段

在学术界，大家认为教师所做的事情就是准备，在培训中却不尽然。当然，培训师也需要作准备，但是，在培训中准备活动是一种学习活动，而不是教学活动，正如在第一章中提到的那样，准备是十大学习原则之一。在前面我们提到，如果人们没有准备好去学习，他们很少能学有所获。所以他们必须为学习做好准备——这就是在培训这种情形中，“准备”的真正意义。你所选择的准备活动取决于你的受训学员、培训目标以及培训内容。即使受训学员已经有很好的学习动力，如果你能帮助他们为学习做好准备，他们的学习就会更为容易，更有侧重点，更具互动性。如果学员没有学习动力，准备活动也可以为积极的学习打好基础。以下是做好准备活动的一些方法：

1. **将所学习的目标列出来。**如果学员们已经具有学习动力，做好了学习的准备，这种准备工作就非常有效。培训目标给学员们一种方向感，就好像是给学员一幅前行的地图，这样他们就可以在自己的已知知识和将要学习的知识之间寻找关联。此外，应该强调的是：这是“告诉他们”规则中的第一部分，即预告。

2. **缓解抵制情绪。**如果在开始学习之前，你担心学员产生了抵制情绪，你就应该在培训前疏通这种抵制情绪。帮助学员为学习做好准备，同时也意味着帮助他们摒除那些负面影响，如抵制情绪。首先弄清楚抵制的形式，然后向学员解释培训可以给他们带来的好处，以及解释他们参加培训进行学习的原因。如果问题在于学员对你缺乏信任或者有所误解，那么就向他们解释你对他们进行培训的目的；如果问题在于受训成员对此次培训的评价各不相同，就向他们解释管理目的或者重申你的培训目标。

如果产生抵制是因为学员对改变的容忍度较低，那么就向他们表示你对他们的信心，表示你认为他们完全有能力掌握培训课程，尽量消除学员对学习内容的恐惧心理。如果学员害怕丢脸，同样的，重申你的培训目标，这样就可以给他们留有余地，保全面子。如果抵制情绪来自于同事的压力，那么在这个准备阶段你就无能为力了。千万记住无论做什么说什么，都要留有余地，这样就可以替学员保全面子。

在培训开始时，利用积极的身势语言以及对培训教学的极大热情，给学员良好的第一印象。另外，还应该使学习环境清爽宜人，在课程开始时，可以开展适当的“热身”练习，吸引学员的注意力。

3. **提问应该有挑战性，应该能够激发学员的参与**。提问可以让受训小组进行思考和讨论。有水平的提问可以帮助他们在已知知识和新学知识之间寻找关联，还可以激发学员参与的积极性，并且有助于促进理解。另外，提问还可以使学员们进行自我调整，以适应学习环境。

4. **实施训前测试**。或者让学员展示一下他们的技能（例如，角色扮演等）。特别是当你发现有些学员认为自己已经掌握了培训内容，采用这种方法非常有效，它可以让学员看到，其实自己所掌握的其实非常有限，并不像他们所想象的那么多。

5. **以练习或者管理游戏开始课程**。这些游戏可以吸引学员的注意力，让他们对所要学习的知识产生兴趣。这些活动都和普通经历有一定关联，还可以通过这些活动培养学员的团队精神。此外，游戏能给学员带来愉悦，大部分人都喜欢参与游戏的。

6. **讲故事或者设谜**。不管是讲故事还是设谜，都可以吸引学员的注意力，还可以拉近与学员的距离，有助于把学员团结在一起。当然，你所讲述的故事或者谜语应该是和所要讲述的内容有所关联的，这样才可以通过故事或谜语引导学员学习。

7. **询问学员对培训的期望。**他们想通过培训收获什么？这个问题可以迫使学员详细地考虑这个培训项目的意义，并将培训与他们各自的情况结合起来。通过对这个问题的探讨，你还可以重申你的培训目标，把学员的注意力集中到学习上来。此外，该问题还可以对学员的培训学习起到指引作用。

讲授阶段

讲授信息主要有两种方式，这每种方式都有几百年的历史了。到目前为止，讲授信息最主要的方法是由 17 世纪英国哲学家约翰・罗克（John Loche）提出的，他认为人的大脑就像一块白板，空无一物。实际上，有的培训师就是认为受训学员对所学内容一无所知，培训师在培训中给学员的大脑中灌输新的观念和知识，正如在粉笔板上写字或者绘图一样。白板说认为学员对所学内容一无所知，而培训师对之了如指掌，培训师一般通过言语讲授，给学员传递知识信息。

另一种方法称作苏格拉底式提问法。这种方法是在 15 世纪希腊著名哲学家苏格拉底之后提出的，通过他的学生柏拉图的著作，这种方法才为世人所知。苏格拉底并没有明确地提出这种方法，但是柏拉图在他的著作中，通过由苏格拉底参与的学习对话，演示了这种方法。在对话中，苏格拉底并没有表明他的观点，但是通过不断向学习者发问，引导学习者寻找正确答案。对话引导学习者自己去发现老师苏格拉底所教授的内容中的真谛。苏格拉底式提问法认为，学习者对所学内容有一定程度的了解，通过提问，能通过提问引导他们对知识产生新的理解。

如果我们把以上两种方法和第一章中提到的十大学习原则结合起来考虑，很明显苏格拉底式提问法优于白板说。苏格拉底式提问法符合十大学习原则中的大部分原则。因此，对于学习而言，苏格拉底式提问法比白板说有效得多。但是，这种方法并不常用，因为当别人请我们教授知识时，我们的第一选择是告诉别人我们所知道的内容。通过提问引导学员学习，对学员的要求很高。再说，如果学员对所要学习的知识一无所知，他们怎么去回答问题呢？对自己所掌握的内容，我们对自己有信心，但是，很难去肯定别人对这些内容的了解，特别是在培训中，我们不能认为他们是来参加培训的，所以他们就一定对所学内容有所了解。此外，我们自己所受的教育大部分也是采用白板说的方式，所以这是一种很常用的很自然的教学方法。

在接下来的第三章，在讨论领导艺术的问题时，我们将进一步探讨苏格拉底式提问法的其他优点，以及阐释如何组织苏格拉格式提问。现在我们要认识到，虽然苏格拉底式提问对于学习非常有效，但是这两种方法对于学习而言是同样重要的。对于这种技术性很强的培训，苏格拉底式的提问法用得越多，培训越有效，但是学习者往往不知道老师落下了什么内容。在培训的讲授阶段，最好综合使用学员主动参与的苏格拉底式提问法和学员被动接受信息的白板说。因此，为了引导学员达到你所设定的培训目标，你应该认真策划你将采用的讲授方法。你可以参考以下方法：

- 苏格拉底式提问：向学员提问，引导学员自己得出结论。
- 直接的讲授（记住，成人集中注意力的平均时间不到20分钟，所以你的讲授不要过长）。
- 参与性讲授：在你的讲授过程中，穿插对话以及身势语言等。
- 小组讨论：充分调动那些学有余力者的积极性。
- 电影、录像、幻灯片或者磁带等。
- 故事、游戏或者练习，这些活动可以是讲授生动。
- 演示或者模仿：可以通过演示或者模仿解释所教授概念的实际应用。

使用以上方法时，务必记住以下原则：化繁为简；一次做一件事；创建关联；帮助学员在新旧知识直接构架理解的桥梁。

练习阶段

人们在实践中学习。世界上所有的讲授都无法使人们掌握知识，只有通过练习，人们才能真正掌握知识。因此，如果你只是一味地讲授知识，而没有给学员练习的机会，不管你的教授多么精彩，都只不过是浪费时间。亲身实践是最好的学习方式，因此你应该给学员实践的机会。

在你的每节课中，都应该给学员留出一定的练习时间。我知道，企业都希望我们在尽可能短的时间期限内完成培训，但是如果你只是一味地讲授培训内容（正如大多数公共研讨会那样），只会降低培训的有效性，还会剥夺学员亲身实践的机会，这样你就不能带来企业所希望的变革。没有安排练习的培训，只是一种有趣的消磨时间的活动，不会取得任何成效。

可以通过许多方法激发学员参与练习，例如：

- 苏格拉底式提问
- 书面考试
- 口头测试
- 寻找问题解决办法的练习
- 案例分析
- 项目分析
- 模仿练习
- 亲身实践课程和在经过控制的情形下的练习

以上所有方法都将在第五章中进行详细讲述，通过这些方法，学员可以练习他们所学的内容。不管你选择哪种方法，都应该确保这些练习与技能挂钩。如果你对练习要求过低，就会令学员失去动力，影响学习效果；但是如果要求过高，就会挫败学员的积极性。如果某项技能是该培训必须掌握的内容，那么就应该多多安排这项技能的练习。如果学员所要做的是在培训中提高他们所在领域的技能，那么在练习阶段只需要简单介绍新的技能，给他们一个尝试新技能的机会。学员的练习都应该在培训师的监督之下进行，你有权对他们对技能的掌握情况进行评估。

评估阶段

在培训目标中，你应该已经确定了学员应该掌握的学习程度以及其评估方法。在第五章中我们将探讨具体的评估方法。但是务必记住，我们讨论的是评估方法，而不是给学员划分等级的方法。通过评估，可以对学员作出详细的反馈，帮助他们了解自己的学习进展情况。但是划分等级是一种管理手段，是一种竞争方式，将学员分为不同等级。在商界，划分等级可以在针对杰出的执行官的培训课程中使用，招聘新员工的时候也可以使用这种方法。对于有些培训而言，它是必不可少的一个步骤，但是对于学习而言，它完全没有必要。然而，评估是学习的一个重要组成部分，毕竟人们有必要对自己的学习进展有所了解。评估是对人们的学习进展作出反馈的最好办法，评估容许错误的出现，评估是针对学习者个人的，而且还可以清楚地向学习者展示他们已经学习过的知识。对于各种程度的理解，评估都非常有必要。

针对服务员工的课程计划样本

受训学员： 35名客户服务接线员（对工作感兴趣，但是不喜欢改变）

培训时间： 2.5小时

培训课题： 电话技巧

培训目标： 此次培训结束后，受训学员应该达到以下水平：

- 能够认识到他们自己的电话技巧需要改变
- 能够在电话中描述企业的四个特征
- 能够创建电话日志
- 能够从电话日志中对自己主要的有问题的电话进行症断
- 能够记录自己所接每种电话时的反应

准备阶段： (9：00－9：45)

1. 向受训学员解释可以通过培训进行自我评估，并且提高自己的技能，培训师的作用就是为了使学员的专业技能达到一定的标准。
2. 让学员列出两点客户在电话里令人讨厌的地方。
3. 向那些自愿回答问题的学员询问情况，并解决他们所描述的有代表性的问题。
4. 总结处理人际关系中的主要问题，以及进行改变的必要性。进行讨论：
   - 给别人提供他们所需要的服务，他们也会反过来满足你的需求
   - 顺序非常重要
   - 主动的那一方应该是你，你应该主动为他人提供服务
   - 许多人经常搞错了顺序，往往会说："如果他们……，我就会……"

   以学员出现的问题为例进行阐述
5. 提问：
   - 我们为什么应该这么做？
   - 为什么我们总是想改变别人，而不是主动去改变自己？
   - 许多人明知他们的行为是自我毁灭性的、会给他们带来灾难的，但是依然去做那些事。我们中间有多少人认识到了这一点？

讨论诸如吸烟、喝酒、暴饮暴食等坏习惯。

最后得出结论：我们害怕面对未知的东西，即使知道现在的一些习惯是有害的，但是我们依然倾向于安于现状。我们讨厌改变！

6. 假设在工作中雇员对老板非常反感，通过苏格拉底式提问法讨论以下三个可变因素：工作环境、自己以及他人。
7. 提问并得出结论：为了改变打电话人的态度，受训学员自己应该首先进行改变。

讲授阶段：（9：45－10：30）

1. 通过活动挂图进行讲授（学员最后对照课本中的有关页面）。
   A. 介绍专业精神的四个特征：
      （1）知道什么时候做什么，以及如何去做
      （2）态度保持沉稳平静
      （3）渴望接受挑战
      （4）善于把问题化繁为简
   B. 通过例子、故事以及苏格拉底问题引导学员总结出以上原则。
2. 向学员解释以上内容就是此次培训的主要内容，下面的时间主要解释什么时候/做什么/如何做的问题。
3. 回到课本，并把课本内容用投影仪放大，向学员解释电话列表的用途。
4. 让学员列出2周内的电话列表，向学员解释如何利用这些信息来提高电话效率，以及发现工作中的问题。
5. 利用课本以及投影仪，向学员解释如何创建有效的电话记录。
   A. 根据电话列表，将所有电话按其频率从高到低排列
   B. 每周对这些类型的电话进行分析，并与朋友、主管以及同事进行讨论，寻找更为有效地应付这类电话的方法
   C. 确定应对这类电话的最为有效的方式，将方法记下来，并在接电话时放在手头。一旦接到这类型的电话或者打这类型的电话时，就使用这种方法
   D. 对电话列表中的每种类型的电话都用这种方法进行处理

提问：如果你有十种类型的电话，你每周解决一种类型的电话，那么十周以后，情况会如何呢？

回答：你将是电话专家！

练习阶段：（10：30－11：00）

让学员每五人一组，讨论各自工作中存在的问题，找出两种典型的问题，并寻找解决方案。学员应该按照此次培训的课程模式，对自己的问题做一个书面的记录。

评估阶段：（11：00－11：30）

让每组学员以角色扮演的方式，向全班学员演示自己的解决方案。当一个组进行演示时，其他人寻找该组解决方案中存在的毛病。

评估并不是一个单独的阶段，评估往往存在于练习阶段中。但是，评估是必不可少的，所以在这里我把它作为课程计划中的一个单独的阶段。

可以通过以下方式对学员进行测评：

- 苏格拉底式提问
- 对于学习任务的书面或者口头反馈
- 测试（书面的或者口头的）
- 问题与解决问题的方法
- 模仿练习
- 案例分析
- 角色版样以及其他演示
- 亲身时间阶段
- 与工作相关的培训
- 自我测评

以上讨论的课程计划的四个步骤，其实应该作为一个整体看待。如果你把整个学习内容分解为独立的学习模块（利用“化繁为简”的原则把学习材料按内容分为小单元），每一个学习单元都应该包含以上四个步骤，即准备阶段、讲授阶段、练习阶段以及针对每个学习单元的测评阶段。如果你顺利完成了每个步骤，那么你的培训课程将会取得最佳效果，学员们想要不学习都难。

小结

这一章主要讲述的是如何有效地为培训课程作准备。我们从最重要的一步开始进行讲述：制定培训目标。我们强调过，培训目标是关于如何达到培训目的的方法指导，而不是关于培训预期结果的简单陈述。培训目标包括以下五个部分：

1. 培训目标应该定义受训者在培训中所要做的事情；
2. 应该对受训者在培训中所要做的事进行具体地、详细地描述；

3. 受训者在培训中所要做的事情应该可以进项量化评估地（可见的）；*
4. 受训者在培训中所要做的事情应该是切实可行的；
5. 受训者在培训中所要做的事情应该有一个时间限制。

我们探讨了两种培训目标：认知目标和情感目标。情感目标很难进行测评，但是可以通过对认知目标的测评方法，对情感目标进行测评，只不过这种测评有一定的主观性而已。

一旦确立了培训目标，你首先应该确定的就是培训模式，而不是培训内容。有许多种学习模式，你应该根据受训对象、培训目标以及培训内容来确定合适的培训模式。

基本的培训模式四种：漏斗模式、倒漏斗模式、隧道模式以及线轴模式。可以通过诸如对比关系、问题与解决办法关系、因果关系、寓言手段、逻辑关系以及时间顺序等动态结构来组建这些模式。我们还讨论了重复模式，以及如何在培训课程中进行必要的重复。我们还探讨了时间安排的问题，即如何安排最重要的培训内容，我们的结论是最重要的内容应该安排在开始部分和结尾部分。我们还学习了“化繁为简”原则，这是简化复杂内容的最好方法。

在本章的结尾部分，我们讨论了课程计划的四个基本步骤，即应该为帮助学员为学习做好准备，讲授内容，给学员练习的机会，以及对学员的学习进行评估。综合运用以上知识，并牢记“四步”法则，你就可以写培训项目报告了，这一点将会在第七章中进行讨论。

练 习

1. **列出你将要在课程中教授的所有内容，利用SMART模式以及格式“此次培训结束后，学员将能够做到……”，以培训目标的形式把所要讲授的内容写下来。在写作过程中，注意措辞，尽量使用那些能够具体描绘学员将要进行的动作的词汇。完成此项列单之后，将之与本章的样本进行比较。**
2. **从你的列单中选择首要培训目标。利用对比模式，描述你将如何讲述这些**

---

* 在定义培训目标时经常会用到“可量化评估”这个术语。但是，你所要教授的很多技能都是不可量化评估的（比如说，工具的正确使用，或者与客户的有效交流等）。基于这个原因，笔者倾向于使用“可见的”这个术语，它比“可量化的”更为精确。

内容，并写下来。如果你使用的是问题/解决办法模式呢？同样的，如何利用因果模式讲述这些内容呢？然后换一种方法，利用讲故事的方法，解释并讲述这些内容。最后，利用“化繁为简”原则，思考如何合理安排这些材料，它们的逻辑顺序应该是怎样的？

3. 利用在问题1中创建的目标列单，写课程计划。详细描述如何帮助学员为学习做好准备、如何讲述课程内容、如何以及何时安排练习，最后如何对所教授的内容进行测评。参照本章中的课程计划样本。

第三章

培训师的作用

正如我们在第一章中所提到的，领导地位是在任何团体中自然地产生的。因为在人们眼里，培训是正式场合下的一种有组织的活动，所以人们都希望该活动中有一位权威人物。这位权威人物可以告诉大家该做什么、该从什么地方着手、他们将学习什么内容以及他们该如何进展。人们需要找到责任的寄托者。在有组织的情形下，人们往往会选定一个人作为领导，并将责任寄托在此人身上。

心理学家分析，如果没有人主动承担这个责任，团队成员就会选择一个人，并将权利交与此人。所以在培训中，如果作为培训师，你不主动担当领导重任，其他人将取而代之，那么你的培训就会受到负面影响。

当然，我并不是在提倡独断专行的领导作风，问题在于受训学员的希望是，有人教他们，有人告诉他们该做什么以及如何去做，这个人就是你——他们的培训师。如果你辜负了他们对你的期望，你就会受到团队的排斥，对于那些并非自愿地来到这个培训班的人或者那些对培训有很大抵制情绪的人而言，你一无是处。这样就会导致灾难的发生。所以，我要强调的是，作为培训师，在培训开始的时候，就主动接受领导地位，是非常非常重要的。

领导者的作用

培训师可以通过很多途径来获取领导地位。这一章主要讲述的是如何做一名合格的领导者。首先，我们看看领导者的10大作用：

1. 设定日程安排，并掌控时间进度；
2. 设立并完成培训目标；
3. 保护所有受训学员所享有的权利；
4. 倾听；
5. 总结材料；
6. 复习；
7. 吸引受训学员的注意力；
8. 当领导地位受到挑战时，妥善处理；
9. 激发沉默的学员；
10. 为学员提供操作方法。

下面我们详细地探讨一下这些功能对培训的影响。

设立日程安排

受训学员赋予培训师的责任之一就是确定他们将学习什么以及什么时候进行学习。我经常发现，当培训师忘了课间休息时，学员们会对此非常不满。作为培训师，你有责任设定日程安排，并在适当的时间内对所学内容进行总结。

关于如何设定日程安排，在后面的第七章中我们将进行详细的学习。你应该先写下培训目标，再根据第二章中的学习模式组织你的培训课程，然后运用“四步”法则，帮助学员为学习做好准备、讲授内容、给学员提供练习机会并对学员进行评估。在此过程中，你还应该考虑时间问题，记住人能集中注意力的时间是非常有限的，所以应该至少每半小时就改变一下教学方法。如果可能的话，至少每小时安排一次练习，练习多多益善。

在培训中，还应该安排大量的、时间固定的课间休息。如果你要进行冗长的讲授（超过10或者15分钟）或者讨论阶段，应该经常穿插休息时间。但是，如果你在培训中交叉使用讨论、讲授以及练习阶段等等，休息时间就可以相对少一些。总之，作为培训师，你应该全面负责授课时间和授课内容的安排。

培训目标

一位优秀的培训师总是可以使培训进展朝他所希望的方向发展，避免培训受到内在的或者外界的影响。来自外界的影响主要是由于良好的培训教室都是无窗式的，这样教室外面的美丽风景往往令学员上课分神。除了风景之外，窗户外面服务人员的活动、动物、恋人以及路过的车辆等等，都有可能吸引学员的注意力。如果你的培训教室有窗户，你就应该调整座位的方向，使学员背朝窗户而坐。

内在的影响也非常严重。记得有一次，我被安排在一个室温低于40华氏度的宾馆进行公开演讲。学习效果差极了，这简直是不言而喻的，因为我们几乎每隔一刻钟就得停下来，做做深呼吸取暖。当然，最后宾馆提供了一个条件好一点的房间，但是培训的效果早已大打折扣。

不舒适的座椅、不充足的光线、过高或者过低的室温、噪音、打扰以及吸烟等等，都可能令学员分神，为了使学员对学习内容集中注意力，你应该尽量保护学员使其不受这些因素的干扰。在第11章里，我们将详细地讨论这个问题。在这里，我们先看看可能干扰学员学习的下列因素：

- 座椅：座椅舒适吗？
- 光线：是不是太暗了，或是太亮了？
- 室温：房间是不是太热，或者是太冷了？
- 视线：每个人都可以看见你吗？每个人都能看见你画的图表或者其他视觉内容吗？
- 信息：能不能在不影响学员的情况下，处理信息？
- 吸烟：明确规定什么时候、什么地点可以吸烟。
- 课间休息：至少每90分钟休息一次。
- 窗户情况：关上窗花，拉上窗帘，或者调整座位方向，使学员远离干扰。

除了外界的物质干扰之外，要实现你的培训目标，还可能受到其他方面的阻碍。课堂上经常会有一些饶舌的人，他们总是想和别人分享一些与培训内容毫无相关的故事，这些故事往往会转移学员对培训主要内容的注意力。作为培训师，你应该制止这样的事情，使学员回到正常的学习轨道上来。你还可能发现，课堂上有人有自己的不为人知的个人安排，他们试图挑战你的权威，或者利用幽默、笑话和问题来分散其他学员的注意力。在这种情况下，你应该立即处理这些事情，避免它们影响你的培训计划。（在本章后面的部分中，我们将详细地讨论如何应对这些情况。）

一旦学员开始进行讨论，他们往往很难停下来。如果讨论内容偏离了学习内容，你就应该进行必要的干涉，使学员回到所进行的培训内容上来。特别是当讨论过程中，学员之间产生了争论时，你的干涉尤为必要。为了应对这种情形，你可以从以下方法中选择最合适的解决方法：

- 进行强制干涉，打断讨论，并防止学员继续争论下去。
- 提出在课间休息时再讨论或者解决该问题。
- 提醒讨论小组成员，以及其他每个学员：大家在此参加培训的目的是为了学习，而不是为了争吵。
- 明确指出，为了每位受训成员的利益，应该停止争论，继续上课了。这种做法往往很有效，因为处于争论中的成员很高兴有个合理的借口停止争论，这样可以保全面子。

培训师本人也许是最经常导致学员分神的人。所有的培训师都喜欢通过讲述故事、笑话或者通过举例来阐释他所要讲述的观点。在这种情况下，即使所阐述的观点是极其重要的，它也可能被那些故事或者笑话等给掩盖了。当有人提问时（经常是些无关紧要的问题），培训师往往会不遗余力地去回答这些问题，这可不是一个好习惯。优秀地培训师应该有很强的自律性，坚持自己的培训目标，不受外界干扰。一旦你发现自己没有控制好时间了，你就可能为这些不好的习惯感到内疚。

利用故事来解释观点或者回答学员提问，本身并没有错，实际上，它们是很好的教学方法。问题在于，如果你没有把握好分寸，一个故事讲很多遍，或者讲一些和培训内容毫无相关的笑话，或者是为了把一个问题讲述清楚，以至于刨根究底，这些做法都会使学员分神。当你回答问题时，不管这个问题多么无关紧要，你都应该坚持自己的培训目标，不可与之偏离。作为培训师，你应该时刻检讨自己，每天询问自己看自己有没有偏离培训目标。你的学员总有一天会为此而感谢你的。

公平

正如第一章描述的那样，一旦团队形成了，他们就有可能排斥那些持有不同意见的人。这些遭受排斥的人在某些情况下会成为替罪羊，有时候他们一直处于孤立无援的境地，这些人往往沉默寡言，一般不为人所注意。作为一个团队的领袖，你应该对所有成员一视同仁，而且应该给每个学员同样多的接触机会。受训团队给了你维持正义的权利，如果你滥用这种权利，你就很难再得到他们的信任，你的威信也会大大降低。不要让你的某个学员成为替罪羊，不要容忍脏话，也不要允许某一个人带领大家排斥另外的人。你应该时刻注意团队的“政治”状况，对每个学员的需求负责。不管是让大多数人控制其他人，还是一小部分人控制其他人，都是不公平的。

倾听

经常你会听到某个领导说：“我的大门是永远为你们敞开的。”这就意味着人们可以向这位领导反映他们的问题，而他或者她会注意倾听他们的问题。优秀的领导者善于倾听来自团队的声音。倾听的时候，你应该坦诚布公，集中注意力，不要打断别人的话语，让他们说出自己的看法。如果他们的看法是错误的，你就应该向他们解释错在哪里；如果他们是对的，你就应该附和他们，鼓励他们。

但是，倾听其实是一种很困难的事情。我们的思维走在说话人的前面，大脑中都是我们自己的想法。如果我们把自己的想法说出来了，我们就打断了说话人，倾听就无法继续。我们的大脑处理信息的速度比说话人说话的速度要快，所以在倾听的过程中，我们很容易分心。为了做一名很好的倾听者，你应该给自己的大脑一点挑战，对它进行适当的控制，不要让它任意驰骋，也不要让它对说话人进行反驳。幸运的是，有一种方法可以帮助你提高倾听能力（即使是最好的倾听者，也可以利用这种方法进一步提高自己的倾听能力），这种方法就是主动倾听。

主动倾听包括三个步骤：

1. 当你倾听时，在大脑中总结对方所说的内容。这就像是在大脑中记笔记。随着谈话的进行，你应该不断地进行总结。
2. 当你的倾听能力达到极限时——即当你记不清楚对方所说的第一点内容时，你可以打断对方，并向对方询问，“看看我是否正确地理解了你所说的内容，你刚刚说的是不是……”？
3. 将你在大脑中所做的总结反馈给对方，这样你就可以清楚大脑中的这些信息，继续倾听对方的反应。

在练习主动倾听时，你可以同时收获很多东西。首先，你可以使大脑注意力保持集中状态，这是对大脑的一种挑战。也许你的大脑还是想自由驰骋，但是有了具体的任务要去执行，它就不会信马由缰了。其次，你对对方所说的内容会有很深刻的记忆，因为你的大脑对这些内容进行了三次处理：你听到的，你总结的，你重复的。第三，你可以通过倾听赢得朋友。当你打断对方的话并对自己的理解进行反馈时，很多人会非常高兴，因为这意味着你对他或者她的谈话非常感兴趣。第四，通过这种倾听方法，可以消除误解。这是进行反馈的最好方式。如果你的理解有误，对方就会告诉你；如果你的理解正确，那么就更不会存在任何问题了。

你可以通过主动倾听练习来提高你的倾听能力，使自己成为一个真正的知心倾听者。当然，只有通过练习，你的倾听能力才会有所提高。主动倾听并不是一种天生的能力，在练习开始的时候，你甚至会发现，它其实并不那么简单。因此，你应该坚持练习，当你掌握了这种技能后，你会发现它对你非常有帮助。

倾听的技巧

主动倾听

1. 在大脑中总结对方所说的内容
2. 在你的倾听能力达到极限时（当你忘记对方所说的内容时），打断对方，并向对方询问，“看我是不是正确理解了你所说的内容，……”或者“看看我是否理解对了……”
3. 将你总结的内容反馈给对方

高级主动倾听

1. 在大脑中总结对方所说的内容
2. 识别对方所说内容中的核心部分
3. 当你懂得了对方所说的核心内容后，打断对方，并就此向对方提一个简短的问题

一旦你掌握了主动倾听的基本形式，你就可以向高级倾听努力。高级倾听指的是，当对方在说话时，你应该继续总结对方所说的内容，但是不要把它反馈给对方，而是寻找其中的核心部分，即对方所说内容中的关键部分。许多人在谈论某个话题时，经常使用一些短语、只言片语，或者突然中断，插入一些话，他们

有东西要说，但是除非他们已经在大脑中提前思考好了所要说的内容，他们很少能直截了当地把事情说清楚。因此，你应该寻找对方所说内容中地核心部分、关键内容。

当你发现了对方所说话语中的核心部分之后，你可以打断对方，或者停一下，并向对方就此核心内容提一个简短的问题。如果你这么做，对方会非常高兴。这么做不仅可以使人们思维更加清晰，还可以使他或者她觉得自己的交际很成功。这样，说话人就会把你看作是一位知心的倾听人，实际上，当你掌握高级倾听的技巧之后，你就一定可以成为一位优秀的倾听者。

总结

人们往往会把一件事和与之相关的其他事情联系在一起，所以他们经常会在旅行中途或者某个任务中途离开，他们看东西时，总觉得是半空（或者半满）的，似结束未结束的，等等。所以在培训中的某个阶段，你应该停下来，总结已经学过的内容，让大家看看到目前为止的进展如何。这会让学员看见自己的进步。实际上，你已经确定了一条基准线，这样学员就可以回过头来看看自己掌握了多少东西。总结可以使学习具有连贯性，可以让学员看到知识与知识之间的联系，以及某个知识块在整个培训目标中的位置。

复习

对所学内容进行复习和进行总结，是两个非常相近的概念，但是需要的却是完全不同的技巧。复习也是回头看，但是是更深一层地回头看。它不仅仅停留在"看看大家进展如何"的层面上，它还是对所学内容的一种反馈。通过复习，学员可以对前面所学的知识进行梳理，为后面的学习做好准备。你可以通过以下方法展开复习：

1. 简单测验和考试；
2. 通过提问的方式，引导学员进行讨论；
3. 浏览所学的课题内容；
4. 综合使用以上三种方法。

我最喜欢的复习方法是向学员提这个问题："在我们今天上午（或者昨天，

等等）所学的内容中，你印象最深刻的是什么?”通过这种方式可以促使每个学员都去思考所学的内容，这样我就没有必要去重复那些内容，我只需要对必要的地方进行补充或者解释。

吸引学员的注意力

作为培训师，你应该吸引学员的注意力。当然，你可以通过重申培训日程安排，对课程内容进行强调，你还可以通过视听手段来吸引学员的注意力。小组讨论，也应该精心安排，才能成为有效的学习手段。安排讨论时，作为培训师，你应该协调组员关系，并控制讨论进程。如果有发言的人在进行发言，当他或她发言结束后，提出了某个问题让全组讨论，这时你就不应该插手管理，应该让学员自行讨论。例如，你可以观看一场总统新闻发布会，看看这位领袖人物是如何对讨论内容进行控制的。作为领导人物，你有权告诉受训团队，该听谁的发言，以及决定在合理的时间选择合理的发言人。只有这样，你才能有效地对小组讨论进行调控。

应对挑战

作为培训班中的领导人物，你的一项重要任务就是维持在受训学员心中的领袖形象。他们认为你有能力发挥前面讨论过的领导者的作用，所以他们指望你能正常发挥你的领导作用。当你的领导地位受到挑战时，你应该直面挑战，以维持你的领导形象。如果你没能做到这一点，你就会失去学员的信任，学员会重新确立一位领导者。这样，你就无计可施了。在培训课程开始时，学员就把你放在领导者的位置上，注定了你应该发挥领导者的作用，而且你必须成功地做到这一点。同样的，学员也指望你维持自己的领导地位，与其他觊觎领导地位的人坚决进行抗争，在此过程中，你的态度应该强硬自信，而不是通过软性的手段来淡化这种冲突。

如果某个学员对你有所怀疑或者和你持不同意见，或者某个地位较高的学员希望自己被其他学员认可，或者是某个学员对你怀有敌意（经常是不相关的），他们都可能对你的领导地位造成威胁。也许那个学员认为她或者他关于培训课题懂得的比你多（或者他或者她希望其他组员这样认为）。也许那个挑战者不想参加培训，或者希望通过挑战权威和浪费其他学员的时间，被培训班开除。不管挑战是由于什么原因，你都应该正确处理。

首先你应该公开应对挑战。如果可能的话，尽量面带微笑，走向挑战者，不要走开或者站在桌子、讲台或者投影仪后面。你热情的微笑和从容的步伐会给其他学员一种暗示：你对自己很有信心，你是这里的领袖。这种暗示会让其他学员觉得放心。

然后开始疏通挑战者的抵触情绪。问问挑战者为什么会说出那些挑战你的权威的话，让他或者她清楚地说出具体的原因，鼓励他或者她说出自己的立场。如果挑战者是怀有诚意的，问题就能很快得到解决，而且你还可以把这件事当作一个学习机会，让学员就此进行讨论，或者你可以就此话题进行讲授。如果挑战者是一位地位较高的学员，你不妨暂时把领导地位让给他或者她，让他或者她的那个急需得到其他人认可的心得到满足。

如果挑战者对你的培训安排进行质问，自诩为培训班中的权威，在这种情况下，你可以通过提问来疏通他或者她的抵触情绪。当你提问时，其他学员很快就会明白，那个挑战者只是想参与，想得到大家的认可而已，这样其他学员就会站在你这一边。但是，如果挑战者对你的安排的质问是有道理的，或者挑战者确实是为整个受训团队说话，你仍然可以通过坦诚布公赢得学员的尊敬，热情地应对挑战者的质问，提问时步履从容，这些都可以让你得到学员的认可。

这就是典型的领导作风，当然，领导作风还意味着避免冲突。如果你的反应具有攻击性，或者你以独裁者的身份自居，那么你就会在这场争论中输掉，赢得争论的反而会是那个制造麻烦的人，他或者她干扰了课堂，反而还打败了你。如果你采取这种恶劣的态度，即使你赢得了这场争论，你也会失去其他学员的尊敬。相反，如果你坦诚布公，态度诚恳，你就可以把挑战者放到敌对的位置上，要求他或者她作出解释。不管挑战者的解释如何，你都会赢得这场争论，因为学员是和你站在一边的。

有时候会有人引发冲突，当然这种情况很少见，在这种情形下，你仍然应该热情地微笑，向肇事者提问，步履从容。如果必要的话，你不妨站在肇事者旁边；如果没有其他办法，你就应该避免与肇事者的眼神交流，走到他或者她背后去。如果肇事者从座位上站起来，转过身与你面对面相对（我从来没有遇见过这种情况，不过理论上说，这是有可能的）；同样的，你应该避免直接的眼神交流，走回到教室前面去。通过这种方式，你可以展示你的领导地位，这种领导地位赋予你主动拉开与肇事者的距离的权利，这样你就可以置肇事者以尴尬的处境。当然，最后我还得提醒一点，这种方式只能用来对付那些想使你尴尬或者对你进行攻击的人。这种方法带有文化偏见，不同文化背景下的人对此的反应各不相同。如果你的培训对象是外国人，不要使用逼近肇事者的技巧，因为对方有可能产生非常极端的反应。

一旦你发现肇事者的气焰降下去了——即他或者她开始作出解释，愿意与你合作，你就不应该得寸进尺。你应该保持微笑，继续提问。当你发现紧张气氛消失了，你可以走回到教室前面去，这样可以降低冲突性。如果对方穷究不舍，你可以再次逼近他或者她。一旦肇事者（和其他学员）开始放松了，你就应该走开，避免对他们造成压力。

应对沉默寡言的学员

受训学员之所以保持沉默，至少有以下两种原因：他们非常害羞，不敢发言；或者他们对培训有抵制情绪，但是又不敢公开干扰课堂。对于第一种人，你应该鼓励他们积极参与，这样他们就可以其他学员进行讨论，学习效率也会提高。第二种人也许会对你所教授的内容进行反驳，还可能在背后影响其他人。通过挑战你的威信和你所教授的知识，他们可能会对你大为不利。问题在于，除非通过询问，你无法知道学员属于那种类型。弄清楚那些沉默寡言的学员属于那种类型，是你的职责之一，因此你应该尽量鼓励每个学员的参与性。你可以通过和沉默寡言的学员谈话，从中发现他们的参与程度。

提供操作方法

我们已经提到，作为领导，你应该果断自信，你没有其他选择。在人们眼里，领导就应该是决断的、权威的。如果外科医生或者牙医优柔寡断、缺乏自信，你会怎么看待他们？如果飞行员对路线的选择犹豫不决，你会上他们的飞机吗？人们都希望处在优秀的领导者之下。

有两次，当我发表演讲时发生了火灾，一次是发生在楼下的房间里，另外一次是发生在隔壁。在这两次培训中，学员中碰巧有一名消防员，直到后来我才知道的。但是，在这两次培训中，当火灾发生时，学员都看着我，希望我告诉他们该做什么以及如何去做。后来，那名消防员告诉我，如果我当时给出了错误的指示或者忽视了使用报警器，他就会站出来说话。虽然以他的身份，他是这里知道该如何处理火灾的人，但是他依然期待这里的领导作出指示。

作为培训师，你的表现应该果断自信：

- 决断。不要在做选择时犹豫不决；勇敢去做。
- 永远不要道歉。当你出错时，就进行自我纠正，然后继续讲课（正如电视新闻播音员所作的那样）。人们不需要你的解释，也不想听你解释。当然，这并不是说，你可以态度粗鲁。你应该具备基本的礼节，例如，当你踩了别人的脚时，你应该立即道歉。但是，当你忘记了课程中的某个部分时，你要么忽略这部分内容，要么在其他地方对其进行补充，例如，你可以在复习时补充这部分内容。
- 避免冲突。利用苏格拉底式提问法（在第二章已经进行过详细的讨论）以及“问题映象”（在本章的后面部分会进行讨论），你可以紧扣一个问题不放，但又不至于引起极端问题。不要让学员成为你的敌人，不过作为培训师，你也应该随时准备为你所教授的内容正名。
- 一旦问题出现，马上着手解决。许多问题时间脱拖得越长，问题就会越严重。

关于提问与作答的技巧

通过提问，可以树立权威性，完成领导职责，还有助于提高学习效率。实际上，提问是你对学员进行管理的一种最为微妙的权利，因为提问的人总是控制谈话的人。

在谈话中，我们往往会沉浸在自己的思维当中，希望在谈话中能够一直思考我们所想要说的内容，而不是倾听他人的谈话。但是，如果我们能够对自己的大脑进行控制，让大脑思考如何提问，我们就可以将谈话朝我们所希望的方向引导，因为在你提问的同时，对方可能仍然沉浸在对下面要说的内容的思考之中。在培训中，这种情况尤为明显。通过提问，你可以引导学员自己开动脑筋。如果他们的回答是错误的，你可以帮助他们找出出错的原因，然后进一步提问。当学员自己找到了问题的答案时，他们才真正学有所获，因为这是他们自己的答案。你告诉他们的，只是你的答案，只有当你为他们构架了理解的桥梁时，你的答案才能变成学员自己的。

作为培训师，你所拥有的权利之一就是提问，并要求学员作答。正因为如此，可以说提问 - 作答技巧是一种强大的教学工具，通过这种方法，可以激发学员的学习动力，同时又可以避免引发冲突。

问题的分类

在培训中，你可以使用六种类型的提问：封闭型的、开放型的、整体型的、针对型的、转移型和回复型问题。① [426 页]

封闭型问题。在我们的社会中，封闭型问题是最常见的问题。对封闭型问题作答的答案应该是具体的，而且经常是详细的。以下就是一些典型的封闭型问题：

- 你叫什么名字？
- 在这个程序中下一个步骤是什么？
- 三个相关因素是什么？
- 这种信息可以用在哪些地方？

有时候封闭型问题的答案可能就是简单的“是”或者“不是”，不过封闭型问题的答案总是具体的。

当有人向我们提一系列的封闭型问题时，我们会感到自己是在被审问。我们对这种提问和调查会感到反感，因而会拒绝回答。但是，我曾经让一些处于各个权利层次和不同行业的学员写下他们经常对客户、下属、同事或者老板提出的问题，结果发现 70% 的问题都属于封闭型问题。大部分人都倾向于封闭型思维。

封闭型问题如此盛行的一个主要原因可能在于我们的教育制度，在教学中，教学内容总是以封闭型的方式，而且经常是按时间顺序，传授给学生的。另一个原因可能在于大众媒体，大众媒体总是提出一些简单的、直接的、便捷的封闭型问题，并且要求解决问题的答案也应该是封闭型的。还有一个原因可能在于我们的政治结构，对于开放型的问题总是给出一些封闭型的速战速决的解决办法。不管是由于什么原因，我们深深地被封闭型思维模式所禁锢着。在关于问题类型和功能这一小节的末尾，我们提供了一些小技巧，可以帮助你打破封闭型问题习惯。

封闭型问题的主要功能有以下几点：

1. 复习前面学习过的知识；

2. 迫使培训小组或者个人提出详细的解决问题的办法（正如做数学题一样）；
3. 测试所学知识、理解或者知识；有助于进行评估；
4. 通过提问进行控制；例如，通过详细地提问打消那些自诩为权威的人的气焰；
5. 当讨论跑题了时，可以通过提问使学员回答所学内容上；
6. 帮助思维混乱的学员梳理学习内容；
7. 可以通过提问鼓励那些害羞的学员回答问题，当然这些问题应该是他们能够回答的。

开放型问题。与封闭型问题直接相对的是开放型问题。开放型问题可以引导学习者进行讨论，而且它没有固定的答案。因此，开放型问题给学习者的压力相对而言要小很多，虽然这种问题也要求有答案，但是学习者思考的余地很大。当你给别人提开放型问题时，他们不会觉得自己是在被审问，他们可以自由言谈，说他们想说的话。开放型问题是低调的，当你以热情的态度，怀着极大的热情提问时，这种问题甚至可以作为一种引导谈话的方式。当然，在提问过程中，培训师应该有很强的倾听能力。在这一章后面的部分里，我们将讨论如何提高开放型问题的提问技巧。

开放型问题的主要作用有以下几点：

1. 引导学员进行讨论；
2. 得到的答案不仅有事实，还有学员的观点和感觉；
3. 创造一种开放的学习氛围，在这种氛围中，并不要求学员百分之百回答正确，这样就可以给学员较小的学习压力；
4. 面对挑战者时，通过开放型提问，可以明确你的强硬态度，但又不至于对学员造成威胁；
5. 通过开放型提问，可以发现学员已知的内容。

优秀的提问技巧往往是封闭型问题和开放型问题的综合利用。一般来说，可以通过封闭型问题来加快讨论进程，使之具体化，并针对某个具体的问题；通过开放型问题，可以使讨论多元化，扩大讨论范围，并使讨论进程慢下来，还可以对讨论进行评估。

整体型问题。整体型问题可能是封闭型的，也可能是开放型的，是向全体受训团队提出的问题，每个人都可以回答。整体型问题的作用在于可以把回答权交给每个人，激发每个人都去思考问题。这种问题可以激发全体成员的参与性，即使是没有发言的成员，也都会开动脑筋思考。

整体型问题有以下作用：

1. 激发学员开展讨论；
2. 使讨论继续；
3. 介绍新的课题或者篇章；
4. 展开话题，让每个人都有发言的机会；
5. 对于某个话题，可以得到不同的意见和评论。

针对型问题。与整体型问题相对的是针对型问题。针对型问题与封闭型问题或者开放型问题相似，只不过在问题开始或者结尾部分加了具体的名字。正因为这种问题指定了问题回答人，所以称其为“针对”型问题。这种问题的缺点就是，提问时把除了制定的回答人之外的其他人排除在外了，其他人可能会说：“谢天谢地，我没有必要回答这个问题!”如果对不同的人都提针对型问题，直到学员知道每个人迟早都会有被制定回答问题的机会，这样每个人都会主动思考，那么就可以弥补这种问题的缺陷了。

针对型问题的优点在于这些问题有一定的弹性。如果你所提出的整体型问题没有任何人回答，你就可以点名，制定一个回答人，这样就可以把整体型问题转化为针对型问题。但是，千万不要自问自答，因为这就表示学员在课堂中不用思考问题了。如果你给整体型问题指定回答人时，这个人不会回答这个问题，你可以继续制定其他回答人，直到有人主动站出来回答问题，这样讨论就可以开展起来了。

针对型问题有以下作用：

1. 激发学员开展讨论；
2. 让那些你认为他们知道答案的学员回答问题；
3. 鼓励沉默寡言者的参与；
4. 避免那些过于积极的学员抢占了每个整体型问题的回答机会；
5. 给小组领导或者那些学识丰富的学员被其他学员认可的机会；
6. 让那些夸夸其谈的人或者神游的人回到讨论中。

相对于整体型问题而言，针对型问题更为果断。如果需要的话，你可以综合使用这两种提问方式，但是应该根据受训团队的具体情况，协调两者的使用频率。

对于那些抵制情绪较强的团队而言，开始时可以较多地使用针对型问题；而对于那些具备合作精神的团队，开始时可以使用整体型问题。作为培训师，你应该综合使用两种提问方式，在不同情形下选择与情形相符的提问方式。

转移型问题。转移型提问就像小孩玩的“热土豆”游戏，当你不想回答某个问题时，你可以使用这种方法。你只需把问题转移给其他人，“杰尼斯，你是怎么认为的呢?”，或者“谁能够回答迈克的问题?”。通过这种方式，你不用回答问题，而且也不会显示你并不会回答这个问题。经常采用这种方式还是最终会使你露馅，而且这种方式会降低你的权威。

通过转移型问题，你可以把回答问题的义务转移给其他学员，这样你就有时间专注与自己的学习。学员都认为他们的老师肯定知道答案，但是正因为如此，他们把老师当作一种依赖，当作是回答问题的捷径。通过转移型问题，你就可以摆脱这种依赖，迫使学员自己开动脑筋思考，所以转移型提问方式是一种重要的教学工具。

转移型问题有以下作用：

1. 使其他人参与讨论；
2. 鼓励其他人的发表意见，而不是首先说出自己的看法；
3. 鼓励学识丰富的学员的参与；
4. 鼓励那些夸夸其谈或者神游的人的参与；
5. 避免自己直接回答问题。

回复型问题。回复型提问是指如果某个学员向你提出某个问题，作为回答，你再向这个学员提出这个问题。通过这种提问方式，你可以委婉地表示，你相信那些提出这个问题的学员完全有能力自己回答这个问题，他们应该进行认真的思考。当然，如果你以提问作为回复时，如果态度粗鲁，回复型问题就会失去其委婉性，这样就会造成偏见，其他学员会认为这样做有失公平。所以，使用回复型问题时，切记不要怀有敌意，态度应该热情，即使不能做到这一点，你也应该持中立的态度。

回复型问题有以下作用：

1. 鼓励提问者自己认真思考所提出的问题；
2. 当你觉得不应该公开自己的看法时，通过回复型问题，你可以避免直陈自己的看法；

3. 可以通过这种提问，打消那些挑战者的气焰；

4. 可以通过这种提问，给那些想要表现的人一个舞台。

还有一种情形，有些人明明知道某个问题的答案，可是还是提出这个问题，通过这种方式，他们可以引出对某个话题的讨论。当你回答这种提问时，你可以对学员进行控制，引导讨论的发展方向；如果你把问题又推回给提问者，你仍然拥有控制权，在这种情况下，提问者仍然拥有发言权，只不过对于你而言，处理起来要简单得多。

作为培训师，你应该在培训中综合使用各种提问方式。引导学员进行讨论时，你应该激发学员发言；为了使每个学员都有参与的机会，可以使用整体型问题。针对型问题和转移型问题；当你想从学员那里得到你所要的信息时，你可以使用开放型问题，向学员询问原因以及让他们举例说明，然后再使用封闭型问题，把问题具体化。

提问的目的

通过提问，可以达到以下五种目的：[②] [426 页]

1. 吸引注意力；
2. 获取信息；
3. 提供信息；
4. 引导他人进行思考；
5. 结束讨论。

优秀的提问者在提问时，总是知道自己提问的目的。作为培训师，你可以通过有意识地提出不同类型的问题，以达到不同程度的控制。

吸引注意力。我们通过提问吸引学员的注意力，对谈话进行控制。“你现在时间方便吗？”这个问题也可以吸引学员的注意力，通过它可以要求学员提供信息，因为通过这种提问，可以迫使学员集中注意力，并思考问题的答案。同样的，“你在听吗？”“你跟得上吗？”以及“对于这个问题，我的讲解是否清楚了？”等问题也可以起到这种作用。我们经常会听到“我能为您做点什么吗？”这个问题，该问题几乎无处不在，它也是提问者吸引对方注意力的一种方式。

最近我在电视上，看到了一位非常老练的谈判专家，他通过向对方提出一个简单的小问题，就削弱了对方对他的攻击力度。他的对手埋怨说他的同事态度恶劣，他就说他需要和他的同事谈一下当时的情形。其对手非常生气地说：“我想你是想去告诉你的同事，说我说他态度恶劣。”面对这种状况，那位谈判专家回答道：“我想这是不可避免的。你同意我这么做吗？”通过这种方式，这位谈判专家完全控制了整个谈话，有效地阻止了谈判变成关于谁在抱怨的无谓争论。这个小小提问，有效地阻止了对方的抱怨，让谈判专家能够把谈话引导到他们正在讨论的问题上去。

获取信息。对于提问的这种作用，我想大家都非常熟悉。我们往往会认为，所有问题的提出都是为了获取信息。在一定程度上讲，这种看法是正确的，但是，很多问题的提出都不仅仅出于获取信息这个目的，而是有其他目的的。在这里，我们就不对这种问题详加分类了。毕竟，你提出问题，就表示你希望得到答案，即你想要获取信息。

为了获取信息，最典型的提问方式就是封闭型问题了，因为为了提出封闭型问题，提问者必须在提问之前，确定问题答案的参数。因此，提问的目的就是为了填补这个空白，为了提供提问者所必需的信息。但是，有些开放型问题也是为了获取信息的，当你利用开放型问题来要求对方作出解释时（例如，“为什么？”或者“那是怎么回事？”），你的目的就是获取信息。

提供信息。对于提问的这种功能，你得非常注意。它意味着提问者具有优越感，这种提问听起来有一种居高临下的感觉。这种提问最常见的形式是所谓的“引导性问题”，例如，“你知道的不仅是这些，对吧？”或者“显然，你已经意识到自己是错误的，对不对？”使用这种提问方式时，除非你措辞非常严谨，不然就会使提问对方看起来很愚钝或者无知，所以在培训时一般很少使用这种提问方式。

这种提问方式适用于一种情形，那就是设定一种解决问题的情形。例如，“假定在条件X、Y和Z下，在某种情况下，事件a、b和c发生了，你会作出怎样的反应？”如果问题中给出的信息有助于回答该问题，提供信息型的提问方式就非常适用。除此之外，最好不要使用这种提问方式。

引导他人进行思考。这种提问方式在培训中最为有效，它可以引导学员进行思考。它经常以开放型问题的形式出现，例如，“为什么是这样的？”“如果……会怎样？”或者“你怎样解释这种情况？”通过这种提问方式，可以激励学员学习，使他们为学习做好准备，还可以降低那些自诩为领袖人物的学员的威信，或者说，通过这种提问方式，可以发现学员对某个话题是否感兴趣。这种方式是最具挑战性的提问方式，也是最能激发学员参与性的方式。通过这种方式，可以引导学员开展讨论，对某个结论作出验证，激励学员深入研究，还可以对当前的答案或者已经完成的任务作出建设性的反馈。这就是提问的教学功能。

结束讨论。最后一点，可以通过提问结束讨论。“我们大家都同意这一点吗?”或者“还有什么问题吗?”等，当你提出这些问题时，就表示讨论到此为止了。但是，提出这些问题，可以给学员留有最后讨论的余地，让他们最后把自己的想法或者观点说出来。这种问题的变体之一就是：“你是否准备好亲自尝试一下这些方法?”这个问题也可以让学员开始练习已经学习过的内容，通过这种提问，可以在已学知识和下面将要学习的内容之间构建关联。

当你准备你所要提出的问题，并在课程计划中记录下来时，确保你明确了你所提出问题的功能以及其类别。如果你的提问目标明确，而且在你提问时，你都是有备而来的，并能有效对提问进行控制，你就可以成为一个优秀的领导者。

提高你的提问技巧

提问是一种非常重要的培训手段，每个培训师都应该善于提问，实际上优秀的培训师都应该是提问专家。以下两种技巧可以有效地帮助你提高提问技能。

打破封闭思维习惯。要达到这个目标，你应该对其他提问方式都有所了解。我们许多人都被封闭型提问方式所禁锢，我们很容易提出封闭型问题。为了做到以同样的熟练程度提出开放型问题，你应该消除对开放型问题的偏见，选择适合自己的培训目标的提问方式。

下一次进行培训时，记得带上一台录音机。插入一盒一小时时长的磁带，在开始讨论时，让同事或者你自己按下录音钮，进行录音，直到盒带录满；然后听录音，并写下你在讨论中所提出的每个问题；将你所提出的封闭型问题下面画线；分析每个封闭型问题，思考对同样的内容提问时，如果采用开放型提问方式，该如何提问；写下新的问题，即开放型问题；重复以上操作，直到你已经完全习惯于采取开放型的提问方式。

记住，这样做并不是说开放型问题本身就优于封闭型问题。通过这种练习，可以提高你的开放型提问技巧，可以使你在培训中，即采用你已经习以为常的封闭型提问方式，同时又能综合利用开放型提问方式。

开展提问游戏。提问游戏本身并没有什么乐趣而言，它只是一种练习活动，其本身也没有什么令人生厌的，不过这种游戏的目的是可以给你带来愉悦的。下面讲的就是如何开展提问游戏：

当你和其他人（任何人）待在一起时，试试看，如果除了提问题，你不采取任何其他措施，你能让对方保持交谈状态的时间。从谈话开始，直到你自己不得不回答问题，或者你不得不采取除了提问之外其他的反应方式，就是你所应该记录的时间。当你自己不得不回答问题，或者你不得不采取除了提问之外其他的反应方式时，你就得重新开始游戏。你可以利用任何可以利用的机会进行这种练习。如果你的谈话对象是宾馆前台接待员、服务生、出租车死机或者飞机上你的邻座，这种练习就更为有效，或者说，更富挑战性。在交谈过程中，你可以利用高级倾听技巧（在本章的前面部分已经讨论过），来鼓励对方继续交谈。你从这种练习中会学习到的东西，我称之为问题映象。

如何提高你的提问技巧

1. 对你的培训课程进行为时至少一个小时的录音
2. 播放录音，记录你所提出的每个问题
3. 给每个封闭型问题画上下划线
4. 以开放型提问的方式重述每个封闭型问题
5. 必要的话，重复以上操作
6. 利用每个可能的机会开展提问游戏

通过这种练习，你会成为熟练的提问专家，不管发生什么事情，你的第一反应将会是提出问题。当有人对你提出异议时，你的第一反应将不是与之抗争，而是通过提问降低冲突。当学员犯了错误时，你不再不耐烦，而是向他或者她提出问题；当有人贬低你为创建变革所作出的努力，你不再暴跳如雷，而是向挑战者提问。这种提问的技巧可以帮助你对问题进行控制，记住前面讲过的，提问的人往往能够控制谈话进程。通过提问游戏可以加强问题映象，而问题映象反过来又会给予你控制权，这样，不管在哪种情形下，你都可以应付自如。

你可以和任何学员一起开展问题游戏。他们不会介意的，相反，他们会很喜欢这种游戏。我认识一位大学教授，他是我所认识的最好的提问者。这位优秀的提问者名叫内尔（Neil），他总是开展这种问题游戏。我问过内尔的学生以及同事，看他们是否喜欢同内尔教授进行交谈，他们的回答总是一致的：“他非常健谈，是一位很棒的谈话对象。”

提供合适的答案

到此为止，我们讨论的都是提问的技巧问题，但是你知道如何正确的回答问题吗？如果你所创建的培训课堂氛围开放，大家可以积极地交流看法，那么你需要回答问题的机会绝不亚于提问的机会。在回答问题时，你可以参照以下五个步骤：

1. 倾听：利用主动倾听技巧，努力去理解对方所说的内容以及言外之意；
2. 确认对方提出的问题：向对方展示你已经理解了他或者她所提出的问题。在这一过程中，仍然应该使用主动倾听技巧；
3. 请对方进行解释——如果有必要的话；
4. 回答问题：回答力求做到简要明了；
5. 试探提问人是否对你的回答满意：试探对方，看他或者她是否对你给出的回答感到满意。

除了遵循以上步骤之外，回答问题时还应注意，不要对提问人有任何蔑视行为，还有一点就是不要试图去回答自己根本就不会回答的问题，不会回答时直接告诉对方你暂时无能为力，可以在以后某个具体的时间告诉提问人答案，然后应该按自己所说的去做!

回答问题时还应该注意，不要转换了话题，或者提供的答案与问题风马牛不相及。如果你必须在回答问题之前先解释一下其他内容，你应该告诉对方这一点，然后再回到问题的答案。最后一点要注意的是，不要把两个问题合而为一，你应该分别回答每个问题，不然的话，你的回答不仅不会给提问者解惑，还会使他们更加迷惑。

倾听对方提问并确认问题时，除了确认自己是否正确地理解了对方的问题，你还可以作出其他反应。比如说，鼓励对方作出反应时，你可以采取比较中立的态度说：“我想想”或者“这倒挺有意思”。心理分析师经常采用这种方式。通过这种方式，你不仅可以向对方表示出你对问题的兴趣，还可以鼓励对方继续交谈。有时候，你这么做时，对方可能会回答他或者她刚刚提出的问题。

另一种反应就是提问，或者向对方获取更多信息。你可以提出一些对思维具有引导作用的问题，引导对方思考所提出的问题的其他方面，使其重新思考自己提出的问题。这种反应一般是指对对方提出的问题中的人物、事件、时间、原因和地点等要素进行询问，你表面上是在提出另外一个问题；实际上，通过这种方式，你可以使对方重新思考所提出的问题，你是在以这种方式对对方提出的问题作答。

第三种反应是重申对方所提出的问题。这是主动倾听技巧中的一部分，也是最为简单、最为保险的方式，向对方表示你在倾听，而且理解了他或者她所提出的问题。对对方的问题进行重申时，你可以考虑提问者的感受。在此过程中，你应该利用高级倾听技巧，帮助对方明确自己的态度。最后，你可以对对方所提出的问题作一个总结，这是主动倾听技巧中的最后一步。与其说这个步骤是对对方问题的重申或者重新考虑，还不如说它是对对方所说内容的考虑。

一旦你听清楚了对方的问题，并对它加以确认了，你就可以对问题进行回答并且检测对方是否对你的回答感到满意。通过练习，你可以提供自己的提问和回答问题的技巧，使自己在提问和作答时表现更加自如、更加专业。

非言语行为

到目前为止，我们讨论的都是培训师言语交际的各方面的问题。但是除了言语交际，培训师还以其他的方式与学员进行交流。下面，我们看看培训师是如何通过非言语方式进行交流的。

非言语行为有许多种形式。为了更好地说明非言语行为在培训中的作用，我们简单地把言语行为分为神态动作、空间关系、语音语调、文化行为，以及思维和表达习惯。通过以上每种非言语行为，都可以对学员进行不同程度的管理控制，还可以给学员不同的印象。最重要的一点是，以上每种行为都有助于增强你的领导力量。非言语交际的四种基本形式是：

1. 身势语言，或者说是神态动作；
2. 对水平和垂直空间的利用，即利用空间关系；
3. 语音语调和对关键词的强调；
4. 穿着——你的穿着全面展示了你自己。

神态动作

首先对手势、身体姿势、面部表情等作出研究的是社会科学家雷·L．波德威斯德尔（Ray L . Birdwhistell），他称以上行为为人体动作。到目前为止他在这个研究领域的研究也是最为详细的。波德威斯德尔称以上行为为神态动作，他的研究表明，人们通过站立、移动或者微笑等动作，向周围的人传递着丰富的非言语信息。波德威斯德尔试图寻找身势语言的完整体系以及其具体含义，不过成就甚微。[③]［426 页］

精神病学家保罗·沃兹拉威克（Paul Watzlawick）曾提出这样的理论：所有的交际都包含了两种不同形式的信息——我们所说的内容以及我们想通过言语与听话人建立的关系。[④]［426 页］沃兹拉威克相信，后者比前者更为重要。实际上，如果说话人和听话人没有在两人之间的关系上达成共识，就不会有内容的交流。换言之，只有当说话人和听话人都接受了他们各自在谈话中所扮演的角色之后，他们才能顺利进行内容的交流。不然的话，说话人和听话人就会为了各自的角色之争互相欺骗。这就是为什么培训师应该以强硬的态度立即应对那些对领导地位的挑战。如果学习者和培训师之间的关系没有确定，学员对你的权威进行着挑战，学习就不会有任何成效。

如何树立一个积极向上的形象

1. 步履轻快。如果必要的话，你可以事先设计好自己的出场步伐，从教室后门进去，然后大踏步走到教室前面去
2. 站姿笔直挺拔，千万不要把自己藏在讲台或者桌子后面
3. 微笑——真诚地微笑
4. 与学员保持眼神交流
5. 用充满热情的语调与学员打招呼——也要求学员使用同样的语调
6. 立即给学员安排学习任务，并让他们马上完成
7. 在教室四处转转——充分利用自己所能够利用的空间
8. 在培训开始时就应该树立诚信
9. 及早将每个学员的名字和面孔对上号

基于这个理论，心理学家阿尔伯特·梅哈必安（Albert Mehrabian）发现，当我们与别人进行交谈时，我们试图确定三种基本的关系。[⑤]［427 页］我们总是不断地基于下面三个因素对对方进行评判：（1）参与的程度（即，对方处于怎样的情感状态：他或者她非常热情吗？情绪沮丧？中立？情绪很坏?）；（2）对方对我们的喜爱程度；（3）对方对我们的控制或者从属程度。

通过语调、语速、面部神情、眼角或者嘴角的表情、身体姿势以及整体的身体表情，可以发现以上三种角色信息。梅哈必安认为，我们从孩童时起就开始学着阅读这种角色信息，现在我们也一直这么做，只是我们自己没有意识到而已。培训课程开始 60 秒之内，学员就会下意识地通过你的神态动作对你进行评判。作为培训师，请不要浪费了这开始时的 60 秒。在这 60 秒内，你应该确立你的领导地位，并让学员看到这一点，这样他们就会放心开始学习了，因为你的领导风范会让他们觉得自己是在受教于明师。

你所展示的非言语语言应该是非常明显的。图 3－1 显示了从 1 到 10 的非言语语言参与尺度。作为培训师，你应该处在该尺度的高端，也就是说你的参与应该积极热情的，当然不是说狂热。图 3－2 你应该表现出的对学员的喜爱尺度。同样的，你应该处在该尺度的高端，对学员喜爱，但是不是宠爱。当学员觉得培训师很关心他们时，他们学习劲头更足。最后，图 3－3 表明的是对整个受训团队的控制尺度。在这个尺度中，你应该处在更高端。你应该给学员这样一种感觉，就是他们的培训师控制着这个团队，你是他们值得信赖的领导，决断自信，但不张狂嚣张。

图 3－1 参与程度

冷漠昏沉 1 2 3 4 5【 6 7】8 9 10 异常兴奋

图 3－2 喜爱程度

憎恨 1 2 3 4 5【6 7】8 9 10 倾慕

图 3－3 控制程度

完全服从 1 2 3 4 5 6【7 8 】9 10 独裁主义

正如刚刚提到的那样，学员可以在课程开始后60秒内将你打量完，并给你定位。通过下面的方法，你可以控制自己给学员的最初关系信息：

- 步履轻快。如果必要的话，你可以事先计划好自己的步伐。例如，从教室后门进去，然后大踏步走到教室前面去，或者走到黑板或者挂图前，然后走回来，等等。
- 在讲台或者桌子前笔直站立，不要把自己藏在柜子或者替他物体后面。
- 微笑——真诚地微笑，态度热情友好，记住如果学员对你产生负面的第一印象，他们就可能对你产生抵制情绪。
- 与学员驳斥眼神交流。
- 充满热情的语调与学员打招呼。你用不同的语调说“早上好”，可能对学员产生的印象都不一样。一般情况下，我说这句话时，声音洪亮有力，而且我也要求学员以同样洪亮有力的语调回应我。
- 要求学员作出回应。这就是为什么我应该要求学员对我的问候作出回应。通过这种方式，传递给学员的信息是：我是这里的领导，我积极参与了，并要求他们也同样积极参与。
- 布置任务，如让学员填写名单，整理课本，调换座位，或者组成讨论小组等。通过这种方式，你不仅可以让学员知道你是这里的控制者，还可以在你紧张的情况下，给你时间去观察学员的非言语行为，揣测学员表现出的梅氏所提出的三种关系信息。
- 在教室来回走动，不管是在学员完成任务时，还是接受课程知识时。你应该充分利用教室空间。
- 建立你对培训内容的权威性，向学员表示，你是这方面的专家。

除了树立第一印象以外，你还可以在其他情况下利用梅氏的三种关系信息。当你面对挑战者时，你应该微笑，走进挑战者，并要求他或者她作出解释，这些都可以给挑战者传递积极的关系信息，因为挑战真很难拒绝那些对他们充满喜爱之情、并且积极应对你们的挑战的人，更重要的是，这个人还以自信的步伐走进他们。同样的，如果你想激发沉默学员的参与性，你可以向他们表示出你的关心。当你回答问题时，你也是在加强关系信息。当你站出来保护某个学员的权利时，你也是在利用积极的关系信息加强你的领导地位，这也是为什么你应该态度谦虚，但是永远不应该为自己的错误道歉。

空间关系

"空间关系"一词是由"亲近"一词派生出来。空间关系学指的是我们对空间关系的利用，从在一座大楼中选择办公室位置，到在人潮涌动的沙滩上选择一块最舒适的坐处，都属于对空间关系的利用。空间关系的主要因素包括房间布置等，我们将在第 11 章中谈到这一点。现在，我们仅仅谈谈培训师个人对空间关系的利用问题。

在我们的文化中，以及其他许多形式的文化中，领导者希望得到比其他人更多的空间，当然人们也会赋予领导者更多的空间。人类学家爱德华·T. 霍尔（Edward T. Hall）的研究表明，我们建立了许多隐形的界限，这些界限在很多情况下都存在。[6]［427 页］在北美，大约 1.5 英尺的空间距离就可以称为亲密关系。一般情况下，我们只允许那些我们非常在乎的人与我们保持这么近的距离。在公共交通工具上或者其他比较拥挤的情况下，当然我们不得不打破这种距离界限，但是当别人靠近我们时，我们还是会感到不舒服。这是人类在成长过程习得的一种特征，小孩子不会有这种特征，因为他们还没有懂得这种距离规则。

相比之下，从 1.5 英尺到 4 英尺的距离我们称之为随意的个人空间。在交际过程中，我们与其他人一般保持这种距离，人们交谈时，站立或者坐的距离一般在这个距离之间。2.5 英尺是正常的交谈距离，但是只要距离保持在 1.5 英尺到 4 英尺之间，人们都不会感到唐突。但是，一旦人们打破了这个随意的个人空间，我们就会觉得不自在，就像我们在一个拥挤的餐馆吃饭，如果坐得太近了，我们就会觉得不舒服。

作为培训师，与我们有关的空间距离是 4 英尺到 12 英尺之间。这是正式社交的距离，当我们与他人隔着桌子而坐时，我们一般也保持这种距离。更为重要的是，在正式的培训课堂中，我们与离我们最近的学员一般保持这种距离。如果你离学员过近，他们就会觉得不舒服，他们要么会认为你这么做是为了表示亲密，要么会认为你是在利用自己的权威侵犯他们的个人空间。这就是为什么我们在前面讲到，走近某个挑战者，是果断自信的象征，走进某个学员，是自己权利的表现。

爱德华·霍尔定义的第四种距离是所谓的公共距离，这种距离在 12 英尺以上。面对庞大的受训团队时，培训师经常也采用这种距离，这与正式社交的距离有点相似。

与人际空间距离相似的另一个概念是领土，这是一个文化概念。（注意，在这里我强调了“文化”这个概念，不同的文化中，关于领地的定义是不一样的。每种文化对于空间距离都有不成文的规定，但是如果对领土侵犯的界限和反应是大不相同的。如果你在美洲北部以外的地方乘坐火车，你可以发现他们对空间距离的限制和规定。）在北美文化中，我们界定我们的领土，然后在领土周围和领土之间树立标志。学员每天都回到自己的座位，如果有人占领了他们的座位，他们就会觉得非常不舒服，也是基于这个原因。在建立我们自己的空间的同时，我们也界定他人离我们的正常距离。教室前面的空间往往是最后被占领的。如果在学员眼里，此次培训只是一次公开活动，与他们并没有密切关系，他们会与培训师保持距离，坐在离培训师 12 英尺之外的地方。如果他们把这次培训看作是正式的商业活动，那么他们就会坐得近一点，不过仍然会保持在 4 英尺以外。没有人会坐在离培训师 4 英尺以内的位置上，因为毕竟培训不是随意的社交活动，更不是培训师和学员之间的亲密交往。

在我们的文化中，领导者往往拥有比学员更多的空间。作为培训师，你应该充分利用自己的空间。如果你想向学员展示自己的领导风范，你可以在教室四处走动，充分利用所有的空间。至少，你可以利用你前面的空间。如果学员允许，你可以充分占领这些空间，但是如果你需要的话，你可以占领更多的空间。很多人并不是很在于空间规则，你就可以好好利用这些规则进行控制，还不至于引发冲突。

在对空间距离的利用上，还存在着性别差异。在一对一的交谈中，北美男性很少与对方面对面站立。除非他们异常激动时，他们才会这么做，在生气或者非常亲密时，他们会直面对方进行交谈。但是，在正常的交谈中，他们会站立在与对方成 30°到 60°的角度上，这几乎是一项不成文的规定。如果在交谈中，一方的站立角度转换成了直接的、呈 90°的、面对面的角度，就意味着冲突和对立，正如那句俚语所说的，“咄咄逼人!”

但是，北美女性没有这么强的空间概念。面对面进行交谈是，她们并没有觉得不舒服。有趣的是，女人与男人进行交谈时，她们会选择 30°到 60°的站立角度。如果她们没有站这个角度范围内站立，交谈中的男人很可能就会表现出不自在、不安、盛气凌人或者顺从等行为，比如说，他们会提高讲话的声音，直视对方，威胁对方，或者相反的，拒绝与对方进行眼神交流，很勉强地附和对方、点头，或者很尴尬地微笑。

如果一名女经理走近一位男性下属，并和他面对面站立，不管谈话的内容如何，那位男性下属都会觉得这位上司傲慢、咄咄逼人或者过于强悍。也许他还会想出其他更加厉害的负面字眼呢。

相反的，如果一位女性下属走近一位男性经理，并与他面对面站立，很有可能他会觉得自己有必要在她面前展示自己的权威，或者他会认为这位女士对他有些意思，正在想法接近他。这样，就可能埋下性骚扰的隐患。

分析你所观察的周围的非言语行为，并观察公共场所中的非言语行为，你会发现70%左右的情况下，都存在这些不成文的规则。你可以利用这些非言语交际的规则，来缓解紧张氛围，保护学员不受彼此的空间侵犯，并在必要的时候加强你的权威作用。

加强你的权威作用时，不要把自己藏在讲台或者桌子后面。讲台或者桌子就是你的权威的象征，不过比起你对空间关系的利用而言，它们展示权威的作用就要被动得多。

垂直空间也非常重要。在我们的社会中，高度象征着权威。比如说，法官往往坐在高高的椅子上，传统的舞台都是建在眼睛水平视线之上的，顶层的办公室也往往是留给高级管理者的。只有当国王或者女王坐下之后，其他人才能坐。许多高级的房间在一端往往会有正式的平台，你站着，别人坐着，即使别人站着，你坐着也可以比他们高些。

正如前面已经提到的，当你在教室里站着时，在教室里向前走动，是一种权威的表示；相反的，向后走动或者一直呆坐在同样一个位置，会降低你的权威性。如果你向激发一位害羞的学员参与讨论，你提问时可以向后走。

最后还提一下对空间的利用。前面我们已经提到过，正因为很多学员并没有意识到你在使用空间关系，空间关系可以作为培训中一种强大的权威象征。但是，在使用空间关系时，务必非常小心。如果你体形高大，而且声音洪亮，你就完全没有必要利用空间关系来对受训团队进行控制；但是，如果你体形瘦弱，或者年龄比学员还要小，或者是一个男性具有统治权的团体中的女性，你会发现空间关系对于维持你的诚信和威信，非常有效。

语调以及隐含意义

在这一章中，针对受训学员，我一直在使用“控制”一词。对于这个词的使用，你有没有觉得厌烦？你是不是因为这个词，觉得我是个妄想狂？是不是如果我使用“影响”这个词，情况会好一些？如果我使用“操纵”这个词，你是不是有同样的感觉？

如果你和我所遇见的很多管理者或者学员们相似，你的答案可能会是：“控制”这个词用的并没有错，只不过有点过分，“影响”这个词是可以接受的，而“操纵”这个词具有敌对性。但是，不管我使用的哪个词，影响领导技巧都不会改变，只不过采取不同的措辞，你对领导技巧的理解会不一样，这种理解很大程度上说，都是受我描述领导技巧时的措辞所影响的。

所有的词语都有隐含意义，即使是介词也不例外。对受训团队进行控制的一种有利形式，就是利用词语的隐含意义。在最近的一项课程计划中，有个客户担心学员会觉得这次培训具有惩罚性，会因为被挑选出来而感到不满。我给这位客户提出了两点补救措施：

1. 应该在公司内部对这次培训进行宣传，把这项培训作为提升整个公司的客服形象的一个长期的项目。这次培训只是针对公司员工中的一部分人，比如说，办公职员，而对于公司其他员工或者管理者，会继续进行其他培训课程；
2. 应该明确阐述这次培训的目的：这次培训是公司为员工提供的一项福利政策，其目的是为了提高员工技巧，使他们工作更加得心应手。

事实上，以上两种阐述都没有错。公司确实对这些员工的工作技能不满意，希望他们能够提高自己的技能，只不过这一点没有明确说明。通过将这部分员工看作是整个培训计划中的一部分对象的陈述，以及阐述这次培训会给员工带来的好处，可以大大削减学员的抵制情绪，不会有人觉得自己是被挑选出来的。员工会把这次培训当作一次积极的活动，而不是惩罚，当他们走进培训课堂时，他们作好的是学习的准备的。

这不是在鼓励你说谎或者使用不正当的技巧，你只是在通过选择措辞，影响听话人的理解。选择那些可以促进积极的理解的词汇，对你对受训学员都有好处。但是，在选择措辞的过程中，应该非常小心，不要欺骗学员。人们都懂得委婉语的使用，那些具有积极含义的词汇能够避免学员产生抵制情绪。如果学员误解了你的讲话，或者对你的讲话进行了不正确的解读，他们就有可能产生抵制情绪。具有积极含义的词汇能够激励学员学习，还有助于创建一个积极的学习氛围。

你所使用的修辞方法也具有隐含意义。在 1980 年，贝弗利·海曼博士（Dr.

Beverly Hyman）作了一项有趣的研究，他对人们使用何种修辞手法以及这些修辞手法是如何影响人们的思维的等方面，进行了调查。[7] ［427 页］贝弗利博士请许多老师和学员谈谈他们自己的工作以及他们的目标，对这些谈话进行录音，然后播放这些录音并记录录音中的名词、副词、形容词以及动词。她想看看这些词语中是否存在固定的模式。研究表明，这些词汇确实存在一些固定的模式，而且非常明显。一半多一点的谈话中，大量充斥着诸如“稍等”、“控制着的”、“纪律”、“教训”、“束手无策”、“闭嘴”、“界定时间”以及“让他们看看”等词语和短语。比起对学校生活的描述来，这些人对监狱生活的描述用词更为确切。不过，另外一部分人，所调查的人数快到一半的老师，他们较多的使用诸如“带领他们”、“到……去旅游”、“坦诚布公”、“访问”以及“观察”等词语和短语。

通过这些词语背后的隐含意义，一部分人很快意识到自己是囚犯，而另外一部分人则意识到自己是旅行者。你更喜欢自己的教员是哪一种人？更确切地说，你更希望你的学员如何评价你？当你对自己的讲话进行录音时，注意自己所使用的修辞手法。如果你发现要找出自己使用的修辞手法很难，你可以对自己的某堂课进行录音，然后写下你所使用的所有的动词、副词、名词以及形容词，然后观察这些词语的风格。如果这些词语具有负面的隐含意义，你就应该停止使用这些词语，而试着使用那些具有积极隐含的词汇。

最后提的一点是，通过词语可以设定培训课程的基调。有时候学员会抱怨，说我总是在课堂中使用多义词。对于这一点，我感到很欣慰，因为这是我为我的培训课堂所设定的基调，这会让我的学员觉得学习有挑战性，而不是枯燥乏味。我遇见过一些培训师，他们在课堂中尽量把每件事情都解释得清清楚楚，使我觉得自己好像是个初级生。选择合适的语言时，你可以参照以下几点：

- 学员的教育水平；
- 与培训内容有关的技术词汇；
- 学员的性别（如果学员的性别不一样，你应该特别注意这一点）；
- 培训项目的目标；
- 你个人的培训目标；
- 当地以及学员的语言规范；
- 受训团队对下流话的态度（反应轻微还是强烈）；
- 受训团队对性语言的态度。

穿着

有助于设定培训课堂基调的另一种非言语因素是你的穿着方式。记住，学员对你的反应很大程度上决定于学员对你的第一印象，而学员对你的第一印象，主要产生于你的穿着。当然，这本书不是关于穿着的，有许多关于穿着的书籍，包括约翰·T. 莫罗依（John T. Molloy）的《穿着决定成功》。下面主要讨论一下穿着对培训师的影响。

作为培训师，你的穿着应该与受训团队相符。如果你的学员是银行出纳或者实地调查员，你穿一件价值800美元的套装，就显得不合适；相反的，如果你的培训对象是高级管理者，你穿一件125美元的聚酯特价衣服，就会给学员负面的印象。你的穿着应该与受训团队相符，但不要过于招摇。你可以先估算一下受训团队的衣着价格，然后确定你的穿着，你的衣着价值应该在学员衣着价值范围的中上游。

你的穿着应该相对保守一点。先估算一下学员穿着的新潮程度，你的衣着应该靠近比较保守的那一端。这种穿着方式可以帮助你赢得学员的信任。如果你只想取得学员的信任，而不在乎其他权利，你可以穿深蓝或者黑色的细纹两件套或者三件套西装；如果你只希望得到学员的热情欢迎，而不在乎权威，你可以穿褐色或者墨绿色西装。目前这些衣服的颜色和款式无论对于女性还是男性，同样适用。

你的鞋子应该非常舒适，而且和衣服正好搭配。不要穿小山羊皮的鞋子或者其他看起来很软的鞋子（比如，运动鞋），除非你的培训是在很轻松的环境下进行的，或者你的学员希望你穿成那个样子。还有，整天穿高跟鞋会让你很疲惫。

你的穿着应该合身。在课堂上，学员会几个小时地看着你，如果你穿的衣服过于宽松或者紧身。还有，请记住不管你穿什么样的衣服，你的衣着都应整洁干净。如果你看起来松松垮垮（衬衣皱巴巴的，没有经过熨烫，纽扣不整齐，或者鞋子掉了跟），你就会失去学员的尊敬。

男士最好穿套装；女士可以穿宽松裤或者裙子，男士便上装可以作为第二选择。对于女士而言，穿裙子或者套裙，比长裙或者宽松裤合适。在一定程度上，女士的这种衣着标准正在改变，但是，在普通情况下，还是遵守这种标准为好。在穿着上，为了保险起见，应该走保守路线。夹克的纽扣应该在上课开始前扣好，这一点对于男士是适用的，对于女士则尤为重要。

珠宝首饰会使学员分心，因此尽量少戴珠宝，尤其是不应该戴长的项链或者耳环。不要在口袋里装叮当响的饰品或者能够使学员分心的小玩具（例如，袖珍小刀，打火机或者手表等），而且避免使口袋鼓起来。

不要让头发挡住了你的脸部。在培训中，女士应该把头发别起来，避免头发遮住了脸部；男士应该剃须或者对胡须进行修理，不要让胡须挡住了脸部。

最后，在走进培训课堂之前，让别人帮你检查一下，看是否有拉链没拉上，衬裙是否露出来了，肩膀上是否有头皮屑，等等。

你应该注意衣着样式的改变。在20世纪70年代和80年代，课堂中的女性力求降低对女性管理者衣着的禁锢。也许我在前面所列出的衣着规则最终将不会对任何女性起作用，但是在90年代末期，培训课堂中并没有出现崭新潮流的元素。这就是说，保守原则永远适用。

形象咨询师格棱·保（Glenn Pfau）设计了一个简单的评分系统，这个系统可以对你的穿着是否过火或者不合标准进行评估。[8] [427页] 在这个系统中，对于以下每个特征加一分：

- 鞋子（每双加一分）
- 袜子（每双加一分）
- 套装
- 宽松裤（如果不是套装的一部分）
- 裙子
- 长裙
- 衬衣或者女衫
- 男士上装便服或者夹克（如果不是套装的一部分）
- 皮带
- 吊带袜（如果别人能够看见）
- 领带
- 领带结
- 丝巾（每条加一分，如果戴了不止一条丝巾）
- 手表
- 手环（每个加一分）
- 手镯（每个加一分）

- 项链（每个加一分）
- 别针（每个加一分，包括男士翻领别针）
- 耳环（每对加一分）
- 眼镜（每副加一分）
- 胸前口袋中的手帕
- 纽扣（对于每个与衣服质地不相符的纽扣，加一分，例如，铜质的宽松裤纽扣，皮质纽扣，大号的白色或者珍珠纽扣等）

计算你的穿戴所有的得分。如果你的得分低于 8 分，就说明你的穿着过于严肃，你可以穿得再轻松一点，或者佩戴一些饰品；如果你的得分超过 12 分，就说明你的穿戴有点过火了。我觉得这种评分系统简便易行，可以帮助你树立“权威形象”或者衣着得体的商业形象。

建立你的可信度

关于个人培训技巧的培养，还有一点应该进行补充说明。我们已经在前面讲到过，学员会在课程开始后的 60 秒内对你作出评价。如果他们对这 60 秒对的评价并没有把握，他们会对自己的评价持保留意见，但是在他们对你的最终的评价中，第一印象仍然占很大的比重。通过领导技巧，可以给学员传递一种坚强有力的信息，这种信息非常必要，但是学员还希望从你身上找到另外两种信息。你是否和他们有过相同的经历？你知道自己所讲述的内容吗？

上面的第一个问题是指同一性的确认。他们与你有相似之处吗？你属于他们中的一员吗？第二问题指的是可信度。你是否学识渊博？他们能相信你所讲述内容的正确性吗？学员会一直在这两点上对你进行评估。如果你能在培训开始时尽快树立自己的可信度，学员就不会怀疑你的权威，就会安心学习。

你应该一开始就处理好和学员的关系问题。在准备阶段，应该弄清楚学员的已知知识和他们想要学习的知识（见第一章），并从这些内容开始准备培训课程（详见第二章）。你还可以从案例分析或者学员经历中的关键事件开始着手。询问学员的理解状况，并根据学员的理解状况设计培训课程。我曾遇见过一位培训师，他的培训课程，全部都是基于在培训开始时学员所提出的问题而设计的。

作为培训师，你还应该帮助学员在已知知识和未知知识之间构建理解的桥梁。如果你是从学员当前的水平着手培训的，他们就会对你产生信任感。还有，如果你也曾处在学员现在的境况上，你应该告诉他们这一点，并利用你的经历作为例子，对学员进行讲解。你还可以引用权威的话，或者将其他公司或者其他项目作为例子进行分析。你应该对学员了如指掌，并且让他们知道这一点。注意不要在培训中炫耀你的才华，也不要自以为是，实事求是就可以了。

学习并且使用学员的行业术语，但是不要不懂装懂。如果你对学员的行业术语不了解，你可以向学员请教某些物件的名称或者某些操作的叫法。有问题就立即提出来，不要掩藏你的问题。对于学员给你提出的问题，也应该立即给出答案，如果你暂时无法回答，你应该在知道答案的第一时间告诉学员。

对学员应该具有宽容心，不要挑剔。你对某些内容进行讲授后，如果他们操作出错，你可以帮助他们进行更正，但是不要对他们进行批评。他们并不是来受训的。最好强调一点，永远不要道歉，不要故意屈尊，也不要嘲笑学员。对待学员，你应该态度直率，坦诚布公。

小结

这一章主要是关于你的，即关于培训师的。这一章的主要内容不是关于培训内容的，而是关于培训的主体如何使学员的学习变得简单些。你——培训师，是核心信息，这一章阐述的就是如何使你成为卓有成效的培训师的。

在本章开始时，我们强调了培训师应该树立坚强有力的领导形象，接着我们学习了领导者的角色功能，以及你应该如何发挥这些功能。然后，我们详细地探讨了提问的目的，以及提高提问技巧的具体方法。我们还讨论了如何对问题作答，以及如何提高倾听技能。

在培训项目中，非言语语言也起着非常重要的作用。我们探讨了如何通过神态动作、空间关系、语义以及穿着来控制你对学员的影响。最后，在本章结尾部分，我们讨论了如何在学员中间树立你的可信度。

练习

1. **你应该如何处理以下情况？如果一个学员说：**

    a. “我们老板永远不要这样做。”

    b. “这一点是不错，不过不切实际。”

    c. “在我上次工作的地方我们试过那种方法，不过它完全不起作用。”

2. **通过以下方法练习主动倾听技巧：**

    a. 观看电视新闻。在每个广告时间里，重复你刚刚听到的两到三则新闻。这样做并非易事，你应该坚持，不要泄气。坚持这种练习，你的倾听技巧会得到提高的。

    b. 在餐馆里，当服务员向你报菜名时，试着记住那些特色菜菜名。

3. **对你的正规的培训课程进行为时一个小时的录音。听录音，记下你所提出的所有封闭性问题或者措辞不严谨的问题，然后用开放性提问方式或者清晰直接的提问方式，对同样的内容重新进行提问。定期做这种练习，直到你的提问技巧得到提高。**

第二部分

培训计划和培训准备

简　介

这一部分主要是探讨的内容是课堂之外的培训计划和课程准备。这一部分内容中的八个章节针对的都是日常的培训准备，课堂上的讲授都是基于这些培训准备的。企业聘请某位培训师，往往是看重这位培训师的培训能力，希望培训师能够教授别人某种技能。但是培训和其他技能不同，有自己独特的技巧。一般情况下，企业聘请新的培训师，看重的是他们的授课技能，也希望他们能够出色完成培训工作中的其他任务。不管你发现自己处在哪种情况下，或者你正在对培训师进行管理，通过第二部分的学习，你可以提高自己其他方面的培训技巧，这些技巧对于成功的培训而言，是非常必要的。

在第四章中，主要探讨的是需求分析。只有当你清楚需要对什么进行改变，你才能策划如何进行改变。通过需求分析可以建立一种基准线。本章中关于需求分析的讨论主要是基于对操作进行指导的具体步骤，与实际联系十分紧密。但是，读者希望在第一版和第二版的基础上，增加更多关于资料收集的内容，包括对基本的统计分析的简述，所以，在第三版的这一章中，我适当地增加了关于资料收集的有关内容。

第五章以非常实用的方式，讲述了关于对培训所带来的改变的评估步骤，这些步骤鲜为人知，因为最培训的最终评估往往是最关键的，在这里我们探讨了进行公正评估的量化方法。在对评估方法进行探讨的过程中，我再次遵循了“化繁为简”的原则，对评估过程进行了简化。第五章涵盖了对学员进步进行日常评估的方法，可以帮助你对培训进展进行有效的评估。当然，本章着重阐述的评估方法，而不是统计知识。

第六章和第七章讲述了如何增强专业技术，以及如何通过合理组织授课内容，将专门技术传授给学员。在这里我仍然使用了简化的讲述方法，使内容简明易懂。本章中提供的方法适用于所有的培训场合，对于培训新手和培训专家都有一定帮助。

写培训项目报告，工作量很大。因此，为了解决这个问题，兴起了一种服务行业，包括成套的项目报告包、企业外部的咨询师以及专业的研讨机构等等。何时、何地以及该选用哪种服务，你可以在第八章中找到答案。

第九章是第二部分中最长的一章，详细探讨了视听手段和电子教学手段在培训中的应用，包括每种视听和垫底手段的使用，租赁和购买孰优孰劣的比较，预算以及如何获取这些工具。实际上，这一章涵盖了关于视听教学手段的所有知识。除此之外，本章还提供了一些自创教学手段的小技巧，特别是针对与录像设备的使用方面的技巧。

第十章讲述的是在培训领域科技的发展状况。我们探讨了科技的发展进程和发展方向，科技每个发展阶段对培训的影响，及其积极方面的和负面的作用。在这一章里，提供了关于如何设置计算机辅助培训课程的操作模式，还提供了 CD－ROM 多媒体教学工具的购买或者引进标准。另外，除了课堂教学以外，还有远程教育和虚拟现实，我们了解了一下这两种教学方式的有关知识。

培训的一个重要因素就是开展培训的物理环境。第 11 章中阐述了对培训环境各方面的要求，以及如何建立一个有利于学习的培训环境，包括在企业内部的和企业外部进行的培训环境。

本书的第一部分和第二部分涵盖了一名培训师所需掌握的所有技巧以及背景知识。在第三部分中，我们将探讨这些培训技巧和培训知识在三个主要培训领域中的具体应用：团队创立、管理培训和销售培训。在第四章中，我们主要探讨的是如何进行培训管理。在最后一部分，即第五部分中，我们讨论的是在跨世纪时期以及 21 世纪中，关于培训的几个主要问题以及培训的发展趋势。

第四章

开展需求分析

需求分析是指对各企业内部是否有进行培训的必要性的考察。进行需求分析，就必须收集资料，通过这些资料你可以对企业所希望或者所需要达到的变革作出估算。需求分析有以下三种作用：

1. 通过需求分析，可以发现企业现行的做法；
2. 通过需求分析，可以估算企业所希望达到的最终结果；
3. 通过需求分析，可以对培训项目进行初步的成本预算。

为了进行成本分析，首先你应该收集关于现行状况的有关资料，接着将这些资料与管理者所希望达到的状况进行比较，或者与由市场情形等外界因素所要求的表现水平进行比较，然后将达到这些变革所需的成本与维持现状的成本进行比较，或者与由这些变革所带来的投资受益进行比价。通过需求分析，你应该能够确立培训所要达到的总体管理目的。

虽然需求分析是建立培训项目的一个重要步骤，但是企业往往过于强调它的重要性。在我所接触到的公司中，不止一个公司曾雇佣咨询公司为他们作需求分析，但是最终他们没有用上任何分析结果，照样启动他们的培训项目，因为咨询公司进展太慢了。等到咨询公司的需求分析结果出来时，公司的培训部分项目已经开展得如火如荼，那些分析结果完全派不上用场。所以说，需求分析只是进行培训的一种方法，而不是对培训的补充。

出现这种问题，主要是义务进行需求分析并不是一件很困难的事情。实际上，进行需求分析所需要做的全部工作，就是收集资料。资料收集，或详或简，完全由企业需求所决定。那些倾向于利用数据作出决定的公司，收集的资料往往及其详细具体。但是，如此详细具体的资料往往没有必要。正常情况下，需求分析从开始策划，到全部结束，应该在三到四个月的时间内完成，这样才能确保所收集的资料是最新的，这种资料才有使用价值。

需求分析的第一种作用是确定培训的基准线，通过基准线，你才可以对培训进展进行评估。只有基于对企业现状的了解，你才能知道通过培训应该达到哪些变革，并对培训效果进行评估。你可以通过这种方式，对你自己的进步进行评估，也可以对培训给企业带来的影响进行评估。

除此之外，需求分析还有其他用途。启动培训项目，总是需要一定成本的，如果培训没有给企业带来任何效益，这项支出就很难收回。正因为如此，总有人觉得培训师的工作是可有可无的，尤其是财务部门往往会以这样的态度示人。他们会说："对员工进行培训是不错，但是我们工作的主要目的不在于此。"如果企业财务受到限制，首先应该减少开支的就是培训部门。通过进行徐步求分析，就可以在成本上，为你的培训项目正名。作为培训师，你应该时刻给公司其他部门这样一种印象，那就是花在培训上的资金，最终会让整个公司受益。如果可能的话，你应该证明培训带来的受益可以弥补或者远远超过培训方面的开支。要作出这样的辩护，你应该从需求分析开始。

最后要提出的一点是，通过开展需求分析可以为将来培训建立资料基础。虽然培训的目的是为了促成变革，但是传统意义上的培训一般都处在管理的"软性"活动中。管理活动，从高级管理人员到商店领班，都是基于具体的数字和硬性的资料。直觉也好，理论也好，交际技巧也好，如果它们最终带来的利益抵不上培训的开支，如果它们不能带来更高效率的生产力，即更多的订单、更多的产品和更多的支票，从传统意义上讲，它们就没有任何意义。大部分认为，培训是软性的，可有可无，并非必需的。而通过开展需求分析，可以从数字根据的角度为培训正名，特别是在培训需求并不明显的情况下，开展需求分析尤为重要。

预计培训寻求：前摄，但不被动

虽然近来很多公司都把培训项目作为公司战略计划的一个重要组成部分，但是在美国许多培训项目的启动依然是很被动的。如果管理阶层发现公司有进行培训的需要，才会创建一个培训部门以满足对培训的需求，或者如果公司已经设立了培训部门，公司就会通知培训主管开展新的培训项目。这种方法大家都可以接受，但是在现实生活中，高级管理者很少能有时间或者远见去预见培训的需求性。当他们发现培训的需求时，往往为时已晚。许多培训项目往往都成了急救措施，是在仓促的情况下决定和进行的，没有预先通知，也没有进行详细的预期分析。管理者们需要的只是结果，立竿见影的效果！因此，公司经常只用一天的时间完成为时两到三天的培训，而用一到两周的时间对新的项目进行研究、分析、报告以及测试。培训者被逼无奈，只好速战速决，力求在尽可能短的时间内完成尽可能多的培训任务，而且突如其来的培训需求往往令培训部门措手不及。

把培训师看作是前摄的咨询师，这才是对培训师正确的定位。传统的被动做法经常给培训师很大的时间压力，他们往往不得不速战速决。如果把培训师定位为前摄的咨询师，就可以给他们充足的时间进行培训需求分析，并为培训做好充分的准备。这样，培训师才能预先发现公司的主要需求，而不是仓促行事。需求分析就是开展这项前摄工作的重要工具。

在前面我们已经提到过，需求分析主要就是对资料的收集。以下六点就是收集资料并从资料中得出结论的主要操作步骤：

1. 对标准信息源进行检测，以便提前发现潜在的培训需求；
2. 挖掘在每个领域所存在的问题，并看哪些问题是与培训相关的；
3. 收集描述公司现行表现水平的资料；
4. 评估培训的可行性，看通过培训是否可以解决公司存在的问题；
5. 定义培训项目的规模和范围；
6. 估算培训项目的成本。

需求分析的信息源

关于公司的现行惯例以及将来的发展方向，你可以参照以下五个方面的信息进行考虑：管理状况、客户或者终端用户、政府、员工以及科技。

管理状况

传统的被动的培训方法完全是针对于管理需求的，管理状况是进行培训的唯一信息源。虽然我们推荐使用前摄的培训方法，我们还是来看一看在被动阶段收集信息的指导原则。

信息收集。向管理者询问以下问题：

- 谁是受训对象？
- 受训团队的结构性质是怎样的？
- 是由于什么问题，必须开展培训项目？
- 管理阶层希望这项培训能够带来哪些具体的效果？
- 此次培训的时间限制是怎样的？
- 此次培训的资金预算是怎样的？（如果询问这个问题合适的话）
- 管理阶层预期有哪种程度的结果？

首先从确立受训对象开始，记住受训对象远远重要于培训内容。受训团队的结构性质是怎样的？这个问题包括受训团队的人数以及对受训成员的描述，例如，受训成员的平均年龄、性别、教育水平、经历和所在地（如果公司部门分散在不同地方）等信息。

接下来，找出是由于什么问题需要进行培训。也就是说，你必须知道管理阶层对公司现行状况的评价。管理层通知你去解决问题，就表示他们对现行状况有充分的了解。在此过程中，试着去发现管理层希望通过培训达到那些具体的效果。这些对培训的问题，会启发你对培训项目的思考，对你很有帮助。

公司给你多长的时间进行培训？公司限定的时间是否足够对那么多人开展培训？你是否因为公司的时间限制不得不控制培训的知识深度？另一个很重要的因素就是成本，虽然并不是在任何情形下，成本都被提到首要位置，成本仍然是你所必须考虑的重要因素。公司提供的预算是否包括了足够的培训开支？如果公司各部门独立运行，或者公司实行的是事后报销的制度，成本问题就是一个非常重要的因素。

最后一点，管理层希望培训达到什么样的效果。如果管理层仅仅是希望你给公司的每个员工进行基本的指导，你就不用担心学员是否能够把所学知识应用到工作中的问题。相反的，如果他们希望通过培训，每个学员的技能都有一个全新且你应该给学员更多的指导以及训后辅导。

前摄信息收集。要做到前摄，你必须找到相应的方法对管理层的培训需求进行预测。一旦公司高级管理人员突然找到你，并让你在两个月的时间内完成他们所要求的某种培训，你应该能够迅速作出反应，并高效地完成培训任务。你应该随时做好准备。对管理层的培训需求进行预测，可以参照以下几种方法：

1. 与采购部门保持良好关系，并向他们询问有关订单以及新设备需求方面的信息，这些需求可能会促成对培训的需求。
2. 如果你所在的公司设有房地产部门，不妨与房地产部门建立联系。如果公司筹建新的厂房，很有可能公司需要对新员工进行培训。
3. 如果你是为上市公司工作，你可以阅读公司的年报，并对公司的前景预测、生力军、扩展计划以及发展方向等方面的信息多家关注。
4. 让公共关系部门的员工把公司总裁或者其他主要执行官的演讲副本传给你，从他们的演讲中，观察他们对公司前景的预测。如果你所在的公司没有设立公共关系部门，你可以拜托老板秘书为你提供这方面的信息。
5. 与公司管理者建立良好的战略合作关系。大部分高级执行官经常召开评估性会议，对公司现状进行评估，对公司发展趋势进行探讨。这些会议中经常包括实现预期计划的想法，这些想法往往就是作出决策的基础。所以，你应该要求参加这样的会议。在会议中，你可以观察管理层的需求。如果你没有权利参加这样的会议，你可以让参会者将潜在的培训信息告诉你。如果连这一点也实现不了，你还可以让公司给你一份这次会议的记录册。如果公司制度允许的话，你可以从秘书、主管、复印负责人或者复印室或者传达室职员那里获取会议的记录册。这些会议往往是关于公司潜在培训信息的最佳信息源。

你最好在非正式的情况下获取这些信息，这样就可以避免经过多层关系的许可或者对所获取的信息进行备案。但是，你所进行的这些联系也不应该是隐秘的，或者是以不可告人的方式进行的。你应该尽可能所在遵循公司的规章制度。如果可能的话，尽量以非正式的渠道获取这些信息；如果行不通，你可以试试正式的渠道来获取这些信息。

客户或者终端用户

通过前摄分析，可以发现公司的问题所在，公司会发现通过培训可以解决这些问题，这样就产生了对培训的需求。一般情况下，公司会有一定形式的客户反馈，例如，客户服务或者投诉部门、市场调查、接待员或者货运部门。事实上，通过任何与公司客户或者终端用户有直接联系的部门，都可以对客户反馈进行推测。你可以通过这些部门，发现以下方面的信息：

- **客户投诉的数量和种类。**如果可能的话，将每周和每月的投诉以及有关条例、服务和员工的投诉整理成文档。任何有数据依据的投诉都可以成为开展培训的理由。

- **服务记录。**如果服务电话过于频繁，就说明服务质量不过关或者不到位。假如你的公司生产硬件产品，你可以对服务频率进行观察，包括不同服务类别、部门以及服务人群的服务频率。可以开展培训，有效地解决以上问题。

- **客户服务。**在本章后面的部分中，会提到一种技能，这种技能来自于汤姆·彼得（Tom Peter）的名言“通过四处观察进行管理”（Management by walking around），简称 MBWA。通过简单的四处走走，就可以发现公司的进展情况，对于收集需求分析的信息而言，没有什么方法比四处观察更有效了。你可以观察客户是如何同公司员工进行交流的。是否存在什么问题？你能够找到一系列的案例，来说明公司有开展培训的必要。

- **客户调查。**经常旅行的人都知道，不管在宾馆里，还是饭店中，客户调查真可谓无处不在。客户调查，是一种有效的收集资料的方式，通过客户调查，可以对员工表现进行评估，以此决定是否需要对员工进行培训。考虑到那句俗语“客户永远是对的”，你会发现客户调查这种发现特别有效。通过客户调查得出的培训需求，往往最后说服力。

政府政策

大部分管理者都会注意到政府政策变革对公司运作的影响。政府政策变革往往不会是突如其来的，首先政府内部需要对变革进行争论，再经过媒体报道，最后才会进行实质性的变革。所以，对于将会发生的变革，每个人都会提前有所了解。但是，企业策划培训的步伐往往跟不上政府变革，导致员工的表现不能适应新的政策，最后企业不得不在最后关头仓促开展培训。

1995 年春天在马萨诸塞，我通过转变补助（福利）部门、失业及培训部门、工作培训及教育有限公司一起开展工作，进行需求分析，并提出关于培训的相关建议，以便他们能够为将要发生的变革提前做好准备。但是，即便需求分析和培训建议的工作都完成了，我们还必须等待必需的培训资金来启动培训项目。等资金问题解决了，培训项目还没开始，这样我们不得不在最后关头仓促进行培训。如果管理者们有远见，对将要发生的变革有前摄的预测，情况就会好得多。在我所在的马萨诸塞那个区，有一门课程专门针对如何对将要发生的变革作出反应。但是，还有很多区，很多州，往往对那些将要发生的变革措手不及。

每个人都知道新的政策将要出台，大家本来都可以为将要发生的变革做好准备的，可是大部分人往往都不能很好地对这些变革进行预测。不要坐以待毙，你应该时刻关注政府的政策，及其对你所在企业的影响。

特别要提出的一点是，你还应该关注工会及你所在州的相关政策，以及任何会对你所在企业产生影响的法律案情以及讼案。最后一点，你应该阅读议会听讯中与你所在行业相关的内容。

员工表现

经常从员工表现中也可以发现是否有开展培训或者再次培训的必要。你可以从以下方面对员工表现进行观察：

● **旷工情况和流转率**。如果发生这些情况，成本就会很大。当然，员工旷工或跳槽，有很多原因都不是通过培训就可以解决的，但是通过开展培训或者再培训，可以部分解决这些问题。

● **工会协商的立场**。也许你所在的企业不属工会管理，但是总有一天，你所在的企业可能会因为处在工会管理之外或者招聘工会企业的员工，而付出一定的代价。独立发展的工作团队就是一个恰当的例子。在过去的十年里，团队成了工会的一个主要问题，管理者们故断需求保持竞争力的方法。许多工会发现，对其会员公司的输入及工作程序进行控制，会对会员公司大有裨益。因此，工会对企业施加压力，希望企业能够以合同的方式承诺，给员工体会独立发展和培训的机会，这样才能确保工作团队的发展和工作环境的改善。在美国，对于企业而言，工会是一股强大的力量。通过观察工会的需求，培训师能够对将来培训项目的开展进行预测。

● **公司外部的研讨会**。公司外部的专业研讨会或者大学课程开展的次数和参加人群，都是你应该关注的对象。这些活动也可以成为你的培训内容之一，例如，如果对商业写作课程的需求很大，培训部门就可以在公司内部开展商业写作课程的培训。有的公司制度规定，想要获取某种重要职位，应该进行某些课程的培训，比如说，新上任的主管进行参加主管培训课程。在这种情况下，培训部门就可以对将要开展的培训项目持前摄的态度。

● **与离职员工的访谈**。如果公司会对离职员工进行采访，你可以同人事部门的采访负责人一起对采访内容进行研究。找出离职员工对公司不满的原因，并从中发现与培训有关的问题。

● **员工调查**。在本章后面的内容中，将谈到如何进项调查，可以对你的调查工作进行指导。你也可以采取其他调查方式，你可以利用公司内部资料或者员工意见箱对员工进行调查。

科技发展

如果你所在的培训部门到目前为止，还没有对新上任的经理进行文字处理或者计算机应用方面的培训，这方面的培训迟早会要开展的，你应该随时做好准备。作为培训师，你应该时刻关注对工作场所有影响的科技发展，例如，电子邮件、互联网以及互动视频电话等科学技术正在发展中。一旦这些技术普及了，你就应该为开展这方面的培训做好准备，通过这些技巧的培训，可以使公司顺利地适应科技的变革。

目前，很多公司正在试行“在家开展工作”的新项目。一旦证实这些项目切实可行，就有必要开展实战培训，以便使公司能够通过规章制度以及科技手段对在家工组的员工进行监控。

小结

几乎所有对培训的需求都源于以上五种监控领域中的一种或者几种。也许你无法对以上五种情况都进行监控，你只能对一到两种情况进行观察，没关系，这也是可行的。你可以选择你所认为最能反应公司培训需求的两种情况，然后对这些情况进行追踪观察。这种追踪观察的目的，是为了使你在对公司的培训项目进行策划的过程中，起到领导的作用。即使公司的培训项目已经由管理层指定了，这种情况很普遍，你还是可以把你的培训项目与具体的培训需求联系起来，用事实证明为你的培训项目正名。

不可否认，以上五种信息来源只能帮助你发现问题。在你收集信息，确定公司现状之前，你应该首先决定，通过培训，能在多大程度上解决你所发现的问题。这就是我们下面要讨论的内容：识别问题所在。

问题的类型

并不是你所发现的每个问题都与培训有关。如果想通过培训来改善一个与培训无关的问题，你注定会失败。培训并非是万能药，它只能改善某些问题，要解决其他问题得对症下药，使用其他办法。

在你的调查过程中，你可能会发现四种类型的问题：（1）系统性的；（2）结构性的；（3）动机方面的；（4）技能性的。

系统性问题

多年来美国的铁路系统一直存在着问题，而在其他许多国家，铁路事业正蓬勃发展。我们的铁路系统一度曾是我国的顶梁支柱产业，为我们带来过巨大的财富。出现了什么问题呢？关于铁路系统的问题，专家们各抒己见，但是他们所有的意见可以总结为一条：体制上面的问题。我们的政府系统、新兴的交通方式以及其他各种因素都导致了铁路枢纽重要性的降低，即用途的降低。通过培训是无法革除这个问题。系统方面的问题主要是与系统运作有关，与系统的性质或者立场无关。培训是无法阻止低峰时期的到来的。

现在，纽约的许多小型商企不得不关闭他们蒸蒸日上的生意，问题在于他们20年的租赁期已满，而房东因为没有受到严格管制，居然将房价提高了800%。通过培训也无法解决这个问题。要想解决这个问题，首先得从体制上进行改革。这种系统性问题是普遍存在的，如果你在监控中碰到这种问题，你只能置之不理，因为通过培训是无法解决这种问题的。

结构性问题

我曾经遇见一位客户，虽然他的生意涉及几百万美元，但是他坚持公司的每项决定都必须由他亲自作出。在欧洲和澳大利亚的操作程序，必须等到在纽约办公的他空下来后才能作出决定。这种操作方式毫无效率可言，而且会造成很多问题，但是这些都不是通过培训就可以解决的。问题在于这家企业的结构，而且这位客户不能授权与他人。

在另外一家企业中，由于中层管理者停止其他操作，全力以赴解决客户投诉的问题，而导致客户服务部门完全瘫痪，无法正常运行。问题是由底层管理者的错误决策造成的，但是却让客服部门的所有成员都不能着手去解决投诉的问题。虽然通过对那些经理们进行再培训可以使问题有所改善，但是只要那项错误的决策没有废除，问题仍然会存在。这是结构性问题的又一个例子。除非结构方面的弊端都消除了，不然这种问题仍然会存在，因为通过培训是无法解决这种问题的。

动机方面的问题

公司经常希望培训部门能够对员工起一定的激励作用。当然，通过培训可以激励员工，但是培训结束后，如果员工的工作环境还是没有得到改善，结构性问题依然没有得到解决，工作枯燥乏味，还得经常性的无偿加班，除此之外，还存在其他问题，他们的工作激情还是得不到提升。培训的主要作用不是激励员工。可以通过培训，提高管理人员的员工激励以及团队合作方面的技能，但是如果公司体制并不能通过奖励措施来激励员工，也不能改善员工的工作环境，那么开展这方面的培训也是徒劳的。培训是一种激励措施，而且通过培训应该可以对员工起到激励作用，但是仅仅靠培训是无法鼓舞员工工作激情的，还得同时解决其他问题。

技能方面的问题

培训的实质就是解决技巧性问题。在我的授课中，经常有人会问我培训与教育的区别。我认为，培训是传授技能的行为，而教育是传授知识的行为。其区别在于，培训是为了取得某种效果，这种结果往往表现在受训学员技能水平的改变上；而教育的概念则比培训广泛得多，也抽象得多，教育不是为了取得某种效果，其关注的是学生是否可以及格，是否可以运用所教授的知识。当然，培训也有教育的作用，但是它必须取得具体的效果，必须教授可进行评估的技能。

通过培训可以解决技能方面的问题。当出现了问题时，在全民开展需求分析之前，你应该首先问问自己，“这是有关培训的问题吗?”如果答案是否定的，就没有必要进行需求分析。如果这确实是有关培训的问题，那么你就应该进行下一个步骤，收集资料并确定公司的现行状况。

资料收集

如果没有进一步的信息，你就无法确定你所发现的问题的性质。如果你所发现的是技能方面的问题，那么你接下来需要收集资料并确定公司的现行状况，这是你对培训进行评估的基准线。即使你现在还无法确定你所发现的问题是否属于技能方面的问题，发现问题以后，你接下来要做的工作仍然是收集资料。当然，如果你所发现的问题明显与技能无关，你就没有必要继续资料收集的工作了。如果你对所发现的问题有所怀疑，或者这个问题明显与培训有关，那么你就应该确定公司的现行状况，也就是说，你应该可以肯定，开展培训是非常有必要的。

你应该不断地问自己，“我需要哪方面的信息?”换句话说，出现了什么问题？涉及哪方面的技巧？这些问题对公司资金状况有什么影响？这些问题背后存在着哪些政治方面的或者结构方面的问题？

接下来，确定你想如何使用所收集的资料。这些资料是开展培训项目的基础吗？你是将这些资料作为向管理者为你的培训项目证明的工具，还是作为表现自己的政治工具？也许你可以通过这些资料，说服那些被这些问题牵涉到的人采取某些措施。你是否会利用这些资料来激励学员？你可以选择以上方法中的一种或者综合运用以上方法，这些方法能够提供你所需要的信息。

到目前为止，你还必须决定你将如何解读并阐释你所发现的问题。管理者们往往对数据以及统计结果感兴趣。但是，有效的需求分析有可能不包含数据，而且经常会是这样的。毕竟需求分析无需做得过于复杂，实际上，需求分析应该尽可能的简单实用。

在很多情况下，非正式的需求分析就足够了。在需求分析中，你定义了公司的现行状况以及所需要达到的培训效果，此外，你还应该在需求分析中包含关于关于受训对象的资料。只有当你需要真实的数据去说服别人，或者当受训对象数目非常大，你不得不进行抽样分析时，你才需要作统计分析。

但是，正如欧克姆的剪刀一样，最好的操作步骤往往是最简单、最有效的。

统计资料

对于那些觉得数学很具挑战性的人而言，“统计”这个词可能会让他们觉得紧张、担心。其实，完全没有必要紧张。统计只是一种工具，这种工具将直接的可观察的事实、事件或者行为转化为可使用的数学资料的，然后再把这些数据转化为信息。

数据与信息的区别

在这里，我将“数据”定义为事实或者数字的集合，而把“信息”定义为可以从这些数字中得出的结论。虽然这两个术语经常可以互换，但是它们的所指并非相同，我们应该把它们区分开来。数据本身是没有任何意义的，它们只是随意的事实，或多，或少。如果我们从这些数据中发现一定的模式，或者利用这些数据得出结论，我们就是在创建信息。数据是进行研究的原始资料，而信息是经过处理了的资料，是成品。统计数据就是处理信息的主要工具。

描述性统计数据

有两种类型的统计数据：描述性的和分析性的。描述性统计数据，正如其名显示的那样，是一种对一系列的事实、观察结果或者事件进行描述的系统。分析性统计数据是一种基于一系列的以文档形式呈现的事实、观察结果或者事件而进行预测的系统。从其渊源来看，描述性统计数据先于分析性统计数据而设计。描述性统计数据是用来对任何给定的现状进行描述的，所以当培训师开展需求分析时，这种统计方法会起到非常大的作用。值得庆幸的是，这种统计方法是两种统计方法中比较容易掌握和使用的。

我们大部分人可能都对分析性统计数据不陌生，因为政治投票就是采用这种统计方法。如果候选人甲某某的支持率只有26%，那么他或者她就只有三分之一获胜的机会。我们可能都对这种陈述很熟悉“根据6%的投票点的投票情况，我们预测共和党候选人会以高于对方12%的支持率获胜”。培训师没有必要进行这种预测，我们培训师所要做的就是记录员工表现的现行状况（描述性统计数据），描述管理者所希望达到的水平（任务分析和标准），确立达到这些标准的学习目标，并通过行之有效的培训来实现这些目标。

频率分布

统计分析的第一个用途就是可以进行频率分布分析。通过“频率分析”这个术语，你就会猜到，它指的是事实或者事件在某种情形下的分布状况。例如，你对生产线上的废品率、生产标准以及实际生产情况的观察，可能对应操作员十种潜在的失误。如果你想记录失误的严重程度以及哪种失误出现的频率最高，你就可以进行频率分布分析。进行这种分析，你必须在一段时期内的关键时刻，进行观察，比如说，每三个小时一班，观察三班的操作情况。然后，你就可以收集足够的数据来创建频率分布曲线。

十种失误中的每种失误都属于一种失误类型，或者称种类，在统计公式中被称为 x；每种失误出现的次数称为频率，设其为函数 f；通过对这两组数据进行比较，我们可以对所观察的每一班的每个小时的情况绘制频率分布图（见图 4－1）。频率分布图可以基于每一班的情况进行绘制，也可以基于你所观察的所有时段的情况进行绘制，这取决于你的分析对详细度的要求。

这个分布图中的数据有什么意义呢？首先，记录次数最多的失误是第五号失误（统计学家的写法是 x＝5），出现的次数是 10 次（f＝10）。在统计学中，出现次数最多的数字，或称种类，称为众数。在我们所举的例子中，第五号失误就是我们所观察到的失误情况中的众数。频率分布图显示，在众数两侧的频率的量值大小呈不均匀分布，这就是说，数据分布不对称。如果数据均匀分布在众数两侧，就表示这是一个对称分布。

图 4－1 频率分布图

失误类型（种类）X	失误出现次数（频率）f
1	1
2	2
3	3
4	4
5	5
6	6
7	7
8	8
9	9
10	10

我们可以将以上结果在条形图中更清楚地表示出来（见图4－2）。

图4－2中的每一个矩形都表示每种失误出现的频率，众数出现的频率最高。记住，这些失误不是按其重要性排列的，而是按其出现的频率排列的。如果众数失误对于操作无足轻重，那么通过统计分析得出的结论就非常严重，比生产线上实际存在的问题严重得多。描述性统计数据定义的只是所观察行为的排列情况、规模以及范围，其结果直接影响到企业的资金状况。

图4－2 频率分布图

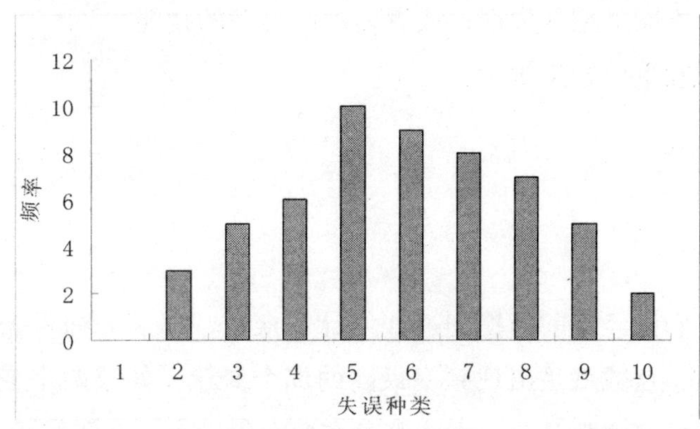

如果不用条形框，而是用曲线把每个频率点连接起来，我们就可以得到著名的“钟形”曲线，这种曲线是统计分析的一种象征（见图4－3）。

图4－3 频率分布曲线

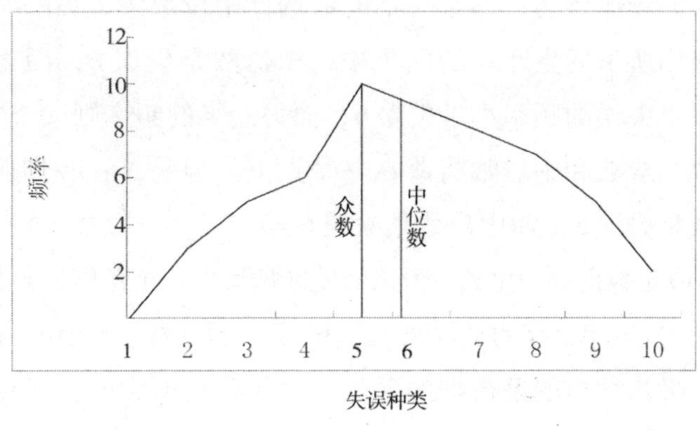

如果条形图展示的是对称分布，我们就可以得到一条完美对称的钟形曲线，众数居中。但是，从这里得出的非对称曲线中，我们会发现曲线众数的左侧比较陡，而右侧则比较缓，这就是所谓的“斜交”分布，表示数据并不是完全对称的分布的。

集中量

集中量表示的是数据与中间量的集中程度。实际上，集中量可以帮助对分布状况进行评估，以及我们收集到的资料的影响范围。例如，在图 4－1 中，如果失误 6、7 和 8 只出现了三到四次，那么失误 5 就会显得很突兀。但是，失误 6、7 和 8 出现的频率其实也很高，所以问题就比较严重，意味着生产线上存在着不同类型的失误，或者是不同类型的技能。

有三种比较重要的集中量：

1. 众数
2. 中位数
3. 平均数

众数。我们已经在前面提到过如何计算众数，以及如何根据众数得出结论。记住一点，众数就是出现频率最高的那个变量。如果两个变量出现的频率相同，就会呈多众数分布，意味着存在两个集中束。在我们所举的例子中，数据是呈“单众数”分布的，因为只存在一个众数。如果失误 5 和失误 8 出现的频率一样高，那么我们得到的就是“多众数”分布。

中位数。中位数是指所收集的数据中最中间的那个数据。如果我们把数据按从小到大的顺序排列，那么一半的数据比中位数大，另一半的数据比中位数小。在我们所举的生产线的例子中，中位数是失误 6，因为所观察到的失误中，有一半失误的频率小于失误 6，而另一半的频率则大于失误 6。在对称分布曲线中，众数和中位数将落在一个点上。但是，在我们例子中的斜交曲线中，众数是失误 5，而中位数是失误 6。

观察你所收集数据的中位数，可以帮助你从另外一个角度来评估所收集的数据。虽然失误出现频率最高的是技能 5，中位数表示从技能 5 到 8，都存在问题。

平均数。平均数指的是数据的平均点。在我们所举的例子中，我们把所观察到的所有失误次数相加，然后将得到的和除以失误种类 10，就可以得到失误的平均数。一共观察到 55 次失误，除以失误种类 10，就可以得到失误平均数 5.5。因为我们所收集的数据是呈斜交分布的，所以平均数与众数和中位数不相同。

通过平均数，我们可以得出以下方面的结论：

- 我们的生产线中存在着问题。在所观察的时间段中，生产线上平均失误次数是5.5（平均数）。
- 失误次数最多的是技能5（众数）。
- 但是，五分之三的失误出现在技能5，6（中位数），7和8上。
- 技能1中似乎没有出现任何失误（全距）。
- 根据观察结果发现，技能10上只出现过两次失误（全距）。

如果我们对一个星期内每天三班中的每个小时都进行观察，并收集数据绘制分布曲线，我们甚至可以从分析结果中看出哪一班、哪一个工作时、哪一个时间段，甚至哪一个员工，在生产线中出现的失误次数最多，哪个出现的失误次数最小。通过这个结论，我们可以推断出需要对哪些人进行培训，以及进行哪种技能方面的培训。我们还可以从分析中推断出需要将哪些员工分开；也可以得出结论——此生产线生产效率低下，会促使失误的出现；我们还可以从中发现，需要对某些管理者进行培训。

当然，仅仅依据我们在这里得出的数据，是无法得出以上结论的。但是，以上结论是基于这些数据推断出的，其还有待通过其他观察进行证实。

标准差

进行统计分析时，记录每个数据与平均数的距离时，我们会使用标准差。标准差描述的是数据基于平均数的分布情况，而不是在整个范围内的分布情况，也就是说，标准差描述的是整个分布情况的一个分支情况。统计学家进行统计分析时，发现事件或者事实经常呈现出一定的可预见的模式，这就是所谓的标注差。平均数指的只是数据的平均点，是一个独立的数据。我们需要找出一类数据，这类数据与平均数接近，但并不等于平均数。在分析中，可以利用数学方法计算数据离平均数的标准差。

在图4－4中，你可以发现，在平均数的左侧每个标准差都被标上－1、－2、－3，而在平均数的右侧，每个标准差都被标上＋1、＋2、＋3。那些落在平均数的标准差之内的数据，其标值可以在标准差的基础上，加上或者减去一个偏差。对于那些距离标准差很有的数据，其标值可以在标准差的基础上，加上后者减去两个偏差，同理，那些偏离更远的数据，其标值是在标准差的基础上，加上后者减去三个偏差，依此类推。在实践中，大部分有实际意义的数据都落在平均数附近的位置，统计学家只需对一到两个标准差进行分析。

图4－4 标准差

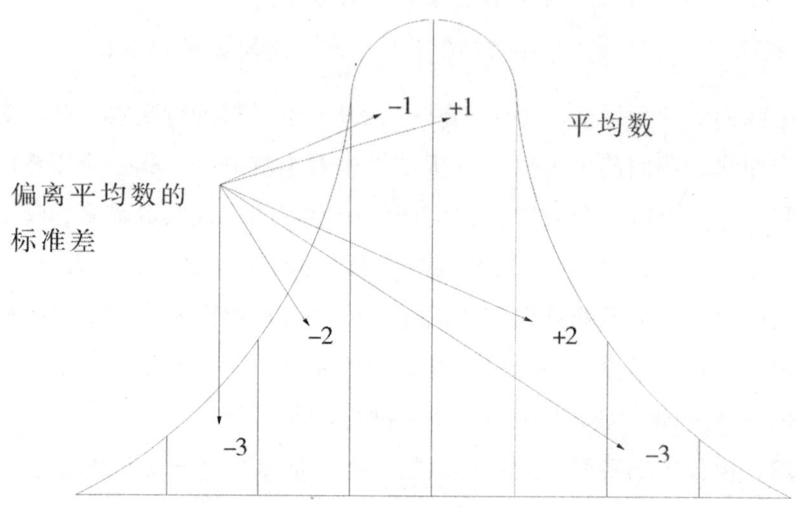

统计学家是如何利用标准差进行分析的？标准差测量的是方差可能的精确程度。例如，如果你在报纸上的民意测验兆其他统计报道中看到“失误因素为正或者负3.5”的字样，就表示3.5是数学中的标准差，75%以上的其他数据都落在平均数的一个标准差的全距范围内，也就是说，在平均数上3.5点或者平均数下点3.5之内的范围。因此正或者负3.5标准差表示的是75%的数据都落在7点的范围之内，平均分布在平均数两侧。

那些熟悉过程控制或者质量检测的人很快就会意识到，质量检测图中使用的就是这种计算方法（见图4－5）。在质检图中，平均质量是通过平均数来表示的，在我们这里所绘制的图中，代表的是水平方向的数值，而不是垂直方向的。平均数以上的是控制上限，平均数以下的是控制下限，每一个点代表的是偏离平均数的一个标准差。所有的合格品都应该落在那个标准差之内，不然就作废。但是，方差可以允许在标准差的控制范围内。

图4－5 质量检测图

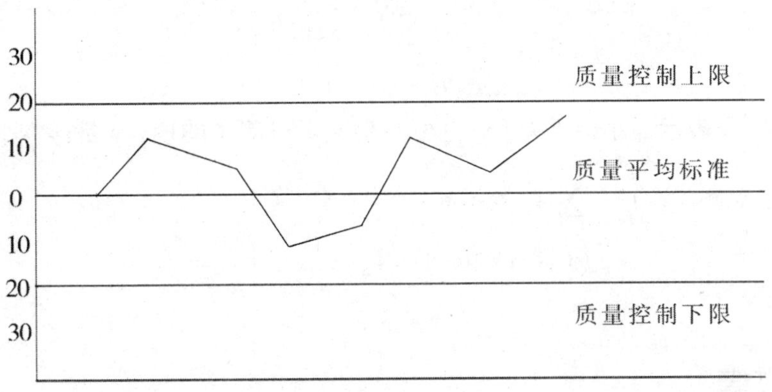

统计数学

统计分析中的公式都可以通过计算机进行处理。有居多画统计图的软件可供选择使用，它们适用于不同型号的计算机。到目前为止，我在这一章里介绍的关于统计步骤和术语的内容，都是所有培训师应该了解的。但是，对于那些倾向于使用数学公式的培训师而言，特此提供以下两个统计公式，它们在统计中使用频率最高，也是最普通的两个统计公式：

正态频率曲线

$$f(x) = \frac{1}{\sigma\sqrt{2\pi}} e - (x - \mu)^2 / 2\sigma^2$$

其中：

f（x）表示在某个x值上的频率

x表示种类标值（或者称种类中间标值）

μ表示平均人数

6表示人数标准差

6^2 表示人数方差

π约等于3.14159

e表示自然对数，约等于2.71828。

6和μ的值确定了整个频率曲线。如果知道这两个值，就可以绘制频率曲线图

标准差

$$s = \sqrt{\frac{\sum_{i-1}^{n}(x_i - y)^2}{n - 1}}$$

其中，s 表示最小标准差；x_i 是可观察或者可测量的量；y 是样本平均数

N 是观测的次数；$\sum_{i=1}^{n} X_i$ 表示和：

$$(x_i - x)^2 \text{ for i } = 1,\ 2,\ 3,\ \cdots\cdots n$$

资料收集

资料收集有其中方法，你可以根据所需资料的深度和具体度选择合适的方法。有时候即使我们想做得尽可能透彻一点，我们往往也没有那么多时间，所以应该选择最适合你所在企业的资料收集方法，以求满足资料的需求。如果你有足够的时间，并且想取得更为科学的资料，当你用一种方法收集完资料后，你可以采用另外一种方法对你所收集资料进行验证。记住，越是简单的方法，往往越有效，但是你也应该记住，你所收集的应该是真是的资料，你所收集的资料的准确度会影响到你的培训效果。

资料收集的要点

1. 我需要什么样的资料？
   - 进展情况如何？
   - 涉及哪些技能？
   - 出现了哪些问题？
   - 这些问题的成本如何？
   - 这些问题背后存在着什么样的政治问题？
2. 这些资料有什么作用？
   - 它们是启动培训项目的基础吗？
   - 你会利用这些资料向管理者证明启动培训项目的必要性吗？
   - 这些资料会会对你有政治影响吗？
   - 这些资料会对那些涉及这些问题的人有说服作用吗？
   - 这些资料会对培训中的学员有激励作用吗？
3. 通过哪种方法或者哪些方法，可以简便地收集到尽可能精确的资料？

下面就是一般的资料收集方法，它们由简到难，按操作的困难程度排列：

1. 实地观测
2. 调查
3. 访谈
4. 核心小组
5. 记录检查
6. 任务分析
7. 评估

下面我们依次探讨一下这七种方法。

实地观测

为了确定公司的现行状况，最好的办法就是亲自去观察问题。作为培训师，不管你是否在开展需求分析，我都建议你定期做以下实地观测。你也可以对以前的受训学员进行追踪观察，看看他们现在进展如何。这是检测自己培训的有效性的最好方法之一。

进行实地观测时，特别是进行针对需求分析的实地观测时，你应该考虑以下因素：

1. 如果可能的话，你应该首先得到观测对象的许可。这就是说，你应该向他们解释你观测的动因，而且你应该说服他们允许你对他们进行观测。如果你得罪了他们，就可能使他们变成你的敌人，如果将来你对他们进行培训，他们就有可能对你的培训课程不利。
2. 为你的观测准备一个充分的、有说服力的理由。我的做法是，承认自己对公司现状了解不多，并且强调说，作为培训师，我希望能够对各部门运行情况有所了解，这样我就不至于在培信课堂中教授一些无用的知识，或者使用错误的教学方法。这个理由百试百灵，具有很大的说服力，因为它没有任何威胁性。在说服观测对象的同时，你也应该表示，有可能将来会对该部门进行培训，以解决该部门中存在的问题，这样他们就会觉得你的观测对他们是有益无害的。在此过程中，你必须态度委婉，讲究技巧。如果树敌，他们就可能对你不利；但是，如果你赢得了朋友，你就乐意赢得他们的信任。实际上，一方面你应该谦逊的表示你想学习的诚意，另一方面，你应该展示你能够对他们存在的问题进行改变的学识，你必须平衡这两点之间的关系。

3. 明白自己想通过观测了解到什么。你首先应该明确自己的目标，也许你想了解的是事情的进展状况——即，过程；也许你想了解的是所涉及的技能以及所明显存在的问题（如果存在问题的话）。你应该分析这些问题的成本因素。最后，你应该找出这些问题背后的政治因素和组织结构方面的影响。在此过程中，你应该尽量做到动作随意，态度随和，不要小题大做，就只是简单的四处走走，随便问几个问题，而且应该确保你的一举一动都是非正式的。

调查

你可以开展一项书面调查。虽然现在有很多关于调查的社科文献，你大可不必借助外力，自己就可以设计一种有效的员工调查。在调查中，没有必要要用正式的科技文件，文件下面列出一大堆的小标题；也没有必要通过统计手段来对你的发现进行证实。记住，你并不是在开展科学研究。除了你的同事和其他调查对象，没有人会看到你的调查，你的调查唯一的结果就是，通过调查收集到的资料。如果你对所收集到的资料的精确度没有把握，你可以通过观测或者访谈等其他方式，来对你的调查结果进行证实。前面列出的每种方法都可以作为对其他方法收集到的结果的补充和验证。

在调查中，如果你清楚自己想要知道的内容，你可以直截了当地说出来，你只是在向员工询问有关他们工作的某些问题而已。为了有效地开展调查，你应该提前确定你即到底想通过调查收集到什么样的资料。你是想对员工技能水平或者工作态度进行评估吗？调查是员工工作态度进行评估的一种较好的方法，但是从我们的样本调查（图4－6）中，你可以发现，也可以通过调查对员工技能进行评估。

虽然你没有必要对每个人进行调查，但是你必须知道开展调查的对象和人数。一旦你确定了调查对象、调查人数以及调查目的，你就可以设定具体的调查目标，这样你就可以知道自己是否掌握了所要了解的资料。你可以根据调查目标设置调查问题。图4－7中列出了在调查中你可以询问的每种类型的问题（在第五章中，我们将学习更为深入的调查案例）。

在使用以下类型的问题时，你至少应该考虑以下 10 点：

1. 你所设置的问题越开放，就越难收集到有用的、可做统计分析的信息，这是一个很有意思的矛盾问题。但是，你所设置的问题越封闭，你所收集到的信息就越不真实。所以，你应该在平衡这两者之间的关系（见图 4－7）；
2. 你所设置的问题越难回答，你就越难对其答案进行分析；
3. 切记一次只问一个问题。如果你所设置的问题模棱两可或者令人迷惑，你所得到的答案就可能含糊不清，或者同样令人迷惑不解；
4. 你的调查应该尽可能的简短。没有人想在一系列的问题中消耗几个小时。调查越简短，其就越容易完成；
5. 调查问卷应该人性化。如果你所调查的问题，需要所调查的员工冒着风险，在调查中透露他们对上司的不满情绪，他们就可能撒谎或者拒绝填写调查问卷。

即使你所开展的调查是匿名性质的，你也应该尽量避免出现那些评判性的问题，如果在调查中出现了这样的问题，调查对象的答复要么是撒谎，要么拒绝回答。

图 4－6 调查问卷样本

管理技能分析调查问卷

调查目的：【通过调查，决定是否有必要对现行的主管进行基本的管理培训；特别是为了确定必要的策划和组织技能，包括时间管理、代理授权以及有效的交际等技巧。】

A. 请对以下说法表示“是”，意味着这种描述适合你，或者“否”，意味着这种陈述并不能正确的描述你的行为或者感觉。

	正	否
1. 我感觉自己全面理解了公司下个年度的整体商业计划。		
2. 我感觉自己全面理解了我所管辖的部门在下个年度的工作计划。		

3. 我为自己所管辖的部门制定了下个年度的业绩计划，这个计划是基于公司的整体目标和部门的发展计划而制定的。		
4. 我已经与我的上司讨论过部门的业绩计划。		
5. 我已经与我的下属讨论过部门的业绩计划。		
6. 我已经向上司提交了关于实现整体计划的相关建议。		
7. 我已经收集了下属关于实现本部门计划的相关建议。		
8. 我没有多少时间考虑业绩计划的事情。我只需完成手头的任务。		
9. 我的下属并不想参与业绩策划之类的事情。他们希望我作。决定。		
10. 在业绩计划中，我需要别人对我进行指导。		

B. 列出你开展业绩计划的具体步骤。

1. ______
2. ______
3. ______
4. ______
5. ______
6. ______
7. ______
8. ______
9. ______
10. ______

C. 请在符合自己的尺度上划圈：

（1）表示这种说法一点都不符合你的情况；（2）表示这种说法很少符合你的情况；（3）表示这种说法有时候符合你的情况；（4）表示你的情况经常和这种说法相似；（5）表示你的情况总是和这种说法一致。

1. 我提前计划一天之内的活动。

1　2　3　4　5

2. 我从没有完全完成所计划的事情。

1　2　3　4　5

3. 我所在的部门工作太忙了，我不可能有自己的计划。　　1　2　3　4　5

4. 我经常能够完成计划中重要的事情。

1　2　3　4　5

5. 我感觉没有足够的时间去完成工作中应该完成的事情。

1　2　3　4　5

6. 我发现只有我才知道如何完成一个项目。

1　2　3　4　5

7. 在我所在的部门中，我的工作时间最长。

1　2　3　4　5

8. 作为主管，我工作几乎透支，对主管的要求太高了。

1　2　3　4　5

D. 以下说法哪种最符合你的管理方法？请给最符合的描述划圈。

1. 我与下属会面

(a) 定期

(b) 如果因为新的任务需要会面

(c) 当他们请求与我会面时

2. 一般情况下，我做出反馈

(a) 当需要改进工作时

(b) 当工作进展顺利时

(c) 当有人让我作出反馈时

3. 我希望这个公司

(a) 为我的下属提供更多的技能培训

(b) 雇佣更好的员工

(c) 将培训与实际需求结合起来

E. 请为以下情况写出你的反应：

1. 作为主管，你认为在这一年中，对你的最大挑战是什么？

2. 作为主管，你认为自己的个人动力是什么？

3. 你认为你可以在哪些领域提高你的管理技能？

感谢您在百忙中抽出时间完成这份调查问卷！

姓名：（可选）

图 4－7 问题形式（按封闭到开放程度排列）

问题的类	举 例
是/否	你是否会选用“选项/要求/M”的形式来选择整个文件？ 你认为上午茶点时刻休息十分钟合适吗？
多项选择	以下哪种选择段落的操作是错误的？ (a) 将光标放在段落开始的地方/滚动鼠标，直到段落末尾/将光标放在段落最后一个词上/按“shift”键/同时按住“shift”键，并点击鼠标 (b) 将光标放在段落开始的地方/点击鼠标并按住不动/呈对角线状在段落范围内拉动鼠标/松开鼠标 (c) 使用最左边的选择区/双击鼠标 (d) 所有以上操作
菜单选择	在以下操作中，选择你并不是经常使用的操作： 1. 使用“Window”菜单，从一个文档转换到另一个文档 2. 使用菜单进行复制 3. 使用“格式”菜单为新的文档复制格式 4. 建立并使用个人词汇表，以节省时间 5. 关机之前手动关闭每个文档和窗口 6. 使用“功能键”“Q”缩小窗口 设置文档格式时，你可能会使用到以下步骤。选择你将会使用的步骤。 1. 使用“Tab”键、“空格”键以及“回车”键来缩放或者创建文本框 2. 选择“设置风格”菜单/选择“打开”菜单复制文档 3. 选择“设置风格”菜单/创建个性化风格 4. 从桌面选择“模板”菜单/为新的文档复制模板 5. 为所需要的设置风格的操作步骤创建文档“工具箱” 6. 选择“新建页面”菜单，作为你的格式的一部分，把文档按顺序连成一体

7. 使用“网页预览”菜单为页面编号或者改变边距

菜单使用

在以下操作中，选择你（a）经常；（b）偶尔；（c）很少；或者（d）从不使用的操作步骤。

1. 连接打印顺序（a）（b）（c）（d）
2. 在一个页面中使用两个或者两个以上的文本框（a）（b）（c）（d）
3. 在一个文档中使用不同的字体（a）（b）（c）（d）
4. 立即对完成好的文档进行保存（a）（b）（c）（d）

语义区分

你对以下软件的感觉是怎样的？（a）很好；（b）好；（c）一般；（d）很差。

1. Microsoft Excel（a）（b）（c）（d）
2. Microsoft Word（a）（b）（c）（d）
3. Aldus PageMaker（a）（b）（c）（d）
4. Graphic Works（a）（b）（c）（d）

描述列表

请按顺序写出你在文本中插入图形或者表格时的具体操作步骤。

1. ______________________
2. ______________________
3. ______________________
4. ______________________
5. ______________________

案例分析

在以下情形下，你会怎么做？你已经完成了一项大型的宣传册，并点击了“打印”菜单，打印机开始打印，突然你的助手给你一份传真，根据这份传真你应该对宣传册中的一些数据作出改动。你会怎么处理？

小文章

描述你会如何进行以下操作？

（a）在 Excel 中建立饼图

（b）在 Microsoft Word 中为宣传单设计一个封面

（c）在 Microsoft Word 中插入一个图形，并使文本主体与图形一致。

*所有以上计算机操作的例子都是在东芝电脑上的 Microsoft Word 和 Microsoft Excel 中进行演示的

6. 记住，调查问卷中的每个问题都应该有两种功能：一是通过这个问题可以收集到所需要的信息；二是，所收集到的资料应该是可以利用的；

7. 确保你所设置的调查与调查员工的教育水平和工作级别相符；
8. 如果你曾经开展过一次非常成功的调查，为何不再一次采用哪种调查问卷呢？
9. 开展调查之前，你应该测试调查问卷的可行性。你可以以朋友、亲戚、同事或者调查对象中的小部分人群为测试对象，确保你所设置的调查即清楚明了，又不具威胁性，这样你就可以收集到所需的信息；
10. 在分发调查问卷之前，你应该得到开展调查的许可。

你首先必须决定你将如何分发调查问卷。你可以在员工下班时将问卷给他们，也可以将问卷寄到他们家里，或者夹在他们的工资单中，或者插在公司内部的发行资料中，或者放在咖啡厅，供员工随意取用。你也可以将调查问卷与发放工资单的管理人员放在一起，这样填写问卷的人可能就多一些，不过你得到的答案可能没有针对性或者不真实。如果在员工下班时将问卷给他们，你收集到的信息可能就会有用一些。将问卷寄到他们家里，可以收集到最真实的信息，但是填写问卷的人可能很少。如果把问卷插在公司内部的发行资料中或者随意放在员工随手可取的地方，你可以得到比较真实的答案，但是其回收率最小。

开展调查的具体步骤

1. 确定调查对象
2. 确定调查对象的规模
3. 确定调查的深度（程序上的、政治上的以及个人方面的）
4. 将调查与技能分开（这则描述、任务分析等）
5. 决定你想考察的是员工哪些方面的态度
6. 设定调查目标（你到底想收集哪些方面的信息？你如何知道自己是否收集到了所需要的信息？）
7. 为每种类型的技能和态度设计调查问题
   - 一次只询问一个方面的看法或者信息
   - 问题越难回答，你越难对答案进行分析
   - 所设计的问题应该易于理解和回答
   - 力争找到以前的调查成功的问卷，并使用那份问卷
   - 问题应该尽量简短
   - 问题设置应该人性化

---

8. 在亲朋好友、同事、可能的受训对象，甚至小部分的客户之间测试问卷的可行性
9. 根据需要，对问卷进行调整和改进
10. 如果有必要，争取得到开展调查有关方面的许可
11. 让调查对象知道所调查的内容（可以进行宣传）
12. 开展调查
13. 根据调查目标，对调查结果进行评估
14. 不要试图从有限的信息中得出过多的结论
15. 让调查对象知道调查的最终结果

当你对收集到的资料进行处理时，不要为了得出某种结果而更改数据。如果你从数据中得出了太多的结论，最终培训的结果可能就是，你并没有解决实际存在的问题。如果有关员工职责描述、公司发展目标或者个人目标等方面的资料，你可以将自己从数据中得出的结论与这些资料进行对比，然后再公开你的调查结果，尽量把你的调查结果与公司当前的主要活动联系在一起。让管理者对所存在的问题、问题出现的原因以及由于这些问题将会造成的后果有所了解，并且让公司每个员工都度大致的调查结果有个大致的了解（整体的反应、每个问题的回答率等等）。你还可以通过公司内部的宣传资料号召大家对这些问题引起注意，并感谢大家对此次调查活动的支持。

访谈

访谈这种方式有两种弊端：一是过于耗费时间；二是讨论的很多内容可能都与调查内容不相关。你可以对访谈过程进行控制，并通过其他调查方法验证所收集到的信息的正确性，这样就可以解决耗费时间的问题。你可以从所观察或者调查的小组中随意选出几个访谈对象，或者，只是对管理者或者管理部门的员工进行访谈，通过访谈来对所收集到的资料进行验证。通过这种方式，你还可以与经理或者主管建立联系，简直是一举两得。当然，采用这种方式也有弊端，因为管理者或者管理部门的员工为了掩盖不良的业绩，可能会歪曲或掩盖某些事实。如果存在这种问题，你就应该对不同部门进行访谈。

为了避免第二种问题，即访谈中有太多的与调查对象不相关的信息，你可以事先对访谈进行精心的策划和安排。这样，就可以通过访谈获取全面的、完整的信息。进行任务分析或者评估时，或者实地观测时，也会用到访谈的方法，而且通过访谈，还可以对通过调查问卷收集到的信息进行验证。如果你能对访谈进行精心的策划，你就可以通过访谈获取有效的信息。

进行需求分析的信息收集时，你可以采用以下步骤来策划并开展访谈：

1. **选择关键任务为访谈对象。**除非你想在新员工面前树立良好的第一印象，不然不要选择新员工为访谈对象，因为他们很少能提供有价值的信息。对主管进行访谈时，尽量选择那些能够为你提供所需信息的主管为访谈对象。
2. **尽量使访谈简短。**不仅员工没有太多空闲时间，你也工作繁忙。访谈战线越长，你就得花越多的时间来整理信息。
3. **在开展访谈之前先确立访谈目标。**清楚自己想要在每个问题上了解到什么信息，不要用脑子记，你应该用做好记录。在访谈过程中，时刻记住自己的目标，这样就可以避免跑题，也可以缩短访谈时间。
4. **清楚自己是在与什么人说话。**开展访谈之前，对访谈对象的政治立场以及在公司中的关系网进行调查。
5. **计划你所要提出的问题及其顺序。**然后，在访谈中按照计划好的问题和提问顺序进行访谈。你应该清楚他们是怎样开展本职工作的，其中涉及哪些技能、存在哪些问题？这些问题的后果是怎样的？这些任务背后的政治因素和结构关系是怎样的，以及他们对工作和这些问题所持的态度是怎样的？如果访谈中涉及微妙的或者心理方面的问题，你应该小心措辞，选择合适的用词。另外，在此过程中，你还应该使用开放型提问方式和主动倾听技巧（见第三章）。
6. **是访谈简洁明了。**一般情况下，十分钟就够了。如果你是想通过对一个人访谈收集所有资料，那就另当别论。但是即使你只有一位访谈对象，你也不应该浪费别人太多的时间。
7. **同访谈对象一起整理信息。**访谈对象有权知道你是如何处理所收集到的信息的，而且整理信息的同时，他们还有机会对某些步骤或者程序进行更改，或者提出某些建议。
8. **将你事先准备好的问题当作路标。**如果可能的话，你还可以进一步提问，并请访谈对象作出解释。

在决定选用访谈方式还是调查问卷方式之前，你应该先明确这两种资料收集方式的区别。一方面，比起调查来，访谈所需要的时间长多了。两者的准备时间可能差不多，不过访谈收集信息和分析信息所需的时间比较长。另一方面，比起访谈来，调查所收集到的资料要客观一些，而且也可以避免单方面的错误信息。

因为访谈涉及的主要是个人，所以它带有很强的主观性，对访谈结果也有不同的解读方式。因此，很难对通过访谈收集到的信息进行评估，并得出结论，但是从这些信息中能够得出一些有价值的观点，可以用于提议或者报告中。通过调查收集到的信息一般是封闭型的问题，而通过访谈一般针对的是开放型问题。不过，在访谈中，你可以交替使用开放型和封闭型提问。

你可以选择使用访谈和调查这两种方法中的一种，然后用另外一种方法对所收集到的信息进行验证。但是一般说来，通过调查问卷收集到的资料容易记录和分析，因此可以利用调查对访谈收集到的资料进行验证。如何在访谈中对信息进行记录，本身就是一个有待解决的问题。最好的情况是，如果访谈对象不介意的话，你可以对访谈进行录音。如果不能录音，可以让在场的另外一个人做记录，这样你就可以把精力集中在提问和访谈对象所提供的答案上。

访谈和调查的区别

- 所需的时间
- 对个人的影响
- 得到虚假信息的几率
- 主观解读和个性成分
- 封闭型问题和开放型问题的使用
- 使用调查来验证访谈资料的可行性
- 使用访谈来验证调查资料的可行性
- 记录资料的方法

关于访谈，我还有一点要补充。在关于某些有趣的话题的讨论过程中，

很容易跑题。为了确保通过访谈收集到的是关于同意个话题的信息，以便对这些信息进行比较，最好的方法是，建立一个包含八到九个问题的问题列表，针对每个访谈对象，你到会提到这些问题。这样，收集到的信息就具有可比性。

核心人群访谈

针对特殊人群的访谈是一种特殊的访谈形式。这种形式比个人方法优越得多，其最大的优点就是节约时间。核心人群指的是一群经理或者员工聚集在一起，就培训部门所需的信息，以提问和作答的形式开展讨论。实际上，这种形式就是一种团体访谈，其最好的开展形式就是像一个正式的培训课堂一样，带有明确的目标、运用恰当的方法、设置团体活动，并包含苏格拉底式的提问讨论。

策划一次针对核心人群的访谈，首先你必须决定你的访谈对象。访谈对象最大的人数一般是 12 到 15 人左右，如果人数过得，访谈就会显得过于累赘；人数过少，可能就收集不到足够的信息。你所邀请的访谈对象应该包括一个具有冲突性问题所涉及的各方面的代表人物。如果被邀请对象彼此都是朋友，是持相同观点的，那么访谈就变成自我肯定大会了。为了收集到全面的、真实的信息，你应该邀请各方面的代表人物参加讨论。

一个核心访谈群体中的参与对象最好不要有过于明确的地位关系。往往下属总是想尽力讨好上司，而管理者们则想尽力表现他们的权利地位。这些都会影响到信息的准确性，因此应该尽力避免这些情况的发生。这就是说，不同的群体总是有一定的行为标准，有时候很有必要对同一个话题，在不同的场合，邀请不同的访谈对象，开展多次核心群体访谈。

一旦你确定了访谈对象，你就应该明确自己到底想达到什么样的目标。针对核心群体的访谈是以会议的形式展开的，所有你没有必要设立培训目标。你的目标只需要包含你想询问的关键信息点，这样，核心人群的访谈过程中的所有活动，就有很强的针对性了。

策划核心人群的访谈第三个步骤是，设置参与者在访谈过程中的具体活动。比起其他需求分析资料收集的方法而言，核心人群访谈还有一个优点，那就是，当人们一起对你所提出的问题进行讨论的时候，会出现协同效应。

当访谈对象参与案例分析、模仿或者团体项目等活动时，你可以通过他们的表现分析他们的工作态度和技能。一般情况下，我的做法是，将参与人员分成三到四个人一组，然后给每组分配案例分析或者一系列的已经具有初步答案的问题（在前面的调查或者访谈中提出的问题）。然后我让参与者对那些初步答案进行分析和评价，并让他们提供更好的答案。

为了使核心人群访谈开展得更为有效，你应该事先准备一些解决方法，让他们对这些解决方法给出评价，并提出更好的解决方法。通过这些初步的解决方法，你可以引导参与者开展讨论，并要求他们提出更好的办法，在这个过程中，你可以发现这些问题各方面的情况。此外，像进行访谈所要求的那样，你还应该事先设置所要讨论的关键问题。

核心群体访谈的策划和开展

1. 确定参加人员
2. 设立访谈目标
3. 设计团队活动：
   - 案例分析
   - 模仿
   - 团队项目
4. 为预先考虑好的问题设计初步的解决方案，这样参与者就可以针对这些方案开展讨论
5. 为所探讨的话题设计一系列的问题，这些问题可以对参与者的讨论起到引导作用
6. 设定时间限制
7. 预定活动场地，并提前通知参与者
8. 感谢他们对此次活动的支持

开展核心群体访谈之前，你应该提前安排场地和时间。对于一个核心群体而言，两个小时的访谈时间就足够了。一个小时太仓促了，而且会遗漏一些重要的问题，但是如果时间超过两个小时，参与者会感到疲倦，有时候甚至会不高兴。事先通知参与者，这样他们就有足够的时间安排日程活动。还

有一点，切记在散会之前，感谢他们对这次活动的参与。

记录检查

进行需求分析时，在发现问题阶段，你可以对不同类型的文档进行检查，你还可以通过这些记录，确立公司现行的业绩状况。以下这些记录都可以为你提供有效的信息：

- 旷工记录
- 投诉记录
- 销售电话记录
- 切屑率和废品率
- 运输方面的数据
- 培训评估
- 流转率
- 员工的赔偿申请
- 有关安全事件的报告
- 客户服务电话记录
- 员工评估记录
- 离职访谈
- 员工弱点记录
- 检验报告和数据
- 生产数据
- 质量检验数据

请记住，开展需求分析的主要目的不是为了抱怨，也不是为了解决问题，而是收集关于可以改善现行状况的技能的全面资料。

任务分析

任务分析的主要作用有两点：一是它可以作为开展需求分析的症断工具；二是它可以作为培训准备工作的指导工具。针对需求分析的任务分析，主要是指关于既定事实的详细观测。作为指导工具，正式的任务分析应该做到面面俱到，因为它是公司现状的缩影。关于这个话题，我们将在第六章中进行详细的讨论。

但是，作为症断工具，任务分析无需过于详细。进行任务分析时，你只需对开展的工作进行记录。任务分析的核心活动在于详细的观测和记录。例如，涉及车床操作这种专业技能时，你应该对每个操作步骤进行详细的观测，并对当前的操作及为什么这样操作，对操作员进行采访。这种观测就是员工表现分析的基础。

任务分析决定了员工表现的现行水平和预期水平的差距的上限和下限。实际上，由于这个原因，人们经常把需求分析称为“差距分析”。但是，严格意义上来讲，是由任务分析决定这个差距的尺度的。这种关系可以用下面的公式*进行表述。

预期的表现水平 － 实际表现水平 ＝ 潜在的培训需求

或者是

RP － AP ＝ PTN

RP 表示预期的表现水平（Required Performance）；AP 表示实际表现水平（Actual Performance）；PTN 表示潜在的培训需求（Potential Training Need）。

以下几点建议可以对非正式的描述性任务分析起到一定的指导作用：

1. 得到主管以及相关观测人群的许可；
2. 对同一人群进行多次观测。往往在进行第一次观测时，被观测对象可能会比平时表现得出色一些，他们会无意识得这么做，或者觉得有这种必要；
3. 向观测对象保证，你的目的不是为了惩罚他们，而是为了帮助他们，让他们觉得被观测的工作是一种荣誉；
4. 因为关于任务的执行标准是在后面的工作中制定的，所以在任务分析过程中，务必记住你所记录的不是预期状况，也不是你或者其他人所期望达到的状况，而是现行的状况；
5. 记录下员工在工作中的活动之后，将操作步骤与相应的员工对照起来，看记录是否反映了员工的真实表现水平；

---

* 这个公式由 Dr. Elaine Re 在美国管理协会一次名为“创建有效的需求分析”的研讨会上提出的。

6. 如果条件允许的话，你可以对整个操作过程进行录像，然后播放慢动作，详细研究员工的具体操作步骤，这个录像也可以作为重要的文档保存。你应该对录像内容进行详细的书面记录，这些记录会对培训计划的写作有帮助。

你所记录的结果应该像计算机程序一样详细，一步一步地，能够反应员工的具体操作步骤。任务分析实际上就是对任务执行的具体步骤的记录。在第六章中我们会学习如何开展更加详细的指定性任务分析。

评估阶段

某些职业有定期的评估测试，一般情况是，某些核心员工为了维持他们的职业地位，必须参加某种业绩测试。例如，飞行员每六个月都必须参加模拟飞行测试。自愿者消防部门为了提高他们的技能，经常与同行开展竞争，这也算是某种形式的测试，只不过压力比测试小一些罢了。最初源于西部的牛仔技术展示也是基于这个原因而开始的，一方面是为了给人们带领乐趣，另一方面是为了对技能进行测试。培训师可以抓住许多不同类型的评估机会，对进行测评。如果你所在的公司有评估之类的活动，你应该好好利用这些机会开展员工表现测评。

主管或者经理们经常以个人谈话的方式，对员工的表现进行评估。对于这种谈话方式，不同的公司叫法可能不一样，但是，它们都被作为评估记录，放进了员工的个人档案中。你可以通过对主管或者经理开展访谈的方式，收集这方面的资料。条件允许的情况下，你还可以看看员工的个人报告。这种方法有点棘手，因为被观测的员工一般都不知道你会这么做。如果你觉得这种方法不妥，或者你所在的公司不允许这样做，你就不要采用这种方法。

确定员工的表现水平

大部分情况下，你所收集的资料都可以反应员工的现行表现水平，对于任务分析或者评估阶段而言，情况尤为如此。但是，调查或者访谈并不能很明显地反应员工地表现水平。在这种情况下，你应该进行一次非正式的任务分析，来确定员工表现的基准线。这种分析无需过于详细，只要包括以下两点就够了：（1）显示需要对哪些部门进行培训；（2）向管理层证实开展培训的必要性。

如果你很有远见，想对某项到目前为止还没有执行的任务进行需求分析，你就不能基于公司的状况确立表现参数，而应该走到公司以外去看看。（例如，如果你的公司定购了一套计算机控制的高速运转的生产设备，当公司还在对该设备进行安装和调试的时候，你就应该开始对未来的操作员进行必要的技能培训。）你可以与其他公司的培训师开展交流，或者向那些已经开展过这方面的技能培训的零售商或者服务机构购买培训资料，你还可以将你所确立的技能要求与相似的或者相关的技能操作进行比较，找出它们之间的差异。

测试可行性

一旦你发现了公司所存在的问题，并且找到了问题的性质和存在的起因，你应该再次问问自己，“这个问题与培训相关吗”？如果答案是否定的，你就没有必要继续对该问题进行调查研究。如果这个问题确实与培训相关，你下一步要做的就是看看你所在的公司是否有开展变革的环境因素。

我们很少能一帆风顺地做到我们想做的事，因为其他人有他们自己的日程安排和目标，这些安排和目标可能和我们自己的大相径庭。这就意味着，你的培训项目可能会受到来自某些经理的阻挠。在你开始策划培训项目的各种细节问题之前，你应该首先测试该项目的可行性。你所要做的第一步就是看看你所在的公司是否有开展变革的土壤。

分析开展变革的环境因素

为了分析目前的环境因素，你应该弄清楚公司的文化以及该公司是如何应对变革的。你可以从以下五个角度来分析开展变革的环境因素：

1. 变革速度
2. 管理层的偏好
3. 变革的意义
4. 结构特征

5. 权利阶层

下面我们依次分析以下这几个方面的问题。

变革速度。公司过去的变革速度是怎样的？你认为要产生你所希望的变革将需要多长时间？你可以问问自己以下问题：

- 公司管理方面即将发生什么改变？如果管理人员换人了，将会发生什么事情？
- 公司上一届高层管理人员是什么时候重组的？上次重组时，公司管理方面有什么变化？那些变化对公司其他方面有什么影响？
- 在过去的八个月里，公司采用什么新的建议？
- 目前公司正在采用什么新的措施？这些措施将会持续多久？

接着你可以选择一项革新措施，例如，某位新上任的经理提出的新的操作程序，然后追踪调查这项措施从提出到普遍使用整个过程中的情况，你可以从中发现公司的变革速度。

偏好。公司的变革很大程度上取决于公司的权利阶层的看法。实际上，对于你所提出的任何变革措施，公司的权利阶层都会按照他们的看法作出一定的调整。为了发现公司权利阶层的偏好，你可以思考以下问题：

- 公司的决策是如何作出的？关于这个问题，你需要思考的不是公司作出了什么决策，而是这些决策是怎样作出的？（这是个风格问题，从中可以发现管理层的偏好）
- 公司权利最大的人之间，管理风格有什么区别？
- 在最近两年中，公司有没有中高层的管理者因为管理风格的问题而离开公司？（这是另一个风格问题——决策如何作出的，而不是作出了什么决策的问题）
- 过去有些培训项目虽然开始的时候得到了管理层的热情支持，但最后还是失败了。过去存在哪些这样的项目？

接着你可以对三到四个中层管理者的教育背景、种族、家庭背景、社会关系以及专业背景进行比较，也可以对少数高层管理人员的这些情况进行比较。从比较结果中你可以发现潜在的摩擦或者协调，你可以从这些信息中发现公司管理方面的偏好，以及这些偏好是否会继续持续下去。

变革的意义。在公司的历史上，曾经有哪些变革成功了？有哪些变革失败了？如果只有大型的变革成功了，那么你就应该谨慎地策划一场大型的变革。不然的话，给公司带来一些特别微小的改变也不错的。在决定采取哪种方式之前，你得先回答以下问题：

- 在过去的五年里，有哪些很好的提议最后失败了？
- 有时候高层管理阶层提出了一些很好的项目，可是中层管理人员却没有执行，导致项目中途夭折。这样的项目有哪些？
- 过去哪些培训项目曾经成功地给公司带来了变革？
- 是否有些提议因为管理阶层的忽视而没有执行下去？
- 在这一届管理层的管理下，有哪些大型的变革成功了？这些变革是如何成功的？

通过思考这些问题，你可以发现公司的管理阶层对大型的或者小型的变革的接受程度。

结构特征。你所提议的变革最终是否会成功，很大程度上取决于你的提议是如何展示的。例如，广告公司总是花很多时间和精力在产品的推广上，他们力求使产品尽可能地有诱惑力。企业文化中的新理念也是一样的。展示一个新的观念时，你可能使用两种方法：一是正式的公司交际渠道；而是通过谣言或者位处关键职位的朋友等非正式渠道。任何对政府机构或者军队机构有一点了解的人，都知道这两者的区别，对这两种渠道的作用和弊端也不陌生。企业文化也是这样的，你所策划的变革是否会成功，很大程度上取决于你所选择的引进变革的渠道。以下问题可以帮助你了解所在公司的结构特征：

- 你所在公司的正式交际渠道有哪些？
- 非正式的交际渠道有哪些？如何使用这些交际渠道？
- 避开职位级别不谈，公司里谁最善于展示新的观点，并向公司的中高管理阶层兜售这些观念？他或者她是如何展示他们的观点的？
- 在最近几个月中，哪些好的操作程序或者提议成功了？谁提出这些建议的？谁承办的？谁展示它们的？这些操作程序或者建议是如何在公司内部实施的？

以上问题的答案会对你展示你的提议有所启发，这样你的提议就能够被公司管理层所接受，其最终才会成功。

权利阶层

公司里谁掌实权？也就是说，公司的管理人员和公司文件有谁说了算？这个人也许不是公司指定的领导人物，对于这一点，本书第三章中已有阐述。掌握实权的人往往是公司其他员工都相信的人。实际上，权利因素是以上五个因素中最重要的一点。当然，有了实权人物的支持，促使变革就很容易；相反的，如果实权人物公开反对你的计划，你的计划肯定无法成功。为了弄清楚公司的实权所在，你首先应该思考以下几个问题：

- 公司的中高层管理人员是如何应对公司的小道消息的？他们是持支持的态度，还是坚决抵制？这些小道消息的传播受他们的影响吗？
- 避开职位不谈，公司里谁遵从高级秘书的意见？
- 谁拥有和他或者她实际职位不相符的权利？
- 谁将计划付诸实践？谁可能对自己的计划无能为力？

通过思考这些问题，你可以发现公司的实权人物，这些人能够帮助你达成你的培训目标；同时，通过思考这些问题，你也可以对公司的企业文化有一个全面的了解，这些企业文化因素可以作为促成变革的催化剂。

公司管理中有一条很重要的原则，那就是：如果你对会议的结果没有确切把握，那么就不要会议。这就是说，你应该知道哪些人会对你的提议产生抵制情绪。如果你觉得这些人会成功地阻碍你的计划，就不要召开会议，这时候你应该把你所收集的资料准备好，等待公司政治或者人事上的变革，或者等待所存在的问题自身出现转机。当时机成熟时，你可以继续推行自己的计划，不过你应该记住，在你没有十足的成功的把握之前，不要在你所推行的项目上花费过多的时间。

关于测试可行性，你还应该弄清楚一个问题：要解决这个问题，还有没有其他办法？你应该问问自己，也应该询问你所想争取的对象的看法。如果你询问别人的看法，其他人就会觉得你是非常理性的，你并不是独断专行，而且你也从中发现是否确实存在其他解决办法。同时，你也把解决问题的责任扩大化了，如果你所提出的办法行不通，责任也不全在于你一个人身上。这样做还有一个好处，那就是你给了那些持反对意见的人一个用他们自己的方式解决问题的机会，通过这个步骤你就可能把敌人转化为朋友。实际上，询问其他人关于问题解决办法的看法，是一个团队精神的展示，通过团队合作，可以很大程度地降低项目成本。

确定培训项目的规模

如果你对公司的政治环境已经有所了解了，那么下一步你要做的就是鼓励管理层对你所收集的资料作出反应。你应该确定你所想推行的培训项目的规模、培训时间、活动形式、地点、成本、培训频率以及培训对象：

● **项目规模**。你所推行的培训项目包含哪些内容？你会教授哪些知识？此次新的培训项目的管理目标是什么？此次培训项目对公司会有什么益处？

● **培训时间**。你需要通过多长时间才能带来你所期望达到的变革？长时间地让员工或者经理们离开他们的工作岗位，比如说，10 个小时，30 个小时，或者 80 个小时，会有什么后果？

● **培训形式**。受训学员熟悉此次培训课程的形式吗？例如，如果在 6 个上午内每个上午培训 3 个小时，或者 6 个星期内每个星期培训一天，学员会习惯吗？员工是不是已经习惯了某种特定的培训形式？在过去，公司培训使用了哪些其他的形式？其他公司的情况又是怎样的呢？

● **培训地点**。此次培训最好在什么地方进行？关于培训地点的选择，你可以参照第 11 章的讲述。不同培训地点的成本是否有差异？

● **培训成本**。启动此次培训项目，总共的开支是多少？如果购买一套培训课程，成本又是怎样的？关于培训成本的问题，你可以参照第九章。哪种培训项目能最大限度地满足你的兴趣？新的视听手段或设备的成本是多少？

● **培训频率**。培训项目多长时间进行一次？对于不同的培训频率，其分期的成本是怎样的？

● **培训对象**。对哪些人进行培训？每个人的培训成本是多少？

当你很好地回答了这些问题，并且决定了带来你所需的变革的最好的方式之后，你可以进入需求分析的最后阶段：分析培训项目的成本。

分析培训项目的成本

各个阶层的管理人员都很关心培训的成本问题。确定成本的方法其实很简短，如果按你所希望的方式开展，培训项目的总成本是多少？如果按照尽可能节约的原则开展，培训项目的总成本又是多少？如果你是亲自准备培训课程的，你还应该把你的时间成本算进去。当然培训成本还应该包括所有的准备成本（复印、打印以及其他各方面的供给等），以及购买培训课程或者聘请咨询师的成本。按以下两种方式计算总成本：（1）公司的总支出；（2）公司为每个人的支出。

接下来，你应该计算培训结束员工技能提高后，将会给公司带来的收益。计算以上开支，你可能会使用到以下信息和数据：

技能目标。需求分析中会包括业绩目标。（在第五章中，我们将对如何开展正式的需求分析的问题进行探讨。）需求分析定义了开展工作所需的具体技能，即全面的需求分析所定义的技能的上限。一旦你发现了员工实际技能与所需技能之间的差距，你应该确立你的培训目标，设立培训课程缩短这种差距。这就是你的技能目标，即员工通过培训所要掌握的新的技能。

测评单位。你如何知道培训项目在发挥效用？你如何测试培训对学员日常工作表现的影响作用？要回答这些问题，你应该对你创建需求分析所用到的那些数据和信息进行监控。如果你在创建需求分析时，使用到了客户服务记录，那么你就应该对这个记录进行监控；如果你曾对主管开展过调查，那么你应该继续对他们进行调查；如果你通过核心人群访谈的形式确立的技能提高方面的需求，那么你应该邀请同样的人群，请他们谈谈培训结束后，哪些技能已经得到了提高。你可以将所观测的某些技能的实际表现和所需表现之间的差距，作为确定成本的一个变量。

单位成本。有时候很难计算单位成本，因为计算单位成本时，你必须计算你所教授的每种技能的成本，以及所进行的每个小时的培训的具体成本。当你的培训内容是关于如何提高质量检测管理的技能时，你很容易对受训学员效率上的提高程度进行检测。但是，如果你所教授的课程是关于经理的人际交往技能时，你可能很难确定这种技能的单位成本。在这种情况下，最好的办法是对培训前和培训后的表现进行比较。然后，把经理们的工资作为基准，看看公司为他们每个工作时间单位的支出，经过培训后，经理们工作上时间单位的节省，就是培训的单位成本效益。

如果你所在的公司利用职责描述的办法，对员工某种比例的工作时间内的工作任务进行规定，通过观测经理们在单位时间内工作内容的变化情况，你可以发现通过培训，经理们技能提高的单位成本。你仍然把经理们的工资作为基准，把他们的工资按百分比进行分配，经过培训后，经理们只用65%的工作时间就完成了所规定的工作任务，而在培训前，他们得用100%的工作时间完成这些任务。

你几乎可以计算任何事物的单位成本，但是，如果不能直接进行测评，计算过程就会很复杂。曾经有家这样的公司，该公司在经济低迷期，砍掉了＄800，000的培训费用。培训部门发现在过去的12个月里，因为与安全有关的事故以及由于这些事故所耽误的工作时间，该公司在过去的一年中为所砍掉的培训费用得支出＄7，500，000。毫无疑问，该公司后来马上恢复了公司的培训预算。

即使是对于电话接线员的态度方面的培训，也可以计算出其单位成本。例如，你可以计算每个客户的平均收益，然后引用1979年三月“美国新闻和世界报告”中的调查结果，该调查结果显示，68%以上的客户因为接线员不良的态度而改变了他们的投资对象或者购买对象。你可以对所在公司在某个时期内的客户数目进行估算，然后将这个数目乘以68%，然后乘以对每个客户的平均受益，你就可以计算出接线员态度的单位成本。然后，将这个单位成本乘以培训人数，就可以计算出通过培训你为公司节省的总开支。这个数据相当有说服力的。

因此，计算这些无形的单位成本时，你应该计算每个事件（每项、每个客户、每个小时或者每天等等）的单位成本，然后利用其他信息（工资数据、雇佣一个新员工的成本、调查、行业平均数据或者相关经济报告等信息），来显示阻止某种损失的单位价值，或者技能提高后对公司的效益。将每个事件或者每个测评单位的平均成本，与平均损失或者平均提高程度联系起来，然后，以比例的形式表示这两者的关系。例如，如果在培训上每花一美元，通过培训公司可以获益2.5美元，那么这个比例就是2：5。

另外一种方法就是分析一个大型的事件，在这个事件中，由于员工缺乏培训，公司蒙受了很大的损失。假设一个公司签订了一项价值＄10，000，000的合同，但是由于财务部门预算上出了问题，公司反而会在这项合同中赔钱。你可以通过这件事情，向管理层证实，公司需要开展预算课程方面的培训。

培训所需的时间。在培训中，时间是一个很重要的成本因素。时间的影响力主要表现在两个方面：一是员工把时间花在培训上而不是工作上的成本；二是利用你所培训的技巧，新员工的工作速度会得到提高。如果培训战线很长，长达几个月，这项成本就很大。但是，成本再大，如果员工技能能够得到立竿见影的提高，你仍然可以向管理层证实培训的必要性。

现行的表现状况。这是你在需求分析中所收集的信息，你可以利用这些信息计算维持现状以及改进现状的成本。

培训人数。在引进培训项目时，你应该特别考虑这个成本因素。在第十章中我们会提到，互动教学的 CD－ROM 教学设备是非常昂贵的，启动初级的互动教学项目可能需要花费＄50，000。如果培训人数只有 10 到 12 个，那么单位成本就太高了；但是，如果培训人数多达上千个，并且培训时间很长，那么启动同一个项目的人均花费就只有＄50。

培训成本。在进行培训预算时，你应该考虑到很多成本因素。在第 15 章中，我们讨论预算方法时，会对这个问题进行详细讨论。但是，每个培训项目的成本可以分开，进行单独预算。一般情况下，影响培训成本的因素有以下几种：

- **准备时间**。开展培训的一个重要原则时，对于每个小时的教授内容，你可能需要准备 3 到 5 个小时。准备培训课程是非常耗费时间的，从公司工资或者聘请外界顾问的角度讲，时间就是金钱。将为培训做准备的每个人的每小时的工资乘以所有为培训准备作贡献的人的总人数，就可以得到准备总成本。
- **培训地点**。如果你使用的是公司外部的设备，你就得花钱租赁设备，其中包括你所租赁的视听手段和设备，还应该包括工作餐和茶点的成本。即使你使用的是公司内部的设备，除非它们是专用的培训设备，也存在设备成本，因为你使用这些设备时，其他人都不能使用它们。计算这些设备的总成本。（会计账本上会有详细的数据。）
- **视听手段**。生产或者购买视听设备都是非常昂贵的。在你陈述这些设备对培训的重要性之前，你应该对它们的成本有一个详细的了解（见第九章）。

- **来自公司外部的帮助。**如果在培训中，你可能会使用到咨询师、临时培训专员、全套的培训课程包，或者其他外界的帮助，你就应该对它们的成本有一个详细的了解。
- **供给成本。**供给成本包括很多内容，包括培训教材和手册、装订、纸张、铅笔、活动挂图、书签以及幻灯片等成本。这些材料一般是批量购买，计算它们的成本时，你应该将购买这些材料的总成本除以培训的天数或者小时数。那么对于任何培训项目，这些材料的成本就是每天或者每小时的成本乘以培训项目的进行的总天数或者总小时数。

成本预算信息

1. 所需达到的表现目标
2. 测评培训是否成功的单位
3. 单位成本
4. 达到培训目标所需的时间
5. 现行的表现水平
6. 培训人数
7. 培训成本

- **出差成本。**如果培训必须在公司以外的其他地方进行，还应该考虑运送培训师或者受训学员到培训目的地所产生的费用。
- **培训占用员工工作的时间成本。**将培训师或者其他员工参加培训的时间乘以他们在这个时间内的单位工资，就可以得到培训占用员工工作的时间成本。
- **参与时间成本。**参与时间成本是一种主要的成本。一般情况下，参与时间成本不包括在培训预算中，而是由筹措培训资金的管理者们考虑。你不应该掩盖这种成本，而是将其列在整个培训成本中。将培训人数乘以他们由于参加培训而离开工作岗位的天数以及他们的单位工资数。
- **测评成本。**很多人都忽视了对培训进行评估的测评成本。在这一章前面的部分中我们已经提到，如果不进行详细的检测和追踪调查，你就很难了解培训项目的实际效果。检测和追踪调查，都需要花费时间和使用材料，所以你也应该把这部分成本包括在总培训成本中去。

- **公司设备的使用成本。**这部分成本包括公司为培训部门提供培训场地、桌椅、电力、计算机以及电话等设备所发生的成本。这些成本都是包含在培训部门的总开支里面的。在进行培训预算时，你也应该把这些成本包含进去，这样你就可以计算每个培训项目所发生的实际成本。

计算培训成本的过程

如果我们把上面的所有信息都集中起来，我们可以创建一份资产负债表，在这张表中，包含了培训所发生的所有成本以及投资的受益。这个过程并不复杂，你只需要把每种因素的单位成本乘以所有测评单位。你应该进行两次计算：一是计算公司的现行状况；二是计算培训结束后将会产生的状况，然后把开展培训项目的全面成本加在一起，就可以得到维持现状的成本、改变现状的成本以及促成这种变革的单位成本。你应该对培训前的成本和培训后所发生的成本进行比较分析。如果你所要启动的培训项目不止一个，你应该为每个项目做这种比较分析。通过这种比较分析，你可以发现员工在培训前后的表现变化、改变员工表现所花费的成本以及促成这种改变所预期产生的收益。然后，把通过培训为公司节省的资金乘以培训的参加人数（或者乘以培训课程进行的时间），并比较培训的总成本和总收益。

计算成本的步骤

1. 做每种因素的成本比较
2. 确定每种因素的单位成本或者总成本
3. 比较维持现状所需的成本和培训结束后技能得到提高以后所发生的成本
4. 在你的提议报告中，计算出你所提出的每种方案的成本：维持现状的成本、第一种方案的成本、第二中方案的成本等等
5. 比较现行状况下和培训后的资金支持情况
6. 将以上结果乘以培训人数
7. 比较每种方案的总成本和总收益

小结

在这一章中，我们讨论了如何开展需求分析。首先我们讨论了需求分析的主要作用以及辅助作用，并且探讨了以前摄的姿态和被动的资料应对培训需求的区别。在本章中，我们学习到，需求分析主要是一种资料收集工作，通过所收集的资料，我们可以确定培训项目的规模和范围，还可以计算出开展培训项目所需发生的成本。

同时，我们还探讨了分析公司政治状况的一些技巧，因为作为一名培训师，你应该对你所提议的培训项目对整个公司的影响，有一个全面的了解。

练 习

1. 编写一份调查问卷，对你所在公司某个领域的现行水平以及员工的工作态度进行调查。在问题的设置过程中，尽量使用我们在这一章中学习到的问题类型。
2. 策划一次针对经理们的核心人群访谈，对你从调查中收集到的信息进行验证。将经理们分成小组，并给每个小组准备活动安排、讨论问题以及案例，并基于你调查的内容，对培训项目提出建议，让经理们对这些建议进行讨论并作出改进。
3. 分析并计算你所提出的培训项目的成本。通过实事求是的分析，向管理阶层证实你所提出的培训项目是物超所值的。
4. 分析你所在公司进行改革的政治环境。

第五章

测评培训的有效性

培训主要就是为了带来变革。如果你想知道自己是否带来了所需要的变革，你就必须对你的培训课程的有效性进行测评。到目前为止，你已经确立了培训目标，定义了你所期望带来的变革形式，对现行水平进行了考察，并且确定了改变现行状况达到所需目标的方法和途径，下一步你就应该对你所取得的成就进行测评。

你应该对员工表现中的三种层次的变化进行考察和测评。第一个层次是测评员工是否可以运用你所教授的技能。这种测评可以在培训的过程中进行，也可以在培训结束后进行。

第二个层次的测评是指对员工回到工作岗位后的表现的观测，评估员工是否能够将所学的知识和技能灵活运用到实际工作中，即理论学家所称的“转移能力”。从第一层次的测评中，你已经了解了员工对所学知识的掌握程度，接下来你应该对他们进行跟踪观察，看他们是否能够把所学的技能运用到他们的工作中。如果他们没有做到这一点，你就应该开展一次专门针对这个问题的需求分析，找出存在这个问题的原因，分析其表现特征，并提出相应的解决方案。

第三个层次的测评是指评估此次培训项目对你所培训部门的影响，或者对整个公司的影响，实际上，就是测评公司投资在此次培训项目上的资金收益。第三层次的测评是一种基本测评，通过这种测评，可以回答我们在前面提出的问题“此次培训是否物超所值?”

作为培训师，你应该不间断地开展测评工作，对于受训学员而言，也应该定期开展自我测评。还记得松戴克的学习法则中的效果原则吗？没有什么比成功更能鼓舞人继续学习。培训师应该经常对学员进行反馈，这样他们才有源源不断的动力继续学习。通过定期的测评，你可以知道培训的进展情况，对于受训学员而言，他们也可以通过测评了解自己的学习进展状况。为了对测评的问题进行清楚的阐述，我将测评分为了几个不同的操作阶段，不过这些操作在有些地方可能会有重复，因为在同一阶段，你可能会使用到几种不同的技能。

第一层次：短期测评

第一种层次的测评主要包括我们所熟悉的一些短期的测评活动。我们对于家庭作业、课堂项目、课程论文以及考试等方式都不陌生，因为这是学校里经常采用的测评方式。这个层次的测评一般包含老师指定的一些具有挑战性的任务，要求学生完成。学生是否能够出色地完成这些任务，就可以表明他或者她是否掌握了所学知识，这些任务的完成情况就是学生对所学知识的一种反馈。同时，对于教师而言，这些信息可以反应学习者对所教授知识的掌握程度，以及还需要补充哪方面的知识。而这些信息也可以反应教师是否成功地完成了教学任务。

考试和测验

许多人都很讨厌考试，因为当他们还是学生时，考试结果经常以及格或者不及格的形式呈现的。因为考试结果是对于我们的发展前途的一种重要的评判标准，无怪乎对于我们中的许多人来说，考试都近似于是一种惩罚。所以，你应该向学员阐明考试的作用，告诉他们，通过考试可以发现学习的进展情况，考试是一种工具，一种对他们的强项和弱项进行症断的工具。事实上，你也可以利用考试对自己的工作进行测评，不过这不是最重要的，重要的是考试是为学员服务的，是为了对他们的学习进展提供反馈信息。在本章后面的内容中，我们将对如何组织考试的问题进行探讨。

其他测评形式

除了考试以外，还有其他短期测评的方法，这些方法包括从眼神交流等观测技巧，到其他各种不同形式的活动和复习。下面我们快速浏览一下这些方法，然后再详细地如何创建并使用这些方法进行有效的测评。

● **苏格拉底式提问**。在第二章中，我们学习了提问的影响作用和教学价值。提问还有一种很重要的作用，那就是通过提问，你可以了解学员的思维状态，并了解他们的学习进展。第三章中我们已经对如何提高提问技能的问题进行过探讨。

开展短期测评的方法

1. 考试
2. 苏格拉底式提问
3. 眼神交流和观察
4. 小测验和复习
5. 项目阶段
6. 案例分析
7. 练习阶段
8. 正式以及非正式的评估阶段

● **眼神交流**。在第三章中我们还提到，眼神交流，作为教师和学习者之间的一种积极的非言语交际形式，在交际中起到很重要的作用。正如其他交际方式一样，眼神交流是一种双向交流，比如说，发出并维持眼神流的是教师，但对眼神流作出反应的是学习者。你从学员的眼神中可以发现什么？如果学员睁大眼睛盯着你，就表示他们在向你挑战，或者对你所说的内容持有不同意见；如果学员皱眉头，就表示他们在向你挑战，或者对你所说的怀有疑问。如果学员面无表情，目光呆滞，就表示他们厌烦了当前的话题，你应该转向下一个话题了；如果学员目光奕奕，就表示他们受到鼓舞，或者对你所讲授的话题感兴趣；而耷拉的眼皮则表示学员恹恹欲睡，这个时候你就应

该向他们提问，或者改变话题；学员快速眨眼，或者眼珠子四处转动，则表示他们很紧张，他们可能持保留意见，或者有所隐瞒。

解读眼神传递的信息

- 盯着眼睛或者睁大眼睛——向你挑战或者持有不同意见
- 皱眉——怀疑或者深思
- 目光呆滞或者空洞无物——厌倦
- 神采奕奕——受到鼓舞，感兴趣
- 无精打采或者恹恹欲睡——疲劳或者感到乏味
- 眨眼或者四处看——紧张，或者有所隐瞒

- **小测验或者复习**。以提问的方式复习某项学习内容，对学员进行书面或者口头的测验，你可以对受训团队的学习进展有所了解，并且可以发现学员对所教授内容的掌握程度。在本章的后面部分，我们将学习如何组织正式的考试问题以及如何进行正式的考试。

- **项目安排**。在课堂上给学员布置任务，这样你就可以在学员完成任务的过程中，四处走动，检查他们的理解情况。在项目阶段，你可以发现学员是否可以运用你所教授的技能和知识，而且你还有机会以书面的形式对他们的项目表现作出评价。一般情况下我的做法是，与整个团队一起进行讨论，并将学员提出的方法作为例子进行说明。

- **案例分析**。案例分析是一种参与性要求很高的活动，而且非常实用。通过案例分析，你可以迫使学员运用他们所学的知识，也可以发现学员对知识的掌握程度。在第七章中，我们会详细地讨论案例分析的问题。

- **练习阶段**。通过亲身实践的练习，学员可以将所学知识运用到实践当中，而你也可以的学员进行评估，并对他们的错误进行纠正。

- **评估阶段**。评估一般在培训项目结束的时候进行。如果你所开展的是技术方面的培训，在评估阶段中，可能会故意弄坏设备，然后让学员寻找并消除故障，你就可以对学员消除故障的速度和准确度进行评估。如果涉及某些“软性”技能，你可以假设一些情形，然后让学员提出合适的解决方案。你可以采用角色扮演的方法，这是一种很好的模拟形式。

短期评估工具的创建和使用

下面我们详细地探讨一些以上评估工具的创建和使用方法。我们已经在第三章中讨论过提问技巧，而关于眼神交流的技巧我们会在第六章中提及。下面我们先讨论一些测验和复习的问题.

口头复习和小型测试。口头复习是以一系列的框架性问题的形式进行的，通过提出这些问题，你可以让学员谈谈他们所学到的知识。在此过程中，你自己不要背诵你所教授的内容，而应该让他们进行复述。一般情况下，我习惯于让学员说出他们对上一堂课的知识印象最深的地方，通过这种方式，可以让学员自己去回顾上一堂课的内容，也可以给我时间对某些关键内容进行扩展，纠正他们的错误，并且对某些遗漏的内容进行补充。

你应该基于培训目标来组织复习的问题。在此过程中，可能会出现大量的重复模式。此外，不要在复习的过程中，加进你自己的疑问，不然学员可能会停止对当前内容的思考，这样就达不到复习的目的。

不要一次对大型的知识模块进行复习。你应该将大块的知识分解成小块，每完成一小块知识后，马上进行复习。你可以在以后的学习过程中，对整个知识模块进行测试。同样的，复习过程应该简短。如果在复习过程中，你发现学员对所学内容并不是很了解，你就得以苏格拉底提问的方式将整个知识再串一遍。这是一种非常有效的重复形式。最后要提出一点，复习应该保持连贯性，应该定期进行复习，而且抓住每个可能的机会开展复习。通过复习，不仅可以对学员的学习进展进行反馈，而且还可以让他们对将要学习的知识有一个大概的了解。为了确保复习能够定期地开展，在准备课程时，你应该把复习作为每堂课的一个必需步骤。通过这种方式，我发现自己养成了定期开展复习的习惯。

书面测试和口头复习有异曲同工之处，不过在测试过程应该注意，你所测试的理解水平不要太高，只是让学员对所学知识进行简单的回顾。通过测试，应该可以发现学员已经掌握的知识，给学员一个运用所学知识的机会。在测试中所设置的问题应该简单明了，不要刁难学员。

测试应该简短，一般情况下测试不要超过十分钟。最有效的题型是填空题或者那些只需用简短的话语回答的问题。在测试中不要使用判断正误、多项选择以及长篇的书写问题，你可以在全面的考试中使用这些提醒。

因为测试的真正目的是为了让学员看到自己的学习进展，所以你可以让学员自己给自己评分。务必对那些有很多学员出错的问题进行讲解，你的讲解也许可以避免一个严重失误的产生。

你可以交替使用书面测试和口头复习的方式，但是，你应该保证每堂课中都有某种形式的测试。此外，你还可以使用考前－考后的形式，测试学员的学习进度和知识的掌握情况。你可以在课程开始之前进行一次测试，在这种情况下，很多学员的表现可能会非常糟糕；培训结束后，你可以给他们进行一次类似的测试，他们的表现可能就要出色很多，这说明通过培训他们取得了很大的进步。

项目安排。我们已经在前面提到过，项目安排是一种在课堂上进行的作业。为了让员工积极参与，你所设置的项目应该尽量接近真实情况。

要做到这一点并项目安排的创建和评估

1. 使项目具有真实性
    - 重要的事例
    - 糟糕的情景
    - 实际发生的事情
    - 常见的问题
2. 所设置的项目应该与受训团队以及培训内容相符
3. 事先准备好正确答案，这些答案应该是基于所教授的知识的
4. 项目的难易程度应该与所安排的时间相符。讨论的时间应该占整个项目安排的一半时间以上。你应该随时准备为学员提供帮助，并进行必要的解释
5. 针对个人和针对团队的项目应该分别设置
6. 对每个项目进行书面的评估，评估中应该包括积极的、富于建设性的反馈
7. 进行批评时，应该是有明确的目标的，而且这种目标应该保持前后一致
8. 和整个团队一起总结该项目，并给他们相应的反馈信息

带到课程上进行讨论。（所谓重要的事例，是指他们最近经历过的，对他们的工作来说不难，你可以采取很多方式；但我最喜欢的方式是，让学员找一个重要的事例，作表现有重要影响的事件。）如果你与受训团队要合作许多天，你可以把学员提供的事例收集起来，然后选择最具代表性的事例，让学员在剩下的学习时间中，实践这些项目，并对这些事例进行讨论。

你所安排的项目可以基于你所熟悉的真实的场景，或者是基于你所能想象的最糟糕的情形而设置。第三种方法就是基于学员日常工作中经常会碰到的问题而设置。不管你设置怎样的项目，你的项目都应该适合受训团队。如果你所培训的内容不是危机管理，就不要给他们安排危机项目；如果他们学习的是日常的操作方法，就给他们安排日常的问题。因为学员可能会对最后的讨论结果有所疑问，所以你应该事先准备好正确的解决方案，你还可以利用在培训课堂上所教授的知识对学员的答案进行验证。（这也是一种“学以致用”。）

你所设置的项目应该可以在你所安排的时间内完成，这个项目应该对学员来说具有挑战性（没有什么比简单的项目更枯燥的了），但是，项目也不应该难得高不可攀。在项目安排中，还应该设置讨论阶段。家庭作业是一种不错的测评方式，但是练习最好现场进行（培训师在场）。

项目可以是针对个人的，也可以是针对整个团队的；实际上，最好两者兼而有之。安排针对个人的项目，可以保证每个学员都积极参与，你可以对每个人进行反馈和评估。通过安排针对团队的项目，可以开展团队合作，可以反应更为真实的工作环境。团体活动是我们每个人每天都必须面对的。

对每个项目进行单独评估，最好在每天的培训课程结束后进行。通过作旁批、更正，以及写出反馈意见等方式，引起学员的注意力，并且可以通过这些方式显示：你应该看过他们的作业了，如果你给出的都是反面的反馈意见，你就会挫败他们的学习积极性；但是，如果你的反馈意见都是正面的，坏的习惯就不会得到改正。我倾向于先指出我对他们的工作最赞赏的地方，然后再指出他们工作中存在的问题。(见图 5 - 1)

但是，应该记住，不要给学员划分等级，也不要对学员作比较，你所要做的是对每个学员或者整个受训团队的学习进展提供反馈信息，你应该时刻记住自己想通过项目安排发现哪些方面的信息，往往这些信息都与你的培训目标直接相关，可以帮助你更好地发现关键问题之所在。如果你发现学员出错是因为他们对所学内容不理解，你应该立即给他们指出错误，但是给学员指出错误时，态度应该很谨慎。如果你觉得他们完全有能力回答这些问题，你可以对他们提出适当的批评，引导他们作答。让学员重新思考，并且自己更正错误，毕竟他们以后得自己从事那些工作的。

与整个团队一起讨论这些项目。让学员明白你想通过这些项目达到什么学习目的，并将那些出色地完成了这些项目的人的解决方案作为例子（如果可能的话，尽量每次以不同的人作为例子）。也可以选择一两个表现有失水准的例子，并让学员讨论如何能够对他们的解决方案进行改进（同样的，不要总是选用相同的人作为例子）。通过这种方式，那些学员就不会觉得很尴尬，还可以让学员共同讨论提出建设性的意见，并且可以创建一种容许出错的环境（见第一章），也可以加强你的领导地位（见第三章）。

图 5 –1 我对培训专员开展培训时的反馈样本

（学员项目）

项目目标

情感目标

完成为期一个星期的培训之后，学员能够基于实际的测试结果开展成本分析

认知目标

培训一天之后，学员能够对气体保护金属极电弧焊的操作过程进行描述

【我的评论】

莱蒂亚，你的这些意见都非常好，但是描述情感的那个例子针对的是具体的技能，而不是态度。情感目标是指能够描述进行成本的需求，或者积极地展示一项成本分析，或者自信地准备和展示成本分析

案例分析。案例分析是一种扩展化了的项目安排，它针对的不仅是单独的事件，还包括在复杂的现实情形中会出现的许多独立事件。案例分析一般是围绕一个亟待解决的大型问题或者事件，必须通过你在培训中所要教授的

技能解决这些问题。

通过案例分析可以真实地再现所学习的课题，可以使所学习的内容更加接近实际生活中存在的问题。为受训团队写案例的时候，记住首先设定基本的背景场合（公司、部门等等），然后描述所存在的问题，以及产生这些问题的原因，并且应该提及其他并发症状，阻碍因素、政治缺陷或者丢失的数据。力求完成的叙述必要的相关信息，然后提出这些信息，提出具体的问题，让学员解决。

尽量让案例接近现实的情况。你可以使用项目分析中的资料和方法，但是必须提供详细的背景信息。人们都喜欢听故事，所以，你所提供的案例结构越真实，你就越能激励学员的参与性。

案例应该像现实情况 一样复杂，并且具有挑战性。因此，应该在学员掌握所有必需的知识和技能后，再安排案例分析，或者你可以围绕某个案例组织你的培训步骤或者课程。对于大部分问题，你都应该准备好答案，但是，也应该留出一些没有答案的问题，这样才能接近现实生活。可能的话，把团队的答案作为正确答案或者可以接受的答案。

可以分别向个人和受训团队布置案例分析任务。如果案例分析任务是针对个人的，它可以激励那些学有余力的学员更加努力的学习，还可以激发那些害羞的学员的参与性。但是，这也表示你的评估工作会非常繁琐。如果你并没有打算对学员进行单独辅导，就不要给个人安排案例分析的任务。当受训团队对案例进行讨论的时候，他们不得不相互合作，案例分析活动就很真实的情况很相似。通过这种方式，还可以培养学员的团队合作精神，鼓励学员相互交流，有经验的学员可以帮助经验缺乏的学员。在团队协作的过程中，因为负责的任务是分解开来分配给个人的，所以可以合理分工，每个人从事自己最擅长的工作。最后一点，你可以对团队活动进行较为详细的评估，因为是案例分析团队活动，所以你并不需要设置很多案例活动，这样你就有足够的时间开展评估了。

练习阶段。正如项目安排一样，你所设置的实践练习应该尽量接近真实的情况。练习的材料可以从真实生活中获取。在关于技术方面的培训中，你可以在练习阶段采用在实际工作中会使用到的设备。如果采用这些设备会有困难，你也可以采用与之类似的设备，使用真实的练习形式，计算机程序或者工作模板，这样做的目的是为了模拟实际的工组环境。

但是，如果不到做到以上这一点，你还可以通过计算机模拟（例如互动的录像带或者 CD－ROM），计算机生成的数据（编写或者购买计算机程序等，我们会在第七章、第九章和第十章中提到这些关于计算机辅助手段方面的知识），购买或者构建一个实际设备的模板，购买与实际设备类似的设备，使用具有类似操作工作的陈旧设备，或者使用在非工作时间使用实际设备（下班后，备用设备或者服役中的设备）等手段，模仿真实的情形。

不管你采用怎样的设备，你都必须设定清楚明了的练习任务，而且这些任务应该和你所教授的内容有紧密的联系。练习任务无需过多，只要能够涉及所有的培训目标就行。同时，你还应该确保学员明白他们在练习中应该做什么。如果可能的话，你可以在练习中穿插测评点，这样学员就可以停下来，看看自己的进展情况。通过这些测评点，你可以加大对学员的控制程度，学员也可以尽早对他们的错误进行更正。练习结束后，你应该给学员提供正确的解决方案或者参考答案。

实践练习最好在真实的设备装备或者程序下进行，通过角色扮演，也可以练习配合技巧。如果有学员拒绝参加角色扮演，你可以让学员以组为单位参加，每个组设计一种策略来决定角色扮演的学员。这样扮演角色的学员就没有任何负担，如果扮演失败，只能怪该组采取的策略不对。此外，以组为单位参加练习，还很容易打破僵局，但是，使用这种方法，每个学员都不想让自己所在的组失败，所以都会非常积极，这样就不是很好对学员进行控制。

通过以小组为单位的角色扮演练习，可以激发每个学员的参与性。在每个足够的时间让每个学员都扮演角色的情况下，以小组为单位参加，就可以使活动有组织地进行下去，而且你可以在必要的时候停止该活动，也不至于孤立某些学员。如果时间充沛，以小组为单位的参与方式可以保证每个人都会主动参与。这种方式还有一个有点，那就是通过小组竞争，可以加强小组内部的团队协作。

除了以小组为单位的参与方式，你还可以把全班学员分成三人一组，每组中的两人轮流扮演角色，而第三个人就对这两个人的表现作出评价。这样你就有时间四处看看，并对其他小组进行测评。在此过程中，应该确保所作出的反馈有一个固定的模式，也就是说，给出评价的那个人应该条理清晰地对其他两个人的表现给出反馈信息。不然的话，这种角色扮演就会乱套，不会起到任何练习的作用。

碰到学员对所学的知识理解不深的情况，你可以让学员互换角色。如果练习并不是公开的，而且学员自我意识很强，你可以暗地里对角色扮演的过程进行录像，然后让学员观看录像，并对扮演者的表现作出评价。如果条件允许，你还可以对所有的角色扮演过程进行录像，让每个学员都看到他们自己的表现。在第十章中我们会提到录像手段的使用。

不管是案例分析还是练习活动，你都应该安排时间对学员的表现进行讨论和分析，这些分析和评价与活动同等重要。你作出的评价应该条理清晰，提出批评时不要失态，而应该时刻记住自己的培训目标和学员的学习目标。在反馈过程中，应该避免信息过量。碰到某个表现很差的学员，你可以在作出评价是选择那些最容易更正的问题，忽视其他问题，然后针对这个问题，向学员讲述如何使技能提到到正常水平。一旦你在这个问题上成功了，你可以接着关注其他问题。最后要提出一点，夸奖学员时应该一视同仁，并且只有当学员的表现确实非常出色时，才提出夸奖。过度的夸奖，与过度的批评一样，都会挫败学员的学习积极性。

考试。考试测试的主要是对于书面知识的学习情况，并不能对实践能力进行测试。实际上，正是由于很多高校对学生进行评估时，过于依赖考试这种手段，现在很多人对大学毕业生提出批评，说他们“高分低能”，考试成绩好，但是没有任何实践经验。当然，在商业培训中，可以通过案例分析、项目分析、测评以及岗位培训等手段对学员的实际表现进行评估。

通过考试，你可以了解到学员所掌握的知识以及他们对所教授的知识的记忆程度。如果你只是向测试这方面的情况，考试是一种很好的测评手段。如果学员需要掌握某些概念内容、词汇、格式或者公式时，不管对于培训师，还是学员而言，考试都是一种很重要的测评机制。

考试的可靠程度和有效性。关于考试，有必要考虑以下两个方面的问题：考试的可靠程度和有效性。

可靠性是指在一段时期内对同一受训团队进行考试时，你可以得到一致的答案。这就表示你所得到的考试结果是正确的。考试的次数越多，考试结果的可靠程度就越强，因为每进行一次考试，就可以增加管理阶层对单个学员或者受训团队表现的测评信息。可靠程度是从统计的角度出发的。

测试可靠程度时，你应该讲所有受试人员的实际考试成绩记录下来。图5－2显示的是从1到100分的成绩表，每个×代表一个学员的分数，也就是说，如果有一个学员的考试分数是99分，就在图中的99的位置划一个×；如果有一个学员的分数是98分，就在图中98的位置上划一个×，依此类推。当你把每个分数点×的最高点有线连起来，你就可以得到一条曲线，统计学家称之为正态分布曲线，或者称“钟形”曲线。在所有受训学员中，分数非常高只有很少一部分人，分数相当高的有一小部分人，高分数的人会稍微再多一点，而处在中间分数段的人占整个人数的比例最大；在平均分数线以下的人数又会减少，低于平均分数线很多的人又会少一点，分数低的人又会稍微少一点，分数非常低的人则更少（与分数非常高的人数差不多）。

图5－2 学员考试成绩

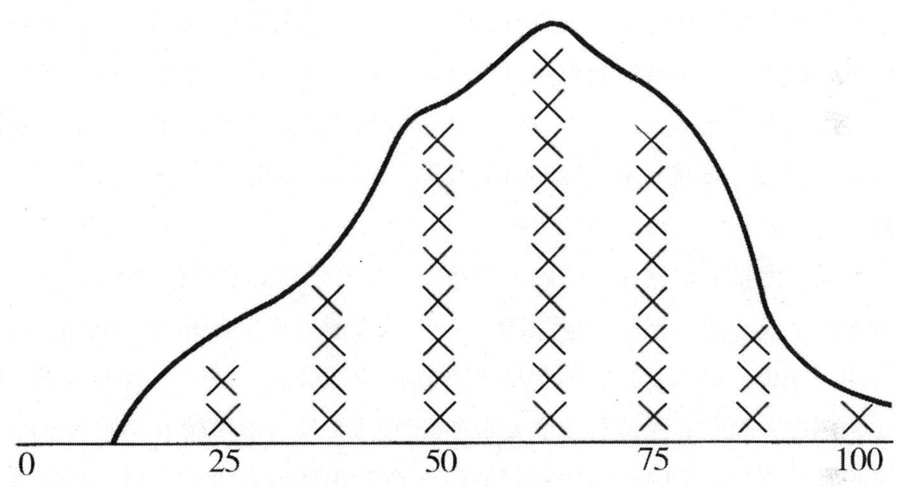

记住，并不是通过考试对自己划分等级，这些考试结果只有你一个人看的。你只需要以一种测试方式为主，并一直使用这种方式。如果可能的话，你最好应该有一些统计方面的知识，这样你就可以对考试结果做详细的分析，计算成绩的标准方差，平均数，众数等。（关于这种统计分析，第四章中有详细的讲述）不过这种统计分析并不是很必要的。在过去的几年中，我曾经对成百上千的考试成绩进行了非正式的分析，发现我的分析结果与那些经过复杂的统计处理得出的结果没有什么区别。如果你喜欢统计，而且你的老板也看重统计数据，你不妨对考试成绩进行详细的统计分析。相反，如果你讨厌统计，而且你的老板注重的是结果的准确度，而不是分析方法，你会发现我所使用的这种简单的分析方法就够用了。

每次考试结束后，你都应该把考试成绩记录下来。当你积累了许多这方面的数据时，你可以把数据用钟形曲线图表示出来。这样，每次你举行考试，你都可以把考试结果与你所绘制的曲线图进行比较。如果同种类型的考试的分数分布情况大致相同，能够形成大致相同的曲线，这就表示你所设置的考试可靠程度比较高。

如果你没有得到大致相同的结果，你可以调整你的教学方法或者改变考试方式。假设某次考试分数与一贯可靠的考试结构不一致，就表示要么是受试学员情况特殊，要么是考试内容侧重点不同。这种考试分数表示你正在改变培训的侧重点，你应该回到培训的关键内容上，以保持教学的连贯性。如果情况是，数个培训师教授相同的知识，得出了以上的考试分数，那就表示某个或者某些培训师教学侧重点有点偏移，应该回到教学大纲上去。从另一角度讲，如果需要对教学侧重点进行变动，设置考试时，你应该改变考试内容，以适应新的教学重点。有时候考试分数与正常的考试结果不一致，这时候你需要增加考试难度以降低考试分数，或者减小考试难度，以提高考试分数。

可靠程度指的是你是否可以根据考试结果对学员的表现进行准确的反应。而有效性 则是指你所测试的内容是否与所教授的内容紧密相关。例如，标准智商测试（IQ）是有史以来设计的最可靠的测试方式，成千上万的人都进行过这种测试，他们的测试分数都分布在经典的正态分布曲线中。但是，IQ 测试是否可以有效的反映出人们的智商，至今为止还没有人证实过，只是有人证实，IQ 较高的人可能会在美国的中学考试中取得较好的成绩。证实由于这个原因，美国的公平就业机会协会一直以来都对 IQ 测试持怀疑态度，招聘时协会没有采用 IQ 测试的方式，而是对应聘某种职位的人进行直接的测试。

有效性针对的是测试的内容。要使某项考试具有有效性，过程并不困难，只是有点复杂，而且非常耗费时间。但是，你真正需要的是所谓的“表面有效性”，也就是说你在考试中所设置的问题应该直接与所教授的内容相关。

为了使考试设置合理，并具有效性，你在考试中所设计的每个问题都应该与你的书面培训目标相关。我所知道的最为有效的方法是，在写课程计划之前设计考试试题。首先你要做的是设定培训目标，然后针对每个培训目标，设计相应的具有挑战性的试题。一直以来学术工作者都对这种做法嗤之以鼻，但是学术测试的目标和培训测试的目标是不一样的。学术测试是为了区分最优秀的学生和表现较为逊色的学生，将他们划分等级。相反的，培训测试是为了让培训师和学员对学习进展有一个大概的了解。在培训测试中，原则上每个人都应该拿100分，这就是你设置考试应该达到的目标，因此你的教学也应该以此为目标。

如果你是按照某份操作手册进行教学的，设置考题时，应该将考题与操作手册中的相关内容联系起来。如果操作手册非常详细，你还应该在每个问题的后面附上答案所在的页码数。通过这种方式，可以帮助学员仅此能够自我更正。

学员可能会对试题的公正性和难度展开评论，你应该随时准备接受这些评论（实际上，你可能还会鼓励学员对你所设置的试题作出反馈）。另一种方法就是将你所设置的试题送由几位该领域的专家或者其他培训师进行审核。

你应该保存关于测试可靠程度和有效性的记录，这样做有两种目的：一是可以为你提供关于培训有效性的硬性数据；而是万一出现EEO法律案件，你可以拿出关于测试公正性的证据。

考试试题的类型。在考试中，你可能会采用几种不同类型的考试试题，请参考第四章的图4－7中关于试题类型的例子。

例子：以下那种说法是学习原则的表现?

A. 对于听到的内容，学员能够更好地掌握知识。

B. 通过出错并改正错误，学员能够更好地掌握知识。

C. 通过观察他人的演示，学员能够更好地掌握知识。

D. 以上所有情况。*

我们大部分人对多项选择这种题型都非常熟悉，我们经常不自觉地会使用到这种题型。

通过多项选择，可以测评学员对某些事实的记忆情况以及对某些原则的理解，但是对于其他内容的测试，多项选择并没有很多的效用。如果你使用多项选择这种题型，你应该至少设置四种多选项。如果你想测试学员分辨正误的能力，你可以设置多个选项，但是其中只有一个选项是完全正确的。你

---

* 这个问题的答案是B。通过出错并对错误进行更正，我们能够更好地掌握知识。A是错误的，因为我们会在24小时了遗忘所听到内容的50%；C是错误的，通过观察别人的演示，我们可能会形成某些概念，但是如果没有进行实践练习，仅凭观察我们很少能学到什么东西。如果你对这一点有所怀疑，教某人开车时，你可以单让他看你驾车，看他是否能够学会驾驶。

还可以使用“以上情况都正确”或者“以上情况都不符合”这样的语句，对学员进行干扰，鼓励学员深入思考。

在多项选择中，还可以穿插幽默的成分。有时候你可以在选项中，设置一个荒唐的选项，这样，当学员看到这个选项时，就会幽默一笑，轻松起来。如果这个选项描述的是在课堂上发生的某个事件或者场景，其幽默效果就更突出乐。同时，你也应该交替使用多项选择和其他题型。在一套考题中，最多只使用 20 道多项选择题（有可能在题量较多的考试中，设有多套考题），这样就可以让学员放松一下。

如果你定期安排考试，要避过那些担心对于不同的受训团队安排一样的考题，你可以将一百道左右的考题输入计算机，并编写程序，对考题进行随意选择。考试前，你就可以从中选择所需要的题目数量。这样做可以节省很多时间。

填空题具有和多项选择相同的功能，不过有时候学员不一定能够猜到正确的答案。设置填空题时，应该在句子中包含尽可能充分的信息，不然学员就很难理解所填的句子大意，没有什么比模糊不清的填空题更令人头疼的了。

例子：策划培训课程的第一步是形成

你的____[*]

设置考题时，应该减少判断正误的题型。这个考题很好设置，但是从心理学的角度来讲，这种考题在加深学员对正确答案的印象同时，同样也会加深学员对错误答案的印象。学员经常记住了错误的答案，而不是正确的。

例子：培训师应该是课堂上最果断自信的人。

正确　　错误[**]

通过搭配题型，你可以考察学员对所学知识的记忆程度以及他们区分不同选项的能力。如果学员应该通过培训记住零件的名称，你可以使用给图表标示名称的题型。

例子：将以下教学方法与其所采用的学习原则用线连起来。

---

* 答案是“学习目标”，因为所学的内容比所教授的内容重要得多。

** 正确。这是作为领导者，我们所拥有的权利。

1. 角色扮演　　a. 多感官接收
2. 项目分析　　b. 自愿与抵制
3. 演示　　　　c. 主动学习与被动学习
4. 讲座　　　　d. 尝试与出错
5. 有趣的案例　e. 了解将要学习的内容*

在考试中可能还包括小作文和大作文。如果你所要考察的是学员运用所学知识的能力，你可以设置写作题目，让学员解决问题。通过这种题型，你可以引导学员思考问题，这种题型比其他题型更能激发学员的参与性。哈佛商学院在作文题型的基础上，建立了案例分析的概念。通过小作文（一到两句话），可以看出学员对某个问题的反应和态度；大作文可以激发学员对问题进行深入的思考。通过设置作文题目，你也可以发现有哪些学员对所学内容完全不理解，需要额外的辅导。

例子：当某个学员公开对你所说的话进行挑战时，你该怎么做？请对你在这种情况下的反应进行描述。**

设置写作题目时，应该时刻记住你的测试目标，确保每个问题考察的是学员某方面的反应，这样你才容易对考试结果进行评估，测试的有效性也高一些。当然，你还可以使用小型的案例分析试题。

评估阶段。如果你的培训项目的主要目的是为了测试学员的表现水平，从法律的角度讲，你应该保留准确的测试结果。你应该用数据把学员的表现水平表示出来，并绘制测试的可靠程度和有效性的图表，这一点我们已经在前面提到过。非正式的评估，也是一种非常有效的评价方式。以下是非正式评估的常用形式：

- 以收到的材料为基础的练习。给每个学员一个信封，假设信封里的材料是学员在该上午的学习过程中收到的材料。让每个学员在限定的时间内，完成信封里的各项任务，这些任务有的很困难，有的几乎是不可能做到的，有的很琐碎，有的甚至很有趣。然后，你从学员的创造

* 1，d；2，c；3，a；4，e；5，b。如果你有一项搭配错了，请再深入地思考这个问题。

** 对于这个问题，答案中应该包括：微笑，走向制造麻烦的学员，向他或者她提开放型的问题，等等

性、时间利用以及操作步骤等方面，对学员的表现进行评估。

- 演示。如果你的培训对象是销售代表、演讲人员或者其他经常做演示的人，采用这种方法非常有效。有条件的话，你还可以对学员的演示过程进行录像，这样学员以后就可以看到自己的表现，没有什么比自己看自己更能启发人学习的了。此外，你应该给学员充分的准备时间，还应该让学员明白你的具体要求。学员演示结束后，应该立即对他们的演示作出评价，给出必要的夸奖或者批评。
- 角色扮演。我们已经在前面提到过，通过角色扮演可以提高学员的交际能力。我们已经讨论过作为练习的角色扮演形式。针对评估的角色扮演中，演示任务应该与你所教授的内容密切相关。如果角色扮演的内容偏离了你所教授的内容，你应该打断学员，让他们重新开始。如果你愿意，你可以参与到学员的活动中，扮演其中一个角色。但是在此过程中，不要对学员要求过于严格，你参与的目的不是为了向学员演示如何以你的方式进行扮演，而是如何以正确的方式进行。

自我测评。到目前为止，我们讨论的一直是对学员的测评问题。作为培训师，你也应该对自己的进展情况有所了解。你可以带一台录像机到课堂上来，然后随意地为时一个小时左右的进行录像。按照这个操作进行几次，然后看录像，并询问自己，我是否能从录像带中的培训师身上学到一些东西？如果答案是肯定的，问问原因；如果答案是否定的，也应该找出原因。在没有录像机的情况下，你还可以使用自动录音机。对于录音或者录像，学员都不会介意的，这不会影响学员的学习。你还可以邀请你所信任的人对你的教学进行观察，并请他们提出批评意见。在此之前，你应该把他们所要评测的教学态度列出来。

你还可以在培训过程中或者培训结束后，让学员填写测评表。如果学员对你提出了建议，你应该虚心接受。当然，你无法让每个学员满意，而且你也没有必要进行这种尝试；但是，你应该找出学员提出的负面评价中的模式，然后对自己的教学方法作出相应的调整。学员提出的积极评价，是对你的肯定，不过对于负面评价，一定要认真对待。在测评表中，你可以提出类似“教学内容是否理论性太强？还是适中？还是过于实际或者简单了？”“你对所学知识的感觉是怎样的？”的问题。让学员以 1 到 5 的尺度对你或者你的培训课程进行评估，其中 1 表示很差，5 表示优秀；或者你也可以使用优秀、很好、好、一般和差这些尺度。

标准的测评表存在一个问题，那就是它所适用的是场合没有侧重点，它当然不能对所有场合进行测评。你一股脑改设计适用于某种具体课程的测评表，问问学员在他们的工作中，还需运用到哪些其他的技能。最后提出一点，你所设计的测评表应该与所教授的课程密切相关，而且应该尽量简短明了。如果你想得到可靠的测评结果，你应该在培训结束后，给学员足够的时间填写测评表，这样他们才能认真的思考。

当你想对教学方法进行调整时，你应该基于时间限制，设定具体的目标。在培训过程中，不要局限于某种或者某些教学方法，你可以尝试使用不同的教学方法，然后看看学员的反应。如果你想打破某些不好的习惯，比如说，在每次进行思考之后会说“好”，你可以尝试以下方法：

1. 创造一种有助于记忆的方法，时刻提醒自己，你正在戒除一种不良习惯。比如说，在口袋里放一个特殊的小物件，反戴手表，在手指上系一根线，或者在教室后面挂一个特殊的标志等。运用任何可能提醒你的东西，告诫自己。
2. 用新的行为方式代替那种不良习惯。
3. 每次你注意到了那些提醒标志之后，立即在5分钟内停止不良习惯，而改用新的方法。然后把这个时间间隔逐渐增加到10分钟，20分钟，45分钟，直到自己戒除不良习惯为止。
4. 如果以上方法都行不通，你可以让学员帮助你。告诉他们你正在戒除一种不良习惯，让他们在你作出这种行为时，大声喊叫。我曾经用这种方式成功地戒除了多种不良习惯。

对情感学习进行测评。到目前为止，我们讨论的都是对认知学习的测评问题。往往我们很容易发现学员工作能力上的进步，而要决定你的教学是否对学员态度产生了影响，却是非常困难的。测评情感学习，关键是找到一种随着态度变化而改变的变量，通过观察这种变量，你就可以了解学员的态度变化。

以下变量可以显示学员的态度变化：

- **面部表情。**人的面部太明显了，以至于我们往往忽视了它其实是态度的晴雨表。微笑、警惕、赋予生气的面部表情显示的是积极向上的态度，而僵硬、死气沉沉的面部表情显示的则是萎靡不振的态度。当你使用眼神交流、苏格拉底式提问，或者走进学员等方法时，就可以促进学员面部表情的变化，这样就可以对他们的态度进行推测。观察这些表情，可以看出学员当时的情绪状态。

- **教学测评。**如果学员对你的评价是“优秀”，这不仅说明你的教学技能非常出色，也表示学员对你和你所教授的内容持有积极肯定的态度。这两者是直接相关的。能够激发人兴趣的教学内容可以令培训师出色地发挥教学水平，而优秀的培训师可是使本来枯燥乏味的教学内容变革生动有趣。如果学员对你的评价是“差”，这说明学员从培训课程中收获的东西很少，他们对培训课程持否定态度。你可以提出这样的问题，例如，“参加培训后，你是否实现了个人目标？”或者“你觉得自己学到了哪些知识?”通过这些问题的答案，你可以推测出学员的态度。

第二层次：在实际工作中的运用情况

学员离开你的培训课堂，回到工作岗位以后，他们的表现如何？通过培训，你的工作主要是改变他们的行为方式。你可以让学员在培训过程中，练习你所教授的技能。回到工作岗位后，他们就可以将这些技能运用到工作中去。但是，当学员回到工作岗位后，他们的表现是怎样的?

很多情况下，你会听到他们的主顾说，“忘掉你在培训课程中所学到的东西吧，你应该这样做……”，这样你所有的培训心血就付诸东流。

大部分学员是在工作实践中真正掌握你所教授的技能的，因此在岗培训培训项目（OJT）是测试员工在实际工作中运用所学技能的主要形式。在第13章中，我们将学习创立在岗培训的具体问题。在这个阶段，你已经把学员转交给各主管负责了，主管就成了你进行在岗测评的主要咨询对象，这也是为什么我们在开展需求分析的过程中应该咨询主管们的意见。你的培训项目是否能对公司起到积极的作用，很大程度上取决于主管。你应该对主管开设特殊的培训课程，教授他们如何对学员进行测评和指导，并从中确立你、主管、员工，以及公司所应该采用的统一方法。

如果条件允许，你可以根据主管的要求调整培训课程。培训开展之前，你应该与主管进行交流，了解他们的想法，让他们明白你主要是为了支持主管的工作，并确定在培训课程中应该教授的具体内容。如果某位主管非常自以为是，你应该努力说服他或者她采用你的方法，并看其他主管是否能够说服这位主管。如果不能说服这位主管，那么你只能分别教授你的方法和主管所坚持的方法，这样学员才不会混淆两种方法。

如果主管想采用一种方法，而你的培训经理却坚持采用另外一种方法，你碰到就是企业结构方面的问题，而不是培训方面的问题。我曾经遇到一位客户，他计划对所有的工厂员工进行大型培训，但是他并没有打算对经理或者主管进行培训，他只想培训基层的员工。我指出，如果他管理人员对员工所掌握的技能不了解，管理人员对员工进行管理时，就会表现得很愚蠢。他们可能宁可否定培训的成效，诬陷员工说是员工不能正确使用在培训中教授的技能，也不会承认自己无知。为了保全自己的面子，他们可能会贬低培训的成效。因此，开展培训项目时，应该从上层到下层进行培训，从下层开始培训，完全不起作用。

当你碰到来自主管的抵制时，你需要得到公司管理层的支持，要么对员工进行再培训，要么要求主管和你站在一条战线上。你可以邀请主管来到你的培训课堂上，并让他或者她在课堂上对学员进行指导。通过这种方式，你不仅可以得到学员的尊敬，还可以与主管进行合作。此外，你还可以对主管进行再培训，让他或者她接受标准的方法。如果主管认可了公司现行的标准方法，他们就会积极配合你的工作。

不管在什么情况下，你都应该与主管一起合作，共同确立培训需求，选定培训材料，并启动培训项目，然后对主管进行指导方面的培训，以巩固员工在培训中所学习到的技能，这样你的培训才会卓有成效。前面提到将所学知识运用到工作中的问题，这就是该问题的答案。

你仍然需要对员工在工作中的表现进行测评，记录他们在工作中对所学知识的运用情况。在这种测评过程中，你需要在此重复你的培训需求。你应该对培训需求中定义的各种因素进行监控，观察培训对工作的影响作用。但是，在这种过程中，你可能会碰到一些问题。每个人都是会变的，我们生活中的很多事情都会对我们的行为方式产生影响。在工作环境中，培训只是促成改变的因素之一，所以，对培训后员工的表现进行测评，并不是很简单。我们很难确定以下因素：

1. 所发生的改变是否是由于培训促成的？
2. 在改变过程中，是否存在其他的因素，与培训共同作用，才产生了目前的改变？

有时候参加过培训的员工可能会离职，那么这个测评问题就更复杂了。当然，我们可能对其他更多的人进行培训，但是公司参加过培训的员工却是越来越少，因为不断有人离职，有人退休，有人跳槽。

但是，很显然，开展一定形式的培训后评估是非常必要的。如果你高高兴兴地对成百上千的员工进行了培训，但是对他们是否能够在工作岗位上正确地运用所教授的技能，以及他们是否使用了你所教授的技能等情况一无所知，那么你就有些失职了。记住，你的职责是为了促成变革的发生，如果你没有对变革进行测评，你就无法知道变革是否发生了。要解决这个问题，你可以参考以下方法：

1. **制定培训后的行为计划。**我遇见过的最好的培训技巧是加拿大太阳生活现行的做法，在每次培训课程结束时，培训师给学员五分钟的时间，让他们制定回到工作岗位后如何以及何时使用所教授技能的计划；整个培训项目结束后，培训师给学员三十分钟的时间，让学员把所制定的计划扩展成完整的行为计划，以便学员能够在把所学知识和日常工作结合起来。然后，让学员与同伴交换行为计划，并对对方的计划进行讨论、肯定，并作出检查。最后，在培训结束两到三星期以后，学员必须与他们的直接上司或者经理一起，对照学员制定的行为计划，看学员是否完成了计划中的内容，并对在完成计划的过程中出现的问题进行讨论。通过这种体制能够保证学员把所学知识运用到实际工作中，不过要实行这种体制，必须得到管理层的支持以及认可。
2. **设定关键的变量。**你可以在培训项目中穿插一个固定的方法或者话语，如一些特别清楚的例子或者缩写。多年以后，当你与你所培训的学员谈话时，你可以特别注意他们所用的关键术语、技能以及描述性的话语。他们可能早已不记得自己曾经学习过这些知识，但是你是记得的。当然，使用这种方法的前提条件是，你与一些你所培训过的学员保持密切联系。
3. **开展培训后调查。**提前让学员知道，培训结束后不久，将会对他们进行一次调查。在培训结束后三到六个星期内，寄给学员一份简单的问卷调查，向学员了解他们现在正在使用哪些技能，以及哪些技能对他们的用处最大，你还可以让他们描述一件事例，在这个事例中采用在培训中所学习到的技能，他们工作更为出色。既然学员已经对所学的知识进行了实践，你可以询问学员关于培训项目的有效性的看法。培训还没有结束时，你就应该向学员强调，你将对他们进行的调查不是为了对他们进行测评，而是为了帮助你——他们的培训师提高培训技能，你需要他们的反馈信息。这样，当你寄送调查问卷给学员时，他们才会给你提供有价值的评估意见。如果条件允许，你还可以在培训结束后三个月到一年的时间里，再次对学员进行调查。

4. **开展追踪调查。**你应该合理组织培训课程，将培训项目分为不同的阶段。如果你对同一受训团队每六个月或者每年开展一次培训，你可以观察他们对上次培训课程中所学到的技能的使用情况，并进行评估，可以采用的评估方式有，培训前测试和培训后测试、测评安排、项目分析、案例分析以及角色扮演等等。在我的培训经验中，我觉得这种方式特别适用于销售培训。在像销售这样的无人监管的工作中，学员很喜欢培训课程，但是往往不能很好地把培训中所学习到的技能运用到实践中。当然，总会有一到两个人，能够成功地把培训知识运用到销售业务中，往往这些人的销售业绩会得到很大的提高。在追踪调查阶段，我经常以那些取得成功的学员为例子，对其他学员进行鼓励。

5. **开展另一次（或者继续的）需求分析。**培训结束六个月后，你可以收集培训需求分析的有关资料（见第四章），然后把你这次得到的结果与上次的培训需求分析的结果作比较。不要忘记了，我们已经提到过，无论是在培训前还是培训后，四处观察都是最好的收集资料的方法。只要你设定了明确的培训目标，你就很容易对培训的有效性进行推测。

6. **监控公司有关记录。**如果你的培训对公司的有关可测量的数据有直接影响，例如，切屑率，销售额，客户投诉率等，你可以分析收集在过去的几年中这方面的记录，并对它们进行分析。

7. **将你收集到的信息转化为百分比的形式。**培训结束你所能找到的学员数据有限，你能得到的回复更是有限。如果你直接拿出收集到的数据，通过这些数据显示的培训的有效性可能比实际情况低很多。把所收集的数据转化成百分比的形式以后，即使只有六七人对你的调查作出回复，你也可以在报告中这样陈述，“在最近开展的一次调查中，98%的调查对象认为培训对他们的工作有非常积极的影响作用”。

对于情感学习的长期评估

● **口碑**。通过小道消息，你可以很容易地猜测员工对某个课程、某种类型的工作、过去或最近发生的变化、培训项目以及其他培训学员的看法。你可以向那些所谓的“小灵通”了解情况。通过这种方式，你收集不到硬性的数据，但是你可以对培训的情感目标的实现程度有一个大概的了解。

● **调查**。你可以在公司的内部杂志或者宣传册上开展调查，这种调查应该是匿名性质的，这样你才能收集到真实的答案。如果你在员工当中的亲和力很强，你还可以随意地和员工进行直接交流，询问他们对某些关键的态度问题的看法。著名的 Mayo - Hawthorne 研究杂志采用的就是这种方法，他们的研究表明，如果人们觉得有人在对他们进行观察，他们会更为努力的工作，表现也会更为出色。Mayo 博士和他的研究团队一起，对员工进行访谈，询问他们的看法和感觉。

● **参与程度**。如果你正在开展激发员工工作动力方面的培训，你可以通过员工在献血、志愿者以及为贫困儿童收集玩具等自愿活动中的参与情况。同样的，你可以观察员工在公司举办的小型团体或者年度野餐会等活动中的参与情况。如果员工踊跃参加这些活动，就表明员工有一个积极的工作态度。

● **冲突情况**。观察公司有关冲突问题的记录。在工作场合，争论次数和类型的减少，也可以反应员工态度的改变。

● **旷工率和流转率**。如果员工旷工率或者流转率比较高，则说明员工工作态度上存在问题。长期待在公司职员有时候喜欢旷工什么的。

● **安全事件**。如果员工对安全问题、安全培训以及整个公司的工作持有积极的态度，事故出现的频率就会降低。

● **废品率和错误率**。心情开朗的员工出错的频率也比较少，对质量态度严禁的人工作态度也很认真。另一方面来讲，如果员工工作态度较差，出错频率就会提高。

第三层次：培训效用评估

对于培训，要做到前摄，而不是被动，就应该把培训项目当作公司战略计划中一个不可或缺的部分。在我们的第19章中，我们会提到，在美国工业领域，培训在企业运作中的重要性正在逐步增强。但是，为了使培训成为公司战略计划中的一部分，你应该通过实践证明培训对公司的作用，这就是说，应该从效用的角度对培训进行评估。如果开展培训的目的是使员工在与工作相关的行为方式上有所改变，那么就应该对这种改变进行测评和演示，即对投资收益进行评估。

在第四章中，我们探讨了培训成本和培训效用之间的关系。在这里要强调的是，培训结束后员工技能的提高所带来的成本效应。显而易见，当你基于员工技能的提高，对培训投资的必要性作出了论述之后，你还必须在培训结束后对员工的表现进行监控，以对培训的效用进行测评。

在这里，需要对两个问题进行说明。第一个问题是成本与效用的比较问题。作成本比较时，预计的培训效用应该远远大于培训成本，而不是刚好大于培训成本，“刚好大于”这样的字样不具说服力。如果预计的培训效用只是刚刚能够收回培训的投资成本，就不足以说服管理层启动培训项目。所以，你的成本预算应该尽量精确。如果你精确地作出了成本预算，评估培训效用的时候，操作就会简单得多；如果你的成本/效用预算上存在问题，对培训效用进行评估时，也会遇到不少困难。

第二个问题针对的是没有实际的资金回报的情形。在福利机构以及盈利机构，这个问题比较普遍。但是，在这种情况下，还是很有必要对培训成本和培训效用进行比较。在福利机构以及盈利机构中，培训效用一般是指所要完成的工作量、资金的分布，或者两者兼而有之。

工作量指的是员工数量和工作时间，因此，所必需的员工数量或者完成某项工作所需的时间上的减少程度就可以表示培训效用。例如，许多美国公司都进行过再培训和裁员，这些举动的潜在目的就是利用少量的员工完成相同的工作任务。对这些员工进行再培训，提高他们的工作效率，对他们进行更为合理的管理，提高他们的技能，这些都会影响公司的运行状态。因此，培训投资会直接影响到员工表现的提高，而对员工表现的提高程度进行观测和评估，就可以看出培训的效用，证明培训投资是物超所值的。

最后要提出的一点是，为了在提高的业绩与培训项目之间建立起实际的联系，不管是资金上的还是效率上的联系，都有必要设立一项试验计划，对培训的成本开支产生的最终效用进行统计和记录。如果预算有限，而且管理阶层对培训的作用也不是很清楚，开展这种试验计划就非常有必要。某些企业把大型的项目卖给政府时，也是采用这种方式。首先通过试验证明培训的有效性，然后全面启动培训项目，并利用从试验中的得出的数据为参数对项目进行评估。

第三层次的评估的对象主要是培训对公司的整体影响作用，这种评估可以是针对任务说明、预算、部门目标或者培训目标，但是其目的是为了对培训是否给公司的业绩成功地带来变革进行评估。

小结

评估是对培训项目的一种反馈信息，是对你所带来的变革的测评。通过评估，还可以让学员看到自己的学习进展情况。评估是基于学习的效果原则而开展的，评估是对业绩进行衡量的基础。

评估包括三种层次：在培训过程中进行的短期评估；在工作中进行的长期评估；效用评估，即投资回报评估，或者说是培训对公司的影响作用的评估。根据评估的内容，可以把评估分为两种类型：针对认知学习的评估和针对情感学习的评估。显然，认知学习的短期作用是最容易进行测评的，在评估过程中可以使用的方法有考试、测验、提问或者项目分析等传统工具。相对而言，情感学习的主观性比较强，所以很难进行评估，但是，通过观察员工的情绪和努力程度，你可以对情感学习进行短期测评。

最难进行评估的是情感学习的长期评估，其次是认识技能的长期评估。对这两种学习进行评估时，关键应该做到以下几点：

(1) 对关键的变量进行监控；(2) 与你培训过的学员保持联系；(3) 将所有的长期评估数据转化为百分比的形式。

第三层次的评估，即效用评估，主要针对的是培训项目对公司整体运作的作用，考虑的是培训对整个公司的影响。

最后要提出的一点是，开展评估的主要目的不仅是为了看看你过去的表现，虽然这一点也是很重要的，但是评估主要是为了找出你可以进一步提高的地方。我们进行评估，不仅是为了证明我们已经做过什么，而是为了在将来作出进一步的提高。

练习

1. 从你所在公司的培训项目中、商业培训包或者大学课程中，选择一门课程、列出对这门课程进行评估的评估方式，并设计三个以上的短期评估方法。
2. 选择一门课程，设计一种简短的测试对学员的学习情况进行测评，在测试中，应该包含三种不同的问题类型，并针对三种不同层次的学习进行测评。让学员参加这次考试，并记录考试成绩，绘制成绩分布曲线图。
3. 从你的实际工作中选取一件重大的事件，写出详细的案例分析，并在课堂上教授原则和技能时，使用这个案例。
4. 想一想你所遇到过的最糟糕的一次培训，写出这次培训质量如此之差的原因，并设计新的培训方法和评估工具，把这次糟糕的培训变成生动有效的培训课程。

第六章

培训课题的研究

这一章的标题也可以称为“如果成为你每个领域的专家”。当然，你不可能真的成为每个领域的专家，那得需要数年的学习，但是你可以获取足够的专业知识，对其他人进行培训。下面我们详细地探讨一下这个问题。

初入行的培训师经常犯的一种错误就是，他们往往把内容与方法混淆了。作为培训师，你是方法上的专家。虽然内容也很重要，但是方法比内容更重要。你之所以能够成为专家，关键不在于你所教授的内容，而在于你教授的方法。在很多年以前，我就认识到了这一点，那个时候我是一名中学英语教师，学生请我帮他们辅导数学。我对数学并没有多少研究，但是我教授了学生很多数学方面的知识，通过使用苏格拉底式提问，我引导学生对公式后面的原则进行推导。这样，学生的数学成绩得到了提高，我自己也在辅导学生的过程中学到了一些数学知识。后来我在大学任教，也出现了相同的情况，这更加坚定了我的结论。对于那些我了解甚少的课程，我也能够教授，因为我能够识别课程学习中的重难点，并设计相应的教学方法帮助学生克服这些重难点。

记得许多年以前，有一次我开车载着我十岁大的小女儿以及她的一个朋友。她的朋友问我从事什么职业，当时我回答，“我教授教师教学的技能”。

“教授什么?”她问道。

“教授他们所教授的任何内容。”我回答说。

“哦，但是具体教授的是什么?”她似乎很迷惑，坚持问道。

“使他们能够更好的教学。”我说。

“使他们什么更好?”她似乎有点生气了，以为我在跟她开玩笑。

“进行更好教学的方法。”我温和地向她解释。可能她从未想过教学本身就是一项职业，是一种科学或者艺术，一种具体的活动。这本书就是关于教学的艺术、教学的科学以及教学的具体活动的。有人说优秀的销售人员能够销售任何产品，同样的，一名优秀地教师可以教授任何课程。

我提出这一点，并不是盲目自信，也不是逞能说我能够比那些专家教授得更好，或者是说没有专家的帮助我能够比他们教授得更好，也不是说我自己能够在短时间内成为任何学科的专家。我所要表达的是，关于大部分学科，任何培训师都可以获取足够的用于教学的专业知识，在这些知识的基础上，配合使用优秀的教学方法，就可以激励学生学习，并帮助他们掌握那些学科知识。

这不是蒙混过关，或者欺骗糊弄，而是行之有效的、扎实的分析方法，解决问题的方法。作为培训专家，我们能够运用培训知识对其他人进行培训。这一章的主要内容就是如何运用培训知识对其他人进行培训。

假设你是为某个制造公司进行培训，受训对象是客户服务部门员工。最近生意有点不景气，高级管理人员想知道是否通过培训能够解决问题。你提出首先应该进行需求分析，管理层批准了。通过需求分析，你发现公司里没有人对市场调查有研究，自从公司创办后，150 年以来，都是按照同一种方法进行销售的，销售方法从来没有改变过。

于是你建议应该对高级员工进行市场分析方面的培训。管理阶层对这个建议很感兴趣，问道：“完成这个培训课程需要多长时间?”

你的回答是：“不过，我自己对于市场分析也不了解。”跨入培训行业以前，你曾是一名学校教师。

管理阶层的回复是：“我们当然没有时间让每个员工自学这方面的知识，预算里也没有聘请外部的市场专家的费用。所以，无论采用什么渠道，你务必在三个星期之内准备好相关的培训课程。”

在这种情况下，你该如何着手呢？你应该收集关于市场分析方面的信息。无论是关于哪种课程，你都应该了解三方面的信息：文献资料、电子资源（包括互联网上的信息），以及从相关的人身上了解到的信息。

文献资料

通过阅读其他人关于这个课题的文献资料，你可以了解到很多信息。从当地的公共图书馆、附近的大学里的图书馆，或者当地的私人图书馆里，以及综合书店、商业书店和大学书店，都可以收集到相关的资料。

从这些地方，你肯定可以找到两到三本你非常感兴趣的书或者论文。你至少应该阅读三本书和三篇以上的论文，这样你才能对这门课程有个全面的了解。然后，初步决定哪些内容最实用，以及要教授这些内容，你应该采取什么方法。

公立图书馆

在你开始收集资料以前，你应该自己需要哪方面的信息。例如，如果你想寻找关于市场分析方面的书籍，图书管理员可能会给你推荐很多书目。你就应该缩小你的搜索范围，比如说，将搜索范围确定为你所在行业的创新性市场分析技巧。不要在图书馆的走道里漫无目的的走动，而应该向咨询管理员询问信息，因为咨询管理员对整个图书馆有着全面的了解，他们会帮你指出合适的书的位置。你还可以指定具体的书名，这些书很可能就在图书架上。

在所有图书馆里，都有"在馆图书书目索引"之类的手册，会对你有所帮助。手册中列出了所有在馆书目，按书籍学科类别进行排列。你可以找出你所要的类别，这样你就可以看到你能够借阅的书单，或者找到自己应该购买哪些书籍。

另外，在图书馆中你还可以找到《商业期刊索引》，索引中列出了在核心期刊和杂志上刊登你所有论文，论文按学科类别排列，并列出了论文名称、作者、刊物名称、卷数以及发表日期等相关信息。索引中还包括参考文献，对你也有一定帮助。

大学图书馆

开设商业课程的大学中，特别是开设研究生课程的大学里，图书馆里一般都收藏了最新的以及经典的商业书籍。即使你的课程与商业没有联系（例如高等物理等），你也可以在大学图书馆里找到比较专业的参考书籍。当然，只有该学校的学生才能使用图书馆的资源，但是你只需要报名参加夜校，就可以拿到 ID 卡出入图书馆。（你也可以雇佣一位研究生为你收集资料；或者与大学图书馆管理员以及相应的研究生院联系。）

私人图书馆

某些专业机构，甚至在某些公司里，都有收藏丰富的图书馆，你可以利用这些自愿收集所需的信息，特别是技术方面的专业资料。大部分公立图书馆都有《特殊图书馆和信息中心目录》，你可以通过名称、地址以及电话号码查询相关的图书馆或者信息中心。另一个途径就是与相关的专业协会联系。如果你想寻找有关培训方面的信息，你可以与当地的或者国家“美国培训发展协会”联系；对于销售方面的信息，你可以试着同销售协会联系，在《协会百科全书》或者《美国贸易与专业协会》中查到相关协会的信息。

书店

许多大型的综合书店里都有商业图书专柜。图书连锁店里能够找到的商业图书并不多，可是在专业的商业书店里，你可以找到很多最新的图书。如果你找不到相关的已经出版了的图书，你可以让书店替你定购。

大学书店是很好的信息资源，因为书店的书籍都是按学科分类的，一般都是最新的，而且质量上乘。而且这些书店经常对学生打折，你不必宣称自己的身份，就可以得到很多优惠。如果要找市场分析方面的书籍，你会发现一年级的教材很适用于初步培训教学，然后你可以采用某些专业的书籍为教材，训练学员的创新性销售技能。

直接邮寄手段——目录

公司每天都可能会收到研讨会、书籍、视听课件或者录像带等的宣传目录，从这些目录中，你可以发现专家对该领域核心内容的定义，更重要的是，通过这些目录，你可以确定培训课程所需设置的大致内容。

电子资源

目前，存在三种形式的电子资源：因特网，其中包括万维网、CD－ROM信息储存光盘以及私人网，包括局域网以及光域网。如果你连接的是局域网或者光域网，你可以向系统管理员询问有关存储的信息以及信息获取方式等方面的问题，要获取这些资源，你可能需要通过一定的安全借口。不过因特网和万维网则是对每个人开放的。

因特网

因特网是世界上最大的公共图书馆，通过因特网，你可以收集到任何你可以想象得到的关于任何话题的信息，这些信息以电子形式存储，而且不论当你在家里、在公司里，还是在旅行的时候，你只需要通过个人电脑就可以获取这些信息。

你只需要备有个人电脑、调制解调器、电话线（你甚至还可以通过手机上网）、服务器以及相关的软件，你就可以在因特网上尽情遨游。如果你缺少这些必需的工具，你可以向当地的计算机服务中心或者租赁代理商租赁，或者直接使用公共图书馆的电子资源，还可以使用航空旅行俱乐部、酒店商业中心以及相关服务机构内部的网络资源。

从该领域的专家身上获取的信息

第二大信息源是人。通过访问有关专家，你可以极大的获取所需知识。电视报道播音员或者脱口秀主持人看起来似乎学士渊博，无所不至，即使他们对所讨论的话题鲜有涉猎。他们的做法是：先阅读关于这个话题的有关信息，然后与有关专家进行交谈，进一步丰富他们在这个话题上的知识，最后才开始他们的采访工作。其实你也可以学习这种做法。

你的身边到处都是专家，不过你应该特别注意你所在公司的或者附近大学里的专家，或者那些供职于服务或者专业协会、当地的商业行会或者当地发言机构以及俱乐部的专家。通过直接邮寄目录的方式，你就可以得到这些专家的名字，然后直接与他们联系。

公司内部的专家

最容易接近的信息源是你所在公司内部的专家，他们也是最可靠的信息源。向人事部说明你的需要，人事部就会向你推荐有关专家。你可以查看一下他们的档案，了解他们的工作经历、教育以及个人爱好等方面的情况。你还可以直接向存在问题的部门的主管询问，他或者她可以给你提供最好的员工、销售代表、职员、机器操作员、秘书、研究员、科学家等人的名字。

综合大学或者专科大学

直接寻找相关院校的负责人，并向他们解释你的需要。大部分教授都非常乐意帮助当地的商业人士。如果你的造访是正式的，你就会收到热情的接待。

专业机构

专业机构对每个领域的专家了解最为清楚。这些专家往往都在他们各自的领域内出有专著，他们是他们所在领域中最有发言权的人。美国培训发展协会等机构已经公布了他们的协会名单，还有一些机构公布了他们的发言人、课程以及商业课程包的排名。通过电话，你就了解到某位专家开展公共演讲的具体时间和地点安排。诚然，几乎每个专家都是非常严肃的，但是有些机构为他们的会员提供一种特殊的服务，那就是对发言人、课程以及商业课程包进行评估，所以他们不会为难你的。交付一定的信息费用，通过几天或者几个小时的折腾，你就可以与某位专家进行交谈。通过与专家交谈，你最容易了解到所需的知识。

商业协会

商业协会是推广当地商业的组织机构。他们一般有会员专家或者咨询师的名单，这些信息对你会有很大的帮助。

发言机构或者俱乐部

咨询行业的开展，一般是从这些俱乐部开始的。通过电话簿，你就可以联系到附近这样的机构，向他们询问是否有你所寻找的学科发言人。获取这些信息可能需要支付一定的费用，可是你可以接触到最有权威的专家，他们非常乐意帮助你。

直接邮寄目录

我们已经在前面提到过，通过邮寄到公司的宣传单或者目录，你可以了解到有关课题方面的信息。有时候这些宣传册中还包含有关发言人或者作者的信息。如果宣传册中提供有地址或者电话号码，你就可以直接和这些专家联系，不过你要知道，他们的时间就是金钱，他们不会免费提供信息的。

访问有关专家

不管是对专家进行采访，还是了解某种工作技能中存在的问题，你都需要提高自己的访问技巧。在第四章中，我们探讨了开展需求分析时的有关访问技巧。你可以采用同样的访问技巧，向专家获取信息。例如：

1. **清楚自己想要获取的信息。**为了高效地了解到全面的信息，你应该提前计划这次访问，并准备好你所提出的问题。
2. **清楚你的访问对象。**如果你能够在较短的时间内树立自己的诚信，专家们就会觉得放松，并向你透漏更多的信息。
3. **使用主动倾听技巧。**深入询问，了解到更为全面的信息，并向专家证实你所掌握的信息。记住，你所要做的是询问，而不是夸夸其谈。你的主要目的是为了学习，即使你和专家持有不同意见，你也不应该班门弄斧。

4. **使访谈尽量简短。**大人物的工作一般都很繁忙，没有很多时间来接受你的访问。另外，你的提问越详细，你就越容易对所获取的结果进行分析。所以，你应该设定一个时间限制，并严格遵照这个时间限制进行访谈。如果哪位专家想多聊一会，那就另当别论。

如果你是想通过访问，了解某项工作中存在的问题，你应该好好安排访问流程，这样你才能了解到全面的工作情况，员工职责范围内的全部活动，以及每个连续的工作中所包含的工组任务。最后，你应该向专家确认下你所得到的结论。

准备任务分析

培训应该基于明确定义的学习目标而开展，在这种学习目标中，应该清楚地定义学员在培训过程将要学习的具体技能，完成目标工作所需的员工表现以及行为方式。需求分析定义了公司现行状况和所须达到的表现水平之间的差距，通过培训，应该改变公司的现行状况，使之达到目标表现水平。而任务分析定义的是促成改变的主要行为，勾画出了培训目标中的具体特征，以及对培训进行评估的参照标准。

因此，为了成为培训课题方面的专家，你首先必须开展任务分析，这样你才能把你从真正的专家那里收集到的信息运用到某项具体的工作所涉及的技能上，并对这种机能进行精确全面的描述。但是，任务分析本身就非常耗费时间，在此过程中，你要做许多事情，所以，很多培训师都试图略过这个步骤。他们会问，为什么我们要开展任务分析？任务分析对我们有什么好处？以下就是任务分析的作用：

标准化

有时候在岗位培训中会涉及标准化的问题。培训部门教授的是一种方法，而主管则要求员工使用另外一种方法。培训部门和主管可能在开始的时候会达成一致意见，但是时间久了，他们之间就会出现分歧。通过任务分析，就可以确定一定的标准，所有的活动都必须参照这个标准。

培训内容

任务分析描述的工作职责，因此，在任务分析中也定义了在培训过程中应该教授的具体内容，告诉你应该在培训中教授哪些具体的技能，帮助你实现培训目标。

表现需求

培训的核心任务之一是开展一定形式的评估。任务分析确定了表现目标，这些目标是可以测量的，而且目的明确。任务分析定义了表现标准，你可以参照这些标准对员工在工作中第二层次的表现进行评估，确定学员对知识的掌握情况。

学员目标

正式的任务分析中包含了学员通过培训所要达到的标准，通过这些标准，学员可以对自己的表现进行评价。在第一章的学习原则中我们提到，当人们对自己所要学习的内容有一定了解时，学习会更为有效。同时，如果他们看到了自己的进步，学习积极性会更高。需求分析就可以给学员提供这种帮助，通过需求分析，培训师也可以构架知识模块。

培训评估

通过任务分析，培训师可以向公司管理层证实培训的有效性。如果受训学员能够按照设定的标准完成工作任务，就表示你的培训卓有成效。当然，没有任务分析也可以做到这一点，但是有了任务分析，就等于有了一个书面的标准，特别是当你对预算、扩建或者培训部门在公司中的地位正名时，这个书面标准就显得尤为重要。

基本的表现数据

如果没有基本的表现数据，就很难发现员工表现中的基本。通过与公司的标准进行对照，就能够发现员工在工作中的进步，而公司的标准就是基于这些可以观察到的表现数据而设定的。

策划辅助手段

在进行预算时，许多大型的公司都小心谨慎，避免重复性工作的发生。在任务分析中，就可以明显地发现这些重复性工作。另外，因为任务分析中定义每项工作的职责范围，这样就可以避免员工对自己的工作职责产生误解。

开展任务分析的目的

1. 确定表现标准
2. 确定培训框架并指导培训
3. 对培训进行评估
4. 有助于策划和控制培训作流程
5. 确定具体的工作职责
6. 提供基本的表现数据
7. 作为培训策划的辅助手段

开展任务分析

虽然开展需求分析非常消耗时间，但是这项工作并不复杂，你只需要将工作中所涉及的具体技能在树形图中表示出来，并确定这些技能所属的具体模式。下面我们依次看看开展任务分析的具体步骤。

确定信息源或者专家

我们已经在前面提到过信息源，但是不要被这个阶段停滞不前，花费太多时间。最方便查询的、最容易获取的就是最好的信息源。如果你找到的专家是这个领域的学术带头人，那就更好了。不过，你家附近的专家也是很好的信息源，因为你可以方便与之交谈和合作。获取信息这个阶段应该简短，这个步骤并不复杂。

确定初步的任务单

简单的工作描述就够了。如果你所在的公司已经有相关的职责描述，那就更好了。如果没有，你就得自己创建一份工作职责描述单。首先我们看看如何利用现存的工作描述。

图 6－1 总裁秘书的工组分析

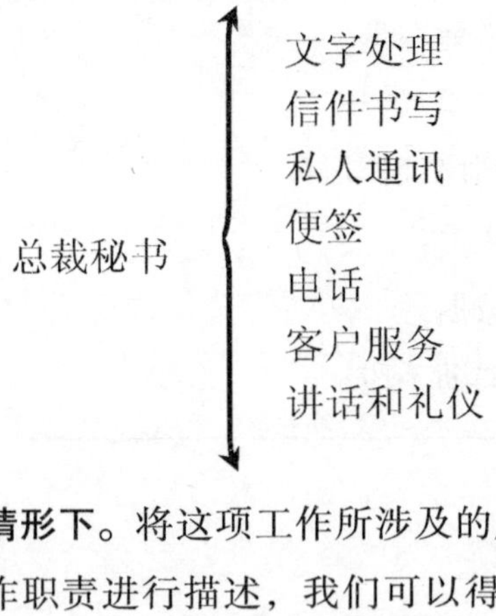

总裁秘书

- 文字处理
- 信件书写
- 私人通讯
- 便签
- 电话
- 客户服务
- 讲话和礼仪

现存工作描述的情形下。将这项工作所涉及的所有职责都列出来。假设你是对总裁秘书的工作职责进行描述，我们可以得到图 6－1 中所列出的职责单。

当然总裁秘书还可能履行其他职责，不过图中列出的是总裁秘书的主要职责。在绘制该图的过程中，我将以职位名称为基准，以工作职责所需技能为枝干，形成了一个树形图。那么接下来我们就可以对图中列出的每种职能进行描述，即现在的问题在于：“该秘书完成这部分职能，需要具备什么技能?”你可以继续在每项职能的基础上绘制树形图。比如说，信件书写这项职能就可以用图 6－2 的形式表示出来。

图 6－2 总裁秘书所需掌握的信件书写技能

信件书写
- 文字处理
- 拼写
- 语法
- 信件格式
- 写作技巧
- 策划技巧

当然，信件书写所需的具体技能可能不止这些，可能还包括其他方面的技能。现在，你可以在图 6－2 的基础上，继续绘制更为详细的树形图，对完成以上每种技能所需掌握的基本技能进行描述。继续问问自己，“总裁秘书还应该掌握哪些技能”？针对每个分支，依次思考这个问题，直到所有的技能都包括在图中为止。

最好，你还应该将每项中列出的相关的技能放在一起，并按重要性进行排序。也就是说，文字处理、打字、拼写、语法、格式以及写作等技能都是相互联系的，所以你可以把它们放在一起进行教授。优先级是指每种技能对工作的重要程度以及最需要对哪种技能进行提高。如果在工作描述中，包含了每种任务所需的时间，那么对技能进行优先排序时，操作就会非常简单，只需按每种技能所占用的时间多少进行排序。你还可以省去某些技能，那些技能可以通过培训以外的方式进行提高，例如，在招聘过程中，打字速度慢的人就会被拒绝，所以在培训中你就无需考虑打字速度的问题。

没有工作描述的情形下。如果没有工作描述方面的文件，你就应该向从事每项工作的主管和员工询问他们的工作职责。你还可以将每种工作可能的职责以图表的形式列出来，然后让主管或者员工对图中列出的职责的重要性作出评判，并向他们询问这些职责是否需要进行提高等问题。

利用所收集到的信息，列出每种工作所包含的职责、完成这些职责所需的具体技能、每种技能的重要程度以及使用频率，并在主管和员工的协助下，将工作描述正式化，然后在工作描述的基础上，绘制工作描述树形图。

开展任务分析的过程

1. 确定信息来源或者该课题方面的专家
2. 对所涉及的具体技能进行描述

A. 如果现存工作描述方面的文件：

- 以树形图的形式描述每项工作所包含的职责范围
- 为完成每项职责所需掌握的具体技能创建树形图
- 继续绘制更为详细的树形图，直到所有的技能都包括在图中为止
- 利用在完成每项职责所需的时间或者招聘要求等信息：对所有技能按优先级进行排序；省去那些优先程度最低的技能，或者那些可以通过培训以外的方法进行提高的技能；选择那些能够通过培训提高的技能
- 将相关的技能放在一起进行教授

B. 如果没有现存的工作描述：

- 收集每种工作所包含的职责，并绘制工作描述图表
- 通过工作描述图表，对主管和员工进行访问，了解相关信息
- 绘制工作描述树形图

3. 基于技能的熟练程度以及管理的难易程度，确定每种技能的水平
4. 如果必要的话，对以上信息进行更正
5. 取得管理层的认可
6. 工作描述表格定稿

对专家完成某项工作的过程进行观察

继续下面的任务分析工作之前，你最好让有关方面的专家或者管理阶层对你收集到的工作描述进行确认一下。如果你自己本身就是这方面的专家，那么你只需得到管理阶层的认可。

很多都发现对自己的工作进行精确的描述是件挺困难的事，即使他们对自己所从事的工作非常擅长，似乎有一种诀窍，或者说是一种本能或天赋，

对他们的工作进行指导。往往很难对这种现象进行解释，那些具有某种天赋的人自己都不知道自己是如何开展工作的，所以你应该对他们的工作过程进行详细的观察。在对专家的工作过程进行观察时，你可以采用录像的方式，然后对录像进行分析，观察完成每项任务的具体细节。例如，假设你对销售人员与秘书或者前台的交谈进行观察，你所观察到的最小单位是什么？也就是说，你应该观察的是每一个小的步骤，也许这些小的步骤还可以被分解成几个更小的步骤。关于每一个小的步骤，你还应该继续问问自己，看是否遗漏了某些小的步骤。如果确实遗漏了一些东西，那么你就应该继续把它们分解为更小的步骤。

确定任务列表

图 6－3 任务分析树形图

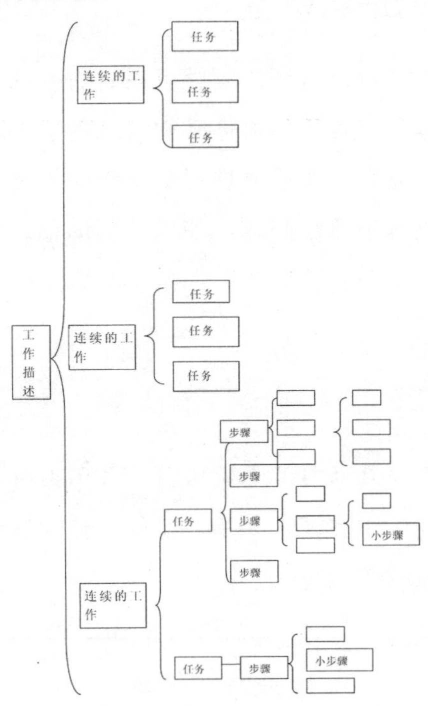

通过树形图，可以显示所有的工作任务。例如，图 6－3 就是工作描述的树形图。在树形图中，显示了至少工作的四个层次：完成某项功能的工作描述、这项功能所包含的所有工作、每种工作所涉及的具体任务以及完成每种任务所包含的具体步骤。你可以用以上三种中的任何一种形式，完成你的任务分析。我觉得我们所创建的树形图已经非常详尽了，不过你还可以把树形图转化为工作描述，以便人事部们能够方面地利用这些信息。最好提一点，如果工作描述只限于公司内部使用，你只需要简单列出所涉及的每种技能就够了，无需过于详细。

将任务列表送交专家审查

让专家对你所绘制的任务列表进行审查。这是一个互动的过程，不仅是让专家进行审查，你还可以与专家进行商讨。如果你已经对相关工作过程进行了录像，你可以让专家看看具体的录像过程，并对照录像带对你的观点以及观察结果进行解释。

将任务列表送交管理层审查

如果你有完全的自主权，这个步骤就可以省去。如果没有，你最好将你的结果送交有关上司进行审查，因为你必须得到他们的许可。确保管理层完全明白现行工作水平与完成工作任务理想的工作水平之间的差距，并向他们表示通过培训可以解决这个差距问题。如果可能的话，你最好让他们给你书面的许可证明。

争取其他人的认可

将工作描述列表送交其他有关专家审查，并争取他们的认可，并看看你的观察是否与所确定的工作表现水平是一致的。让主管看看你的描述是否正确，是否符合培训对象的实际情况。

任务分析格式

- 树形图
- 详细的工作描述
- 任务列表

确定培训的具体标准

将所列出的步骤转化为具体的培训程序，并将相关的程序放在一起，这样可以方便学员掌握知识。记住，培训程序不一定非得按时间顺序安排，还可能有更好的安排方式。

现在你应该确定培训的标准。学员应该达到专家的水平吗？你所允许的个人差异是多少？你怎样对学员的能力进行测评？学员在哪些具体条件下完成任务？完成任务的条件对你的培训有什么影响？

每次培训项目结束后重新确定任务列表

在每次培训项目结束后，应该重新确定任务列表，这是更新你的培训课程的一种重要途径。利用任务分析给你的培训课程定位，然后利用培训课程来检验任务分析。当学员能够顺利地学习每个步骤时，就表示你已经完成了任务分析工作了。即使是这样，你还是应该每年检查一遍你的任务分析，确保你的任务分析与时俱进。

培训的具体标准

1. 哪些任务或者步骤是相似的，并且可以放在一起进行教授？
2. 哪些步骤学员已经掌握了？
3. 这些任务如何分解成学习程序？
4. 哪种学习顺序最有利于学习？
5. 学员应该达到哪种程度？
6. 我所容许的个人差异是怎样的？
7. 我怎样对学员的表现进行测评？
8. 学员掌握所学课程后，应该达到哪些条件？

当你缺少有关专家对你的任务分析工作进行指导的情况下，你只能通过书面材料对你的任务列表进行验证。在这种情况下，你就应该依靠管理层的

力量，让主管对你的任务列表进行审查，并且在每次培训结束后对任务列表进行更新。

很明显，开展正式的任务分析，需要进行大量的工作。记住，培训的主要目的是为了使学员的表现有所改变，所以你的需求分析无需过于详细，只要能够满足使用需求就可以了。当你将现行的表现水平与任务分析的前三个水平进行比较时，你会发现它们之间有很多相似之处，甚至有些重复的地方。如果出现这种情况，你就没有必要对这些步骤进行分析，你只需要对那些需要提高的步骤进行正式的任务分析。当然，如果你所进行的任务分析的主要目的是为了为公司提供详细的工作分析记录，你就不能省去任何步骤了。此外，受训团队的性质也会影响到任务分析的详细程度。如果受训对象是经验丰富的工程师，任务分析就没有必要向针对新员工培训的那样详细。因此，任务分析的详细程度取决于受训团队的性质，所需要达到的改变，主管设立的标准，管理层的要求以及所要教授的课程内容。

你还应该当心一点。虽然有时候没有必要在任务分析上花费过多的时间，但是如果你省去太多步骤，你在后面的再评估过程中就得花费更多的时间。告诉你一个行之有效的小窍门：你可以雇佣大学或者高中的实习生或者研究生替你完成任务分析的大部分工作，这样既可以节省时间，又可以节省精力。实际上，这项工作对他们而言，也是很不错的锻炼，通过任务分析工作，他们可以发现完成某项工程的详细步骤和技能。这是一个不错的解决办法。

小结

这一章内容不多，主要是针对培训的准备工作的。准备工作的详细程度和所需花费的时间，取决于你通过培训学员技能将达到的熟练程度。在这一章里，我们探讨了成为每个领域的专家的途径，通过研究或者与专家一起工作，你就可以掌握足够的这个领域的知识。最后，我们对开展任务分析的问题进行了学习，并阐述了开展任务分析的作用。

练习

1. 选择一个你了解甚少的培训课题，到图书馆查询关于这个课堂的资料，在查询过程中至少使用三种以上的信息资源。然后看看你对这方面的了解和一名专家相处多远。
2. 选择另一个课题，不过在这次的信息收集过程中使用因特网。必要的话，你可以参加一次网络资源利用方面的培训班。同样的，看看你对这方面的了解和一名专家相处多远。
3. 对访问专家的有关指导原则进行复习，然后选择一位你并不熟悉的专家，并对他或者她进行访问，让他或者她向你解释关键的技能，或者让他或者她教授你关键的技能。
4. 对你所熟悉的一项工作作任务分析。然后对你在练习 1，2 或者 3 中研究的技能作任务分析。

第七章

撰写培训项目报告

在第二章中，我们探讨了课程计划的结构安排，现在我们看看整个的培训项目。课程计划中的很多原则都适用于整个培训项目，不过整个项目针对的不是单一的课程，而是一系列的课程，这一系列的课程中每个课程相互关联，共同组成一个项目整体。我经常把培训项目看成是一根项链，每个计划好了的课程就是项链中的珠子，这个比喻很有用的。

时刻记住，作为培训师，你应该创建一种有利于学习的环境。与其说环境是培训内容的产物，不如说是环境是由培训模式所决定的。换句话说，你如何教授学习才是关键，而不是学习的内容。到目前为止，你应该已经知道了培训的内容，而且已经完成了需求分析（见第四章）以及任务分析（见第六章），你已经是这方面的专家了，你现在所要考虑的就是如何展示这些材料了。

培训项目中所涉及的文件主要包括：

1. 详细的十三步提议，在这一章中会提到的；
2. 每个程序的课程计划，第二章中已经讨论过的；
3. 详细的培训完全手册，在这一章中会提到的；
4. 学员手册（即工作手册），在这一章中会提及的。

完整的培训文件还应该包括所有的视听辅助材料（在第八章和第九章中会提及的），开展过的需求分析或者任务分析，所有的宣传材料，以及所有的评估材料（或者是评估材料的总结）及评估结果。

项目报告的写作

当需要准备培训项目时，许多培训师往往都倾向于从撰写学员指导手册或者工作手册着手。这样做的话，会出现一些问题。你过早的把培训内容规定死了，培训课程就不能反应学员的培训需求，因为你在确定培训课程时根本就没有考虑擦学员的培训需求。结果，当你根据学员需求和公司需求对培训课程进行调整时，培训课程就和你所撰写的工作手册大相径庭，你不得不重新撰写工作手册。

通过以下这十三个步骤，你就可以避免上述问题的发生。按照这十三步骤进行操作，撰写工组手册时，你就会考虑到受训学员、你的培训需求、培训结构、培训内容以及培训方法等各方面的因素。培训项目报告中应该包括培训内容、培训对象以及培训需求等因素，为了创建这样的培训项目报告，你应该遵循以下十三个步骤：

1. 预算；
2. 主管和管理层的支持；
3. 与公司的大型活动联系起来；
4. 对培训项目的宣传；
5. 对公司开展培训的必要性进行阐述；
6. 一套管理目标；
7. 招收受训学员的计划；
8. 展示受训团队结构的图表；
9. 培训目标；
10. 决定授课人员；
11. 评估工具；
12. 详细的日程安排，在日程安排中确定什么时候教授什么内容，以及课程时长；
13. 培训手册以及分发给学员的学习材料。

这本书的不同地方对以上步骤都有详细的阐述。不过现在我们需要把它们联系在一起，下面我们分别探讨一下各个步骤：

预算

如果你现在还没有对培训项目进行预算，那么你所做的很多工作就有可能白费了。在你计划培训课程之前，你首先应该对培训项目的开支有一个大概的了解。不过，要对培训项目进行资金预算，你还需要做一些基本的准备工作。不管在哪种情况下，你都必须对所发生的开支有一个了解。在第 15 章中，我们会对预算问题进行详细的探讨。在第四章中，我们已经探讨过为培训开支正名的问题。

主管和管理层的支持

如果你一直在按照本书的步骤进行操作，到现在，你应该已经在需求分析和评估过程中取得了经理们或者主管们的支持了。如果你是从现在开始操作的，你一定要争取到主管和管理层的支持。如果没有主管和管理层的支持，你的很多努力都是白费的。如何取得管理层的支持，关于这个问题你可以参照第 1 章、第 4 章以及第 16 章的内容。

与公司的大型活动联系起来

启动一项培训项目，最安全的办法就是把这项培训项目与公司当前的大型活动联系在一起。如果公司的某项大型活动已经激发了员工的参与性，你再把培训项目同这项活动联系起来，你的培训项目肯定会成功的。开展需求分析时，找出公司的关键任务以及公司的大型活动，然后把你的培训项目同这些因素联系起来。关于这个问题，第 1 章、第 4 章以及第 18 章中有详细的阐述。

对培训项目的宣传

除非公司已经存在为培训做宣传的体制，不然在建立公共关系网络之前，不要继续进一步的工作。在第 4 章和第 18 章中，我们会涉及对培训项目做宣传的有关问题。这里，我们简单的列出几条原则：

- 利用公司内部的宣传资料对将要开展的培训项目做宣传，引起人们对培训项目的注意力；
- 在已经参加过培训的员工中树立良好的口碑；
- 向有关主管分发备忘录，宣传培训项目的积极作用；
- 在公司的公告栏以及咖啡厅里张贴海报以及小宣传册子；
- 在重要的会议中提出你的培训计划。

对公司开展培训的必要性进行阐述

利用需求分析的结果，解释为什么公司有必要开展这项培训项目。如果此次培训只是一个提案，这个过程就更为重要了，但是即使你已经得到了管理层的许可，并且资金预算已经到位，这个步骤还是非常有必要的。对培训必要性的阐述中，你可以向公司展示需求分析的结果，从管理的角度来看待培训需求，勾勒出预期的培训结果以及如何达到这种结果的方法。在培训项目报告的开始部分，最好包含两到三页的必要性阐述。在第 15 章里，我们会涉及撰写必要性阐述的有关技巧。

管理目标

对培训的必要性进行阐述以后，公司就会注意到你的培训项目。经常的情况是，有人觉得有必要开展培训，或者是他们经常参加培训，所以培训项目就开展起来了。有几次公司邀请我去做公司内部的讲座，就是为了让员工觉得管理层是在为他们服务，这样员工就会感觉好一些。这些都不是开展培训的真正理由。相反，你应该明确地指出通过培训管理层收获什么。这可不是培训目标，我们将在后面的部分提到培训目标的。在第二章中，我们已经对管理目标和培训目标的区别进行了探讨。在第 16 章中，我们会对如何同管理层协作共同达成管理目标的问题进行讨论。

招收受训学员的计划

选择受训对象的方法是培训项目中很重要的一部分内容，在选择过程中，你必须考虑参加培训所需的资格以及选择受训对象的人，此外，还应该考虑接受培训的部门，并且考虑应该把那些部门排除。受训人数有最大数目或者最小数目的限制吗？你是如何得到这些数据的？如果学员人数超过这个数目，或者没有达到这个数目，会出现什么情况？在计划阶段，你必须认真考虑这些问题。

受训学员

基于需求分析、以上关于招收学员的问题答案以及管理目标，对受训团队进行描述。记住，培训对象比起培训内容来，对培训项目的影响更大。在对受训学员进行描述时，应该考虑以下因素：

- 年龄
- 性别
- 工作年数
- 在公司的年数
- 具体负责的工作或者任务
- 工作热情度
- 表现水平
- 普遍存在的问题
- 从招收计划中发现的问题

你对受训学员的描述应该尽量接近实际情况，这种描述会对创建的学习环境产生影响。当然，我在上面所列出的种种因素并不总是适用的，在使用过程中你可以根据实际的情况考虑具体的问题。对受训学员进行描述，得到的结果就是你的学员的真实刻画，你的描述越详细，这种描述对课程安排的作用就越明显（见第二章）。

对受训学员进行描述时，还应该提及受训团队的整体规模（例如，所有的初级员工，10，000 办公职员，生产线员工，等等）以及预计的项目时间

（即，你认为培训这样一个团队，需要多长时间）。你还应该决定每堂课的时间以及课堂模式（例如，每周一上午 8 点到 12 点，为期三个月；或者连续三个周末，从周五晚上 7 点到周日晚上 6 点；或者每年春季连续一个星期，每天从上午 9 点到上午 5 点，然后是秋季一个星期，从上午 9 点到下午 5 点；等等）。你所选择的模式以及教学时间主要取决于以下因素：

- 培训人数
- 你的培训目标
- 管理目标
- 预算
- 可加利用的时间和资源
- 管理层对培训项目的支持

培训目标

利用需求分析和任务分析中收集到的资料，撰写具体的培训目标。我们已经在第二章中探讨了培训目标的问题，在这里，你只需要将所有的材料集中起来考虑，看看为了达到管理目标，并且带来所需的变革，受训团队应该达到怎样的水平。当然，所有这些都得考虑到时间、预算以及设备等方面的限制。

课程教授

一旦你清楚了培训目标，即通过培训应该达到什么效果，你就可以开始考虑课程教授的人选问题。你可能亲自教授培训课程，那么你就应该读完这本书，按照书中的指导进行操作。但是，你也可能聘请像美国管理协会或者私人咨询所等外界的培训结构。你还可能考虑购买商业培训课程包。在第八章中，我们将讨论如何选择授课方式的问题。不管选择哪种方式，你都得为自己的选择找出合适的理由。选择某种授课方式的理由有多种，可能因为这种方式开支较大，专业性强，弹性较大，对受训学员比较合适，或者是能够满足公司的需求，培训材料的所有权等等。

评估手段

撰写培训项目报告之前，你应该确定具体的评估手段，这样才能保证你所测评的内容正是你所教授的内容。一般情况下，我们会认为，“先教后评”，但是，如果先确定好考试题目、项目联系、案例分析以及角色扮演的形式，你就知道如何进行教授才能使学员通过考试，即在短期内掌握所教授的技能。

当然，没有必要将以上所有材料都包括在项目报告里面，你只需要写出课程的主要组成部分，并用一段话对你的短期评估手段进行描述，在另一段中说明你将采用的长期评估手段。不过应该记住一点，你应该在确定日程安排之前，决定你将采用的评估手段，这样你就不会在课堂上偏离主题，也有助于你组织课程。

项目日程安排

项目的日程安排是整个培训项目的核心内容。进行项目日程安排时，你应该考虑以下几点：

整体结构。首先，把整个培训时间分成几大块。例如，通过需求分析之后，你认为为了使员工能够独立工作，应该对他们进行为期 12 个小时的培训，而且你已经决定了最合适的时间安排是培训两天，每天 6 小时；接下来，把这个时间进一步细分（例如，两个上午和两个下午的培训时间）；然后，继续分成更细的时间单位，比如说，上午课间休息前的课程，上午课间休息后的课程，下午课间休息前的课程以及下午课间休息后的课程。而且，每节课的时间取决于你的需求、公司的培训惯例、学员的要求以及课程的性质，例如，每节课一个小时，这种安排在高校很普遍。在确定课时时长时，应该全面考虑各种有关因素。

学习模式。利用第四章中提到的需求分析，确定你的培训目标，接着利用第六章中提到的任务分析，将学习内容分解成与任务步骤相符的单个的课题，然后将这些步骤同你的培训目标联系起来。如果某些步骤并不属于培训目标的范围，你可以将这些与培训目标毫不相关的步骤省去，或者将这些步骤与相关的步骤放在一起进行教授，这样它们共同针对一个培训目标。确定了受训团队、课程内容以及培训目标以后，你就可以决定培训课程的整体模式：漏斗型、倒漏斗型或者线轴型模式（见第二章），并按照你所选择的学习模式安排课程。

撰写日程安排的六个步骤

1. 将整个培训时间分解为小的时间单元
2. 基于需求分析、任务分析以及培训目标，选择相应的学习模式（漏斗型模式，线轴型模式，或者其他模式）
3. 将每个时间单元同一个培训目标结合起来，然后为每个单元选择相应的分支结构（例如，问题/解决办法结构等）
4. 为每个小单元选择最合适的教学方法
5. 对课程安排进行调整，力求做到形式多样，时间安排合适
6. 针对每个单元写课程计划

单元分支结构。一旦确定了整体的学习模式，你就可以将每个时间单元同一个或者一系列的培训目标结合起来。这样，整个培训内容就被分解成几个时间模块，即单元，这些单元按照操作的逻辑顺序进行排列。确定最适合每个单元的分支结构（见第二章，例如，问题/解决办法或者因果结构，等等）。到目前为止，你的项目报告就如同图 7 – 1 所显示的那样。（还有本章后面图 7 – 4）。

教学方法。确定最适合你的学员、培训目标以及你所选择的分支结构的教学方法。现在你已经在组织每节课程的课程计划了，不过在此过程中，你还是应该考虑到培训项目的整体模式。

调整。现在基于其他对学习有影响的因素，对项目计划进行调整。例如，大部分学员比较容易在上午接受讲座。将被动形式的活动（如果你的培训中有这种活动）安排到午餐之前。此外，午餐之后人们容易觉得困倦，所以应该将项目分析或者其他具有激励作用的活动安排在午餐之后。很多学员在下午四点钟以后就觉得很疲劳了，所以你要么在下午四点钟结束课程，要么将具有激励性或者挑战性的活动安排到下午四点钟以后。

图 7－1 培训安排样本

第一天	**培训目标**	**培训任务**
上午 9 点至上午 10：30	培训目标 1 培训目标 2 培训目标 3	分支结构 1 分支结构 2 分支结构 3
课间休息		
上午 10：45 至上午 12 点	培训目标 1 培训目标 2 培训目标 3	分支结构 1 分支结构 2 分支结构 3
课间休息		
下午 1：00 至下午 2：30	培训目标 1 培训目标 2 培训目标 3	分支结构 1 分支结构 2 分支结构 3
课间休息		
下午 2：45 至下午 5：00	培训目标 1 培训目标 2 培训目标 3	分支结构 1 分支结构 2 分支结构 3

成人集中注意力的平均时长不超过二三十分钟，所以应该将所有的讲演控制在 30 分钟之内。同时，你还应该记住，即使你的讲课技巧再高超，如果经常使用某种技巧的话，学员也会感到枯燥。因此，你应该经常变换教学方法，在教学过程、练习阶段以及评估阶段中，交叉使用不同的教学方法，并根据这些方法，对教学内容进行适当的调整。此外，你也不能一直使用同一种视听辅助教学手段。（见第九章）。

然后，对培训项目进行最后的调整。图 7－2 是对图 7－1 中所显示的内容的调整结果。

图 7-2 调整后的培训安排样本

第一天	培训目标	培训任务	教学方法
上午 9 点至上午 10：30	培训目标 1	分支结构 1	方法 1
	培训目标 2	分支结构 2	方法 2
	培训目标 3	分支结构 3	方法 2：关键的教学活动
课间休息			
上午 10：45 至上午 12 点	培训目标 1	分支结构 1	方法 4
	培训目标 2	分支结构 2	方法 6
	培训目标 3	分支结构 3	方法 3：关键的教学活动
课间休息			
下午 1：00 至下午 2：30	培训目标 1	分支结构 1	方法 2
	培训目标 2	分支结构 2	方法 5
	培训目标 3	分支结构 3	方法 4：关键的教学活动
课间休息			
下午 2：45 至下午 5：00	培训目标 1	分支结构 1	方法 1
	培训目标 2	分支结构 2	方法 6
	培训目标 3	分支结构 3	方法 5：关键的教学活动

撰写课程计划。现在你可以为每个教学单元撰写课程计划了。在课程计划的撰写过程中，你可以使用四步方法（见第二章）。为每个分支单元分配好教学时间。我发现在分配时间时，采用标准的计划用纸非常有效，这种纸上标有 10 分钟或者 15 分钟的时间间隔。

图 7-3 所显示的就是基于图 7-1 的最终项目计划的部分内容。

图 7-3 客户服务课程计划样本（项目计划定稿，漏斗型模式）

第一天	培训目标	培训任务	教学方法
上午 9：00 至 10：00	● 讲述为什么要改变自己 ● 讲述专业技能的重要性 ● 创建日志 ● 症断日志中存在的问题	● 应付稀奇古怪的来电 ● 应付愤怒的来电 ● 应付那些寻求解释的来电 ● 描述客服专业技能的四个基本特征 ● 列出所有的电话 ● 打印所有的电话 ● 分析每个电话的重要性	● 个人项目分析和苏格拉底式提问 ● 苏格拉底式讲座 ● 苏格拉底式定义 ● 讲座 ● 苏格拉底式讨论 ● 项目分析 ● 团队项目分析
上午 10：00 到 10：30	● 将所存在的问题按优先级排序 ● 记录下每个问题	● 比较所存在的问题 ● 进行比较 ● 调整问题 ● 集思广益地研究对策 ● 记录 ● 再调整	● 讲座 ● 团队项目分析 ● 苏格拉底式讨论
课间休息			

手册和资料

一旦你完成了所有的准备工作，选择好了合适的教学方法，并且确定了评估手段，你就可以显示撰写培训手册。在本章后面的部分，我会提到两个基本的手册格式：培训完全手册和学员手册。培训完全手册中描述的是你在培训过程中什么时间该做什么事情，你将预测到什么结果，以及你所需要的工具等等，培训完全手册是你在培训过程中的参考手册。相反的，学员手册是一种工作手册，其中包括学员在培训过程中将进行的练习以及其他活动，有关背景材料，辅助图表等内容，手册中还有空白的地方，可供学员做笔记。撰写手册时，你应该首先撰写培训完全手册，因为你可以根据培训完全手册的内容确定并组织学员手册的结构。

最惨的境况，莫过如开展新的培训工作时，发现办公室的档案柜中空无一物。前任培训师可能会带走所有的资料，这样你就没有可供参考的资料了。同样糟糕的是，即使有可以利用的资料，但这些资料也是杂乱无章的随意编排。专业的培训项目中，就应该避免出现这种情况。每个培训项目的文件中，至少都应该包括以下内容：

1. 对培训项目各方面因素进行详细描述的文件
2. 培训完全手册
3. 受训学员工作手册

除此之外，如果文件中还包括需求分析、任务分析、投影仪或者幻灯片等视听辅助材料、课堂分发的资料以及评估资料等资料，这些资料就可以对你将来的工作起到一定的参考作用。它们会对新的培训师有所帮助，而且在对过去的培训项目进行再评估时，还可以起到参考的作用。当你想温习一下某个已经生疏了的培训课程时，这些资料也会帮助你记忆起有关内容。此外，如果你调职了，这些资料对于新上任的培训师也会有一定的帮助。在你离职的时候，不要把这些材料带走，因为你是用公司的时间准备这些材料的，所以这些材料属于公司。万不得已的情况下，你可以带走相关复印件，但是一定要把原件留在公司。

确定培训方法

方法对于培训项目而言，至关重要，选择培训方法的时候，你可以参照培训项目的日程安排。下面我们看看培训方法的选择问题。

关于教学方法，有三大哲学方法论。许多教师、大学教授，甚至培训师，都会信奉其中的一种方法，而排斥其他两种方法。不过，我相信综合采用这三种方法，各取其长，效果会更好。

这三种方法是：

1. 认知主义，这种方法是基于“白板说”发展起来的；
2. 人文主义，这是现代苏格拉底方法的一个组成部分；
3. 行为主义，在心理学家 B. F. 斯金纳（B. F. Skinner）的行为调整技巧

中称为行为修正。[①] [427 页]

在第五章中，我们已经详细地讨论过“白板说”和苏格拉底式方法，相信大家对这两个概念都不陌生。行为修正这个概念是在 19 世纪 30 年代到 50 年代之间，由 B. F. 斯金纳提出的，是一种用来指导学习的技巧。现在在对白鼠、鸽子、猴子以及其他动物进行科学研究时，也经常采用这种技巧。老鼠能够学会走迷宫，鸽子能够打出简短的消息，等等，你可能对这些例子都不陌生。要达到这种训练效果并不难，你只需对正确的行为加以回报，而对错误的动作给予惩罚，通过这种方式，你就可以巩固正确的行为，达到你的训练目的。

从这些哲学方法中，我们可以得到一定的启示。人文主义方法是指基于学习者的个人经验进行授课，把学员当作成人看待，这种方法适用范围很广，而且通过这种方法，可以培训学员辨证思维、创新、判断以及自主学习等能力。在培训提问技巧、课堂项目、建设性反馈以及讨论中，我们会使用到这种方法。

行为主义方法，是通过设定具体的行为目标，在培训中培养学员的技能。这种方法重在实用性，而不是理论性。在培训中，采用这种方法，可以使课程高度具体，并且能够产生可以看得见的培训效果。在情景反应、角色扮演、在岗培训以及其他巩固和反馈阶段中，我们都可以采用这种方法。

认知主义方法结构性强，而且非常有效。通过这种方法，我们可以将“化繁为简”的原则使用到培训课堂中，而且可以确保学员能够跟上你的教学进度。这种方法也是将学员当作成人看待，建立起一定的信息基础和概念基础。演示幻灯片和录像时，使用图表或者图形时，阅读、做讲座、演示以及案例分析和项目分析中，可以采用这种方法。

我们所采用的很多教学方法，都是以这些方法中的一种或者几种为基础的。我建议你的培训过程中，采用多种教学方法，而且你所选择的方法应该符合你的受训学员、培训材料、你所设定的培训目标等因素。所有的方法，都有运用成动或者失败的时候，重要的是在使用这些方法的过程中，逐渐提高自己的培训技巧。下面我们看看每种具体方法在培训过程中的使用情况。

讲座

传授信息最好的方式就是讲座。通过讲座，你可以直截了当地提出你所要讲述的观点，这样可以节省很多时间。讲座是非常常用的教学方法，学员对这种教学方法也非常熟悉。但是，在第二章我们已经提到过，运用讲座的教学形式时，要求学员精神高度集中，而且会使学习内容变得困难。

讲座应该尽量简短，这样才会行之有效。同时，你还应该对学员的情况有一个详细的了解。如果你的学员是大学毕业生，讲座时间可以控制在30分钟之内，千万不要超过这个时间；如果学员是高中毕业生，讲座时间不要超过15到20分钟；如果学员高中还未毕业，中途辍学的，你就应该将讲座控制在10分钟之内。

为了合理利用时间，你就必须进行详细的计划。你可以参照以下技巧：

- 选择分支结构模式（见第二章），并创建问题/解决办法或者因果关系等模式，或者创建其他模式，使你的教学生动有趣。
- 在讲座中提出一个主要观点，你在讲座中提出的观点不要超过三个，记住化繁为简才是最有效的。
- 直截了当的提出你的观点，不要拐弯抹角，而且应该避免与主题无关的内容。
- 讲座结束之后，马上针对所讲述的观点开展必要的练习。
- 创建苏格拉底式交流方法，对学员提出引导性的问题，引导他们对所讲述的问题进行思考，不要分心。

对你自己的讲座进行录音，或者请其他人对你的讲座给出反馈，确保在讲座的过程中，你以尽可能简洁的方式，在最少的时间内，把你所要讲述的问题讲述清楚了。

分发的材料以及其他书面材料

在教学过程中，补充适当的材料可以对你所教授的内容进行巩固。补充材料中的书面例子和解释，可以对你的口头阐释进行补充说明。通过补充材料，你还可以在教学过程中加入有关的例证或者图表。学员可以把这些材料当作学习笔记，并对照这些材料检验自己的学习进度。使用书面补充材料时，你可以采用一些技巧：

- 如果你在课堂上分发材料，应该给学员足够的时间来阅读这些材料，直到学员读完了这些材料，你才可以开始讲课。

- 对材料进行讨论，并将这些材料同你所讲述的内容联系起来。
- 分发材料之前，先对材料进行介绍，或者分发材料以后作适当的介绍，但是千万不要在学员阅读的过程中打扰他们，因为当他们在阅读时，他们可能就听不进去你所作的解释。

如果这些材料是有你亲自编写的，在编写过程中，务必记住化繁为简的原则，尽量使这些材料简洁明了。同时还应该记住，只有当你无法使用其他方法对某个问题进行清楚的解释时，才使用补充材料。如果你把这些材料当作课后作业，这些材料就会成为学员额外的课程负担（见第二章）。如果你确实这样做了，务必在第二天对这些材料进行讨论。

培训方法

- 讲座
- 书面材料和分发材料
- 演示
- 小组讨论
- 课堂讨论
- 小组课堂
- 角色扮演
- 在岗培训
- 项目分析
- 模仿
- 游戏
- 程序化的指导
- 计算机辅助培训以及互动的视听手段

演示

通过演示，你可以把抽象的概念应用到实践中。不过，演示中存在的最大问题是，对于同样的演示，每个学员可能看见的操作不同。特别是当你想一群学员演示某种机器的操作方式时，情况尤为如此，站在你附近的位置的学员可以清清楚楚看见你每个动作，而站在后面的人却什么也没看见。解决这个问题，最好的方法是使用录像带。通过录像带，你可以清楚地向每个学员显示详细地操作步骤。

在课堂上使用演示的教学方法时，你可以参照以下技巧：

1. **简化演示过程**。如果你详细的演示所涉及的每个细节，学员就会应接不暇。
2. **根据关键步骤组织演示过程**。通过设定具体的培训目标，你可以创建这些关键的演示步骤。如果学员没有提出与关键目标无关的问题，你就不要涉及那些问题。
3. **通过演示，向学员展示基本的操作过程和原则**。通过演示教授具体技能时，你可以把整个技能分成小的操作步骤，通过这些小的步骤，向学员展示所涉及的操作过程和原则。
4. **提前练习**。演示失败了，往往是由于没有很好的做好准备。如果在演示过程中，你自己出现了一些失误，你可以使用那个老套的掩饰措施，“我很高兴出现这个错误，通过这个错误，我可以向你们展示，如果类似的错误发生了，该如何处理”。当然，使用这个方法的前提条件是，你确实知道该如何处理。

演示完成后，你可以在课堂上进一步重复相关内容，比如说，你可以向学员就演示的有关内容提问，或者基于演示内容，开展讨论，等等，通过这些方式，你可以激发学员的参与性，让他们开动脑筋思考。如果学员没有机会进行实践操作，演示的效果就不能完全发挥出来。所以，应该将演示与练习结合起来，演示一结束，应该立即给学员练习的机会。

小组讨论

小组讨论，实际上就是面对一群观众开展辩论。每个人都持有各自的观点，然后互相争论，或者回答其他小组成员提出的问题。通过小组讨论，你可以发现学员的观点，并且学员也可以相互交流经验。在小组讨论中，你可以发觉某个重要问题的不同方面，并把小组成员分成对立的两派，当然，通过这种方式你只能发现学员的观点，并不能教授具体的技能。例如，我经常采用小组讨论的形式讨论公平就业机会的问题，在开展讨论之前，一般需要对学员介绍公平就业的相关内容、条例以及指导。为了帮助学员将讨论的观点运用到实践中去，讨论结束后，最好安排一定形式的练习。

如果有专家在场，采用小组讨论的形式效果就会更好。你可以邀请受训团队中学识渊博的学员或者公司里其他部门的员工（或者公司外部的专家，不过这样做开支较大）向学员做演讲，他们可以激发学员的参与性，并澄清讨论中有矛盾或者模糊的问题。在培训课堂中，你也可以采用小组讨论的形式来结束某个课堂活动，例如，当你让学员以小组为单位向全体成员演示他们的项目时，你可以利用小组讨论的形式，来结束这项活动。

为了提高小组讨论的效果，你可以参展以下技巧：

1. 将注意力集中在培训目标上。时刻记住你的培训目标，不要让讨论跑题。
2. 对讨论内容，作具体的指导。如果你邀请专家作现场指导，你就应该明确地指出你希望他们做什么。这样，既可以避免跑题，又可以显示你在课堂上的领导作用。
3. 扮演调停者。作为培训师，你应该对讨论起引导作用。如果你采用小组讨论的形式结束某项活动，你可以让小组成员展示他们的讨论结果，然后对该组存在的问题或者讨论内容进行补充说明，这样，你就可以控制并引导讨论过程。
4. 提前准备一些有水准的问题，以免学员没有问题提出。这些问题可以对学员的讨论起引导作用，学员可以围绕这些问题开展讨论，而不至于过于紧张。同时，你还可以将这些问题告诉给那些学识渊博的学员，这样不仅可以提高受训团队的整体形象，还可以激发其他学员更大的参与性。

5. 设定明确的时间限制，并严格遵守这个时间限制。因为人能够集中注意力的时间是有限的，因此不要让小组成员长时间的进行讨论，不然他们就会感到疲倦，而你也很难将学员讨论的意见集中起来。
6. 如果你邀请公司外部的专家，切记在他们开始演讲前和结束演讲后，对他们的演讲致谢。

班级讨论

讨论有很多作用。通过苏格拉底式方法，你可以向学员提出整体的问题（见第二章），然后开始讨论，在讨论过程中，你对讨论进行补充和控制。这种讨论形式可以说是自发的，学员参与讨论，在讨论中提出他们自己的观点。通过讨论，你能够迅速地对学员已知的内容进行回顾，并激发他们学习新的知识的积极性，你还可以通过这种方式，发现学员的已知知识以及他们感受。在讨论中，你还可以穿插新的知识（理论或者实践信息），所以讨论也是一种教学形式。

如果你采用讨论的方式来提出整体的问题，你可以参照以下技巧：

1. 提前练习苏格拉底式提问技巧，这样你才能引导讨论；当然，如果讨论是自发开展的，就没有这个必要了。
2. 不要完全控制了讨论进程，放开手让学员提出他们自己的观点，你只需要对讨论结果作一个总结，并提炼出主要的观点。
3. 维持讨论秩序，保护所有学员的发言权利，并对那些对你的权威提出挑战的学员进行处理（见第三章）。
4. 当讨论时间到了，或者讨论占用了其他教学活动的时候，结束讨论。如果讨论偏离了主题或者争论使学员产生了对立情绪时，你也应该尽快结束讨论。

开始讨论的另一种方式是，将全体学员分成四五个人一组，然后给每组安排一个讨论主题，让每组围绕各自的主题开展讨论，然后与其他成员一起探讨各自的讨论结果，当然，这个时候你可以适当的补充自己的观点。如果你必须介绍一系列的知识点，而学员正好对这些知识点持有他们各自的观点时，采用这种讨论形式就会非常有效。我经常采用这种讨论形式，引导学员发觉理论知识和他们的日常工作之间的联系。

让学员围绕某个主题开展讨论时，你可以参照下面的技巧：

1. 时刻记住你的培训目标，并明确地指出你想让学员讨论什么内容。
2. 当学员开展讨论时，你可以在教室里四处走动，这样，你不仅可以显示自己的权威，还可以对学员的讨论有深入的了解。而当学员在讨论过程中发现问题时，还可以向你请教。
3. 当小组向其他成员介绍自己的讨论结果时，将他们的观点集中起来，并进行适当的补充或者更正，并从中提炼出基本的原则。

团体教学

如果利用得恰到好处，小组教学会起到很好的教学效果；但是如果利用不好，就会产生反作用。团体教学的概念很简单，就是指在同一时间内，有两个或者两个以上的培训师进行教学。团体教学的优点在于，呈现在学员面前的是不同的教学声音、教学风格、专业技能以及个性。如果多人同时教学，由于同化效应，可以促使培训师更好地表现，而且学员也可以得到关于同一个问题的不同角度的看法，并进行深入的思考。

团体教学所存在的最大缺陷在于其多样性和同化效应并不是同时发生的。有时候，培训师之间没有明确的分工，导致重复教学，浪费时间和人力。再者，有时候培训师各持己见，公开争论，不仅起不到授业解惑的作用，还会使学员更加迷惑。这样的后果时，学员一无所获，而聘请培训师的成本却增加了。

为了避免以上问题，在选择培训师的过程中，应该小心谨慎，根据培训师的教学风格和个性进行选择；同时，还应该平衡各位培训师的教学任务，根据培训师的专长来分配教学内容，并按照技能水平来组织教学结构。例如，不妨让第一位培训师讲授课程并引导学员进行讨论，让第二位培训师作演示，并指导小组项目分析，而让第三位培训师带领学员进行角色扮演练习并开展案例分析活动。然后，让这三位培训师共同参加小组讨论。

在开始教学之前，应该让所有培训师就具有争议的问题达成一致意见，并让他们在课堂之外解决争议。例如，你可以给每位培训师一两个挑战，如果某位培训师关于某个问题具有充分的理由，那位培训师就享有关于这个问题的优先发言权，而其他培训师就不准再关于这个问题进行争论，甚者不准关于这个问题开展讨论。如果这种优先权的数目有限（例如，在给定的星期内只有一次），而且这些优先权是平均分布给每位培训师的，就可以避免在课堂上出现争论的情况。

在对培训师开展的在岗培训中，采用团体教学的方式非常有效。有经验的教员可以对经验不足的教员进行观察并加以指导，而且每个人都有机会与最优秀的培训师一起工作。团体教学是一种非常有效的教学方式，但是正如其他教学方式一样，采用团体教学之间，你必须确定明确的培训目标，并提前进行精心的准备。

角色扮演

在第五章中，我们已经探讨过将角色扮演作为一种评估手段的问题。其实，角色扮演也是一种很好的教学方法，通过角色扮演，学员可以对他们所学的知识进行练习。在培训的准备阶段，角色扮演也可以发现积极的作用（见第二章）。通过角色扮演，你可以让学员演示如何正常地处理某种情况，然后利用这种处理方法作为参考点，教授学员原则和技能。实际上，你也可以在讲授阶段运用角色扮演。但是，虽然角色扮演这种方式很能吸引学员的参与性，如果你过多地采用这种方式，学员还是会觉得枯燥乏味。

使用角色扮演的教学方式时，你可以参照以下技巧：

1. 为了证明你的观点，务必精心选择合适的扮演者。选择那些能够严格按照你的要求进行演示的学员参加角色扮演，例如，你可以让其中一个扮演者迫使另外一个扮演者使用你所教授的技巧，或者演示在那些技巧不起作用的情况下，该如何处理；
2. 通过角色扮演的形式，来解释关键的问题。不过在活动过程中，最好只针对一个问题，如果信息太多，学员就会觉得迷惑；
3. 角色扮演开展之前，花上一定的时间对设定情形作详细的介绍。给学员提供足够的背景信息，然后再分配角色；
4. 角色扮演和讨论一样，都很容易跑题，为了避免这种情况，应该给学员明确的指示，让他们知道你的要求。例如，你可以告诉他们，“客户服务代表应该做到：（1）使用客户的名字三次以上；（2）组织、明确并证实客户提出的问题的性质；（3）向客户强调这个问题；（4）提出为客户采取一定的补救措施”。如果你让角色扮演中负责观察的人提供反馈信息，你可以给他们每个人一张反馈表，让他们着重注意扮演过程中的关键行为，并对这些行为作出反应；

5. 如果扮演活动跑题了，你就应该及时让学员停止表演，并向他们提问，“扮演过程中存在哪些问题？为什么讨论偏离了正确的方向”？你的态度应该是果断的、坚决的，要求扮演者严格按照他们所扮演的角色行事，并紧扣主题；
6. 扮演结束后，与学员一起对扮演者的表现进行讨论。在讨论的过程中，学员就可以增长知识。你可以向每个扮演者提问，也可以让其他学员对扮演者的表现提出建议和意见。鼓励学员开展讨论，你还可以问问他们，“如果在……情况下，将会怎样”？

案例分析

正如我们在第五章提到的那样，案例分析是一种评估手段。不过，案例分析还有其他两种作用：

1. 使用在课程的练习阶段；
2. 作为你所教授的技能的组织结构。

我们经常将案例分析当作一种练习形式。通过案例分析，学员可以试着将所学的知识运用到实际的问题中去。在军事演习中，定向越野竞赛、管理模拟培训中，或者学术界的毕业设计及论文中，都可能使用到案例分析。实际上，在那些以表现作为最后一步评估标准的活动中，都可能使用到案例分析。

使用案例分析这种教学形式时，你可以参照以下技巧：

1. 根据培训目标确定案例分析的难度；
2. 通过一个案例，可以对某一技能或者多个技能进行练习和评估，因此，可以将案例分析作为单个的练习步骤，也可以作为一系列的练习，或者作为对所有已学知识的期末考试；

3. 为案例准备正确的解决方法，但是给学员进一步扩展的余地。在显示生活中，针对同一个问题，总是会有几种不同的解决办法的。

在岗培训

在第 13 章中，我们会详细地讨论在岗培训的问题。在这里我们会对这种教学方式简单的介绍。在岗培训是一种比较经典的教学方式，现在仍然被广泛采用着。中世纪行会就是以在岗培训为培训基础的，而且几乎每个文明中，都采用过这种形式来传授信息，每个原始文明都是通过这种方式延续下来的。

在岗培训的主要问题在于标准化和高度控制。行业中的每个主管都有各自的脾性，针对同一项工作，也有各自独特的方法。为了避免这种情况，在岗培训应该是高度标准化的。同样的，如果你需要对某个团队进行培训，但是大量的培训工作都是由现场的主管完成的，你就必须设定明确的标准，对整个培训进行严格的控制。

使用在岗培训方法之前，你应该与参加培训的学员进行交流，根据他们的需求来设计课程。如果学员的需求同你的培训目标发生冲突，你就应该和他们协商，首先就培训目标达成一致意见，然后根据培训标准来确定相应的操作标准。

下一步，你就应该列出培训的大纲，交由现场主管和管理层审查。（书面的培训项目报告可以增加你的培训项目的重要性。）在项目报告中，你应该明确指出你将要对主管进行控制，并指出这样做的必要性。比较可取的方法是将培训分为不同的阶段，这样你就可以首先对主管进行培训，其次再对学员进行第一阶段的培训，接下来让学员接受一段时间的在岗培训，然后再对学员进行补充培训，最后结束整个培训课程。通过这种方式，你可以很好地对整个培训进行控制和监控。

如果主管的方法和标准方法大相径庭，你就应该与相关主管进行协商，尽快达成一致意见。这样做也可以增加你的监控力度。

项目练习

在第一章、第二章以及第三章中，我们提到，学习关键在于学习者个人，学员必须将所学的新知识同他们的已知知识联系起来。实际上，项目练习是综合运用这两种教学原则的最好方式。通过项目练习，不仅可以给学员实践练习的机会，还可以发现学员的已知知识结构，并帮助他们在已知技能和知识与新知识之间建立理解的桥梁。

为了有效地开展项目练习，你可以参照以下技巧：

1. 将项目设计成一项学员必须在工作中执行的任务。如果做不到这一点，你可以把项目设计得尽可能地接近真实的工作情形
2. 让学员能够通过项目练习，尽可能地、更多的进行练习。必要的话，你还可以在项目中涉及那些未教授，但是同你所教授的技能相近的技能。也就是说，通过项目练习，学员不仅可以对你所教授的技能进行练习，还可以对其他相关的技能进行练习；
3. 项目具有一定的挑战性，但是也不是高不可攀。如果项目设计得过于简单，学员就会觉得枯燥乏味；但是如果难度过大，学员就会由挫败感，并丧失斗志；
4. 为项目练习预留充分的时间。

项目分析是一种很好的团队练习形式，当然，对于个人练习，项目分析同样有效。所以，你应该交换使用这两种形式，以求取得最佳的练习效果。

项目练习结束后，务必给出适当的反馈信息，必要时，给出直接的评价或者作出更正；此外，你还应该从项目分析中总结出关键的原则或者技能，并对这些原则或者技能进行强调。

模拟练习

在第五章中我们已经提到，模拟练习是一种很好的评估形式，在后面的第十章中我们也将提到这一点。此外，模拟练习还是很好的练习形式。当然，你还可以将模拟当作一种教学形式，正如你使用案例分析那样。实际上，案例分析、角色扮演以及其他很多团体项目练习等，都属于某种形式的模拟。任何需要学员在现实情形或者与现实接近的情形下使用所教授的技能的巩固练习，都属于模拟。在学员桌前设置一个练习筐，并将一系列与实际工作情形接近的练习任务都放进筐内，让学员一一进行练习，这就是一种典型的模拟。这种练习往往是在学员毫无准备的情况下进行的，学员在规定的时间内，正确地需要解

决一系列的问题。这些问题都是学员有可能在工作中碰到的问题。

这种筐内任务练习形式具有很大的弹性，而且练习任务和真实情况比较接近，也具有一定的挑战性。你可以采用这种形式进行培训前测试或者培训后测试，或者利用这种形式进行评估。你可以针对受训团的技能水平设定任务难度。因为筐内练习的任务具有很大的弹性，你可以针对同一受训团队，多次使用同样的练习任务，学员也不会觉得枯燥。还有一点，这种练习形式充满了乐趣，就像一场狩猎游戏一样，共同解决同一个问题的时候，学员会感到彼此是在竞争。

使用筐内任务练习时，你可以遵循以下技巧：

1. 不要将所有的模拟练习都设置成书面任务。体育训练中经常采用这种练习形式。棒球练习、花样跑步（或者花样足球）、桌球练习以及飞靶射击等练习中都存在这样一条规则：如果任务是按学员所熟知的方式设置的，学员（运动员）能够很容易地解决问题，所以在设置任务的时候，你应该赋有创新精神。当然，如果你的培训类型是从事文书工作的，你就可以把所有的模拟练习设置成书面任务。
2. 尽量从实际的工作情况中收集练习任务。必要的话，在收集练习材料时，你可以向那些经常执行这些任务的人请教。
3. 在练习中设置多种任务（至少五个以上，最多不超过 15 到 20 个）。根据你所教授的内容或者你将要教授的内容、学员的技能水平、培训目标以及练习时间，设置练习任务。
4. 设定与真实工作情形相符的练习时间。时间限制使任务更具挑战性，而且还使学员在完成任务后具有成就感。
5. 为学员准备详细具体的指导，书面的或者口头的指导。明确你希望学员达到的目标。
6. 练习结束后，马上进行评估。对练习进行讨论，加强学员的学习体验。

教学游戏

每个人都喜欢玩游戏。游戏不仅是娱乐方式，还是一种很好的教学手段。采用游戏的形式进行教学时，所存在的问题在于，学员往往会被游戏的趣味性所吸引，而忘记了学习；而且过多地采用游戏这种形式，学员同样也会觉得乏味。大部分游戏在第一次或者第二次使用时，学员会觉得有趣；过多地使用，学员就会失去积极性了。

可以通过游戏的形式，对学员的知识记忆情况和技能进行检验，并促使学员使用所教授的知识，并介绍讨论的主题内容。游戏能够激发学员进行深入的思考，并提高对问题的敏感度。通过游戏，还可以为将要学习的课程作铺垫。最后要提出的一点是，通过游戏互动，你可以发现一些关键性的原则，这些原则可以同你所教授的技能联系起来。

使用游戏这种形式进行教学时，你可以参照以下技巧：

1. **具有创新性。**可以购买有关培训游戏的书籍，不过书中提到的游戏可能趣味性太强，会阻止你的创造性。你还可以采用电视游戏秀或者桌面游戏等形式；
2. **将游戏同你的培训目标结合起来。**如果游戏同你的培训目标无关，你就不要采用这种游戏；
3. **将游戏放在每天的课程结束时间。**因为这个时间里学员都很疲倦了，当然，当你改变教学节奏时，你也可以采用游戏的形式。开始一次具有挑战性的讲座，或者结束一天繁忙的教学课程时，游戏是最好的教学形式；
4. **不要过多地使用游戏这种形式。**每天使用一次游戏就足够了，最好不要超过两次。如果过多地使用游戏这种形式，游戏的教学功能就会减弱。也许学员在游戏过程中轻松地度过了一堂课，并对你的教学方法由衷地赞赏，但是他们可能一无所获，全然不记得你所教授的知识；
5. **在游戏结束时简单介绍一下游戏参与者，并总结你的观点。**游戏是可以带给学员乐趣，但是你还得对游戏中的原则进行总结，这样学员就可以加深印象。

计算机辅助培训

计算机辅助培训是由在多年前的人工智能和专家系统的基础上发展起来的。电子和软件方面的飞速发展，使得计算机和计算机辅助教学成为培训中的前沿问题。它们成了培训界的精品，是培训界的热门话题。在将来的几十年里，计算机辅助教学将成为主要的培训模式。计算机辅助教学非常重要，因此我将用一整章的内容来介绍其功能和在培训中的应用（见第十章）。不过，这种培训形式也存在一些问题。

大部分的计算机辅助教学只是以程序教学这种高科技的形式存在的。程序教学是指一系列的书面问题，问题的答案是隐藏着的，不过学员可以立即发现这些答案。程序教学的主要缺点在于，这种教学方式太过枯燥，很难激发学员的积极性，而且互动活动（提问、检验答案等等）也非常地有限。

在 20 实际 50 年代，程序教学的概念是同“教学机器”这个概念一同提出的，但在 21 世纪初，它已经成为了一种被高度认可的教学方法。不过这种教学方法只限于教育家使用。除非学员积极性非常强，不然他们很难克服这种教学方式的枯燥性问题。

大多数计算机辅助教学程序，即使是那些 CD – ROM 上的制造精彩的教学内容，都存在以上枯燥性问题，这大大减弱了计算机辅助教学程序的功用。大部分教学程序都很吸引人，但是只有当它们像视频游戏一样精彩时，学员才不会觉得枯燥；但是即使那样，也存在问题，学员会对高强度的互动环节觉得厌烦。从一般意义上来讲，计算机辅助学习还是一种与社会隔离性很强的重复性的活动，而且几乎不能带给学员内部激励。如果能够对这种教学程序进行改进，为每个问题提供几种可能的答案，其枯燥性就可能降低（见第十章）。但是即使是这样，学习仍然是在不断的重复、尝试和出错中进行的，尝试和出错也许还有点趣味性，不过重复就毫无趣味可言。

编写得非常出色的 CD – ROM 程序还是很能吸引人的，而且也能促进学习，不过其仍有待改进。但是，学习主要还是基于口头和机械的练习而进行的，即使是基于人工智能和苏格拉底式模式编写的复杂程序，也无法满足学习过程中人际互动的要求。虽然现在有人呼吁大量采用多媒体教学形式，但是面对面的培训是，而且必然是，通过学习促进变革的最有效的方式。

采用 CD – ROM 或者其他形式的计算机辅助模拟教学形式时，你可以参考以下技巧：

1. **尽量使这些程序具体化。**你可以考虑自己编写程序（见第十章），即使你对计算机并不是很了解，也可以采用这种形式。
2. **避免使用标准样本程序。**除非这些样本程序确实能够教授你所想要教授的具体知识，并且具有很好的教学效果，不然就不要采用这些程序，它们往往物不抵值。尽量做一位精明的消费者（见第八章）。

3. **给学员布置具体的、形式多样的学习任务，并安排其他形式的学习活动（项目分析、案例分析等等）**。这样，就可以防止学员产生厌学情绪（在任何计算机辅助教学中，都会出现这种情况，即使是采用 CD-ROM 教学，学员仍然会觉得厌倦）。最好将计算机互动和模拟教学形式与其他教学形式结合起来，综合使用。
4. **定期安排讨论时间，对所学内容进行讨论**。万一学员离得比较远，你可以采用会议电话的形式或者函授教学的形式，不过面对面的教学仍然是最有效的教学方式。

录像带

现在，在所有的运动中，运动员都采用录像带来对他或者她在运动中的表现进行评估。观察自己的表现，是最好的反馈形式。在这半个世纪的科技发展中，录像带可能是最有影响力的一种高科技教学形式。

这种教学形式非常有效，是因为它综合运用了许多学习原则。通过录像，可以提供非常有力的反馈信息，让学员亲自看见自己的错误并从错误中获取教训，而且还可以对学员产生多感官的刺激。在教学过程中，如果时间允许的话，你就可以从采用录像的形式对学员提供反馈。在第八章中，我们会详细地讨论录像教学的使用形式。

使用录像教学形式时，可以参照以下技巧：

1. **记住，录像观察是一种被动学习，不要利用录像带来讲授知识**。不是万不得已的情况下，不要采用商业录像带进行教学，因为其教学效果最差。录像带在教学过程中的作用主要表现在：通过录像带，可以创建知识之间的关联性，提供多感观的刺激，并且帮助学员进行角色扮演或者其他活动。
2. **当学员观看录像带时，向学员提问，让他们回答问题**。通过提问，可以使学员在观看过程中，着重关注所学知识。
3. **如果可能的话，尽量自己制作录像带**。比起商业录像带而言，你自己制作的录像带，或者学员制作的，更能引人入胜，会产生更好的学习效果。

培训完全手册

撰写培训项目报告的最后一个步骤时撰写培训完全手册和学员工作手册。培训完全手册有很多形式，不过最简单的形式是贝弗利·海曼（Beverly Hyman）在“对培训师开展培训”的课程中提出的。[3]［427 页］在这种培训完全手册中，第一栏显示的是时间单位，第二栏显示的是关于学员在这个时间点上应该做什么的备注，备注旁边标明的是对学员活动的描述，最后一栏，在最右边，描述的是在该阶段采用的视听工具或者其他辅助手段。见图 7－4。在我们所举的例子中，整体问题框架指的是每个人必须向其旁边的人提的问题，可以一直将这些问题停留在屏幕上。日常安排通过活动挂图的形式列出。

一步一步地按照时间顺序对事件进行描述，直到勾勒出课程的整体框架。这样培训完全手册就变成了对整个课程的记录，对于那些对这门课程有一定了解的人，这些记录可以教他们如何教授这门课程。当你离开培训岗位时，应该把这些记录留下，它们会对新上任的培训师有很大帮助，因为它们具有以下特点：

● **标准化**。不管是谁教授这么课程的，对于同一门课程，培训完全手册都应该是差不多的。

● **连贯性**。不管这些课程多长时间开展一次，这些记录都是不变的。

● **质量控制**。通过对培训过程和活动进行详细的描述，你设定了一个固定的标准，可以对你的培训或者培训这么课程的其他人员的表现进行评估。

● **文档性**。当管理层或者肇事学员对你的培训提出质疑时，有了这些记录，你就有理可据，可以展示你的培训内容和培训方法，以及学员正常的反应模式。

图 7 -4 培训完全手册模板

时间	培训师活动	学员活动	视听手段
上午9：00	让学员作自我介绍，或者介绍各自的同桌	每个学员对其左边或者右边的同桌进行为时五分钟的采访，询问：（1）这位同桌是谁；（2）他或者她的职业；（3）他或者她参加此次培训的原因；（4）其他相关的、或者有趣的问题 根据培训师的指示，学员轮流介绍各自的邻位	整体问题
上午9：20	陈述当天的日程安排，并将有关基本规定写下来（课间休息时间、吸烟等规定）	参阅分发的材料	
上午9：30	让学员列出两种他们不喜欢的客户的行为	每个学员列出两种	
上午9：35	将全体学员分成五个人一组，让每组对所提出的问题进行讨论，并从中选出最棘手的两个问题	组员互相讨论问题	活动画图
上午9：45	让每组讲出他们所选出的最棘手的问题，并引导学员对每个问题提出相应的解决办法	每组列出他们的问题并提出解决办法	

虽然培训完全手册中所包含的四个基本步骤与课程计划相同，但是培训完全手册不同于课程计划。在培训完全手册中，你只需要简单地列出你将采用的步骤。例如，在准备阶段，列出培训师以及学员的活动。如果你的培训步骤是苏格拉底式提问，你可以在“培训师活动”那一栏中写出你的问题，然后在“学员活动”那一栏里列出学员的预期反应。如果你采用的是游戏，你也可以采用同样的方式在表格中列出你和学员的活动，写出培训师介绍游

戏时的活动以及学员的预期反应。

在准备步骤中，列出培训师和学员的活动（记笔记、回答问题以及讨论等），并写出你所使用的视听辅助手段，你还可以写下关于某个问题在教材中的页数，这样就可以把你的培训活动同学员的教材结合起来。

在练习阶段，你可以详细地描述学员的活动，以及培训师介绍并监控练习活动时的话语。

最后，在评估阶段，（评估有可能是和练习联系在一起的），指出评估内容和对象，写出培训师介绍评估活动时的话语，如果培训师是在家里对某个项目进行评估的，请在“培训师活动”那一栏中注明这一点。

没有必要在培训完全手册中包括管理目标、需求分析或者任务分析、逻辑讨论、成本因素、预算以及学习模式等内容。你只需要注明培训目标、时间安排、四步骤方法的应用、你所使用的教学方法、必需的视听辅助手段及其他设备、培训师活动的描述、评估手段以及学员活动。

当然，图 7－4 中所描述的培训师活动过于详细了。一般情况下，我的做法时按主题列出简单的日程安排，必要时，进行适当的补充。不过，我利用培训完全手册对我的培训日程活动进行指导。

学员工作手册

撰写培训项目报告的最后阶段，你需要对分发给学员的所有材料进行收集整理。把这些材料当作工作手册，而不是教材。学员工作手册中应该包括：课程安排、练习或者做笔记的空白地方、对所有计划好的活动和项目的指示以及开展这些活动的工具（事例、表格、图形、描述和字母等）、图表以及其他数据、案例分析以及角色扮演的场景，以及其他对背景知识的补充材料。

学员工作手册中还可以包括每节课程的目标、关于培训课题的相关文章、补充材料（例如，杂志上文章的复印件等）、参考阅读目录、演讲嘉宾的生平简介、演讲嘉宾的评估表格、公司标志等信息。

图 7－5 显示的是我的学员进行培训时所使用的学员工作手册。你应该已经注意到了在手册左边留有充分的空白，这是供学员做笔记用的。每个部分采用的是不同的形式，第一部分是练习活动，其中包括相应的知识点，第二部分是开展某项任务时的具体步骤，第三部分是学员在课堂上所要填写的内容的字母缩写，最后一部分是针对一次小型的项目练习的指示语言。

图 7 -5 学员工作手册样本

研究对策

和小组中的其他三个成员一起讨论纸夹的所有用途，在讨论过程中遵照以下规则：

1. 不要对其他成员的意见提出批评。每个意见，不管它多么的荒唐，都有其价值和意义；
2. 注重数量，而不是质量。你们所提出的用途越多越好，不要在乎成本和原由；
3. 思维越开放越好！具有创新性；
4. 也可以基于其他人的意见进行改进，对其他人的意见进行补充和改进。鼓励站在别人的肩膀上进行创造。

这就是研究对策的四个规则。通过集思广益，可以帮助学员打破陈规。如果你一直采用的方法其实并不奏效，那么你就必须对你的方法进行改进。通过探讨，小组成员可以各抒己见，寻找最合适的新方法。

问题解决

定义问题

定义问题其实并不简单，确保你定义的是整个问题，而不是某种表象。解决问题表象的方法并不能解决整个问题。思考产生这个问题的原因，以及哪些原因可以避免的（这些原因往往不止一个）。

通过研究对策提出可能的（或者不可能的）解决方法

使用我们所学习过的研究对策技巧，暂时不要对任何答案给出判断，不然就会阻碍学员的创新性，而失去很多非常棒的提议。

确定解决问题所必需的条件

在问题完全解决之前，你还必须做好那些工作？

测试看这些条件是否能够满足

不仅要考虑直接的效应，还要考虑长期的效应。以全局的眼光看待这些具体的问题。其他部门是否会受到影响？其他部门会受到怎样的影响？思考这些问题，你就可以否定掉通过研究对策得出的大部分解决方案，一般情况下，只有少数方案能够合理地解决实际问题。

评估这些解决方案对公司运作的影响

从成本的角度来评估每种解决方案；这种方案是否可以获得其他人的认可；这种方案的长期影响是什么；是否会引发新的问题；等等。一般情况下，只有一个或者两个解决方案能够符合条件。如果所有方案都不符合条件，那么你就进入下一步骤。

能够综合运用讨论出的解决方案或者对这些方案进行改进？

创新。再次看看你认为比较合适的解决方案，看看那些已经被你否定掉了的方案也可以。再重新审视这些方案的过程中，也许你会想出新的方案。重复以上操作，直到得出最佳解决方案为止。

明确的目标

S ______________________________

M ______________________________

A ______________________________

R ______________________________

T ______________________________

项目练习

和小组中的其他三个成员一起，通过前面提到的研究对策方法和问题解决技巧，共同讨论，提出解决以下问题的最好方法：

你所在的工厂最近并没有发生安全问题，结果，员工对于安全防范措施一直很松懈。特别是在两个方面缺乏安全防范意识：

- 在机器上进行操作时，很多员工经常忽视了切断电源以及标签步骤；
- 在地面工作时，很多员工没有佩戴厅里保护设备。

由于工厂里有些年老的员工，再加上主管和经理都不是很小心谨慎，这种安全隐患就更严重了。有些人已经丧失了部分听觉，他们就拒绝戴耳机。而年轻的员工看到年老的员工这样做，自然就争相效仿，也放松了警惕。

公司股东最近认识到，他们收到了OSHA罚单，并受到了投诉，因此，他们将放松安全警惕的责任推到你身上。在公司的销售业绩蒸蒸日上，而库存量不多的时候，出现了这种情况。

你们小组必须想出解决这个问题的办法，这样才能取得其他员工的支持，也可以避免在三个月内再次出现这种情况。你的解决方案尽量不要影响工厂的正常生产安排，也不能降低员工和主管的工作热情。

小结

撰写培训项目报告是一项非常繁重的任务。在这一章中，我们探讨了培训项目的十三个主要问题，其中涉及在公司内部建立培训预算和培训的网络，并从管理目标的角度为培训项目的必要性正名。我们还讨论了了解受训团队的必要性，以及如何选择受训学员。在这一章中，我们还讨论了设定具体的培训目标的问题，并且就如何向管理层展示你达到这些目标的方法这一问题进行了探讨。此外，我们还讨论了选择培训形式的问题，是自己撰写项目报告，雇佣一位培训师，还是购买商业培训包。我们还就如何确定自己是否达到了培训目标的问题进行了讨论。

接下来，我们还学习了撰写日程安排的六个步骤，其中包括如何确定培训结构、培训方法以及课程计划等。为了对你的培训有帮助，我在这一章涉及了一些最有效的培训方法，从苏格拉底式提问法，到计算机辅助培训和 CD - ROM 互动程序等。我们已经提到过，培训项目报告中包括两种手册，培训完全手册和学员工作手册。我们描述了培训完全手册的撰写目的以及其主要内容，其中包括培训师在什么时间该做什么事情，采用哪些辅助手段和工具，以及学员的预期反应。学员工作手册主要包括课堂所必需的日常练习任务、图形和表格、案例以及做笔记的空白栏等内容。

练习

1. 利用本章前半部分提到的材料，作一个全面的培训项目报告。在报告中，创建预算、取得管理层的支持、如何宣传你的培训项目以及将培训项目同公司的大型活动联系在一起，等等。此外，基于第五章的需求分析信息，尽量使你的项目报告接近真实情况。
2. 为这个项目撰写培训完全手册和学员工作手册。
3. 回想一下，当你还是学生时，你接受过的最糟糕的培训。详细地写出这次培训中所使用的培训方法和授课方式。然后，利用本章的后半部分中的教学方法，对这次培训进行挑战和改进，使其生动活泼，引人入胜。

第八章

编写项目的其他形式

我们已经在第七章提到过，编写项目耗时耗力，是一项非常繁琐的工作。但是，项目编写成功后，具体的培训课程就出现了，可以给你所在的公司带来有效的变革。所编写的项目应该符合你所开展的需求分析结果。本章提出了关于项目的编写的有关建议，这就是本章的主要内容。

由于时间的关系，需要开展培训时，很多培训师倾向于寻找外界的帮助。外界的资源，如商业培训包等，快速便捷，而且培训效果也不错，可以满足公司的培训需求。不过，外界资源的确定在于它们往往不够具体，它们都是适用性比较普遍的商业培训程序，和公司的实际情况联系不紧密。为了提高销售量，这些商业培训包都是针对大众需求而设计的，其内容和结构形式能够适用于不同群体。这些培训包的普遍性越强，对你的用处就越小，当然，如果你的培训目标也很普遍，就另当别论了。这些培训包可以在一定程度上满足你所在公司培训需求，但是它们的效用都比不上你根据公司的实际情况编写的培训项目的效用。下面我们看看这些手段局限性。

培训课程包

项目培训包是指一个完整的培训程序，能够马上使用。这些培训包是批量生产的，就像书籍一样。它们具有以下形式：

- 各种形式的教材及各学科的教材
- 每章后面有练习题的教材
- 针对不同学科（数学、健康护理或者心理学等），按主题分类的学习问题或者考试题目
- 结合指导材料和练习材料的自学课程
- 诸如游戏和练习等的标准化指导材料
- 学习磁带或者光盘
- 幻灯片演示材料
- 关于某个主题或者普遍课题的录像带
- 电影，关于某个普遍性问题的（例如，时间管理）
- 计算机辅助教学材料
- 互动的 CD－ROM 材料

通过很多渠道都可以购买到这些课程包。一般情况下，这些课程包括解释材料、学习问题、项目练习以及程序化的指导，以一系列的普通课程的形式出现，可供学员自学或者团体学习。市面上有一些公司专门生产可供学习者自学的幻灯片或者磁带和录像带。大部分学科中的这些程序课程都有广泛的适用基础，商业性很强。例如，其内容可能包括时间管理、谈判技巧、销售技巧、商务写作、基础管理、电话技巧、银行结算、健康护理技巧、演示技巧以及基本的金融知识。实际上，一个这种程序课程包几乎可以包括大部分的商业技巧。

培训课程包的优点

培训课程包的最大优点就是，你可以马上使用它们。你只需要把这些课程包分发给学员就可以了，然后让他们自己学习，至少这些课程包的广告给我们这种印象。其实，这种课程包使用起来一点都不方便。虽然这些课程包并不能达到其所吹嘘的那种培训效果，但是培训师使用它们时，非常容易。不过有时候这些课程包也非常实用，特别是那些计算机制造商生产的教授基本的软件知识的课程包。使用这些课程包时，学员必须进行大量的实践练习，所以即使课程包编写质量较差，学员还是在学习过程中有所收获的。

但是，并不是购买了培训课程包就一劳永逸了。可以将课程包当作对你

的培训项目的补充，在中学和大学里，教材的用途就在于此。教材并不是培训的全部内容，相反的，我们只是从教材中选取合适地阅读片断和练习，并利用教材来对课堂内容作深入的解释。如果这样使用课程包，课程包才能发挥其应有的作用。

课程包的另一个作用就是，它们可以为分布在不同地区的学员或者是偏僻地带的学员提供标准化的培训。有时候，我们没有办法把所有的学员集中到一个地方进行培训，有时候学员为数不多，没有必要进行一场集中的培训。在这种情况下，我们就可以采用培训课程包。但是，现在很多公司采用了另一种形式——远程学习。关于远程学习，我们将在第十章的高科技培训形式的内容中进行详细的讨论。

课程包还有一个优点，我不得不提，那就是价格。如果将课程包当作教材使用，它的成本并不高。但是，从另一个角度来讲，有些公司花大量的资金购买了很多培训课程包，但是这些课程包并不能解决公司里存在的问题。有个公司花了＄150，000 到＄205，000 购买了一套录像带，但是最后的结果是，实践证明这套录像带几乎没起任何作用。我所知道的这样的公司还不止一个；这种开支简直就是浪费。

课程包的局限性

培训课程包的局限性主要表现在两个方面：管理方面和教育方面。我们已经讨论过管理方面的局限性，不过我还是想强调一下，这些课程包成本很高，但是效用并不大。有些人还倾向于使用培训课程包进行自我培训。这样做，并不能取得很好的效果的。即使课程包再好，也比不上有培训老师参与的培训项目。培训课程包并不能像人际互动的教学那样，可以即时开始、讲授和评估。

培训课程包主要是设计用作商业销售，因此，在课程包的广告以及附属文字中，总是存在一些夸张的成分。所以，在购买这些课程包时，一定要谨慎小心，避免不必要的花费。大多数的自学教材和课程包都只配有一套教材，因为影印这些教材是违反版权法的，所以每次使用这些课程包时，你都必须重新购买新的教材。

此外，你还应该确定自己如何在培训过程中使用这些课程包。培训课程包的一个优点是，每个学员可以按照自己的学习节奏进行学习。为了避免学员失去学习动力，你应该设定一定的时间限制，让学员在规定的时间内完成学习任务。如果你的培训对象水平各异（采用培训课程包进行效果最好），你就必须设计出非常详细的时间安排，而且应该对学员的学习进度进行监控。最好一点，如果你想对课程包进行补充，你就应该将你所要补充的内容写出来。

教育方面的局限性也非常多。在教学方面，课程包最大的局限性在于，其内容具有普遍性，所以其培训效果没有针对性。除非你的培训目标也不是具体的，不然课程包起不到任何作用，有可能还会产生副作用。

此外，几乎所有的课程包都会降低学员的学习热情。教材对于每个人而言，都是枯燥乏味的，但是教材还是可以激发学员的学习动力的；考试试题包会另学员产生焦虑情绪；而自主学习课程包就像生产流水线一向单调。使用录像带进行教学时，许多人都很难将注意力完全集中在录像带的教学内容中，因为他们习惯了听，而不是看。

这些都是非常严重的问题。在整本书中我们一直强调，出色的培训，即有效的培训中，所创建的学习环境都是有利于学习的。而培训课程包，其形式本身就会降低学员的学习积极性，你必须采取相应的措施对这一问题进行改进。

最好要提出一点，虽然大部分的教材和考试试题都是由教师编写的，但是视听材料、幻灯片以及其他计算机辅助课程包却不是这样的，它们主要是由那些推广培训科技的人编写的。再者，虽然很多这样的公司都雇佣了学术方面的咨询师，但是这些学究们对工业培训其实并没有多少了解，他们的教学目标不是针对具体的工作，也不是为了提高学员的技能。因此，许多培训课程包都与工商业的需求缺乏联系，并不是以促进变革的产生为主要目的的。

对项目进行评估

我并不是说，所有的培训课程包都一无是处，我所要强调的是大部分课程包都没有多大效用，而且少数课程包甚至非常糟糕。如果你要购买培训课程包，务必要小心谨慎。为了确保自己购买到最佳的课程包，在购买过程中，你应该根据自己的培训目标对这些课程包进行评估。对于课程包中的每个部分，你都思考一下，看看这部分内容是否能够满足你的培训目标，是否可以带来具体的、对实践行动有指导作用的技能提高。如果这个问题的答案是否定的，你就不要购买这个课程包；反之，如果你觉得这个课程包可以满足你的大部分培训目标（至少三分之二以上），你就可以放心购买。

在购买培训课程包之前，首先试用一下。课程包的说明文字往往不能真实的反应其效用，别忘了，这些说明文字的首要功能是促进销售，其次才是提供信息。一般情况下，这些说明文字都是由销售或者广告人员编写的，而不是由培训师或者课程包的设计人员编写的。在购买时，你可以让营业员给你一份该课程包的免费评估手册，如果供应商无法或者不愿意提供，你可以租赁一份评估手册。万一他们不愿意租赁，你就不要购买该课程包。

经常情况下，供应商会给你一份购买该产品的客户的名单，你可以给那些客户打电话。这也许会对你有所帮助，不过不要忘记，供应商提供给你的名单上往往都是那些对该课程包非常满意的客户。此外，这份客户名单的真实度也是值得怀疑的。即使是那些设有专门的培训部门的大型公司，其培训项目也不是次次都是成功的，他们的员工甚至都不知道卓有成效的培训是怎样的。如果单凭这种人的一句推荐之词，你就购买该课程包，未免有点草率。相反的，你应该咨询的人应该是你所熟悉的培训师，问问他们对这些销售人员或者广告的诚信度的看法。

如果时间紧急，而你考虑购买的培训课程包标价＄5，000以上，你可以聘请一位咨询师对你的选择进行咨询，并了解他或者她的看法。这样做，也许会增加总体开支，不过通过这种方式可以避免购买了无用的或者效果很差的课程包。该课程包的标价越高，聘请咨询师的花销就越是物超所值。如果课程包的标价超过＄20，000，就必须对该课程包进行专门的评估，避免滥买滥花。

对培训课程包进行比较时，还应该考虑它们的使用期限，看看这些材料是否能够跟上时代步伐，是否会过时。尤其是在高科技领域或者技术培训领域，这一点尤为重要。同时，你还应该考虑以下问题：

- 对课程包进行升级的成本是多少？
- 这种课程包是否容易升级？
- 这些材料的所有权归谁？
- 购买这种课程包以后，你所享有的权利有哪些？

比如说，在复制或者使用这些材料的过程中，可能还包含着一定的隐形成本，或者是重复定购时，还会发生一些不可预料的成本，所以你必须一开始就对整个成本有所了解。

你可以就你所考虑购买的课程包，向其供应商询问以下问题：该课程包的学习哲理是什么？该课程包教学依据的学习原理是什么？例如，本书就是基于英国当代哲学家卡尔·R. 坡伯（Karl R. Popper）的理论所编写的。卡尔·R. 坡伯认为所有的学习都具有以下特点：

1. 尝试性。
2. 重复性（即，在不断扩展的语境中进行重复）。
3. 是学习者的已知知识与学习环境共同作用的结果。① [427 页]

因此，教学是由学习者参与的语义环境、情感环境、心理环境以及物理环境共同作用的创造物。如果你的供应商无法对以上问题给出很好的答案，就表示制作该产品的公司根本就没有好好考虑过这方面的问题。如果它们的学习哲学理论与你的大相径庭，你也不应购买该课程包。如果你对它们所依据的学习原理不熟悉，你可以到图书馆或者大学里去查询，看看该理论是否能够对你的教学有帮助。

关于培训课程包，我还要提一点：在购买之前，务必看看是否物有所值。你可以从两个方面来评价其有效性，即培训结果和成本。作为培训师，你必须对培训结果负责；而作为培训经理，你必须对成本负责。有效的培训管理应该平衡培训效用和培训成本两者之间的关系。衡量课程包的成本时，你可以参照以下技巧：

1. 将培训的总成本除以培训人数；
2. 考虑所有的成本因素，包括诸如管理时间、因培训而占用的工作时间、培训场地以及相应的供给等隐形成本。针对你可能采用的每种培训形式（例如，聘请培训师、购买培训课程包，或者公司内部培训），都作以上成本分析；
3. 计算维持现状所需的成本（如果不进行培训的话）；
4. 衡量培训项目对公司将来的运作产生的资金影响，看看通过培训能够为公司节省多少资金。

在比较不同培训形式的成本时，应该记住，所有的培训课程包，不管其差别多大，都是可以通过人均成本来计算和比较的，而且比较的关键是看看这种培训方式的效用成本比值，以及它们对公司将来运作的影响作用。在比较过程中，你可以从成本－效用的角度，衡量这种培训方式的优缺点（见第14章）。

外在的咨询顾问

咨询顾问是指那些在某个领域享有很高声誉的专家。在培训领域，有两种形式的咨询顾问：内在的和外在的。内在的咨询顾问是指只拥有学科知识，而不一定具备培训技能的专家；相反的，外在的咨询顾问是指即拥有学科知识，又具备高超的培训技能的专家。一般情况下，公司的培训部门本身就起着咨询顾问的作用，他们所从事的工作，是其他员工没有时间或者没有能力从事的。

咨询顾问的作用主要表现在以下三个方面：

1. 咨询顾问是某个学科领域的信息原，他或者她可以为你提供该领域的学科知识和信息。比如说，开展任务分析时，你就可能需要向某个领域的专家请教；
2. 咨询顾问可以为你准备相关的文件资料。你可以聘请咨询顾问为你作需求分析、编写培训项目，或者编写培训完全手册。当你需要撰写性报告或者某种提案时，你可以让咨询顾问为你准备一系列的评估工具。咨询顾问还可以作你的代笔人，你还可以让咨询顾问同你一起工作一段时间，让他或者他对你的培训内容和培训风格有一定的了解，然后让他或者她单独工作，替你准备相关的文件资料；
3. 咨询顾问可以帮助你作现场培训。培训咨询顾问可以根据公司的实际需求编写培训项目。他们首先列出公司的培训需求（开展/不开展正式的需求分析），接着确立培训目标，然后编写培训项目，去实现这些目标。在大多数情况下，这些项目适用于公司的长期情况，需要开展培训时，就可以使用这些项目。

实际上，咨询顾问可以为你提供信息，为你准备文件资料，还可以替你开展培训。

聘请咨询顾问的优点

聘请咨询顾问，至少有以下十种好处：

1. 咨询顾问是（至少是，而且应该是）某方面的专家。你可能想自己动手编写培训项目，不过咨询顾问编写过成百上千的培训项目，他们可能比你有经验，让他们编写项目，可以达到事倍功半的效果；
2. 如果你工作太忙，没有时间编写培训项目，或者你根本就对这个领域不是很了解，在这种情况下，咨询顾问可以给你帮助。当然，你也可以雇佣一个员工，并对他或者她进行培训，让他或者她帮助你，但是这样做太浪费时间了。咨询顾问随叫随到，而且本身就已经具备了相关的知识和技能；
3. 咨询顾问很可靠，你可以信任他们。他们具备丰富的专业知识，是某方面的专家，而且还在很多公司工作过，他们具备丰富的经验。如果你的培训对象是高级管理人员，培训经验就非常重要。部门主管都不习惯被其下属培训，但是如果培训师是外部的专家时，他们就不会有任何心理负担；
4. 咨询顾问的立场是中立的。如果公司内部出现分歧，你可以聘请外部的咨询顾问来开展培训；
5. 咨询顾问代表了其所在领域的顶尖水平。为了在其所在领域有一席之地，他们必须不断地提高自己的专业知识和技能，跟上时代步伐；
6. 因为职业关系，咨询顾问有能力高效的完成培训工作。如果聘请咨询顾问，你可以在短时间内出色地完成培训工作；
7. 一般情况下，咨询顾问是达成培训目标的效用－成本比值最高的培训形式。从人均成本的角度来看，聘请咨询顾问的成本远远低于你自己编写培训项目的成本，也低于购买培训课程包的成本；
8. 与咨询顾问一起开展工作，你可以学到很多新的知识和技能；
9. 你可以随时给咨询顾问提出建议和意见。你对他们的工作享有控制权；
10. 你只需要按合同办事。如果你对咨询顾问的工作不满意，你下次就不要聘请他或者她，你可以聘请另一位更加优秀的顾问，而不再在这位效率低下的顾问身上浪费时间和精力。通过合同的方式聘请咨询顾问，你可以找到你所需要的顾问。

聘请咨询顾问的局限性

聘请咨询顾问，也有一些缺点。首先，在任何领域都存在不同的情况，适合甲公司的咨询顾问不一定适合你所在的公司。所以，你应该在签订聘用合同之前，对咨询顾问的业绩和工作水准进行评估。（进行测评时，不要忘了，我们每个人都有事业高峰期和低谷期。差劲的顾问是当然不能聘请的，不过对于出色的顾问，你最好进行多次测评。）

聘请咨询顾问的另一个局限性是时间问题。从你的角度讲，你聘请的是专家；而从咨询顾问的角度讲，他们销售的时间。如果你希望咨询顾问全力投入你的工作，他们的要价可能就会更高。为了保持竞争力，很多咨询顾问进行流水线工作，在同一个时间段内为多家公司工作，有的还使用样板项目，将在一家公司做的项目使用在另一家公司的培训项目中，有的还采用其他简化方式。培训的内容越具普遍性，咨询顾问的“工作效率”就越高，可以在短时间内为多家公司工作。如果你想采用全新的培训材料，并希望顾问设计一些适合公司具体情况的练习，你就得支付更多的咨询费用，因为重新准备材料，会占用顾问的时间，也需要他们发挥创新能力。

聘请咨询顾问的最后一个缺点就是，在你支付的咨询费用中还包括了为顾问的名气支付的费用，在其他领域中也存在这种现象。从新手（也有一些新手非常出色），到世界级咨询大师，咨询顾问资历各异。专家也有不同的级别，不过对于那些大师级别的咨询顾问，你不得不支付更高的费用。

就目前的情况而言，聘请咨询顾问的费用从每天＄500到每小时＄25，000或者＄30，000，费用各不相同。当然，支付的费用越高，培训效用可能就越好。一般情况下，每天＄500聘请到的是那些培训新手或者技能不佳的顾问；每天＄900到＄1，500，聘请到的是有一定经验、专业知识一般的咨询顾问；每天＄1，500到＄2，500，你可以聘请到某个领域的专家人物，不过这些人的培训经验有限；咨询费用超过＄2，000时，就表示你打乱了咨询顾问的本职工作，他们为你所在的公司暂时放弃自己的工作，全力为你工作；费用超过＄2，500，就表示你可以聘请到世界级的咨询大师，他们可以为你提供最佳的服务。咨询顾问销售的就是时间。雇佣像 Peter Drucker、Tom Peter 和 Thomas Covey 这样的顶级咨询大师，可以确保你所在的公司管理方面高枕无忧，自寻顾问的信用是可以保证的，他们会为你所在的公司带来深远的影响。劳斯莱斯就是和本田不一样的，其形象上、声誉上以及特性上的差别是相当大的。不过，这些差别对于实现你的培训目标而言，是不是非常重要呢？有时候这些因素是很重要，但是并不总是这样的。在聘请咨询顾问时，你还应该考虑这个问题。

如何对咨询顾问进行评估

因为聘请咨询顾问的价格差别很大，而且你还得考虑聘请的顾问人数，因此你应该对咨询顾问的表现和咨询质量进行评估。在对咨询顾问进行评估时，你可以从以下 12 个方面进行考虑：[②] [427 页]

1. 在聘请咨询顾问之前开展评估。大部分咨询顾问都会作公开演讲，向公众显示他们的学识和技能。如果你对他们的讲说感兴趣，你可以现场同他们交流；如果你不感兴趣，你可以悄悄地离开；
2. 正如同那些培训课程包销售人员打交道一样，不妨问问咨询顾问他们的培训是基于什么理论或者原理的。如果顾问能够对这个问题给出满意的答复，至少表示他们认真思考过这个问题；
3. 对咨询顾问的某项培训项目进行观察，并询问他们为这项培训项目设定的培训目标是什么；
4. 询问他们现在正在为哪些公司提供服务，特别是与哪些公司保持着长期的业务关系。单凭一次公开演讲的表现，还无法正确地给出咨询顾问的评估结果，你还应该看看他们在其他培训项目中的表现；
5. 试探以下那位顾问，看他或者她是否对你所在的公司或者行业有所了解。如果这位咨询顾问对你们公司或者行业鲜有了解，聘请他或者她之后，你还得花上大量的时间和资金为他或者她提供所需的背景信息；
6. 向那位顾问描述你们公司所存在的问题，问问他或者她，从培训的角度出发将怎样解决这个问题。不要仅仅关注其答案的信息量，而是看看他或者她提出的解决办法是否能够给你所在的公司带来变革；
7. 询问那位咨询顾问，看他或者她将如何根据你的实际需求对其培训工作进行调整；
8. 让咨询顾问解释一下他或者她将如何对培训结果作出评估；

9. 和顾问就你所在公司将要开展的培训项目展开讨论以后，假如能够他或者她写一份书面的项目提案，具体说明培训目标、日程安排、将采用的培训方法、所需的材料、培训教员以及项目的总体成本；
10. 寻找与该顾问一起工作的其他关键人物的有关介绍资料；
11. 对那些安排顾问演讲的机构进行查询，如国际研讨会等。不过，要想在这种机构中查询信息，你必须具备会员资格。如果你不是会员，你可以请机构中的其他培训师帮忙；
12. 让那位顾问给你提供一些他或者她的项目样本，看看这位顾问的培训工作是否符合你的标准。

当然，以上的大部分建议都是适用于讲座服务的情况。如果你想从咨询顾问那里获取信息或者建议，或者希望他们帮助你编写项目，你只需采用那些符合你的目的的建议。

与咨询顾问进行协商

在第18章中，我们将对谈判的问题进行讨论。但是，与咨询顾问进行协商时，我们必须注意一些特殊的问题。谈判，最重要的一点就是了解对方对你所拥有的东西的需求程度，其次就是对方最看重的是什么，他们会对什么进行让步。

从一定意义上来讲，咨询顾问就是明星。他们因其特殊的职业身份而特殊，所以他们也希望受到特殊的待遇。其次，咨询顾问销售的是他们的时间，时间对于他们而言最宝贵，他们不愿轻易送人。第三点，大部分咨询顾问都是自由职业人或者是为小型的机构工作，所以他们必须不断地寻找新的工作机会。对于大部分顾问而言，最长的工作时间不能超过六个月，如果超过了这个时间，他们就需要停止工作了。他们放弃了工作的稳定，虽然稳定是大部分公司内部的培训师最看重的。第四点，大部分咨询顾问都经常旅行，所以旅行对于他们来说，是最普遍不过的事情，他们甚至讨厌旅行。

与咨询顾问进行谈判时，你必须抓住以上四个特点，将他们作为有效的谈判工具。例如，时间就是咨询顾问最看重的东西，如果你能替他们节省时间，他们就会对你产生很好的印象。要做到这一点，你自己首先要做一个合理安排时间的人，此外你可以帮助他们收集和整理数据，或者是处理有关的复印和打字工作，并在培训阶段合理安排时间，等等。但是，在谈判过程中，你应该尽量争取更多的培训时间，你还可以在规定的价格的基础上，争取一定的批量价格。当然，如果咨询顾问极力反对这么做，你就不得不作出让步。使用以上谈判技巧时，你应该小心谨慎，因为如果你提出的条件过于苛刻，他们可能宁愿放弃你这位客户。

你可以提出，在将来将和该顾问进行大量的合作，这一点对于他们来说是很具吸引力的。如果你已经安排好了一年之内的计划，而且决定开展更多的培训项目，他们就会把你当作大客户，在谈判过程中，他们也会适当作出让步。

最后一点，如果你能够提供一些特殊的待遇，例如，往返机场的豪华专车、公司的专机、一流的住宿和饮食条件等，已经对旅行感到厌倦的咨询顾问可能会愿意与你合作。在谈判中一般不会明确地提出这些优惠待遇，但是你应该想办法让顾问知道这一点。有时候他们宁愿少收取一定的咨询费用，也不愿在旅行中受到委屈。此外，已婚的咨询顾问在出差时不得不把配偶留在家里，如果你能够安排其配偶（包括小孩子）与顾问一起旅行，特别是去一些风景优美的地方，他们就会非常开心。为了带上配偶一起旅行，有些咨询顾问宁愿放弃头等舱，还有点顾问为了和家人一起旅行，宁愿降低咨询费用。

咨询费用都是可以进行协商的，你所要做的就是找出顾问们作出让步的条件，然后利用这些条件为诱饵，让他们作出让步。

公开研讨机构

公开研讨会是大桩生意，这种活动风险大，不过利润非常可观。在高利润的驱使下，很多机构竞相组织公开研讨班，研讨主题涉及不同的商业课题。资历最老、规模最大的研讨机构莫过于美国管理协会，这是一个非盈利机构，该机构通过开展公开研讨会、组织商业图书馆、出版商业书籍和组织内部研讨班和研讨会等一系列手段，来推动行业的管理进步。除了美国管理协会，还有一些其他的非盈利机构，以及一些盈利的私人企业。但是，不管是哪种形式的组织，它们的开支，至少是一部分开支都来源于组织研讨班和研讨会，所以这些组织也是高度商业化的。

有三种不同形式的研讨机构。第一种是旨在推行某种方法的，例如，Gerard Nierenberg 谈判艺术研讨班和 Dale Garnegie 的研讨班等。第二种形式的研讨班提出一种口号，并大力倡导这种做法，例如，Dun&Bradstreet 研讨班就属于那家顶尖的金融机构中的一个独立分支。第三种形式的研讨机构和以上两种的区别在于，这种机构是主办方，但并不承办具体的研讨会，研讨会一般交由某个研讨会组织公司承办，而研讨会会议中心或者主办单位并不对研讨会负责。

以上三种形式的研讨会，其模式却大同小异。一般情况下，都是有研讨机构邀请不同领域的咨询顾问来做演讲。对于这种研讨会，咨询顾问收取的咨询费用往往低于他们正常的咨询价位，他们同意这么做，主要是因为通过研讨会他们有被媒体关注的机会，而且可以同研讨机构建立长期的合作关系。研讨机构全权负责研讨会的宣传（一般是采用直接邮寄的方式）、协调、管理以及相关的细节工作。咨询顾问只需要在会议召开时到场并发表演讲。

这些研讨机构也组织内部研讨会，一般的做法时，咨询顾问根据客户的个人需求，对公开演讲做适当的调整。客户向研讨机构支付培训费用，而研讨机构支付咨询顾问的咨询费用。因此，研讨机构必须对咨询顾问的工作负责，如果咨询顾问并没有给客户带来显著的咨询效用，研讨机构就不会再邀请他们，这样就可以保证研讨机构名下的咨询顾问都是某个领域内的顶尖级咨询专家。

你可以考虑将这些研讨会作为公司内部的培训项目。通过研讨会，员工可以接触相关的技能，并对工作需求有一定的了解。当然，如果培训人数不到6到8个，这样做就不划算了。但是，如果培训人数超过8个，你就可以考虑聘请咨询顾问来公司做演讲，这种方式的效用-成本比值比较高。而且，聘请咨询公司来公司做演讲，教学效果也会好一些，因为你可以在演讲课程中，穿插适当的练习和评估活动。

你可以采用对培训课程包以及咨询顾问进行评估的评估方式，对这些研讨班进行评估。此外，对某个项目进行评估的最简单的方式，莫过于直接去培训现场进行观察。当然，每个研讨机构都会有一些失败的研讨活动。不要仅凭一次研讨会的成败来对整个研讨组织最初评判，你应该对多次研讨会进行观察再作出评判。

公开研讨组织的优点

如果不能为客户提供行之有效的服务，这些研讨机构就无法在市面上立足。这些研讨机构之间也不断竞争，你可以从中选出最适合的研讨机构。这是一个买方市场，再者，由于研讨机构之间竞争激烈，它们一般的质量都不错。

经常对这些研讨项目进行评估，可以保证研讨主题是你所需要的，还可以确保研讨主题是最前沿的内容，对于科技领域而言，情况尤为如此。此外，大部分研讨机构都对他们组织的研讨负责，如果你对这次的研讨项目不满意，他们会退给你研讨费用，或者替你重新组织一次研讨活动。最后提一点，正如我们在第七章提到的那样，你可以通过这些研讨班的宣传材料了解某个领域的最前沿的发展情况。

公开研讨组织的局限性

任何事物都不是完美的，这些公开研讨组织也不例外。首先，这些研讨组织太具普遍性。研讨班的参加人数越多，其获利就越大，因此，这些研讨班都是特别针对大众人群而设计的。最常见的研讨形式是为时一到两天的研讨活动，这点时间连提供足够的信息都不够。这些活动中，信息量很大，但是，如果活动结束后没有开展相应的练习来巩固研讨知识，学员就很难从研讨会上学到什么实质性的东西。

有些研讨班的带头人很善于展示自己，他们的讲演充满了趣味性，可是这仅仅是在作秀，没有什么实质性的内容。除非学员真的能够在研讨班中有所收获，不然千万不要把学员送到研讨班中去。

在研讨班中，那些无法带来高额利润的研讨主题往往都会被淘汰，而对于那些能够带来高额利润的研讨主题，各研讨组织纷纷效仿，因此，研讨班中讨论的主题往往都是仅仅局限于某些热门话题。因为利润所趋，研讨班还有一个特点，那就是追踪时髦。今天，几乎没有研讨班会讨论交易分析或者目标管理等课题，虽然这两种工具都是非常实用的管理工具，因为在研讨班中这些课题已经过时了。

价位最便宜的研讨活动中，参加人数往往最多。正是基于这个原因，研讨组织才能获取高额利润，但是，参加人数越多，在研讨过程中就越难开展互动交流，这样研讨班就变成了一个专门提供信息的会议。所以，几乎可以说，研讨班价位越昂贵，参加的人数就越少，而学员最容易从研讨过程中真正学到知识。

关于公开研讨班，我还想再提一点。我所服务过的所有研讨机构都非常负责，而且诚信度很高。但是，如果在某种情况下，你不得不对某个研讨组织起诉，千万不要被研讨机构的名称所误导。虽然某些研讨会是在冠冕堂皇的名义下组织的，但是其法人可能只是一家小公司、一个合作企业或者独资企业的，该企业依附于那些大型组织而存在。从另一个角度来讲，有时候你很难对一个小型的法人单位起诉。

小结

在这一章里，我们探讨了编写培训项目的不同方法。编写培训项目的主要方法之一就是培训课程包，这些课程包涉及很多课题。我们讨论了这些培训课程包的优缺点，以及如何对个人项目进行评估。此外，关于如何将这些培训项目同公司的内部的培训项目有机结合起来的问题，我们也进行了讨论。

接着，我们讨论了聘请咨询顾问这种培训方式的优点以及局限性，你可以从咨询顾问那里获取信息，还可以让他们帮你编写培训项目，或者直接请他们到公司指导培训。我们还讨论了聘请不同档次的咨询顾问的价位问题，并且对如何同咨询顾问进行谈判和协商，也提出了一些很好的建议。

本章的最后一部分讨论的是专业研讨班，我们讨论了研讨班的三种形式，了解了研讨机构的运作形式，还就如何将研讨活动同公司的培训活动结合起来的问题进行了探讨。在这一部分中，我们还分析了这些研讨班的优点以及局限性。

练习

1. 选择一个培训课题，不要选择你正在培训的那个课题，就这个课题，比较一下使用培训课程包、聘请外部的咨询顾问以及采用专业研讨班这三种形式的优点；
2. 选择一个培训课题，如练习1中的课题，致电国际研讨机构，让他们给你提供一份关于这个课题的所有公共研讨班的信息，并从中挑选三个最好的研讨班。向组织这些研讨班的机构了解情况，并索求这些研讨班中的咨询顾问的联系方式。给每个咨询顾问打电话，看看他们是否能够满足你的培训需求；
3. 针对练习2，在给咨询顾问打电话时，准备一些有水准的问题；
4. 对于培训课程包的供应商，也准备相同的问题（见练习3），从供应商和国际研讨机构那里了解到声誉最好的研讨班名称。给供应商打电话，并向他们的项目主任询问你所准备的问题。

第九章

培训辅助工具

视听辅助手段的关键是“辅助”。美国经理有个习惯，那就是当问题出现时，他们倾向于大把投钱，希望资金能够解决问题。但是，仅靠资金是无法解决问题的，关键是资金的使用方式。

为什么经理们都倾向于在视听手段上投资呢？经理们购买录像带、电影碟、幻灯片、课程包或者其他视听产品，因为这些产品是实实在在的，表明经理们为解决问题采取了一定的措施。另外还有一个原因，那就是这些产品是有形资产，比较容易管理。此外，如果这些设施并不能解决问题，可以将责任归咎于这些产品的供应商。从政治立场来讲，这些都是购买视听辅助工具的理由。但是，从培训的角度来看，情况并不是这样的。

视听辅助教学工具仅仅是辅助工具而已，不能仅仅靠它们来对学员进行培训。它们可以对学习起到有效的辅助作用，但是它们不能够代替教学，如果想用它们来解决培训问题，那不仅是浪费时间和人力，也是对视听资源的浪费。

作为学习工具的视听辅助工具

在第一章中，我们讨论了成人学习的十大关键原则。成人学习的主要原则之一是多感官原则，其理论基础是，当我们使用多种感官进行学习时，学习效果会比单独使用一种感官所取得的效果好；此外，除去习惯原因，我们每个人都倾向于使用某一种感官，有些人习惯于阅读并理解书面材料，而有些人觉得通过倾听和讲述能够更好的学习，还有的人通过体能练习能够取得更好的学习效果。通过视听辅助教学工具，能够让学员使用到这些学习途径。

除此之外，视听辅助教学工具还蕴涵了另外一种学习原则，即重复原则。这种教学工具中有大量的重复。在第二章中，我们讨论了在学习过程中创建重复的必要性。在培训中使用重复模式的最简单的方法就是，采用视听辅助教学工具来演示关键的概念、澄清观点或者对所学过的内容进行复习。总而言之，视听辅助教学工具有以下六种功能。如果其没有提到以下任何一种作用，就说明这种辅助手段是失败的。视听辅助手段应该能够起到以下作用：

1. **简化。**视听辅助工具最主要的作用之一就是简化复杂的或者模糊的教学内容。一纸图片、一张表格或者一个模型，可以抵得上千言万语。但是，仅仅使用图片或者表格是不行的，再多的图片也不能完全代替文字。使用图表来解释复杂的概念或者过程时，学员比较容易理解。建筑师和机械师也是使用图表来展示建筑或者机械的结构的。此外，复杂的概念关系也可以通过空间图表得到简化。如果你所使用的视听辅助手段能够简化你的教学内容，你就应该继续使用它们；不然，你就应该改换另一种视听手段。
2. **集中学员的注意力。**视听辅助手段的另一种作用是使学员将注意力集中在某个课题上。讨论往往会使学员分心或者跑题，而使用合适的视听辅助手段择可以使学员一直关注某个话题，每个人都能集中注意力。
3. **使教学内容更容易记忆。**视听辅助手段可以帮助学员记忆。引人入胜的幻灯片、模型、电影片断、图表、海报或者声音，比起文字来，能够在学员的大脑中持续更长的时间。小到活动挂图上的首字母缩写，大到长达两个小时的纪录片，视听辅助手段能够使我们所教授的内容难以遗忘。高中的时候，化学老师教我们制作氨气，演示氨气的作用，或者将磷放到水中，相信这些情节我们都不会忘记。设计便于记忆的图表或者视听效果，是一件具有挑战性的工作，但是这个过程也非常有趣，如果你成功了，能够产生很好的学习效果。
4. **当你不能采用其他方法进行讲授时，帮你解决困难。**当然，这不是视听辅助工具的主要作用。电影片断和录像带的效果最好，不过幻灯片的效果也不错。声音能够确定学习气氛和心理状态的基调。使用这些手段时，学员坐在教室里，就可以对工厂进行参观，听公司总裁对学员致欢迎词，观察到细小的角落，并且观察那些无法在教室里进行演示的操作步骤。但是，用这种方法使用视听辅助工具时，不要忘记了，你的主要目的是帮助学员学习，如果学员没有在这些学习过程中学习到任何东西，那么这些视听工具就变成了娱乐工具了。使用商业电影片断或者录像带时，经常会出现这种情况。商业电影片断或者录像带的逗乐效果是不错的，可是正是由于这个原因，学员很可能使用它们进行学习时，会一无所获。

视听辅助教学工具

- 幻灯片
- 图表和海报
- 白板或者黑板
- 投影仪
- 电影片断和录像带
- 磁带
- 模型和模拟
- 录像机
- 计算机
- 分发给学员的材料
- 激光指示器
- 你自己——培训师

---

5. **创建多样性。**过多的使用一种方法，就会使学员觉得沉闷。在教学过程中，穿插使用电影片断、录像带、幻灯片、故事或者其他视听辅助手段时，能够给学员一种新鲜感，使他们集中注意力。问题在于过多的使用视听手段，仍然会让学员觉得厌倦。你所采用的视听辅助工具不仅应该多样化，其内容还应该具有挑战性。例如，我经常使用两张

活动挂图，而不是一张，而且这两张的颜色各不相同。这样，就可以就可以使学员更长时间的集中注意力，同时，当我转化教学内容时，使用新的挂图还可以给学员更深的印象，使他们对新的内容更容易记忆。

6. **节省时间。**使用视听辅助手段，能够节省很多时间。当你在课堂上使用模型或者图表来进行演示时，不仅可以简化教学内容，还可以使学员更容易接受，这样，就可以加快教学进度，节省很多时间。

图 9－1 视听辅助教学工具的优缺点和主要使用目的

	优点	缺点	主要使用目的
幻灯片	色彩丰富，多种多样，易于操作；能够给学员统一的演示	要求教室光线暗；没有人际互动；可能出现机械操作的问题；容易过度使用；被动，不主动	当我们不能采用其他方法时，使用幻灯片给学员放大教学内容，近距离的观看
图表和海报	弹性大，使用简单，色彩多样；可以向学员演示内容的结构关系；提高小组成员之间的互动性；能够多次使用	可以看见的文字有限；可以看见的距离有限；替换时成本很高；标记容易干；张挂时很费劲	能够激发学员的互动性；能够回到前面提到的内容
黑板（白板）	色彩多样，弹性大；学员都很熟悉；普遍使用的	可以看见的文字有限；很脏，并且有味儿；必须擦掉；容易使人联想到学校	当你需要增加或者删除图表中的内容时，最适合采用这种方法；很容易在上面绘制图表；可以打草稿；当你需要创建一种学校氛围时，使用这种方法很好
投影仪	普遍使用的，很容易得到；使用简单；弹性大，色彩多样；可以面对很多人使用；能够回到以前讲述过的内容；能够提高学员的互动性	可以看见的内容有限；如果使用不当，可能会分散学员的注意力；重点在于投影	以简单的形式展示复杂的层次内容，便于系统演示和介绍新的教学内容
电影片断	色彩多样，能够演示动作；很容易获取；能够给学员统一的演示；可信度高，专业性强	要求教室光线黑暗；只能涉及普遍性的原则；很容易过时；有时候和培训内容无关	当我们不能采用其他方法时，可以使用电影片断；能够演示动作

	优点	缺点	主要使用目的
录像带	适用于以讲述为主的培训；便于携带；能够调节气氛	学员能够集中注意力的时间有限；以说教的口吻讲述，而不是在和学员交谈；学员能够接受的内容有限	让你自己听听自己的讲述，就像别人听你的讲述一样；可以让你在旅行的时候通过倾听录像带来学习
模型	真实；将抽象的内容视觉化；当你不能使用其他方法时，可以使用这种方法；有点容易制作	可以看见的内容有限；初始成本很高；不容易获取；储存不方便，而且容易破碎；需要维修；使用不当的话，容易分散学员的注意力；容易造成信息过量	演示事物的形状以及变化；演示复杂关系中的单个部件在环境中的变化；演示内部的运动；学员可以近距离观看，并且在模型上进行实践练习
录像机	互动性强；当我们不能采用其他方法时，可以采用这种方法；容易更新；便于携带	形式上可能存在不相容的问题；初始成本很高	让我们自己观察并评估自己的表现；可以像电影片断那样观看到动作，而且可以自己制作，容易更新
计算机	按自己的节奏进行指导教学；互动性强；有很好的发展前景	没有人际参与，只是机械的操作；初始成本高；编程需要花费大量的时间；与商业软件联系在一起的；使用单调；可能会造成信息过量	实践练习；能够让学员在他们实际操作中的机器上进行练习；便于进行模拟练习
分发给学员的材料	能够在课程结束之后再回到这些材料；没有内容上的限制	如果在你讲述的时候分发材料，就会使学员分心	适用于实践练习，并且给学员布置作业
激发指示器	能够提高其他视听所工具的使用效果（幻灯片、白板黑板、海报等等）	如果在课堂上玩指示器，就会使学员分心	将学员的注意力集中在某个特殊的教学内容上
你自己——培训师	你能够增加其他适合你的学员的培训	没有缺点	对于培训，不管是何种培训内容，你就是主题。你最能激发学员的学习积极性

视听辅助教学手段形式多样。下面我们以幻灯片的使用为例，讨论一下视听辅助手段在培训中的使用问题。

幻灯片

幻灯片是一种使用便捷的普通视听教学方法，色彩丰富，形式多样，便于学员记忆。使用幻灯片教学方法时，能够通过图形和表格简化教学内容，并且使学员将注意力集中在关键的知识点上面。当我们通过口述无法传递教学信息时，我们可以采用这种方法。

相对于其他视听教学手段而言，幻灯片的成本比较低，如果你使用的是自己制作的幻灯片，那么成本就更低了。此外，幻灯片还容易修改和更新。如果培训地点比较远，幻灯片还有另外一个优势，那就是便于携带。

幻灯片的使用。如果我们能够采用幻灯片传递那些我们无法通过口述传递的教学信息，就表示我们将幻灯片的作用发挥出来了。通过幻灯片，我们能够观察到教学现场看不到的其他的地方、任务以及设备等等。此外，通过幻灯片的特写镜头或者放大效果，可以让学员观察到教学知识的详细内容，特别是那些细小的文字和图表等。

购买视听辅助工具

讨论了视听辅助工具的使用问题之后，我们现在简要地讨论一下如何购买这些视听辅助工具。购买视听辅助工具的时候，我们所要考虑的是这种工具是否对你的培训有帮助。这种工具能够帮助你促成你所需要的结果吗？为了回答这个问题，你首先应该根据你的培训目标，对所要购买的视听辅助工具进行权衡和比较，你应该思考以下六个问题：

- 这种工具能够简化你所使用的教学材料吗？
- 这种工具能够帮助你吸引学员的注意力吗？
- 这种工具能够帮助学员记住所学内容吗？
- 当你不能通过其他手段解决问题的时候，能够借助这种工具来解决问题？
- 这种工具能够帮助你改变教学节奏吗？
- 这种工具能够节省演示或者学习时间吗？

小结

在这一章中，我们探讨的是视听辅助工具在培训中的使用问题。作为培训师，你应该考虑任何将每种视听辅助工具同培训目标结合起来。一种视听辅助工具至少具备以下六种功能中的两种功能才能称为有效的辅助工具，这六种功能是：简化教学材料、吸引学员的注意力、提高学员的记忆力、解决通过其他方法无法解决的问题、节省时间以及使教学手段多样化。我们讨论了可以运用在培训中的视听辅助手段的类型，并对如何合理地使用这些辅助工具的问题进行了详细的讨论，此外，我们还阐述了使用这些工具的过程中可能会遇到的问题。

对于任何项目而已，成本都是一个非常重要的因素，所以我们从成本的角度出发，对设备租赁和设备购买进行了比较。培训师经常会购买一些无法满足培训需求的视听辅助工具，造成不必要的损失。针对这种现象，我们提出了视听辅助工具的评估标准。此外，我们还探讨了视听辅助工具的材料来源问题，并针对购买多媒体的预算问题提出了一些建议。

练习

1. 选择一个你正在开展或者即将开展的培训课程单元，回顾你所使用的视听辅助工具，针对我们提到的六种功能对你所使用的视听辅助工具进行评估，摒除那些不具备两种以上功能的视听辅助工具。
2. 对当地的摄影商店和采购部门进行考察，列出在你的培训设施中装配录像仪器所需的成本。
3. 对你的提案中的培训项目或者你正在开展的培训项目进行评估，分析你应该在哪些地方安排计算机辅助的模拟实践练习。撰写设置这些模拟练习的计划表，并作出预算。

第十章

科技与培训

随着虚拟技术、远程教育、互动 CD－ROM 以及多媒体等高新技术的发展，培训师应该如何面对这些发展？我们的生活已经被科技所淹没，受到了那些称其科技为艺术和通向未来的道路的利益团体的左右。许多专家断言他们的科技将成为培训“默认的模式”。而且，随着科技的快速发展，我们也将有更多的选择，甚至会有更多的专家来帮助我们决定如何选择使用他们的科学技术。我们所要考虑的是，我们应该如何去应对这些呢？

首先我将阐述一下我对培训中科学技术发展的看法，接着分别介绍影响当今培训的四种主要的科学技术。最后，我将介绍一套指导方针来帮助你灵活运用这些科技。

我们处在什么样的时代？

培训技术已经发展许多年了。人们在若干年前完全没有听说过投影仪、白板、幻灯片、录像机、播放器和激光指示器这些工具。而像小组互动、苏格拉底式的提问、游戏、模仿和案例分析这些技术直到第二次越南战争之后才出现的，不过这些技术都对培训产生了很大的影响。但是，真正的高科技培训起始于20世纪80年代末期的电子刊物的概念。[1]［427页］从那时起，针对学习者的培训得到了飞快的发展，在这种培训中，学习者具有主观能动性。

科技的发展有六个阶段：

1. 电子刊物
2. 语音辅助
3. 信息工具
4. 计算机辅助培训
5. 表现支持系统[②] ［427 页］
6. 知识支持系统

电子刊物

这种类型的软件首先将动态的图解设计带入到个人培训者和程序开发者的手中。培训教材不再只是单调的文字，而是可以带有许多有趣的图形和色彩明亮的图片图案。原来的时候，学习者的活动局限于翻课本，缺乏学习热情，现在学习者有了更多的选择，学习积极性得到了提高。

语音辅助工具

虽然大部分培训教材依然是采用印刷体的形式，但电子刊物使得彩色图片投影仪得到了快速发展，而且导致了第二次技术改进——多媒体语音辅助工具。许多演示场合都会使用到这种技术，培训师在计算机上进行演示，而图像被投射到一个标准的反射屏幕上。这些视觉效果通常因为立体音响而得到加强和完善，从此得名多媒体。如果一个计算机拥有 CD - ROM 的功能，在这种投影仪上就也可能运行录像视频。多媒体运用起来很方便，激发学员运用多种感官进行学习，但它仍只是一个被动的工具，而不是主动的。

信息工具

信息传输工具有点像是从语音技术发展而来的。这种类型的技术运用于公共场所的亭子，给过往的行人提供信息。在一些商业街和大型的购物场所、机场、旅店、主题公园和旅游信息中心你会经常看见这些亭子。它们可以提供图片、录像片段、色彩丰富的设计、声音和硬拷贝，但是学习者的互动局限于简单的选择。

计算机辅助培训工具

这种技术非常适合那些按照自己的节奏而行动的学习者，有一台使用课程、声音、图片、视频以及模仿等形式进行培训的计算机，他们就可以独立开展学习。早期的技术大部分都是被动的，学习者的互动活动仅仅限于选择课程页码或者选择计算机上的提问，而当今的计算机辅助培训工具则具有很强的互动性。CD - ROM 技术比起以前的硬盘技术有了更大的存储空间，可以播放录像带和模拟碟，效果非常具有真实性。

目前人们给了虚拟技术很高的评价，通过虚拟技术，学习者可以在三维的模拟世界里进行操作实践，对所学技能进行练习。专栏作家 Maureen Minehan 在《人力资源》杂志上对虚拟技术下的定义是：

虚拟技术是一种能使学习者在三维环境中开展学习的计算机技术。通过观看计算机屏幕上的虚拟模型，学习者可以在模拟世界里进行操作实践。[③]
[427 页]

表现支持系统

也许有的人认为计算机辅助培训已经是科技发展的极限了，实际上，从模拟的真实水平来看，确实是这样的。但是，模拟仍然只是模拟。从培训的角度来看，仅仅靠模拟是不够的，仍然有必要将通过模拟学习到的东西运用到实际工作中。因此，专家们开始研制一种难度更高的培训支持科学技术。表现支持系统就是特意为培训而设计的，在这种系统中，计算机成了工作站的信息资源。我们不对员工进行正式的培训，而是直接让他们开始工作，在工作中计算机就是他们的表现指导老师，一步步的教他们如何进行操作。通过不断地实践真实的工作任务，员工逐步掌握了工作技能。

表现支持系统的核心不在于学习，而在于产生工作环境中的实际结果，该系统不是测试系统，而是指导系统。在那些需要随时作出决定或者同客户进行互动交流的工作环境中，这种系统可能不使用，但是作为一种专家系统，它能够有效地给员工提供操作指导和选择建议。目前，微软就是利用这种系统对其员工进行 Wizards 程序培训，美国快递公司也是利用这种系统来辅助其客户服务代表开展工作，Intel 公司在制造车间里使用了这种系统，Dow 化学制品公司在其质量管理项目中也使用了这种系统。

知识支持系统

这种技术正在开发研制之中，在不久的将来将会出现这种技术。在因特网和万维网中已经初步运用到了这种技术，不过这只是这种技术的初步运用而已。知识支持系统是指建立一个囊括万象的知识库，任何人在任何时间都可以使用库中的知识，这和因特网有点相似，其区别在于因特网提供虚拟的指导说明，而知识支持系统提供建议和指导，或者是只有当用户提出请求时，才提供多媒体指导。这种系统就像是“天空中巨大的硬盘”，或者是电影《2001》中的 HAL。在这部影片中，名为 HAL 的计算机是太空宇航员的导师、监控员、培训师、玩伴和朋友，它就像人一样同宇航员进行交流，甚至到他们开玩笑，最后还试图完全取代他们。

计算机辅助培训的局限性

在培训中，计算机发挥着强大的作用，不过它们也有其局限性。一方面，通过计算机能够激发学习者学习的参与性和主动性；另一方面，它们会降低学习者的学习动力，对学习起到副作用。如果学习者被迫在计算机单调的程序化指导下进行学习，这种副作用就会更为明显了。即使同 CD－ROM 互动技术相结合，计算机作为一种教学手段，其作用还是非常有限的。

计算机辅助培训技术的主要问题存在于计算机指导的互动性的程度和类型。对于学习者而言，阅读计算机提供的说明指导，并从四个选项中选择正确的答案，这是非常枯燥的。实际上，这种单调的程序比直接授课的培训效果还要差。不幸的是，目前这种类型的程序仍然是计算机辅助教学和互动光碟指导的主体

销售这种程序的公司引用例证，声称这种程序能够帮助学习者更加有效更为全面的学习，而且长时间的记住学习内容。经常引用的例证一般来自于美国军队、IBM、Xerox、美国科技以及联邦快递公司的程序测试[④] [427 页]。

他们声称在测试中：

- 通过对学习内容的测试，发现学习者通过 XBT（计算机辅助技术）对内容的掌握程度到56%。
- 基于对学习者在 XBT 中所学知识的理解测试，发现学习者知识的连贯性达到了50%到60%。
- 学习者的演示各不相同，多样性达到40%。
- 学习时间压缩了38%到70%。学习者能够更快地掌握所学知识。
- 对学习知识的记忆时间达到50%，比起课堂教学来，记忆时间增长了25到30天。

虽然这些测试数据很吸引人，但是它们掩盖了一些事实。例如，它们没有显示测试是将计算机辅助技术同哪种类型的课堂培训进行比较的。如果是同简单的课堂授课进行比较，那么我对这些测试数据毫无疑问，因为在众多培训方法中，单纯的课堂授课的效果是最差的。

在这个领域，很多客户告诉我他们花费了大量的时间，金钱和精力在交互式 CD－ROM 培训上，这样做仅仅是为了让他们的员工可以轻松自如地工作，而不是被逼迫着从事他们的工作。许多人从一开始就没有能够完成这项培训，其中一个客户是一个大的金融公司的，他通过公平地对其公司的顾客，经理以及员工进行为期一个星期的培训，来证明这种培训在人力资源方面是多么的成功。为了一个展览，他们建立了一个典型的交互式录像亭，并且邀请了员工亲自运用。整整一个星期，只有三个人（在几百人中）亲自运用它，其中没有一个人能够完成一个完整的15分钟的学习章节。这种培训没有引起他们足够的兴趣。

诚然，销售商在这些程序中添加了色彩、模拟以及声音效果。但是，为了对学习者起到实用的帮助作用，计算机辅助工具中至少应该包含对学习者的表现进行即时反馈的程序，而不仅仅是让学习者选择某个按钮进行下一步操作。只有当计算机对学习者的表现作出某种反应，才算是有了真正的互动，这样才能对学习者起到激励的作用，鼓励他们努力掌握所学的内容。鉴于目前计算机辅助工具中缺少这种互动程序的情况，我们只能说计算机辅助教学技术还没有起到真正的辅助教学作用。

有效计算机辅助培训的三种重要因素

依照著名的计算机辅助培训顾问——格洛里亚·格瑞所说，“持续不变的兴趣是建立在经历挑战和复杂任务之上的：拥有好奇心，并且有能力满足这种好奇心，知道自己在学习，并且发现来自于技术增长，竞争和幻想方面的反馈（例如，角色扮演，模拟等）。色彩、活力、噪音和其他可爱的事物并不能长久的保持吸引力”⑤［427 页］。她认为计算机通过技术产生交互式的作用主要体现在三个方面：

1. 能够随意地调出数据和图像的能力。
2. 逻辑的条件分析结构。
3. 操作变量的能力。

让我们依次来看一看这三种情况。

能够随意地调出数据和图像的能力。针对培训目的，这意味着必须是计算机程序化从而按照人脑的方式去工作。人们能够按照需要随意地调出数据，不是按照现行的顺序，而是按照人们的需求调出数据。如果我需要检索关于美国当今培训状况的信息，我直接从数据库中调出这方面的信息。从这个数据库中，你还可以找出在过去的 20 年里在培训领域最具影响力的五位专家的信息。数据库中包含所有有关培训领域的信息，可供感兴趣的人随时查询。这种运作有点像我们的大脑。当我对培训师进行培训时，我完全不会想到汽车的有关知识，但是一旦激活了有关汽车的记忆，或者我需要了解汽车的有关知识，我的大脑就会立即调出有关汽车的知识。

条件分析结构。这是指计算机中设有的在错误中学习的程序，其逻辑是条件式的，如果你按……的方式进行操作，就会出现……的情况。使用计算机的人对“如果……就……”这种指令并不陌生，这个指令表示计算机程序正在进行条件分析——如果我做……，就会出现……的结果。这使得学习者对自己的行动负责，还可以看到正确或者错误的结果。通过这种程序，学习者可以不断尝试新的解决问题的方法，不断从中得到新的发现，这个过程就是学习者学习和进步的过程。此外，该程序还可以给学习者一种学习的成就感，激励他们继续学习。

操作变量的能力。这使得学习者能够使用任何一种计算机工具来解决问题。所有的变量都在学习者的控制之下，甚至包括问题的难宜程度。飞行模拟程序就是一个最好的例子。学习者可以在任何时间对任何太空情况进行控制，并且对天气情况、宇宙飞船的型号以及飞行线路等因素进行选择。

正是由于这三种因素，才使得虚拟现实技术比起其他计算机辅助技术而言，有了很大的优势。如果你所培训或者设计的计算机培训具备这三个因素，那么计算机辅助培训也能成为一种有效的学习工具。如果缺乏这三个因素，计算机辅助培训就会降低学员的学习积极性。

学习的社会性

有些对计算机辅助技术持反对意见的人说："我们为什么要使用录像带呢？如果人们能够同计算机进行互动，难道就够了吗?"在一定程度上讲，这种说法是正确的，毕竟从 20 世纪初到现在，我们一直是使用课堂学习的方式进行培训的。许多人宁愿使用传统的课堂培训模式，不过大多数人则不愿意这么做。问题在于学习具有社会性。

这是所有培训科技所存在的问题。每种科技都或多或少地拉开了学习者和培训师的距离，但是我们知道，如果学习者和培训师隔离开了，就不会产生良好的学习效果的。培训是一个团体参与的社会过程，为了充分掌握所学的内容，培训的参与者应该相互交流，共同参与到培训活动中。如果你的培训对象来自言语交际频繁的文化，如法国、地中海或者拉丁美洲，情况尤为如是，对于他们而言，交谈和互动是非常重要的，人们在与他们交际的过程中往往能够学到很多东西。

因此，如果媒体或者科技妨碍了这种交流，就会降低学习效率。这也是团队互动的社会助长理论的表现，比起单独行事来，当与他人共同行事时，人们能够有更好的表现。⑥ [428 页]

使用培训技术的指导原则

在培训中使用高新科技的副作用在于，为了降低培训成本，利用这些技术来加快学习速度，其结果必然是：学员对学习丧失了感觉，互动交流也减少了，培训的整体质量也会降低。为了避免这种情况，你可以从以下两个方面着手：

1. 记住我们在实践中学习；

2. 在社会环境中同其他互动交流时，我们学得最快。

如果你所采用的培训技术包含了以上两个因素，那么你就应该在培训中使用这些技术；但是如果它们并没有包含上面这两个因素，你要么另外想办法在培训中增加这两个因素，要么在培训中放弃使用这些技术。

在新技术中增添实践活动和社会交际，可以采用很多种方法。首先，你意识到你所使用的计算机辅助培训项目或者远程学习课程包的普遍性越强，就越难将所学的技能运用到实际工作中。这是一个成本的权衡问题。普遍实用的培训项目的价格比起那些有针对性的培训项目来价格要起出很多，因为厂商能够利用规模经济效应来降低单位成本。但是，这种培训项目的有效性不高，项目中缺少实践练习活动以及人际互动交流。

你还有第二种选择，那就是在使用计算机辅助培训课程或者远程学习课程包的学员中创建讨论小组。如果这些学员住在同一个地区，那么他们可以的定期开展讨论，交流学习心得，讨论所学知识在具体工作中的应用问题。如果学员分散在不同地区，他们可以采用因特网进行交流。每周开展一两次这种讨论会，学员就可以像在大学一样进行学习交流。

最简单的方法莫过于针对实际情况，对普遍使用的项目或者课程包进行补充和改进。这是你的第三种选择。你可以在原有项目或者课程包的基础上，针对具体的工作，结合课程包中的教学内容，设计一些与工作相关的练习或者现场模拟活动。当学员完成一个学习单元时，你可以给他们安排一些模拟练习或者小测验，这样他们就有机会将所学技能运用到实际工作中。这种方法成本低，操作起来也比较简单。

计算机辅助培训项目和远程学习选择

- 设计你所能找到的普遍适用性最强的项目
- 创建讨论小组或者个人交流机会，使得学员有机会对所学技巧和方法进行讨论和交流
- 在关键的指导章节的基础上，补充一些与具体工作相关的练习和模拟，这样学员就有机会将所学知识运用到实际工作中
- 结合普通的培训材料，根据自己具体的要求来设计计算机辅助培训项目
- 自己设计计算机辅助培训项目

实际上，你还可以将这种补充办法同第二种方法讨论小组结合起来，即开展团队项目活动，这样学员即可以进行互动交流，又可以对所学技能进行实践。通过这种方法，可以增加学员的学习积极性，克服计算机辅助培训项目本身所存在的缺陷。

如果你拥有足够的时间、人力，或者专业知识，你可以选择采用第四种办法，即设计（或者聘请咨询师来设计）一些与工作相关的技能模拟练习，用这些练习来代替普通课程包中的练习，这是第三种方法的逻辑延伸。每种工作都具有其独特性，所以在设计模拟练习的时候，你可以考虑在练习中包含 Gloria Gery 的三种关键性因素，即随意地调出数据和图像的能力、逻辑的条件分析结构以及能由学习者进行控制的变量。

第五种方法是自己编写全套的计算机辅助培训项目。我并不是说你必须成为一名计算机程序员。大多数商业性质的计算机辅助培训项目或者远程学习课程包缺乏有效性的原因之一就是，这些项目都是由计算机编程、市场营销、人工智能、远程学习技术或者虚拟技术方面的专家编写的，在编写过程中，教育方面的专家只是起到咨询的作用。这种运作方式表明，这种培训项目或者课程包设计精良，但是培训效果有限。为数极少的那几个培训项目甚至不是由教育家编写的，而是由培训师编写的。

当培训师编写培训项目时，他们更注重项目的培训结果、技能练习以及对学习者的适用性，此外，培训的有效性也是培训师关注的焦点。培训科技

是为实现培训目标服务的，如果不能实现培训目标，科技就没有发挥到应有的作用。你可以聘请咨询师为你编写计算机辅助培训项目，不过最保险的方法莫过于自己来编写。你没有必要成为编程专家，你只需要详细地编写项目计划，然后公司内部的或者外部的编程专家和远程学习技术专家就可以按照你的意思编写程序。

自己编写计算机辅助培训项目

除非你是计算机语言设计师或者高级程序员，否则你不要初级计算机辅助培训项目的程序编写工作。你只需要按照下面的指导原则，设计相关的指令模块和计算机指导，然后你可以聘请计算机专家来根据你的意思编写程序。这种计划模式也适用于虚拟现实项目。

计算机指令有两种形式，第一种是计算机辅助指令，通过这种指令，计算机可以指导学员与计算机进行互动交流。第二种是计算机管理指令，通过这种指令，计算机引导学习者执行具体的任务，例如阅读某本书中的一个章节，操作某台机器，或者解决某种问题，等等。完成这些任务后，计算机会对学员所学的内容进行测试。如果说计算机辅助培训是一种互动模式，那么测试就应该是模拟，不然的话，测试就变成了简单的提问/回答模式了。计算机会根据学习者的答案，引导学习者重新进行操作，或者进入下一个操作阶段。

使用第二种指令模式，即计算机管理指令，需要首先建立一个任务库以及一系列的测试题或者测试互动，这样计算机可以从中选择任务，并对学习者进行测试。

计算机管理指令

建立计算机管理指令时，你应该做到：

1. 给学员安排一系列的参考资料或者任务。这些任务应该按照由易到难的顺序以倒漏斗模式（见第二章）排列。
2. 在计算机中输入一系列测试题（见第五章）。计算机提问，然后学员进行回答，接着计算机继续提问。所有提问结束后，计算机给学员打分，并提出有关如何改进的建议。还可以建立互动性更强的程序，即在计算机中输入一些情景，让学员对这些情景作出反应。

3. 设计一个补充程序。如果学员数量比较少，而你又有充足的资源，不妨设计一个这种程序。

计算机辅助指令

这种程序包含了课程设计的四个原则（见第二章）：

1. 需要设定明确的培训目标；
2. 受训学员需要有很高的积极性；
3. 出错时，学员可以进行自我更正；
4. 学员可以扩展对所学课程的掌握程度。

基于第六章中提到的任务分析的四个基本步骤，结合培训目标，你可以按照以下步骤设计一系列的课程模式：

1. 对每种课题或者任务选择测试题。即设计编写一些模拟任务或者测试题，来考查学员是否掌握了某种具体的技能。
2. 列出完成这项任务所需进行的具体步骤。针对每个步骤，设计一些需要学员运用这个步骤的活动或者测试任务。这种活动或者任务是一个学习单元（见图 10－1）的重点内容。每个学习单元包含一套指令，即指示框架，以及一系列的有待解决的问题，即练习框架。
3. 每个学习单元都是一个小型的课程计划。每个学习单元都应该包含第一章中提到的“四步”操作，即使学员为学习做好准备、展示所要学习的内容、提供技能练习以及对学员的掌握程度进行评估。
4. 编写指令步骤，扩大学习单元模式。清楚全面地写出指令步骤，然后根据指令框架，设计一些带有提示性语言或者指导说明的问题，帮助学员解决问题。每个问题都是一个练习框架。
5. 建立一系列的学习单元。这些学习单元就像是穿在线上的珠子，一个接一个的。你需要对所要学习的内容进行描述，接着插入第一个学习单元，该单元中应该包含指令框架、练习框架和一个测试框架；然后插入第二个、第三个……学习单元。

6. 回到整个单元。针对每个测试框架，创建一系列的补救指令框架和练习框架，这些框架能够回到测试框架。这些是针对那些在测试中出错的人而设计的，当他们在测试中出错时，他们可以接收到额外的练习或者指导。直到他们能够通过测试，他们才能够进入下一个单元。

图 10－1 计算机指令中的学习单元

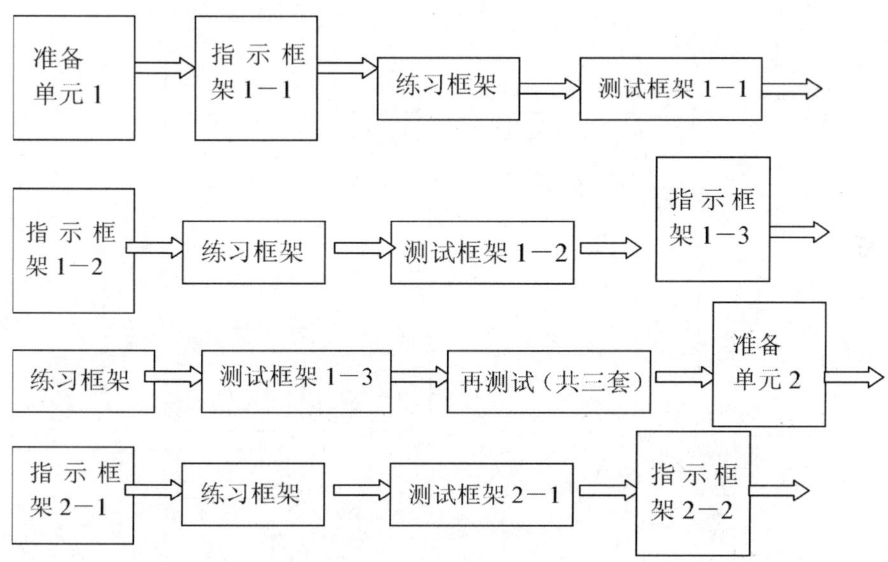

如此循环，一共不超过六个单元。再测试后，对到目前为止的学习内容进行总体测试。

按照自己的要求建立指令以后，你还得将它们输入电脑。为了确保程序员能够按照你的要求编写程序，你应该给他们提供以下四种图表：主线图、流程图、反应分析表以及屏幕排版格式表。下面我们分别看对这些图表做一下解释：

- **主线图。**实际上，主线图同你所建立的学习单元很相似。你可以在其中添加一些参考材料（以备不时之需）。
- **流程图。**通过流程图，你和程序员可以清楚地跟踪每个步骤单元（见图 10－2）。流程图应该尽量简洁明了。
- **反应分析表。**这是对每个框架和所有可能反应的分解图，还包括程序员应该如何对这个分解过程进行编程（见图 10－3）。针对每个练习框架和测试框架，都必须建立反应分析表。

图 10－2 计算机指令流程图

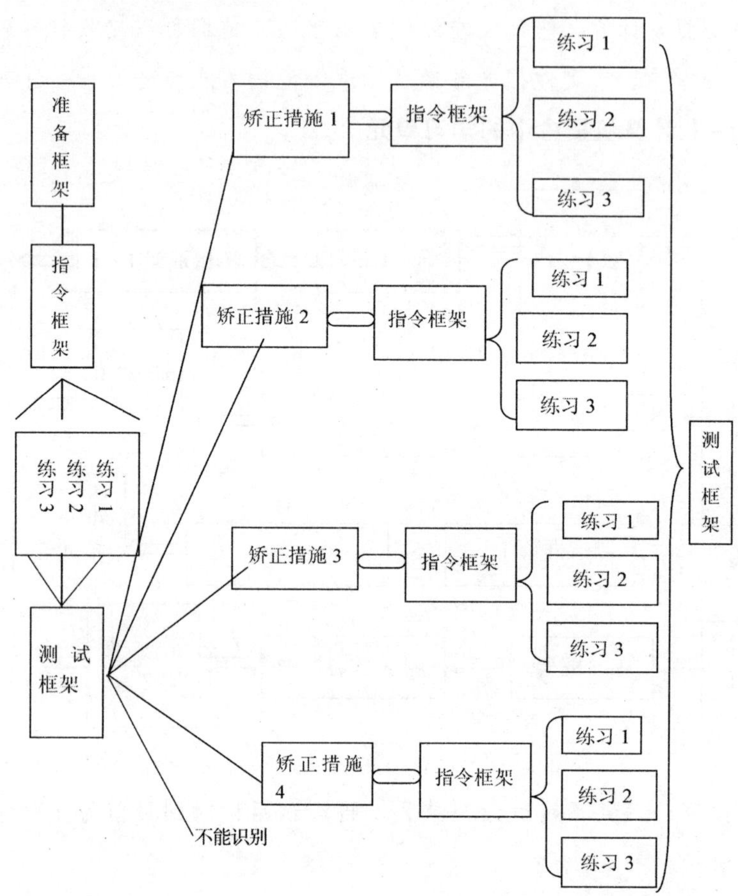

● **屏幕排版格式。**为了确保程序员能够按照你的要求编写程序，你应该打印出每个屏幕的排版格式。单独用一页来每个屏幕格式。

图 10－3 反应分析表

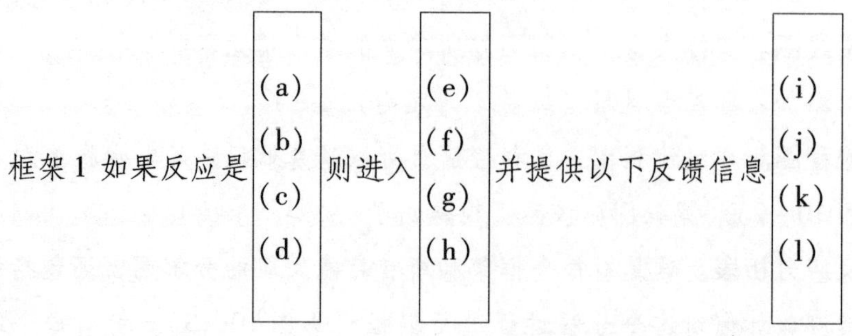

如果没有可识别的反应，则回到

(1) 测试框架
(2) 下一个单元
(3) 重复本单元

根据以上四种形式，程序员可以按照你所设计的计算机辅助培训项目来编写程序。

小结

在这一章中，我们阐述了培训技术的发展状况，并探讨了某些科学技术在培训中的应用及其局限性。四种主要的培训技术是虚拟技术、计算机辅助培训技术、多媒体演示技术以及远程学习技术。我们讨论了这四种培训技术的具体应用。为了克服培训技术的局限性，我们讨论了如何才能使科技在培训中保持有效性的三个因素，即使学习者能够随机地调出信息的能力、条件分析结构以及可供学习者控制的变量。

此外，我们还对如何提高普遍适用的培训项目的有效性这一问题进行了探讨。对此，我们提出了六种解决办法。最后一种解决办法是自己编写计算机辅助培训项目。当然，这并不是说让你成为一名程序员，而是说，作为培训师，你可以同程序员一起合作，共同编写计算机辅助培训程序，设计是虚拟程序。

练习

1. 研究一个虚拟现实项目。你可以采用简单的飞行模拟器，不过最好采用具备行动指导的 CD－ROM。研究这个项目的时候，至少列出六点这种技术在培训中的应用。（注：也许你找不出六点应用，这正是该技术的局限性所在。）
2. 参加一个采用多媒体投影仪进行授课的研讨会。列出多媒体投影仪在培训中的应用。你还可以自己创建多媒体演示稿。（这个过程非常有趣）
3. 按照本章最后一节中的图标和指导，编写一个计算机辅助培训课程。在程序中增加一个与课题内容相关的或者生动有趣的界面。
4. 与当地的图书馆或者大学图书馆联系，参加一个远程学习班。列出远程学习技术在培训中的应用，另外找出如何使学员在远程学习培训中保持主动性和社会性的办法。

第十一章

设置培训的物理环境

在前面我已经强调过，进行有效培训的关键因素之一是积极的学习环境。虽然我们并不能从物理环境中学到什么，但是舒适的环境使我们容易进入学习状态，从而更加努力的学习。作为培训师，你需要通过设置良好的培训环境，帮助学员更好地开展学习。

舒适因素

只有当学员觉得舒适的时候，他们才能将精力集中在你所教授的内容上。下面我们看看舒适环境的五个因素：

1. **温度。**不冷不热的教室最适宜进行培训。如果温度太高，学员就容易犯困。即使你的授课内容非常精彩，学员还是难以在高温下集中精神，而且学员很容易疲倦，这样他们就会错过很多重要的知识点，还对培训产生不满情绪。如果温度太低，学员倒不会犯困，但是他们很难将精力集中在所学内容之上。研究表明，在北方 72 华氏摄氏度是最适宜的培训室温，而对于那些居住在温暖气候中的人来说，74 华氏摄氏度是比较合适的室温。教室的室温适宜，学员就会感到舒适。
2. **椅子。**坐在坚硬的木质折椅上，很容易使人分神，相信这一点大家都有体会。如果没有沙发，你也应该尽量使用比较舒适的椅子。

3. **灯光**。昏暗的灯光会显得你的培训黯淡无光。教室的灯光也非常重要，至少学员应该能够毫不费力的看到你、你的视听工具和他们的笔记。即使为了追求某种艺术效果，也应该保证学员能够看到这三种元素。开始培训课程之前，你应该保证教室的灯光充足。
4. **书写和工作空间**。每个学员必须有平稳的书写板，这样他们才能做笔记。如果你使用的是视听教室，椅子上没有书写折板，那么你应该缩短课程时间，因为没有笔记的话，很多人都无法记住一天的授课内容。如果你开展的是技术培训，你应该保证每个学员有足够的工作空间，他们可以练习所学的技能，并完成你交给他们的工作任务。
5. **视线**。如果学员看不见你或者你的视听演示，他或者她就会移动位置，或者斜视，一次两次还没什么，次数多了以后，他或者她就会放弃这种努力。这样你就失去了一个忠实的听众。因此，开始培训课程之前，你应该对整个教室进行检查，确保每个学员都有良好的视线。

这五种因素是基本的舒适因素，不管你的培训内容是什么，不管你的培训对象是谁，也不管你在哪里进行培训，你都应该保证培训环境具备这五种因素。只有这样，才能给学员提供一个利于学习的培训环境。

教室设置

根据培训目标的不同，你可以对教室的座位进行不同的安排。图 11 －1 和 11 －2 是最常见的座位安排。

教室安排模式

最直接的教室安排是，桌椅横成行，纵成列，整齐地排列着，有时候列与列之间还有过道（见图 11 －1）。这种教室安排的特点在于这种安排非常正式，将每个学员隔离起来了，这是最具权威性的教室安排。尤其是当你在教室前面设置讲台，就更能显示你的权威了。如果你想显示或者利用你的权威，你可以采用这种教室安排模式。此外，如果学员人数比较多，采用这种模式也比较适合。例如，当学员人数达到 60 或者 70 人的时候，我一般采用这种安排模式。

不过这种教室安排模式也存在很多缺点。这种安排很容易让人联想到"学校"，除非你的学员喜欢学校，不然这种安排必然会影响到学员的学习积极性。你可以对这种安排模式作适当地改进，例如将桌椅按"V"字形进行排列，每套桌椅都向教室中间倾斜（见图11－1）；或者采用剧院模式，将桌椅按弧形进行排列，这样每个学员都能够清楚地看到你和你的板书（见图11－1）。即使作出这些改进，还是不能打破这种教室安排的隔离性和权威性，在这种安排中，学员只能看到你和坐在他们前面的学员的后脑勺，学员之间很难进行互动交流。

图11－1 教室风格安排模式

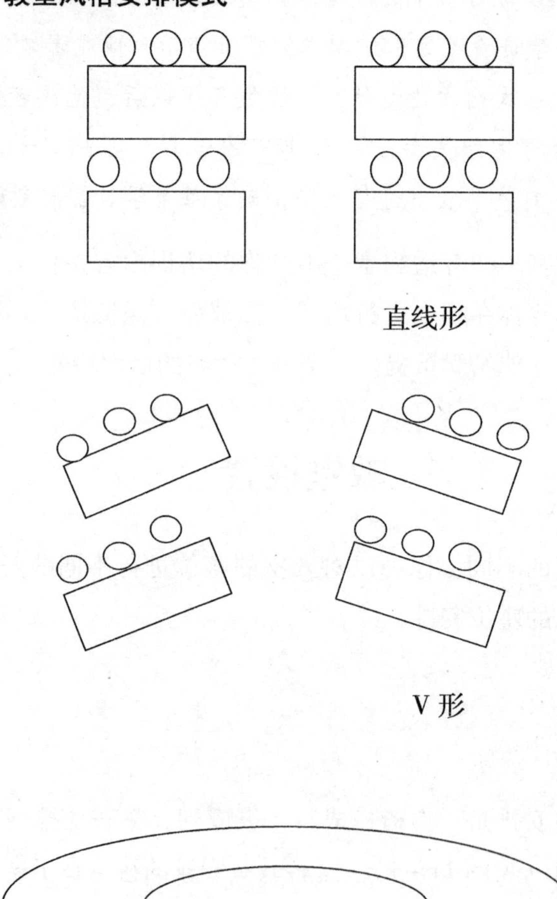

图 11－2 其他常见的

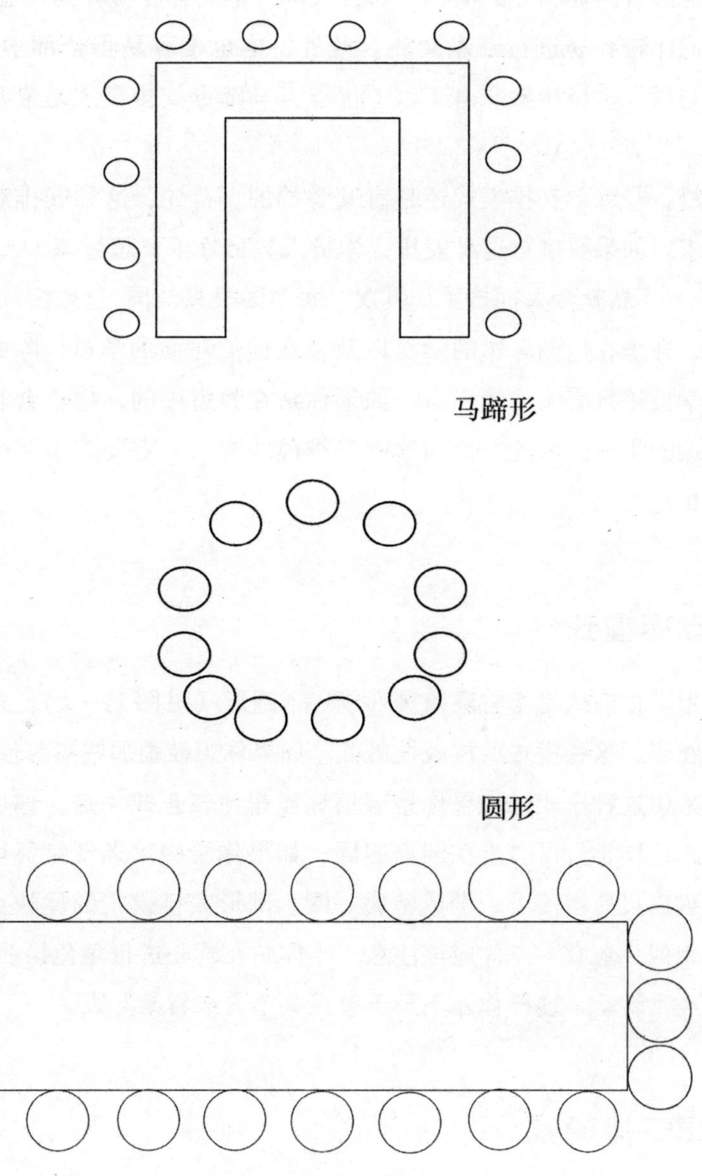

马蹄形安排模式

马蹄形安排是指学员坐在教室两侧以及后边，将教室前方和中间的位置留给培训师，整个安排呈马蹄形。不管这个马蹄是方形的还是圆形的，统称为马蹄形（见图 11 -2）。马蹄形安排非常适用于进行演示和角色扮演。每个学员都能够看到你和你的演示，而且大部分学员都能够看到其他学员的脸部，这样他们比较容易进行互动交流。此外，你也很容易将全部学员进行分组，还能够与每个学员接触。由于以上优点，马蹄形安排模式是最常见的培训安排模式。

不过，马蹄形安排模式还是有其弊端的。首先，这种安排对学员人数有一定要求。如果要进行这种安排，学员人数最好不要超过 20 人，顶多只能容纳 30 人，不然就会太拥挤了。其次，每个学员只能同三分之二的其他学员进行交流，即坐在他们旁边的学员以及坐在他们对面的学员，除此之外，很难同其他学员进行交流。第三点，如果你站在教室中间，你就会忽视那些坐在马蹄末端的学员。因此，使用这种安排模式时，一定要多多照顾坐在马蹄末端的学员。

圆形安排模式

圆形安排模式是指将桌椅排列成一个圆形（见图 11 -2）。这种安排模式的优点在于，这种模式的权威性最低。如果你想鼓励那些参与性很低的学员，你可以采用这种模式。如果你希望培训显得比较正式一点，你可以使用大型的圆桌，这样学员可以坐在圆桌四周；如果你希望培训气氛显得比较随意一点，你可以只使用椅子，学员坐成一圈。圆形安排模式的优缺点同马蹄性模式比较相似。还有一点你应该注意，当你站在圆心进行角色扮演或者演示时，你应该经常转动，这样你才不至于忽视某个人或者某些人。

会议桌安排模式

我们对矩形的会议桌安排模式（见图 11 -2）都不陌生吧。会议桌安排模式的最大优点在于其灵活程度。如果你希望培训显得正式一点，并且显示你的权威性，你可以坐在会议桌的首席位置；如果你希望培训不要过于正式，你可以坐在会议桌侧边。这样你就可以方便地使用。

图 11－3 团队风格教室安排模式

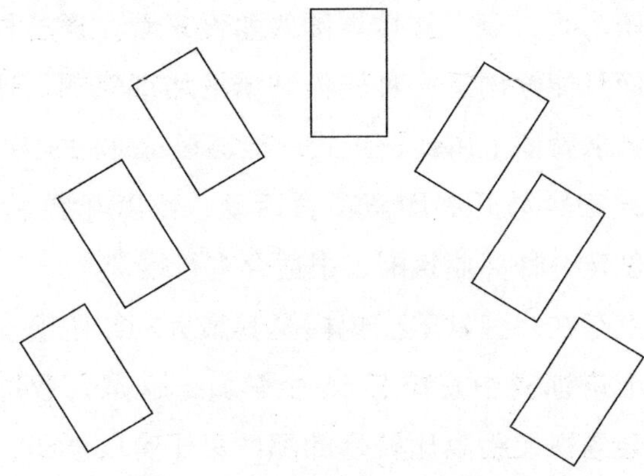

马蹄形团队风格安排模式

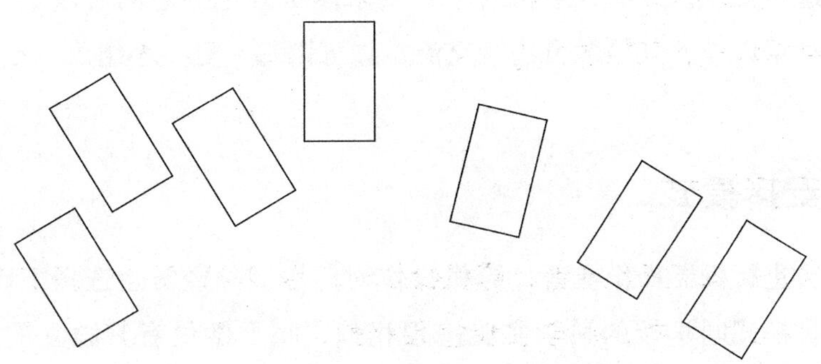

随意性团队风格模式

视听教学手段，还可以与学员保持一种亲密的关系。

会议桌安排模式的主要缺点在于其规模。一般情况下，很少有会议桌能够容纳 20 人。此外，会议桌安排模式不利于进行角色扮演。

团队风格安排模式

我经常使用团队风格安排模式。我将学员分成四到八个人一组，每组坐在一个桌子周围。只要桌椅能够在教室随意移动就可以，对桌子的形状没有具体要求，圆形的、方形的或者长方形的都行（见图 11－3）。这种安排模式有很多优点。第一点，对于学员来说，团队风格安排模式是威胁性最低的教室模式，学员可以建立小型的协作小组，而不需要同整个小组进行交流。同时，在这种模式中，学员不会感到自己被隔离了，因为每个学员都可以同桌子周围的人进行交谈。第二点，从培训师的角度来看，通过种模式很容易培养团队协作精神，而且能够创造一种轻松和谐的培训氛围。这种模式同学校模式完全不同，并且从整体上讲比较正式，能够显示你的领导地位。第三点，通过这种模式，小组很容易开展团队项目活动，可以开展小组竞争。总之，团队协作模式能够创建一种商业氛围，很适合进行培训。

不过这种模式也存在一些缺陷。规模是其最大的缺陷所在。我曾经以这种安排模式，在一个培训班中安排了 65 个学员，这是人数最多的一次培训了。此外，你可能会忽视在距离比较远的那些桌子旁的学员。所以，采用这种模式时，最合适的人数是 30 到 35。这种模式的另一个缺陷是视线问题。坐在中间的人很可能会背对着培训师。

采用这种安排模式时，经常有学员要求倾听其他小组的看法。为了让学员能够同小组以外的其他学员进行交流，你可以每天更换小组成员。

工作站安排模式

对学员进行机器操作或者计算机操作时，培训师经常会选择工作站安排模式。这种模式同学校的科学实验室很相似，每个学员有其独立的工作站，学员可以在工作站对所学内容进行实践和练习（见图 11－4）。工作站模式的最大优点在于，学员能够立即对所学内容进行实践。这种模式存在两个问题：首先，这种安排模式成本很高，只有在对小班进行培训时，才能使用这种模式；其次，在这种模式中，学员一般独立学习和操作，很少有机会和其他学员进行交流。你可以采用以下措施来解决这两个问题：将学员分成两到三人一组，一次只对一个小组进行培训。通过这种方式，你能够培养学员的团队协作精神，此外，学员规模不会受到限制。

图 11－4 工作站教室安排模式

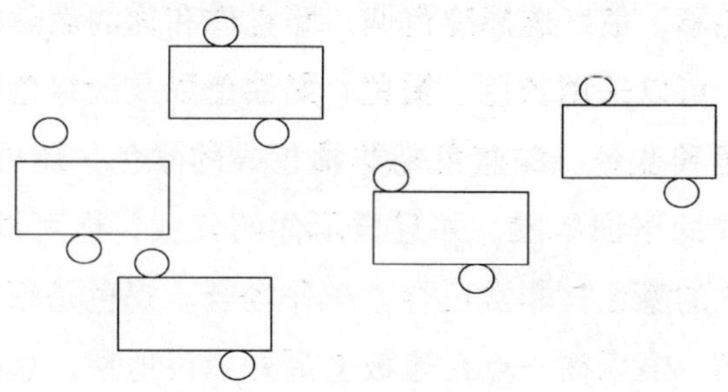

随意性工作站安排模式

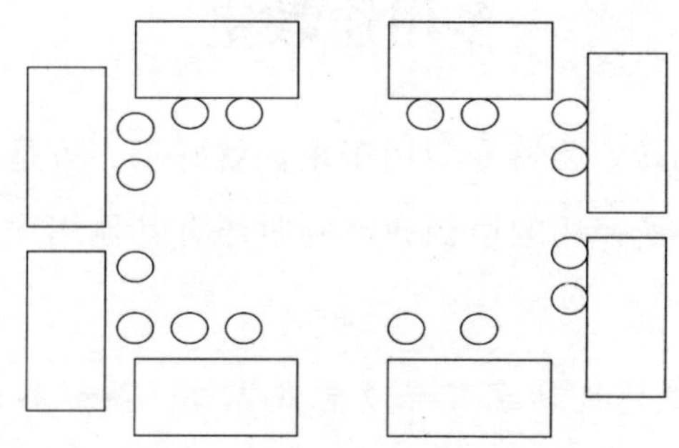

外围形工作站安排模式

培训教室的设计和设备安装

不幸的是，我们往往不能按照自己的意愿来设计我们的培训教室。但是，我们可以对培训教室进行装潢。

建筑设计师毕竟不是培训师，诚然，他们设计出非常漂亮的建筑，但是这些建筑不一定适用于培训。如果有机会的话，或者你具有发言权，设计培训教室时，你最好同建筑设计师一起协作。

在本章开始部分我们已经提到，温度是培训教室里的一个非常重要的因素。设计培训教室时，你应该确保培训教室安装有个人温度调节器，个人温度调节器的温差应该控制在 2 度左右，也就是说如果你将温度设定在 72 度，室温会在 70 度到 74 度之间变化。

如果你对培训教室的设计具有发言权，最好支持宽敞的教室设计。长窄的教室会让人觉得拥挤和压抑。

至于教室的色彩，最好选择冷色调，毕竟你和你的教学演示是主体，而不是教室的装饰。可以采用灰色、褐色、奶油色以及淡绿色作为基调，中间点缀淡橙色、黄色和蓝色。深蓝色是非常正式的颜色，还可以显示权威性，如果你想创建正式的培训氛围，并且显示你的权威，你可以选择这种颜色。灰色是一种很中立的颜色，非常适合于工作场合。褐色是很温暖的颜色，奶油色也是很中立的。最后提一点，地板上最好铺设地毯，这样即可以让人觉得温暖舒适，还可以降低噪音。

多用途教室

如果我们的培训教室能够专门用于培训就好了，可是在现实生活中，情况并非如此。如果你所使用的培训教室同时还有其他用途，你可以参照以下建议行事：

1. 如果你对教室的设计或者装潢有发言权，最好要求在教室设置存储柜，这样你就可以将重要的设备或者文件存放在存储柜中；
2. 对教室的使用，实行月登记制度，并将你的日程安排贴在教室外面，并及时对日程安排进行更新；
3. 提前预订教室；
4. 离开教室时，将教室打扫干净。

课间休息和工作餐

人不是机器，不能一直坐着进行学习。在第七章中我们已经讨论过课间休息的重要性，在这里我们要讨论的是课间休息时，应该如何安排工作餐和茶点。高脂肪高蛋白的食物是用来填饱肚子的，它们并不能给我们增加能量，反而会使我们昏昏欲睡。碳水化合物和糖分能够给我们增加能量，不过那只是暂时性的。对于培训课堂而已，暂时性的能量补充就够了。遵照以下指示，可以确保你的学员一整体都精神饱满：

- **培训课前**。咖啡、茶和热可可饮料是最好的选择，另外水果汁和新鲜水果（切片，而不是整块的）也不错。丹麦点心和油炸圈饼也是不错的选择，不过不如水果好；

- **上午茶点时间**。续添咖啡和茶，并提供一些新鲜水果；
- **午餐**。海鲜和沙拉是最好的选择，冷盘和奶酪其次，第三种选择是三明治，接下来是鸡肉，然后是汤和炖菜。不要提供牛肉、猪肉以及其他重量级肉类，还有避免面食、烤土豆等高热量食物和派、布丁等高糖分食物。甜点可以采用新鲜的水果、蛋糕、饼干或者果酱点心等；
- **下午茶点**。咖啡、茶以及冰苏打水都是很好的选择，瓶装矿泉水也不错。

小结

这一章是本书中比较短的一个章节，但是该章中涉及了有效培训的很多重要方面。首先，我们讨论了舒适的环境对提高学习效率的重要性，并讨论了舒适环境的五个要素。接着我们对不同的教室的安排模式进行了探讨，这些安排模式包括传统的课堂安排模式、马蹄形安排模式、会议桌安排模式、工作站安排模式以及团队风格安排模式。

然后，我们讨论了培训设施的设计、培训教室的装潢以及培训设备的安装问题。我们还讨论了多功能设施的使用问题。接着我们简要地对工作餐和茶点的安排进行了探讨。在本章结尾部分，我们对培训开始培训课程之前所要检查的事项进行了复习。

练习

1. 假设你在预算上没有受到任何限制，为你所在的公司设置最出色的培训教室。按照你的意愿，对培训教室进行装修，安装所需设备；了解对每种新设备的成本；然后，对这个培训教室的设置，撰写计划，并作出预算。
2. 下次公司派你到其他地方开展培训时，留意一下培训地点里的培训设施，对该培训点所采用的安排模式以及所涉及的成本向销售人员进行咨询，并向负责培训教室设置、视听设备、工作餐以及茶点服务的人询问详细的情况。

第三部分

培训中的特殊应用

简介

至今为止，我们已经学习了许多培训原则了。这一部分主要阐述的是这些培训原则的特殊应用。在我的培训课堂上，经常有培训师会说，“这看起来是很有趣，不过我不知道我如何运用这些知识和技能来对我的学员进行培训……”。本书中所涉及的所有培训原则都是用来指导培训实践中的某个方面的，帮助在这个方面开展培训的培训师节省时间和精力。在这一章中，我利用几章的内容来阐述如何将培训原则运用到培训实践中的问题。

在第 12 章中，我们探讨了以团体形式开展培训的特殊要求。在美国，培训师倾向于将所有学员分成自主管理的培训团队，这种做法越来越流行。不幸的是，这种做法很难取得实际的培训效果，因此这种做法必定会失败。在这一章中，我介绍了团队培训兴起的背景知识，并介绍了开展培训时应该注意的一些事项。在本章结尾部分，列出了关于开展团队培训的有关建议。

第 13 章探讨的是对一线主管进行培训的问题。虽然非常有必要对一线主管进行培训，可是很多公司都忽视了这个问题，只是在最近，才有些公司开始考虑对一线主管进行正式的培训。如果你准备对主管进行培训，不管是生产主管还是行政主管，这一章都可以对你起到很好的指导作用。

这部分的最后一章，即第 14 章，探讨的主要是有关销售培训的有关问题，包括零售和代理销售方面的培训。在这一章中，我们分析了开展这种培训的需求性，并对创建有效的销售培训方法进行了探讨。

第十二章

团队培训

小组这个概念最早是由现代管理理论的先驱之一道格拉斯·麦克格勒果提出的。指的是如果将受训学员分成自主管理的小组，他们能够表现地更为出色。麦克格勒果不同意20世纪50年代和60年代初期的传统的管理理念，他认为大多数员工都是想尽量做好本职工作的，而传统的管理理念认为员工努力工作主要是为了争取奖励或者逃避惩罚。传统的管理理念认为：

- 管理阶层有责任对员工的工作进行策划和指导，并且有必要对员工进行鼓励和控制。
- 员工并不关心公司的整体目标，如果不对他们进行监视和严格的管理，他们就不好好努力工作。
- 员工天性就喜欢偷懒，想做尽可能少的工作。为了让员工积极工作，管理阶层不得不对他们进行威胁，或者给他们提供适当的奖励。
- 大部分员工都不想承担责任，没有远大抱负，依赖天老板为他们考虑好一切。
- 员工缺乏创新能力，如果不对他们进行指导，他们就无法独立完成极其复杂的工作任务。

麦克格勒果称这种观念为理论X风格的管理。① ［428页］

更好的管理方法：理论 Y

麦克格勒果的观点，即所谓的理论 Y 风格的管理，指的是员工天性不是被动和懒惰的，而是充满工作热情、能够进行自主引导，而且非常自信的。他们如何打发闲暇时光，就是一个很好的证明。闲暇的时候，人们并不是只会窝在沙发上看电视，他们有可能表现得非常积极，对自我进行引导，而且他们经常会这样做。在工作中的负面表现并不是天生的，而是在后天中学习到的。每个人员工都有积极进取的动力，愿意并且能够承担责任，如果能够对他们进行必要的培训，提高他们的能力，他们就能够为达成公司的目标而努力，而且也非常乐意为公司贡献自己的力量。也就是说，人们工作，是因为他们本身就愿意工作，如果他们在自己的职责范围内享有一定的自主权，他们会更加努力的工作。

麦克格勒果的观点，孰对孰错，至今存在着争议。在 60 年代和 70 年代，有些公司尝试着采用麦克格勒果的管理方法进行管理，还取得了一定程度的成功。麦克格勒果的著作出版以后，学术界，包括很多人力资源管理师，开始在培训中采用他的管理理念和管理方法，但是美国商业组织对麦克格勒果的观点并不怎么认可。直到 80 年代，看到日本和欧洲的企业采用麦克格勒果的管理方法以后取得的巨大成就，美国商业组织才开始接受麦克格勒果的管理理念。从那以后，在管理中开始普遍采用自主管理工作小组的管理方法。现在，在美国的工业领域，这种做法更为盛行，存在着很多的自主管理工作小组。面对着商场上日新月异的变化，越来越多的公司开始采用麦克格勒果的管理理念。

虽然自主管理小组的管理方法取得了巨大成功，但是还是有很多自主管理小组失败了。在这种情况下，管理人员就会将失败归咎于麦克格勒果，他们会说，“我早就知道不能放手让员工独立工作，他们对工作本来就是漠不关心的，必须对他们进行严格的监控和指导”。

当然，这种说法是不正确的。问题不在于员工的工作动力和工作能力，而在于员工所接受的培训的质量和形式，以及培训结束后他们所接受的管理。如果从学校开始，员工就一直处在理论 X 的管理模式之下，那么他们就会习惯于等待管理层的指示，缺乏自主能力。当他们单独工作时，他们可能会经常征询管理者的意见——“这样做行吗?”“我现在该做什么?”因为他们已经习惯了这么做了。要改变他们，并不是一件容易的事情，仅仅通过在不同的任务上对他们进行交叉培训，并告诉他们以小组为单位开展工作，是无法对他们进行改变的。独立工作时，他们注定为失败，因为他们不知道如何以小组的形式开展工作，虽然小组中的每个员工都能够在社会圈子中表现得非常出色。团队互动是从幼年早期开始形成的，随着年龄的增长，团队精神能够得到进一步的发展。

因为团队互动是本能的，而且团队行为模式涉及三个人以上的活动，所以应该对员工进行团队互动方面的管理。不然的话，员工就会按照他们各自的行为方式行事，这些行为方式是他们从学校开始在理论 X 的管理模式下形成的。也就是说，如果不对团队互动加以指导和管理，任由其发展，团队互动就会产生负面作用。对于培训，有一系列的培训技能；同样地，对于团队互动，也有一系列可以教授的团队合作技能。团队互动并不是简单地把员工放在一个小组中。

团队合作技能

作为培训师，你应该对员工进行以下三个互相关联的方面进行培训：技术、团队创建技能以及策略技能。下面我们依次对这三种技能进行讨论。

技术技能。技术技能指的是团队中每个成员所必须掌握的实际的工作技能。对团队中的员工进行交叉技能培训，即对员工甲培训员工乙的技能，是在工作环境中创建团队的一大优势。如果员工能够掌握与工作相关的所有技能，那么工作效率就会得到很大提高。实际上，很多公司都开始创建团队协作的工作环境，因为他们认为这样做，可以培养复合型员工，复合型员工比传统的掌握单一技能的员工具有较大的可塑性。当然，有时候情况是这样的，但是正是由于这种想法才导致了团队协作的失败。

如果团队培训就是简单地指每个员工都能够掌握与工作相关的所有技能，每个员工都可以替代其他员工，那么员工的地位何在？如果通过技能交叉培训，掌握一种技能的员工能够被其他同样掌握这种技能的员工代替，该如何处理？公司创建团队小组时往往会受到工会的反对，主要就是由于这个原因。管理层只是对员工进行交叉技能培训，而没有教授他们学习其他技能的作用，正是由于这个原因，才导致了工会的反对。通过这种方式，管理层的工作变得简单了，但是员工失去了自主权，也不再对自己所掌握的专门技能觉得自傲，他们失去了独特性，失去了工作安全保障。如果团队培训就意味着学习其他员工的技能，那么几乎没有员工会同意介绍培训，而工会也会对这种狭隘的管理措施进行抵制。

但是，从另一个角度来讲，为了让团队能够有效地开展工作，还是有必要开展适当的交叉培训。正如在棒球、足球、曲棍球以及篮球球队中一样，每个球员都可以打其他球员所占据的位置，当需要某个球员替代其他某个球员时，他们就可以上场。他们打第二位置时，表现并没有这个位置的原属球员出色，而对于他们自己的位置，他们能够表现得比其他任何球员都出色，但是为了击中目标，放手人员有可能打前锋，而前锋有可能打放手，外场手有可能全面负责所有的三个场外位置，而大部分内场手能够负责任何一个球位。所有球员都必须能够击球，当然可能某些人更善于此，而其他人表现就要差一点。即使在美国足球比赛中，每个球员都各司其职，不同位置的体能要求不一样，而且大多数球员都不能打其他的位置，但是每个球员都能够对其他位置发生的情况有清楚的了解，虽然可能永远他们去打其他位置，但是他们知道如何打其他位置。为了能够更好地与其他球员协作，更好地发挥团队协作精神，所有的球员都必须了解这些知识。

理解这一点，对于发挥团队协作精神而言，非常重要。必须通过交叉培训来保证整个团队的成功。交叉培训的主要目的不是为了让所有员工能够相互代替，而是为了提高员工之间的协作能力。我经常发现有些员工对其他员工所从事的工作一无所知，或者对公司其他地方发生的事情好不知情。在我最近为客户开展的一项调查中，我发现钟点工人心里充满了怨恨，因为他们发现销售人员获得的津贴比他们多出很多。钟点工人认为他们同样是很辛苦地工作的，工作时间长达多个小时，而那些销售人员还没有生产线上的员工工作辛苦，但是他们却获取了丰厚的回报、分红，甚至奖赏，这是非常不公平的。

开展为期两天的交叉技能培训，就可以解决以上问题。交叉培训不是为了使每个员工能够代替其他员工的位置，抢其他员工的“饭碗”，而是让每个员工都对其他员工的工作、薪资水平、工作环境以及核心技能有一定的了解。

销售人员应该对以下知识有所了解：

- 他们所销售的服务和产品是怎样生产的；
- 为什么紧急订单照样需要很长时间才能到货；
- 如果由于生产问题导致运输受阻，该如何解决；
- 如何迅速发现问题并解决问题，而不是等待其他人来解决问题；
- 尊重并且看重那些幕后工作者，正是由于这些人的工作，销售人员才能更好地为客户提供服务；
- 认识到对销售工作对其支持作用的生产、时间安排以及运输等方面的技能的负责性和重要性。

工人应该对以下情况有所了解：

- 销售过程中包括那些步骤；
- 销售工作的挑战性；
- 一次销售任务所花费的时间和精力；
- 销售代表对他或者她的工作的哪些方面负责；
- 如果与客户面对面打交道，你会有什么感觉；
- 销售人员的薪资和奖金是基于哪些工作的；
- 销售人员每天都承担着很大风险，而且缺乏工作稳定性。

为期两天的交叉技能培训结束后，员工心里的不满情绪就会消散。销售人员会由衷地感谢其他人员给予他们的工作支持，而生产员工也会体谅到销售人员所承担的风险和压力。如果让销售人员和生产员工一个交换工作岗位的机会，销售人员发现其实生产员工也需要具备高超的技能，而且掌握这些技能还需要长时间的努力和学习。在整个培训过程中，只有一个生产员工表示他原意尝试销售工作，结果发现他确实非常擅长销售，这样他就从生产工作转向销售工作了。员工之间的误解和不满情绪都烟消云散了。

交叉培训是怎么提高员工的技能的？交叉培训具有以下优点：

- 对与他们工作相关的技能有所了解，可以介入或者帮助小组中其他成员的工作；
- 对相关领域的发展有所了解；
- 对其他员工的工作、努力水平以及技能的尊重；
- 觉得自己的工作是整个操作过程中不可或缺的一部分；

- 产生相互关联感，觉得自己和同事以及公司其他部门是相互关联的，不再把自己和其他人对立起来；
- 对操作进程有一个全面的了解，并意识到他们的工作是整个操作中的一部分，而且对整个操作有着非常重要的意义；
- 具备足够的知识发表意见，并且享有发言权。

团队创建技能。除了能够提高员工的技术技能以外，团队培训还有一个很重要的作用，那就是通过团队培训，员工能够学习到人际交往的技能以及处理问题的技能。

对于有些员工而言，在他们的生活中，几乎都是由其他人替他们做决定的，父母、亲戚、同时、学校老师以及现在的主管和经理，从小到大，都是这些人替他们做决定，并引导他们的行为，好像他们根本就没有任何自主权。因此，不管是对于完全自主管理的团队而言，还是对于由经理管理的团队而言，都有必要通过培训，教授员工如何在团队中承担责任并发挥作用，教授他们如何进行团队协作。

皮特。斯高特斯（Peter Scholtes）在他的著作《团队手册：如何利用团队提高工作质量》[②]［428 页］中提到，一个工作团队应该了解 11 件事情，而且应该知道如何完成这些事情：

- 质量提高概念和技能
- 科学解决问题的方法
- 团队作出决策的技能
- 做记录的技能
- 如何对会议和质量表现进行评估
- 团队之间如何进行协作
- 如何发展团队
- 团队成功的要素
- 过程提高的五个步骤
- 团队互动的运作

此外，斯高特斯还强调一个运作顺利的成功团队应该具有以下几种工作态度。在团队创建课程中，应该包含这些内容：

1. **相互交流**。为了发挥团队作用，团队中的各个成员之间应该多多加强交流。所有人都认为自己能够与其他人清楚地进行交流，尤其是经理们会这么认为。我们认为，如果我们清楚自己所说的话，那么其他人也必定会理解我们所说的内容。其实，全然不是这回事。实际上，我们所说的每一句话都可能被其他人误解、遗忘或者故意忽视。心理学家发现，大部分人际交往方面的问题都是由于误解和模糊不清的交流而引发的。因此，应该在团队培训中，教授学员人际交流的技能。人际交流是团队协作的基本技能之一。

2. **确定显而易见的问题**。团队还应该能够对显而易见的问题进行定位。如果团队中存在交流障碍，或者是某两个成员之间存在矛盾，或者是某个成员总是没有完成他或者她负责的那一部分工作任务，这个时候团队就应该立即提出来这些问题。假如某个明显存在的问题在一天之内没有得到解决，这个问题就会变本加厉。这个道理我们都明白，可是我们往往还是拖延解决问题的时间，因为我们认为如果把这个问题提出来，就表示必然会导致冲突的发生。所以，在团队培训中还应该教授学员如何提供建设性的反馈意见，如何淡化冲突，如何理性地解决冲突，以及如何对那些在冲突中失去理智的人进行控制。如果出现的问题是可以解决的，就应该马上着手解决，这样团队才能顺利地开展活动。

3. **富有远见**。危机管理的主要内容就是预防短视情况的出现。如果你在高速公路上驾驶，而你的眼睛只盯着你前面的那辆车，那么你迟早会撞到这辆车的。在驾校中，我们学过，在高速公路上你最应该注意的是你前面的那辆车前面的那辆。我曾经特意地练习这个技巧，至少有七次，高速公路上出现了问题，而我却幸免于难，避开了车祸，因为出现问题时，我比在我前面的那位司机更迅速地作出反应，及时刹车了。优秀的团队应该能够富有远见，未雨绸缪，对尚未发生的变化进行预测和监控。这种技能是可以通过培训来培养的，因此，应该在团队培训中涉及这方面的技能。

4. **对问题和进展做记录**。如果没有开展评估，就看不到进展；而如果没有相应的文件记录，就无法开展培训。如果没有对问题做记录，你就无法对进展作出评估。因此，对问题和进展做记录是一种很重要的技能，在团队创建课堂中，应该涉及这种技能。

团队协作技能

- 人际交流技能
- 倾听技能
- 团队互动
- 开展并主持会议
- 团队决策的技能
- 解决问题的技巧
- 表现测评
- 表现评估技能
- 团队评估技能
- 提供积极的、建设性的反馈意见
- 记录并包管文档
- 团队成员相互之间的关系
- 设定团队发展计划

5. 对变化进行监控。这是一把双刃剑。一方面，团队应该对即将产生的变化的影响进行预测，以便能够迅速地对这些变化作出反应；另一方面，团队还应该不断地对这些变化对所进行的工作以及整个公司的影响作用进行评估。因此，应该在培训中，教授学员如何正确地应对变革。

斯高特斯在其著作中的“团队成功的要素”那部分内容中，列出了进行团队协作的十个要点：

1. 定义、阐明并设立团队目标；
2. 设计团队发展计划，并实施这个计划；
3. 明确地给每个团队成员定位；
4. 要求各成员明确地交流；
5. 确立团队行为方式，并将这些准则予以公示；
6. 清楚地阐明团队决策的操作程序以及团队决策的责任；
7. 确保每个成员都有公平参与的机会；

8. 确立基本的规则，并予以公示；
9. 通过培训、观察和交流等方式，加强团队成员的团队意识，并经常对团队意识的问题开展讨论；
10. 解决问题时，采取科学的解决方法。[③] [428 页]

显而易见，以上每种技能都是可以通过培训培养出来的，但是，目前很少有团队接受过这方面的培训。开展团队培训时，你应该在培训课程中重点强调这些技能。如果没有掌握这些技能，团队就可能失败；反之，如果掌握了这些重要的技能，大部分团队都可以取得成功。另外，下面所提到的科学方法指的是解决问题的“四步”逻辑方法：

1. 作出决定之前，先收集所需的资料；
2. 挖掘问题产生的根源，不要治标不治本；
3. 完成以上两步操作之后，才开始思考合适的解决办法；
4. 计划，并作适当的改进。

危害团队建设的因素

- 错误的决定
- 存在没有解决的隐形或者显形矛盾
- 秘密的冲突
- 无法得出统一的结论
- 运作僵化的团队会议
- 不公平的参与机会
- 对其他人不负责任（包括股东）
- 对客户不关注[④] [428 页]

欧仁·哈拉里（Oren Harali）在《管理观察》杂志中《理想的团队》里写道：“在公司里维持真正的工作团队时，可以从八个方面进行考虑。”虽然他针对的是已经存在的团队，但是他所列出的这八个方面，对于创建工作团队同样重要。[⑤] [428 页]

1. **统一意见**。团队成员应该达成一致意见，共同为同一目标而努力。这种共同目标应该是由团队自身提出的，培训师可以帮助团队达成一致目标。此外，团队成员应该持有相似的价值观念。如果通过培训引导成员朝整个团队的价值观念上发展，就可以使成员拥有大致相同的价值观。最后，团队成员应该对他们共同的目标、价值观念、任务以及整个团队怀有主人翁精神。

2. **信任**。团队成员应该能够相信其他成员所说的话。在培训中，可以开展适当的团队练习，培养团队成员之间的信任感，应该让成员在团队之中具有安全感，让他们学会互相信任，相互依赖。只有通过正确的培训方式，才能培养团队成员的这种信任感，应该向团队成员灌输这种思想：在团队中，大家彼此之间应该坦诚以对，而不是相互欺骗。此外，每个成员应该对其他成员的工作能力予以充分肯定。

3. **坦率**。团队成员不仅应该相互坦诚，还应该培养坦白直率的性格。如果他们有任何忧虑或者建议，都应该直接说出来；一旦发现问题，他们也应该立即指出来。如果团队成员行事鬼鬼祟祟，而且发现问题时，不是主动提出来，而是被动接受，这样就会降低团队创建的能力。应该通过培训，教授团队成员直截了当地、心平气和地指出他们担忧的问题；还应该教授他们如何选择正确的语言，如何避免使用可能会导致冲突和矛盾的语言；此外，还应该教会团队成员同甘共苦，如果团队成员能够主动承担失败的责任，他们才能够体会到成功的来之不易。

4. **尊重**。应该通过培训，教授团队成员倾听他人的讲话，学会尊重他人的说话权利。如果没有一定的指导，很多人就会一直保持婴幼儿时期的习惯，只知道索取，而不会在乎其他人的需求。这种只知索取的行为会大大影响到整个团队的成功。应该教授团队成员学会尊重他人，每个成员都应该对其他成员的技能有一个全面的了解，每个成员都应该尊重其他人的工作时间，并且言出必行。这些行为都是尊重他人的表现，可以帮助建立团队成员之间的诚信，并且有助于培养团队精神。最后，所有团队成员都应该学会荣辱与共。尊敬是通过努力赢得的，但是显示尊敬的方法则是通过学习得到的。

5. **关心**。对团队开展培训时，最难解决的一个问题就是如何让团队成员克服相互依赖的心态。几年前，我的一个客户试图创立自主管理工作团队，可是最后的结果是，团队的效果非常差。这位客户几乎准备放弃了，准备回到原来的理论 X 风格管理模式。针对特殊人群，进行了一系列访谈之后，我们了解到团队成员都不愿意相互批评，这就是问题所在。其中一个女人说：

“我认识爱德纳 12 年了，我们的孩子正在谈恋爱。在这种情况下，我怎么能够对她的工作提出批评呢？我要是说她的工作没做好，她永远不会原谅我的！”正是由于这个原因，团队中没有人愿意提出建设性的反馈意见，员工表现评估不能反映真实的情况，自然，生产效率无法提高。后来，我们对这个团队进行了培训，教授他们如何对其他人的工作进行评估而不至于引发冲突，培训结束后，这家公司的团队协作取得了很大成功。

应该通过培训，让团队设定工作的高标准，并让他们根据这些标准提供直接的反馈意见，这些反馈意见应该是对事不对人的，毫无责难性的。同时，还应该通过指导，让团队成员学会在工作中相互帮助。

6. **协作**。团队，意味着所有工作是有团队成员共同协作完成的。如果团队中只有一两个人主动承担工作任务，作整个团队的顶梁柱，其他成员并没有积极地参与工作，整个团队的表现就会受到影响。在运动比赛中经常出现这种情况，那些大明星只顾表现自己，完全不理会整个团队的表现。最好的运动员应该是那些善于进行团队协作的运动员，他们应该能够鼓舞整个团队的士气。那些只想表现自己的运动员往往是最差的，他们虽然有高超的技能，但是个人英雄主义对于赢取比赛并没有任何帮助。在团队培训中，应该让学员明白个人的成功来自于整个团队的努力，一味地展现个人的能力，虽然有其独特的作用，但是这是以自我为中心的表现。相反，协作则意味着团队成员之间应该共享工具、信息以及资料，问题出现时，所有团队成员应该共同解决问题，而不是将问题留给某个人。应该通过培训指导，让学员学会团队协作，避免传统的“自扫门前雪”的做法。

7. **认可**。奖励和认可应该是同团队表现结合起来的，而不是根据个人的表现。如果要对个人提出适当的奖励，那么就应该奖励那些帮助并指导团队中的其他成员的员工。可以为整个团队设立一些明确的奋斗目标，当然，这些目标应该是可以通过努力实现的，这样团队成员就会主动学习，努力提高各自的技能，以求实现这些目标。

8. **关联**。团队并不是在真空中开展工作的，成功的团队往往都会借助内部的或者外界的力量，来实现他们的目标。应该通过培训，让学员明白，团队应该是公司的一个有机组成部分，在整个公司环境下运作。此外，团队还应该能够合理的利用公司所提供的时间、资金以及资源。同时，团队还应该尽量争取到公司各级管理阶层的尊敬和信任，特别是应该争取到高级管理阶层的认可。

以上八大因素中的最后两种因素，其实是同我们的第三种团队培训相关的，那就是战略方面的培训。

策略培训。正如哈拉里指出的那样，团队并不是在真空中开展工作的，团队各成员不仅应该学会认可并且实践其他成员的技能，并且积极地应对团队互动，他们还应该掌握同公司其他部门进行沟通的技巧，并争取到客户群基础。他们至少在项目管理、预算、谈判、演示、劝服、会议管理以及其他管理工作中具备一定的专业能力。团队需要在整个公司中展示他们的实力，因此，他们还应该掌握一定的外交策略。

当然，并不是每个成员都必须掌握以上所有技能，但是，团队中至少应该有一个人能够全面掌握这些技能，而当这个人同公司的其他部门或者管理阶层进行沟通时，团队中的其他成员至少应该对事情的进展状况有所了解。

对团队进行培训，教授他们如何开展工作

行之有效的团队培训几乎可以等同于社交技巧方面的硕士文凭，只不过团队培训还涉及政治科学方面的深层次知识以及具体的工作技能培训，所以团队培训的难度比社交技能大。人力不足的培训部门该教授这门课程呢？可以从第一章中的学习原则中寻找这个问题的答案。

1. 甘愿/抵制
2. 主动/被动
3. 创建关联
4. 练习、尝试和出错、反馈

● **甘愿/抵制**。当我们愿意学习时，我们能够学得更快、更好。想取得很好的学习效果，就必须首先解决抵制学习的问题。对于大部分员工而言，新的知识和新的工作方法都恐怖，特别是让他们去学习其他员工的技能时，这种感觉就会更加强烈。因此，在团队培训中，你所要解决的首要问题就是消除学员的抵制情绪，你应该时刻预防学员抵制情绪的产生，直到新的团队协作文化在整个团队中根深蒂固。

● **主动/被动**。因为员工是在实践中学习的，所以在团队培训中，我们应该积极地激发学员的主动参与。他们对所学技能进行实践、表现和练习的

机会越多，他们学得就越快。在团队培训中，应该让学员保持主动性，他们的主动性越强，学得就越扎实。

● **创建关联**。比起那些陌生的、新的，或者不可理解的内容而言，我们更容易掌握那些熟悉的知识。如果我们在团队培训中，帮助学员把所学知识同他们所熟悉的内容联系起来，学员就会更容易接受所教授的知识，而且学得也更快。除了在新知识和学员所熟悉的知识之间建立关联之外，我们还可以帮助学员将新知识同已经教授过的知识联系起来。

● **练习、尝试和出错、反馈**。对于大部分技能而言，反复教授和练习是最好的学习途径。在不断的练习中，我们的技能得到提高，运用也越发熟练。为了帮助团队学习，应该对学习环境进行控制，并让他们以团队的形式开展协作；如果他们在练习过程中出错，他们可以对错误进行分析，并进行改正。不过，应该让团队自己分析并改正错误，作为培训师，你不应该越俎代庖。

如果我们能够将这六条学习原则结合起来，并运用到对某些课程和技能得培训中，我们就可以发现一些问题。**首先，在学员开始学习之前，应该让他们习惯于以团队的形式存在**。因此，团队培训的首要培训任务就是团队协作技能。在培训中，你可以通过团队游戏以及其他的有趣的练习，来缓解学员的抵制情绪，并介绍团队协作的基本要素。通过这些活动，可以让学员发现并体验团队互动的特性，这是创建团队的首要步骤。

其次，主动学习是最有效的，因此，团队应该尽量进行自我引导。在团队培训在前期工作中，你可以教授指导和演示方面的技能。一旦学员能够从指导的角度来处理团队项目和演示方面的问题，他们就可以进行自我引导。在培训中，你可以按工作或者任务的关联性，把整个团队分成几个小组，让每个小组向其他小组对本小组的技能进行教授和指导，并演示本小组的所有技能。这种小组项目练习也是一种交叉技能培训，在这种培训中，培训师所起的不是专家的作用，而是起的培训指导的作用。

第三，当团队成员了解并学会了其他成员的技能之后，他们就会产生一种很强的集体感，觉得大家是同舟共济的，这是一种团队精神。有了这种集体感，原本单凭任何个人的能力都无法完成的任务，都可以凭借集体的力量完成。现在，你就可以开始介绍其他更为负责的团队协作技能了，例如大型的项目管理、在公司政治环境下得案例互动分析、团队协作中出现的问题，或者团队管理中出现的问题等。这样，团队就会将自己同以前的培训成功结合起来，并且有大量的练习机会和提供反馈的机会。在这整个过程中，他们不断地反复对团队培训的首要技能进行练习，那就是作为一个团队整体进行协作，在这个过程中，他们自己的技能也得到了提高。

这个过程可以反复进行下去，直到你、团队以及管理阶层认为团队已经可以很好地进行协作了。在我的培训经验中，要达到这种培训效果，一般情况下至少需要三个星期的培训，不过，培训时间越长，团队协作的程度可能就越高。或者是，团队培训开展了两个星期后，让团队回到了原来的工作环境中去，再过几个月以后，你应该开展追踪培训，让学员在真实的工作环境中发现问题、提出问题并解决问题。到此，你就可以开始介绍更加复杂的项目，提升学员的团队协作技能。随着团队协作能力的不断提高，追踪培训的频率可以逐渐降低，直到团队已经完全具备了协作能力，能够独立开展工作，培训就全面完成了。

小 结

在这一章中，我们从培训的角度探讨了自主工作团队的问题。首先，我们研究了自主工作团队产生的根源，并且分析了自主团队的积极作用。我们还探讨了导致自主工作团队失败的原因，并特别针对这些原因，提出了团队必须掌握的三种协作技能，这些技能包括：

- 技术技能。技术技能包括团队中的所有成员都必须掌握的一些非团队协作技巧。管理阶层创建工作团队的一个很重要的动机就是使员工的工作能够具有弹性，并提高员工的工作效率，他们认为通过对员工进行交叉培训能够达到这个目的。
- 团队创建技能。团队创建技能指的是如何成为一个协作团队的技能。对这种技能的培训并不是件易事，但是这种技能对于创建有效的自主工作团队非常重要。应该通过培训，教授员工如何在团队中行事，以及如何履行团队成员义务。
- 策略技能。策略技能也非常重要，因为任何团队都不是在真空环境中开展工作的。为了取得成功，团队必须以公司的一个有机组成部分的形式存在，协调处理同公司其他组成机体的关系。在本章中，列出了许多策略方面的技巧，为了在公司中取得成功，团队成员应该掌握这

些技巧。至于如何实践这些技巧，在本书的其他部分会有详细的描述。(见第五章、第16、17和20章)

在本章的最后一部分中，我们借鉴第一章的六个学习原则，探讨了如何在团队培训中正确应用这六个学习原则的问题。

练 习

1. 对你所在的公司启动团队培训的环境进行评估。对三个经理进行采访，看看他们对自主工作团队了解多少，以及他们对自主工作团队的作用是否认可。接着，对四五个有可能成为团队成员的员工进行采访，了解他们的自主工作团队的认识和看法。从以上练习中，你可以发现公司管理阶层的期望，并对员工可能会产生的抵制情绪有一定了解。对于如何说服管理阶层启动团队培训项目并说服员工参与这种项目，从这个练习中你也可以得到启示。
2. 利用本章中提供的一些指导技巧，选择一个工作团队或者团队培训中的一个阶段，列出所有必须进行交叉培训的技能。然后利用练习1中得出的结论，思考你应该对这个团队教授哪些团队协作技能，并把这些技能列出来。最后，根据公司的政治环境以及管理结构模式，列出这个团队应该掌握的所有策略技能。
3. 利用在练习2中得出的三个列表，为你即将开展的培训项目准备一个初步的教学计划。在准备过程中，请使用在本章中提到的六个学习原则以及其他团队培训技巧。

第十三章

在岗培训

在美国，几乎75%以上的培训都是在工作中进行的。虽然越来越多的公司倾向于开展正式培训，并且开始认识到了正式培训的重要性，但是大部分培训仍然是有第一线的主管完成的。即使是在那些设有正式的培训班的公司里，一旦员工从培训班中结业，离开了培训课堂后，他们仍然需要在直接上司的监控下实践新学的技能。

在我的关于如何提高管理能力的课堂中，我询问学员，关于如何对他人进行指导和培训，他们当中有多少人接受过正式的培训指导。一般情况下，只有不到10%的人接受过正式的培训。但是，在现实情况中，正是由这些很少接受过正式的培训指导的人来对员工进行培训，他们是正式培训的主导力量。有时候高级主管们因为资金问题，无法提供启动正式培训的资金，因此他们就将开展培训的责任完全交给一线的主管。

在有些公司里，因为员工人数并不是很多，所有公司无法决定究竟是雇佣全职的培训师好，还是聘请培训师作现场培训好。这样犹豫不决的结果是，两者都没有实施，这样，一线主管就成了主持培训的唯一人选。但是，公司其实还有其他选择办法的：

1. 将员工送到为期一天的“信息”会议中去接受培训；
2. 为员工购买培训课程保，让员工自学。

以上两种方法都有一定的培训效果，不过效果不是很好。幸运的话，大部分学员能够胡乱应付过去，并在工作实践中，发现提高工作技能的办法。但是，这种培训几乎是不可接受的。

而为期一天的“信息快餐”的问题在于，虽然通过演讲人的精彩讲说，能够给学员提供大量的信息，但是在讲说中，并没有解释员工该如何应用这些技能，因此，当员工回到工作岗位以后，他们无法将所教授的技能运用到工作实践中去。最好的“信息”会议中，一般会使用提高记忆的有关技巧，如重复以及小型的实践练习，来给学员提供一个实践所教授的技能的机会。不过，这毕竟不是正式的培训。

但是，可以通过以下两种办法，确保学员能够将在一天的信息会议中学习到的知识运用到实践中。第一种方法是，对主管进行培训，让他们学会使用学习原则。这样，当员工将所学的知识运用到实际工作中时，主管可以对他们进行指导。在这种方法中，“信息”会议只不过是培训课程的准备和演示阶段，而练习和评估阶段，则是由主管在实际工作中进行指导的。

另外一种方法时，学员从研讨班中回到工作岗位以后，主管马上给他们安排工作任务，在完成任务的过程中，学员就可以练习他们所学习到的技能。

国内外的在岗培训

有一次，我无意中听到两位来自某电子公司的经理在争论，他们争论的主题是：是否该解雇那位他们一个星期以前聘用的年轻人：这位年轻人刚从高中毕业；这是他的第一份工作，做仓库运务员，主要负责监管和记录货物运输等事项。在他工作的第一天中，仓库主管花了两个小时向他讲解如何开展工作。每当主管问他是否理解了他所讲述的内容，是否有疑问时，他都回答说，他已经完全理解了主管所讲述的内容，不存在任何疑问。主管觉得很满意，认为他应该已经能够从事他所教授的工作了，就让他开始工作。

五天以后，这位年轻人在运输订单上出现了错误，丢失了材料，导致客户投诉，由于这些原因，公司损失了＄150，000。在工作中，他的表现特别无知，仓库主管想要解雇他。而人事主管却不愿再花人力和财力去聘用另一个人，因为聘用这位年轻人已经花费了很多时间。因此，仓库主管和人事主管关于这位年轻人的去留问题开始进行争论。

我的建议是，既然要解决这个问题必然涉及资金问题，就应该通过培训来解决这个问题。他们采取了我的建议，给了那位年轻人为期五天的见习，在这五天中的每一天里，主管只需要花 10 到 15 分钟的时间向那位年轻人教授一项具体的技能，每天一项，无需太多；而在这一天里，年轻人也只需对这项技能进行练习。第二天中，他不仅需要对当天学习新技能进行练习，还有复习头一天所学习的技能；而在第三天中，同样的，他不仅需要练习当天学习的技能，还要复习头两天所学习的技能；按这种方式进行操作，直到五天的见习期结束。如果五天的见习期结束后，年轻人仍然无法出色地完成工作任务，那么公司就应该解雇他。不过，我相信，通过循序渐进的培训指导，他应该完全掌握了工作技能，能够出色地完成工作任务。

两位经理接受了我的建议，对那位年轻人进行了循序渐进的培训指导 。培训结果是，这位年轻人不仅能够非常出色地完成工作任务，而且五年以后，当仓库经理退休后，公司让他接管仓库经理的职务。

仓库主管开始对那位年轻人进行培训时，没有取到令人满意的培训效果，主要是因为这位年轻人，同其他很多在过去年代长大的年轻人一样，很难长时间的集中注意力。他从来不知道如何一次集中时间 10 到 15 分钟以上。在他所接受的第一次培训中，主管一次将所有的工作技能都灌输给他；但是，主管所讲述的内容在 15 分钟以后，就从他的大脑中消失了。这与他的智商以及工作能力无关，而是由于他无法长时间地集中注意力，所以他一次只能理解并掌握一两个知识点。如果一次性给他灌输一大堆知识，他就无法掌握任何内容。

不幸的是，在美国，大部分的在岗培训都是以那位年轻人所接受的第一种培训的形式进行的。我在高中念书时，曾经做了一份兼职。在这份工作中，我需要在电子控制面板上开展工作，从事这份工作，需要非常小心谨慎，因为稍不留意，一个很小的失误，就可能导致很严重的后果。有一个人向我解释如何开展工作，然后让我自己实践。但是，我的手一接触到控制面板，他就开始对我大呼小叫，将我的手从控制面板上拿开，自己进行操作。

在另一个房间里，有一个控制面板的复制品，它是对主面板的备份，在工作中很少使用到这块控制面板。因此，我就在这块面板上进行练习。但是，当我在这块面板上进行练习时，我的指导人很少对我进行指导。他只是在主面板上开展工作，而且绝对不容许我接触主面板。因为我一直在备份面板上进行练习，最后我能够操作这块控制面板了，但这是我通过自学得来的，而不是指导人的功劳。实际上，如果不是由于我天性倔强，学不会就不罢休，我就可能被那位指导人吓倒，永远也学不会如何操作这种控制面板。

我相信，你可能也经历过这种事情。不幸的是，在美国这种在岗培训方式非常普遍。

德国的培训

在德国，情况就不是这样的。据称，德国的在岗培训是世界上最先进的。在德国，67%以上的年龄在16到23岁之间的年轻人都是一边上学，一边以学徒的身份学习某种工作技能。在16岁时，年轻的男孩和女孩们都会决定自己究竟是想一直读书，直到获取大学文凭；还是学习某种技术。如果他们选择学习某种技能，他们就会取得学徒资格，这是一种正式的工作研究项目。

在接下来的七年中，他们一半时间上学，一半时间在工厂实习。在工厂工作时，由接受过正式的培训训练的培训主管对他们进行指导。这些培训主管的薪水比普通的主管高出很多，因为他们具备高超的培训技能，并且除了完成普通主管所做的工作之外，还承担着额外的培训任务。他们帮助实习生提高工作技能，并且帮助他们培养良好的工作习惯。

从学生的角度讲，他们一边接受着学术教育，一边接受着技能培训，并且同时还可以维持生计。全面课程结束以后，会对他们进行考核，一般情况下，他们都能达到熟练工人的程度。针对他们开展的技能培训是非常标准化的，而且是定期开展的，对他们进行培训的培训主管都是在岗培训方面的专家。而他们的学术培训不是以考取大学为目的的，而是以培养学生的工作技能为目的的，主要是教授学生有关他们在工作中将会使用到的技能、信息以及科技等方面的知识。这种体制的效果非常好。

将德国的这种体制同我们的体制进行一下比较。在美国，年轻人在学校所接受的教育主要是以考取大学为目标的，不管学生是否愿意上大学（或者有能力上大学），毕业后让学生去找工作，并在工作中学习相关的技能。比较先进的公司会对员工进行强化培训，希望他们能够将在培训中所学到的知识运用到实际工作中去。不幸的是，当员工离开培训班回到工作岗位时，他们的主管会说，“忘掉你在培训中所学到的那一套吧，我要求你们这样开展工作……”

奇怪的是，这种体制居然也有一定的效果，只是效果不是很理想。在我们的体制中，学习者必须具备很强的学习动力，自己克服所遇到的困难，并争取成功。而在德国的体制中，学习者所遇到的困难就要简单得多，而且公司也比较容易统一并且评估员工的技能。

如何进行有效的在岗培训

显而易见，我们的体制同德国的体制大不相同，而且有人会说，其他国家的体制，例如日本的许多操作方法，在我们的文化中不起作用。但是，事实证明，日本的很多方法都适合我们的文化，被改造成特殊的美国式方法。在美国，很多工作-学习项目借鉴的都是德国的体制，但是很少有学企结合的项目能够给在校学生提供学习工作技能的机会。既然德国的体制在我们的公司中无法实现，那么你该如何进行有效的在岗培训呢?

作为培训师，你必须对学员的学习进行控制。至少你应该提供培训的大体框架，你还必须做到以下几点：

- **对主管进行如何对他人开展培训的培训。**显然，如果你能够教授主管对其他人进行培训的技能，他们就能够积极有效地开展培训。我曾经帮助很多公司对主管进行培训。
- **设定学习目标。**明确的学习目标是有效培训的基础；因此，即使你并没有办法将主管培训成专业的培训师，你还是应该为主管设定明确的学习目标。和主管们一起展开讨论，共同设定学习目标，这些目标既是可以实现的，又是主管们有必要掌握的。
- **设定课程计划，这样主管就可以按课程计划进行学习。**不管是否有你亲自对主管进行培训，如果你能够为他们设定明确的课程计划（见第二章），就会对他们有很多的帮助，能够帮助他们学习培训技能。

- 学习顺序和学习模式。对于某种工作，主管们采取的方法可能各不相同。作为培训师，你应该创立一种标准的学习模式，这样，学员就可以按照这种模式，按顺序进行操作。创立标准的学习模式，可以帮助主管更好地开展培训，对在岗培训进行控制
- 设定培训目标
- 准备课程计划
- 安排课程顺序和授课模式
- 设定时间框架和基准点
- 准备评估或者考核材料
- 通过培训课程包，使培训统一体化
- 个人电子支持系统
- 追踪培训和指导

- **时间框架和基准点**。人们都喜欢拖延时间，主管也不例外。他们工作繁忙，并且有许多事情要处理，因此，他们很容易把培训活动推后，直到空暇的时候才想起培训的事情，有的甚至永远都不会想起这件事情。因此，你应该为主管设定具体的时间安排，并规定他们在哪个时间点应该达到哪种水平。
- **准备评估和考核材料（必要的话）**。在公立学校和那些以大学为教育目标的学校里，经常采用这种方式对所教授的知识进行测评。通过设定统一的考试，教育部门能够对学校所教授的内容和技能进行控制。不幸的是，设定统一的考试并不能保证教学的效果。但是，通过这种方法，能够让主管在对员工进行在岗培训的过程中，采取大致相同的标准方法。
- **培训课程包能够保证主管学到的是相同的知识**。如果你没有时间准备课程计划（虽然课程计划非常重要），你可以采用培训课程包，并将课程包分解成小的模块，这些模块可以对主管的学习起到指导作用。
- **采用个人电子支持系统**。这种高科技的计算机辅助培训系统可以取代主管，对员工进行培训（见第10章）。这种专家系统可以对学员进行指导，并让他们对所学习的知识进行练习。实际上，这是一种自学系

统，是计算机辅助培训工具中的精品。

- **追踪培训和指导。**安排主顾对员工的技能水平进行核查，必要的话，对员工进行面对面的指导。

主管应该采取的步骤

如果公司里有全职的培训师，那么以上操作都不难实现。不过，我知道你们大部分人都是经理或者主管，培训只是你们的一部分工作。如果没有相关的指导，你会怎么做？作为主管，开展培训时，你可以参照这一节中提出的建议。

这些指导意见都是记忆本书前三章的内容提出的。所以，我建议你首先认真阅读本书前三章的内容。如果你已经阅读很多这些内容，这一节就有点多余了。但是，在这一节中强调的学习原则能够帮助你有效地对员工进行培训。

“四步法则”。在开展非正式的在岗培训时，不可忽视“四部法则”的作用，即准备、讲解、练习和评估。如果某个员工还只有10个月就要退休了，他肯定不可能有学习新的技能的动力。因此，开展培训之前，你应该分析员工对培训的需求性，让他们能够认识到培训的需求性，并认可培训的作用。

你可以抓住任何可能的机会对员工进行培训，这种做法有可能会起作用，员工能够学到一定的东西。但是，如果在这种随意的培训中，员工的精神不集中，或者是态度不端正，培训就不会起到任何效果，只会浪费时间。因此，你应该帮助员工为接受培训做好心理准备，告诉他们为什么他们有必要学习所教授的内容。你还应该提前设定一个时间框架，并且在开始实施培训前，提前一两天通知员工，让他们为学习做好准备。你还可以给员工布置一些阅读任务。为了确保员工完成了这些阅读任务，你在布置任务的时候，可以要求他们就所阅读的材料些写出六七个问题，那么为了提出问题，他们不得不认真地阅读材料。

记住，人们集中注意力的时间非常有限。如果学员全力集中注意力的时间只有五到十分钟，你就不要在这个短暂的时间内，给学员灌输过多的知识。相反，你可以把教学内容分解成短小的片断，在一段时间内只教授一个知识点。如果只是通过用耳朵听，即使讲话人言语犀利，金口玉言，我们也无法真正学到知识。只有当我们对所教授的技能进行实践，我们才能有所提高。因此，在培训中，你应该尽量减少讲授和指导的时间，而应该给学员适当的练习机会。

人类的大脑对具体的模式和框架比较敏感，而对随意的点滴步骤则反应迟钝。因此，在培训中，应该对培训内容进行分析和整理，合理安排培训的结构，将其组织成容易记忆的模块，这样学员比较容易对培训内容进行记忆。商业课程包“迷上语音”之所以取得了巨大的成功，也是由于这个原因；而“芝麻大道”也是通过这种方法教授三到四岁的儿童进行阅读的。你可以以故事或者首字母缩写的形式讲授教学内容，这样学员就比较容易记忆。

记住前面提到过的60/40法则。在培训中，60%的时间应该用来给学员练习和实践所教授的知识，而讲授的时间不应该超过40%。你可以讲授5到10分钟，然后让学员对你所讲授的知识进行实践。如果你要讲授某个人如何操作一台机器，或者使用某种工具，而时间限制在一个小时之内，那么你就应该把讲述的时间控制在20分钟之内，在剩下的40分钟之内让受训人根据你的指导进行练习实践，这样他或者她就能够学得更快、学得更好。毕竟，如果我们只是观看他人驾驶，我们是无法学会开车的，我们应该自己尝试着把手放到方向盘上，自己进行摸索和实践。即使是演示这种形式，也不能长时间的使用，虽然这种方法对于向学员展示如何进行具体的操作非常有效，但是其效果不如让学员自己进行实践和练习。因此，在培训中，应该让学员发挥主观能动性。

评估和指导对于提高学员的技能而言，也非常的重要。当学员能够掌握所教授的技能之后，你可以另外安排一些课程，提高学员的工作速度，必要的时候，还可以给他们鼓舞，并帮助他们改正错误。通过这种方式，可以确保学员在工作中是按照正确的方式进行操作的。

学习原则。在第一章中，我们详细地讨论过提高学习效率的一些学习原则。

- 只有当我们做好的学习思想准备时，学习才会有实际的效果，因此在培训开始之前，应该帮助学员做好这种准备。
- 我们在实践中学习，而不是仅仅通过倾听，所以，在学习中应该让学员主动参与。

作为培训师，你可以将以上提到的“四部”法则和十大学习原则结合起来，组织和安排你的培训课程，这样你就可以有效地对员工进行培训了。对于每个培训课程，你应该从以下方面作准备：

1. 设定三个明确的学习目标，最多四个；
2. 设想一个与你所希望员工通过达到的水平相似的工作情形，这种情形应该是学员很容易理解的，这样学员就可以在你所要教授的新技能和他们的已知知识之间建立起关联；
3. 涉及你想让学员完成的练习任务，这样你就知道要让学员有能力完成这些任务，应该教授学员哪些技能；
4. 列出你想让学员完成每个任务所采取的具体步骤，并对这些步骤进行组织安排，让学员每完成三到四个步骤时，就有机会对这些操作进行实践练习。

主管如何有效地开展培训

- 设定明确的学习目标
- 设计相似的工作情形，帮助学员在已知和未知之间建立联系
- 设计并安排练习和考试
- 将学员所需进行的所有步骤列出来，并将这些步骤分组，每组中只需包括三到四个步骤
- 课程开始时，重申培训目标，接着对你所设计的工作情形进行描述，然后演示开始的那一组步骤
- 让学员对该组中所涉及的步骤进行练习
- 接着介绍下一组步骤，然后让学员开展练习
- 三到四组步骤结束后，给学员安排一个大型的项目练习，让他们综合运用所掌握的所有技巧
- 当学员掌握了所教授的技能之后，让他们在实际工作中运用这些技能，并对他们进行追踪考核，必要的时候，对他们进行指导，或者帮助他们纠正错误

当你对技能进行教授时：

- 在课程之前，重申学习目标；
- 对你所设想的相似的工作情形进行描述，帮助学员将工作同他们所熟悉的事物联系起来；
- 介绍该技能开始的头三到四个步骤；
- 设计一项练习任务，让学员运用所教授的这三四个步骤，完成任务；反复练习，直到学员能够熟练操作；
- 继续下面的步骤，并重复以上操作；
- 在培训过程中，时不时地穿插一些大型的项目练习，让学员综合运用所学的所有技巧；
- 当学员完全掌握了所教授的技能之后，给他们布置实践任务，让他们利用所学的知识完成实际工作。经常对他们的技能水平进行考核，必要的时候，对他们进行鼓励，并对他们的错误进行纠正；一旦学员技能水平提高了，考核次数就可以慢慢减少。

小结

本章介绍了美国的在岗培训情况，并将美国的情况同德国的体制进行了比较。接着我们对如何提高在岗培训，特别是对培训师和主管如何提高在岗培训的问题，进行了详细的讨论。

如果条件允许，公司培训部门应该对主管进行必要的培训，指导他们如何对员工进行在岗培训。此外，为了帮助主管对员工进行培训，培训部门还应该为主管提供追踪培训材料、课程计划以及培训中所需的练习材料，并对学习过程进行适当的控制。

在本章最后的部分中，我们讨论的是，如果公司没有正式的培训师，主管该如何对员工进行在岗培训。

练习

1. 考察你所在的公司，在岗培训是如何开展的，你可以直接到办公地点去进行观察，并同主管和员工进行交谈。必要的话，首先争取管理层或者主管的许可。记录你所开展的非正式调查的结果。

2. 对主管进行访谈，了解他们希望员工离开培训班回到工作岗位以后，能够达到哪种水平，并据此对你的课程计划进行调整。
3. 针对培训中的关键问题，编写一系列的追踪课程或者相关的讨论话题。当主管和员工一起出席定期的会议时，可以对这些话题进行讨论。
4. 如果你是一位主管或者经理，而且你必须自己开展培训，选择一项你认为员工必须掌握的技能，并利用本章的相关指导建议，创建一系列的培训课程，对你的下属进行这种技能的培训。

第十四章

关于科技和销售领域的培训

科技和销售领域情况特别负责，因此，针对这些领域的培训，必须采取不同的培训策略。那么是不是说，针对科技行业和销售行业，必须分别采取不同的培训方式呢？事实并非如此。虽然不同学科之间存在着很大的差异，但学习原则却是大同小异的。不管对于行业的培训而言，其最终目的都是为了改变与工作相关的行为方式，课程计划都必须包含四个基本步骤，培训方法应该多样化，都应该激发学员的参与性，在积极的参与过程中能够取得更好的学习效果，等等。行之有效的培训原则都是一样的。不管是针对科技行业还是销售行业，在本书中所描述的培训技巧都是适用的。但是，一直以来都有人坚持认为，由于不同行业之间存在着差异，所以针对不同行业应该采取完全不同的培训方法，这是一种谬论。

谬论的来源

20 世纪 80 年代末期在培训界，关于所谓的“求爱”培训理论，展开了激烈的讨论。现代心理学家们提出了许多有效的技巧，这些技巧可以帮助人们发挥自己的潜力，提高人民的自觉性，并改变他们的行为方式。而许多培训师在大学里都学习过很多心理学方面的人们课程，所以他们深受这种理论的影响。实际上，现在还有一些培训师仍然在使用这种培训技巧。

其结果是，在20世纪80年代初期到80年代中期，有很多接受过培训的员工觉得自己的潜能被激发出来了；而同时，也有很多员工对他们所接受的培训知识极为不满。这种情况非常有趣，可是一点都不适用。结果，人们认为技术培训和技能培训与传统的培训类型，如销售、客户服务、零售和管理等方面的培训，应该是互不相关的。在美国培训和发展协会中，居然还分出了一个单独的技术和技能培训部门。这个部门单独运作，拥有自己的运作章程，他们认为自己同那些培训经理和销售人员的培训师是完全不一样的。

由于这种分歧，导致我们的培训技能无法提升。[①] ［428页］问题不在于我们的培训对象是普通员工、经理还是销售人员，而在于我们是否能够对所有这些人进行培训。不同的人或者不同的工作类别，可能需要不同的工作技能，因此，应该采取不同的培训技巧，但是，行之有效的培训原则却是大同小异的。如果把培训技巧同固定的工作技能和培训对象固定起来，就会限定培训师的工作范围，而且学员看重的不是你的培训技能，而是你曾经做过什么工作。

主要的问题在于诚信和身份的确认。如果我是工科背景出身，而我现在试图对销售人员进行培训，他们可能就会理直气壮地问我曾经销售过什么产品，我怎么能够对他们进行培训和指导。如果情感激励指导员对生产线的员工进行培训，员工就可以质问，既然情感激励指导员从来就没有在生产线上工作过，他或者她就没有理由对他们进行培训。如果销售培训师教授过如何管理我的员工，而他或者她本人却鲜有销售业绩，我就会对他或者她的培训能力产生怀疑。

不过，不同的行业的培训是各不相同的，似乎并没有什么不妥。但是，问题在于培训师无法赢得学员的信任。我们在第一章中提到，培训师在作课程计划的时候，应该思考的第一个问题就是："我的培训对象是谁?"就是基于这个原因。创建培训课程以后，培训师还应该思考："我怎样利用我的培训课程，赢得学员的信任，并让他们接受我?"也是基于这个原因。

今天工作领域的变化日新月异，而且每个行业对培训的需求都增大了，因此，作为培训师，你多少都会碰到这个问题。如果你碰到这个问题，最好的解决办法就是花时间在学员中间建立你的诚信，并让学员接受你。在第六章中我们对如何建立诚信的问题进行了详细的讨论。记住，不要过多的使用某一种培训方法，你所采用的培训方法应该符合你的受训学员和你所要教授的技能。在培训中，尽量减少情感培训目标，而主要针对认知培训目标，以提高学员技能为主要目的。此外，在培训过程中，主要以练习为主。

另外，苏格拉底式提问方法也非常好，不过不要过多的使用。在日本，如果受训团队中员工的地位各不相同，就不可能使用苏格拉底式提问方法进行培训；而在法国，却必然会使用到这种方法。在这两种情况中，重要的不是你所采用的培训技巧，而是你采用这种培训技巧的培训目的以及受训团队的性质。苏格拉底式提问可以对学员起到引导作用，但是，除了这种方法之外，还有其他培训方法同样也对学员有引导作用。对于那些以提高技能为主的培训，最好不要采用这种方法。在上面的两种情况中，作为培训师，对于日本的受训团队你应该考虑到日本的等级制度（如果这能够帮助他们提高技能），而对于法国的受训团队，你应该在培训中穿插使用其他引导措施，如模仿和角色扮演等。我们都知道，如果在培训中练习时间占了60%，培训的效果最好。不过，口头的引导只是其中一种练习方法。你应该在培训中平衡使用口头练习和书面练习。

技术领域中的培训

应该怎样对工艺技能进行培训呢？首先，如果你对你将要教授的工艺技能有一定的基础，你就只需要对学员进行讲解就性了，你的讲解和距离都可以基于自己的直接经验，而学员对这些东西比较容易接受，因为他们每天都会面对这些情况。为了更好地开展培训，你所要做的就是学习培训的技能，这样你就可以更好地把自己的技能传授给学员。

但是，如果让你对某一种特殊的技能给学员开展培训，而且你对这种技能非常在行；例如，计算机软件编程，不过员工对这种程序的使用方法对于你来说是完全陌生的，在这种情况下，你该如何处理呢？为了让学员接受你和你的培训课程，你可以从以下六个方面着手：

获取专门技术

你应该通过学习他们的这种软件的使用方法，努力使自己成为这个方面的专家。你没有必要对其具体操作烂熟于心，但是你必须知道员工是如何使用这种软件的。你可以从员工的工作任务中选取一些有代表性的例子，收集关于他们的工作条件有关的细节信息。这样做，你就可以对他们的日常工作和所碰到的问题有一个清澈的了解，并向他们显示你的软件的作用。通过这种方式，还可以掌握他们所使用的术语，这样学员就更容易从心理上接受你。如果以专家自居，因为你本身就不是专家，作为他们的培训指导老师，你应该学着从他们的角度看问题，这样你就可以在员工之间树立你的诚信，他们也更容易接受你。不要在员工面前表现得像个“百事通”，但是，你也应该让他们明白，为了对他们进行培训，你已经做了大量的准备工作。

避免产生成见

不要对学员产生偏见。有些人对蓝领工人具有成见，认为他们“四肢发达头脑简单”；或者是认为他们虽然手巧，但心不灵；这些完全是无稽之谈。虽然管理人员的教育水平可能比蓝领工人高一些，但是这与智商、能力或者天赋没有关系。

往往是由于机遇、经济条件、家庭背景、学历、兴趣爱好、文化背景以及性别等种种因素的共同作用，我们才获得了我们现在的工作。如果蓝领工人拥有和以相同的机遇和动力，大部分蓝领工人也能够取得成功，或者比那些对他们进行管理的管理人员更为成功。这样的例子举不胜举。想想看，现在不是有多的政治家和领袖人物为他们的卑微的出身引以为豪吗？我们每个人都能够不断发展，完全发挥我们自己的潜力，这也是美国人的梦想之一。蓝领工人在工作能力、智商以及技能方面，同你以前的培训学员是不相上下的。在培训中，你应该对他们表示尊重，并且对他们的能力予以认可。

记住——工人喜欢他们的工作

不要以为这些员工比起其他员工来，更容易对工作产生抵制情绪。我们在一定程度上对蓝领工人都有一种成见，认为他们讨厌他们的工作，只有对他们进行严格地管理，他们才会努力工作，如果他们不是为了谋生，他们就不会做这种工作的。在我所遇见的工人中，没有人不是对自己的工作引以为豪的。我们看见工人做着繁琐的手工劳作，觉得他们很辛苦，因为我们都不愿意从事那种工作。虽然他们的工作可能比其他人的工作要枯燥一些，但是如果你同他们交谈，你会发现，虽然有些工人会对工作或者管理的某些方面有所抱怨，但是他们对自己的工作感到非常的自豪。

就目前的情况而言，很多员工对他们的薪水都很满意，对自己的工作也很骄傲。我所接触过的很多员工其实都很想接受培训的。如果他们的教育背景并不怎么样，他们在开始的时候可能不是很愿意参加培训，但是一旦他们认识到培训的性质和培训对他们的帮助，以及在培训中他们所受到的尊重，他们就非常期待参加培训。乔安娜·彻斯特顿在《揭开蓝领工人的面纱》中写道：

经理和专业人员一般至少接受了16年的教育，才取得了一些成就。他们大部分人对培训都没有多大的积极性。

但是，蓝领工人，经常都对中学或者高中的学习具有非常糟糕的印象，他们当中很多人都对培训具有一定程度的恐惧感。[②]［428页］

但是，要消除他们的这种抵制心理其实并不难，你所要做的就是创建一种与学校不同的学习环境。通过指导，慢慢地提高他们的自信心，并且让他们逐渐肯定自己。

你应该帮助他们克服四个方面的恐惧心理：

1. **害怕大声朗读。**即使是对于那些能够非常流利的朗读的人，需要大声朗读时，仍然觉得有压力。如果在学校里有过这种不愉快的经历，在培训中这种压力就会更为明显。大声朗读，同默读是不一样的，同说话也不同。如果需要使用这种技能，就得进行特殊的朗读训练。
2. **在规定的时间内，阅读、理解归纳并完成书面作用。**对于那些阅读能力有限或者阅读速度很慢的人来说，这种任务是非常艰巨的。如果再加上写作水平差，这种任务就更是难上加难了。我在对培训师进行培训的课堂上，给学员安排书面作业，我经常发现有些学员无法在规定的时间内完成任务。这是一个很大的缺陷。如果学员确实在阅读或者写作方面存在问题，你可以允许他们用另外的方式表达自己，或者给他们额外的时间完成任务。在培训中，你应该帮助他们在完成这些任务的过程中找回自己，帮助他们战胜从学校培养出来的挫败感。

3. **在课堂上发言**。在过去的经历中，他们习惯了保持沉默，而把发言权留给他人。也许在过去的经历中，他们被那些那些高谈阔论的人误解或者嘲笑过。毫无疑问，他们曾经也非常积极的。不信的话，你去小学课堂上看看，你会发现几乎每个人都争着举手回答问题。只是随着年龄的增长，他们学会了沉默。你必须帮助他们克服害羞的心理，给他们机会在小组中对项目和事件发表意见和看法。如果要让他们在公众面前讲话，这种害羞心理就更强烈了。我们每个人多少都有些害怕在公众面前讲话。在培训中，你可以渐渐培养他们在公众面前讲话的能力，可以采取游戏的形式，尽量使游戏有趣些，并保护他们使其不受到伤害。
4. **担心他们的英语写作、英语口语，或者数字方面的缺点被培训师和其他学员发现**。对于那些外国学生而言，这种问题更为明显。他们在语言方面存在一定的问题，虽然他们非常努力并取得了很大的进步，但是他们的语言水平还是同本地人相差很远。他们不希望在其他人面前丢脸，所以他们会采用一些手段来掩饰他们的缺点。即使最后发现他们确实在这些方面存在缺陷，他们还是会尽力掩饰。在第 18 章中，我们会对如何解决工作场合语言方面的问题进行讨论。但是，作为培训师你应该明白，人们害怕被别人评判，所以他们可能会畏缩不前，因此你应该创建一种大家互相接受的学习氛围。

记住：除了工作以外，还有生活

不要以为员工只是在工作中努力表现，一旦他们回到家里，他们就变得懒散乏味，生活苍白。我认识一些年轻人，他们白天整天工作，就是为了能够在晚上尽情狂欢。不过，毕竟这样的人为数不多。对于我们这些受过高度教育、处在管理高位的人来说，我们可能很难相信，其实很多蓝领工人的生活也是非常丰富多彩的。

我认识一位纽约的出租车司机，他是卡耐基组织的主要集资人，他把所有的空闲时间都用来研究古典音乐。在政治运动中积极参与的自愿者，很多都是按班轮换的工人，他们为自己所在的群体争取权利。大部分员工都有丰富的业余爱好。有些人是高尔夫球迷，他们将大部分的现闲暇时间都花在高尔夫球场上，有些人热衷于指导童子军，打板球、回力球，或者参加宗教活动。在我所认识的工人中间，有些人善于从事管理工作，他们甚至能够比他们的主管做得更好。工作之余，有的工人学习进修，有的收集自己喜爱之物，有的创新发明。教堂、社区戏剧社或者集资机构都发现，很多蓝领工人都非常热心帮助他们开展工作。

赢取工人的尊敬

作为培训师，你应该想办法赢取工人对你的尊敬和敬重。不要以为工人会自动尊敬管理人员。工人对管理人员和管理风格作出的评价，往往是最朴实的。工人不会盲目尊重表现糟糕的管理人员，也不会认同一无是处的管理决策。管理人员必须通过诚信、真诚、关怀、工作能力、对公司的热忱、公平以及对他人的尊重来赢取工人的尊敬。具备这些品质的经理和主管往往能够得到工人的尊重，如果管理人员不具备这些品质，就会失去工人的尊敬。

赢取工人尊敬的主要问题在于交流。经理们应该避免所谓的“数学老师综合征”，千万不要想当然地以为你所清楚的内容别人也必然很清楚，不要以为你认为简单的事情对于别人来说也很简单，不要以为你所说的任何内容别人都能够明白。

在 20 世纪 80 年代末期，市面上还可以买到一些吹捧“信息就是力量”之类的书籍。要获取权利，就必须控制信息。现在，如果你的目的是为了获取权利，这种做法也没有错。但是，如果你的目标是为了对工人进行管理和指导，你就应该与工人分享信息。人们需要对他们所处的状况有一个全面的了解，即使是一些与他们工作无关的事情，他们也希望有所了解。我们每个人都有这个特点，我们一开口说话，就会问“为什么”。因此，要想赢得工人的尊敬，你就应该和他们分享信息，而不是隐瞒信息。

考虑工人的特殊要求

作为培训师，你应该考虑员工的特殊需求。如果你的培训对象是按班轮换的员工，你应该明白，一个刚刚工作了八个小时的员工不可能还保持着充沛的精力，他或者她现在已经筋疲力尽了，无法再接受为时八个小时的培训课程。你可以将培训课程分解，将一次课程的培训时间控制在一两个小时之内，或者在开展培训的那一天中，不要让员工工作。对管理人员进行培训时，占用的是他们的工作时间，那么对于工人而言，也应该是这样的。

你还应该考虑到，很多蓝领工人在大部分时间里都是站着工作的，他们已经习惯了站着做事。如果让他们一次性坐上八个小时接受培训，从事八个小时的书面或者口头练习，他们会觉得非常难熬。那么，你应该设计一些机会，让他们能够站起来，并且多进行课间休息，或者设计一些游戏和作业练习，让他们能够积极地参与。

如果你的工人是工会成员，那么你还应该考虑工会的问题。不要同工会作斗争，你注定会失败的。你可以邀请工人代表莅临你的培训课程，有机会的话，你还可以让他或者她负责一部分的培训内容。必要的话，你应该向工会中的相关管理人员请示，看他们是否同意你邀请工人代表参与你的培训活动。在向管理阶层汇报培训进展情况的同时，你还应该向工会汇报有关信息，让他们对培训的进展有一个详细的了解。通过这种方式，即可以避免与工会的冲突，又可以取得培训班中的工会成员的支持。

在培训中，请时刻记住乔安娜的建议，“你讲述的内容，他人不一定能够理解；你认为有趣的事，他人不一定觉得有趣，人们的理解各不相同，这取决于培训师和学员的教育背景、性别、地位以及薪资水平。同时，你还应该注意文化差异，尊重其他人的文化。这样才能在培训师和学员之间建立起信任”。③ ［428 页］

工艺环境中的学习原则

1985 年，纽约大学牙科学学院开展了一项实验。④ ［428 页］过去，一年级的牙科学学生会花四个月的时间坐在教室里学习假牙知识和弥补知识，然后用两个月的时间在实验室学习手术技能。后来，牙科学学院决定先让一年级的学生在实验室学习，再传授他们相关的理论知识。

这些未来的牙科医生走进实验室时，对相关的术语、理论以及背景知识一无所知。开始的时候，他们觉得很迷惑，在操作中经常出错（手术是在模型身上进行的，不是在真人身上）。但是，他们能够很快地掌握相应的手术技能。

在实验过程中怎样在工艺技术培训中赢取工人的信任

1. 提高自身技能，使自己成为这方面的专家
2. 不要以为他们不是经理，所以他们就不够聪明或者没有能力，不要低估工人的智商和学习能力
3. 不要以为他们讨厌自己的工作，很多工人其实非常喜欢自己的工作
4. 认识到你的学员不是只会窝在沙发里看电视，在工作之余，其实很多工人都有非常丰富的业余生活。你应该利用这一点，表示你对他们的尊重
5. 认识到他们并不是自动地尊敬管理人员或者认同管理决策。应该通过实际行动来赢取工人的尊敬，仅仅凭借头衔是无法赢取工人的尊敬的，仅凭培训师的头衔更是无法做到这一点
6. 考虑工人工作的特殊性质或者工人的文化背景。开展培训时，考虑按班轮换的工人的班制问题，让那些习惯了站着工作的工人有机会站着活动，并认识到不同文化的幽默形式和语言差异

实验室学习两个月以后，他们在手术步骤和工具的使用上，已经同其他年级的学生没有多大的差别了。然后，他们走进课堂，开始学习理论知识，研究他们所已经学习过的技能究竟应该是怎样的。他们用不到两个月的时间完成了理论学习，在期末考试中，比起那些使用四个月的时间来学理论知识的学生来，他们的成绩要优秀得多。

在实际操作阶段，他们积极参与，所以他们不仅学会了传统的手术技能，还将理论知识的学习时间缩短了一倍。他们的学习得到了更好的效果，这是因为他们是主动学习的。当对员工进行工艺技术培训时，不管你的培训对象是有希望成为牙科医生的名牌大学学生，还是第一次走上社会的高中辍学生，你所采用的最主要的学习原则应该是“主动学习/被动学习”。

我们已经在第一章中详细地讨论了学习原则的问题，在这里，我从中选择了四个对工艺技术培训至关重要的四个学习原则，你可以围绕这四个原则，组织你的培训课程。

主动学习/被动学习

如果没有实际参与，任何人都无法真正学到知识。有人说："我读了一本很棒的书，这本书讲述了详细的操作步骤。"这无可厚非，但是如果他们没有亲自尝试一下书中所描述的方法，亲自感觉一下每一个步骤，并观察每个步骤的结果，他们就不可能真正知道如何进行操作。如果你不尝试着使用炉子（或者微波炉等），你就无法学习烹饪；你不对某个机器进行操作，你就不知道怎样使用这种机器；你不亲自使用某种工具，你就学不会它的使用方法。所有的工艺技术培训，都应该围绕这些实践操作而开展的。60% 以上的培训时间应该用来进行练习和训练，讲授的时间不要超过 40% 。在培训过程中，你可以参照以下技巧：

1. 首先确定技能目标，然后确定你能够通过哪些实践练习来对学员对知识的掌握程度进行测评，并确定需要安排多少练习和训练才能够使学员达到所设定的水平。在你的培训计划中，应该包括所有这些因素，然后再确定你需要对学员教授哪些知识。
2. 在作课程计划之前，预订练习所需的设备，或者为学员设计模仿练习和工作模式。这样就可以保证，你在课程计划中准备的每个练习都能付诸实践。
3. 如果时间有限，你可以控制培训所涉及的范围。但是，不要减少练习的时间；相反的，可能的话，尽量增加练习的时间。
4. 运用苏格拉底提问方式进行培训。你很可能会对学员给你提供的答案感到吃惊的，所以你应该多多向他们提问。只有当学员不知道答案时，才进行教授和解释。
5. 可能的话，让学员自己去发现具体应该怎样操作，而不是事事都告诉他们。首先让学员自己尝试，必要的时候，再对学员进行指导。
6. 有条件的话，可以采用伙伴体制。让学员互相帮助。

愿意学习和抵制学习

在每种培训中，都可能产生抵制情绪。我们都习惯于安于现状，而培训的主要目的却是为了改变我们现行的行为方式，让我们接受全新的行为方式，所以我们会对培训产生抵制情绪。因此，你必须让技术工人明白培训对他们的作用，站在他们的立场上为他们考虑，这一点非常重要。好在通过在培训中穿插实践练习，你可以给学员一个接受新的操作方式的机会，并且能够让他们看到自己所取得的进步，这样就可以在一定程度上缓解抵制情绪。因此：

1. 如果有机会，尽量在培训开始之前了解一下学员对即将开始的培训有何看法。这项工作应该在培训计划之前几个星期开展，有关需求分析的内容请参看第四章。
2. 提问。如果学员有反对意见，你应该及时进行处理，抓住一切可能的机会疏通学员的抵制情绪。
3. 当学员开展工作时，让他们向你解释他们正在做什么。让他们解释这些操作步骤的重要性。通过谈论自己的工作，可以帮助学员培养主人翁精神。
4. 发挥实践练习的作用。当学员发现自己的进步时，他们就不会再对培训有任何抵制情绪了。

关联性

大部分工艺技术都是非常实用的，这可以帮助学员缓解抵制情绪，并且能够帮助他们在你所希望他们掌握的新技能与他们的已知知识之间建立关联。此外，工艺技术培训班中的很多学员都在其他与工作无关的领域有着某些技术方面的天赋，通过将所要学习的技术同这些工作以外的技能进行对比，学员能够更好地掌握新的技能。因此：

1. 如果你对学员已经掌握的技能不是很了解，你可以参考那些普遍的背景技能。例如，几乎每个人都会开车，大部分人都会某种形式的体育运动，几乎每个人都观看电视（可能看的节目不一样），我们每个人都同家人有着联系，我们都约会过，我们都在餐馆进餐过，等等。
2. 试着在你所建立关联的两种技能中，寻找相似的步骤、顺序或者是关键的概念。如果这两种技能在步骤、顺序或者概念上有着很多的差距，就表示它们两者之间的关联性不强。

3. 关联不一定非得是积极的。你也可以将所要教授的技能同那些不希望员工的技能进行比较，对比的作用可能比比较的作用更大。
4. 让学员举出与所教授的技能相关的例子。

化繁为简

在科技高度发展的今天，大部分的技术培训中都以自己独特的行话或者科技术语，有些行话或者术语是以首字母缩写或者顺口溜的形式出现的。如果展示在学员面前的是杂乱无章的术语或者毫无头绪的操作步骤，学员就可能被吓倒。信息过量能够给学员带来挫败感，使他们对所学的知识失去兴趣。对技术人员进行培训时，你应该简化操作步骤，并对每个步骤做一些提示。在这里，你可以借鉴纽约大学牙科学学院的做法。如果学员对所需的技能有一定的接触，他们就更容易掌握操作背后的理论知识。

● 记住，我们倾向于将每件事情归纳为一定的模式。杂乱无章的信息是没有用处的，你应该将你所要教授的内容组织成简单的、逻辑性很强的、具有艺术美感的模式，这样学员就比较容易接受。你所教授的技能技术含量越高，你越应该对它进行组织。在组织过程中，可以采用创建关联的办法。

● 在复杂的问题上，不要讲述过快。避免数学老师综合征。当你准备转换话题时，给学员一些提示或者警示经常进行复习和总结。

● 让学员自己开展复习和总结工作。提供机会让学员主动学习。

销售领域中的培训

对销售人员进行培训这种做法，很早就已经存在了。在我们意识到了对经理进行培训的重要性之前，我们就已经意识到了对销售人员进行培训的必要性。工业技术培训是在中世纪的行会中产生的，一个人对另一个人传授技能，一代一代传下去。但是，除了这种形式的培训之外，直到 20 世纪 20 年代，才产生了其他形式的培训。随着上门销售的发展，人们意识到了对销售人员开展培训的必要性，一时间销售培训空前盛行。不过，这就是产生问题的一个原因所在。

技术培训课程计划样本

培训对象： 四个学徒水管工人

培训时间： 一小时

培训主题： 热焊铜管

培训目标： 此次培训结束后，每个学徒应该能够：

- 正确地清理铜管表面，为焊接做好准备
- 轻轻地调整焊头
- 正确的焊接防水的铜管接头
- 对以下在对焊接有影响的因素进行描述：渗透性、热力倾斜度以及催化剂的使用方法和作用

准备阶段：5 分钟 给每个学员一截铅管和一截铜管，让他们对每截管进行观察，并思考以下问题：

- 你认为铅管和铜管有什么区别？
- 铅管和铜管各自有哪些优点，哪些缺点？
- 如果我想教授你们一种即省时又省力的工作方法，你们愿意学习吗？

讲授阶段：5 分钟 运用图表、真实的铜管，以及单相交模型，向学员介绍并演示铜管的热动力倾斜性（加热时，由于铜管的周长不同，不同大小的铜管它们的伸缩度也不一样）

利用绳子和装有有颜色的水和杯子，向学员演示渗透性原则（液体渗透进物体，并占据一定的空间）

让学员思考，“渗透性和热动力倾斜度是如何对焊接工作产生影响的?”

演示和实践阶段：20 分钟

- 向学员介绍催化剂及其作用
- 第一步：向学员介绍并演示如何进行焊接，然后让学员练习清理铜管表面，使用催化剂以及对铜管进行干焊接等操作

练习阶段： 30 分钟	● 第二步：向学员演示如何点燃焊头并将其调整到适当的温度，然后让学员进行练习 ● 第三步：向学员介绍并演示热焊的步骤，并创建一个防水接头，然后让学员对这个步骤进行练习 ● 让每个学员焊接三个接头，然后培训师对学员的工作进行检查
评估阶段：	● 给每个学员布置一个与真实的工作环境相似的铜管焊接任务，每个人都应该焊接一系列的标准热焊接头 对学员单独进行指导，当他们的任务完成以后，对他们的工作情况进行检查。最后一道测试是，往铜管里灌进有一定水压的水。

对新雇佣的销售代表进行培训时，培训内容主要包括：介绍他们所销售的产品和服务的有关知识，以及销售这种产品或者服务时所必备的销售技巧。一旦他们掌握了这些基本知识，他们就以为自己掌握了全部的培训知识，认为自己不需要再进行培训了，因此他们抵制其他形式的正式培训。

产生这种现象，主要有三个原因：

1. 销售人员所接受的初始培训不够到位，因为在培训中，没有将培训同他们所工作的真实社会环境联系起来。因此，他们对再培训产生了抵制情绪。他们认为他们所接受的第一次培训完全没有任何效果，因此他们不想再在培训班中浪费时间。
2. 对于那些拿提成的销售人员而言，培训占用了他们挣钱的宝贵时间。
3. 销售人员认为只要他们能够销售足够多的产品和服务，就表示他们工作顺利，他们不需要再接受培训了。当然，如果他们的销售业绩不佳，他们就会说，这是由于他们的运气不好、市场疲软、状态不佳等等，或者是其他的种种理由。

在我的培训经验中，我发现新雇佣的销售员工一般不会对培训产生抵制情绪，倒是那些有了一定工作经验的销售代表对培训的抵制情绪往往是最强的。他们容易产生抵制情绪，除了上面列出的三个原因之外，还有一个关键因素：他们不愿意在同事面前展示他们的技能，或者显示他们技能上的缺陷。销售是一种完全独立的工作，销售代表同客户之间的交流，不管是面对面的交流，还是电话联系，都是私下进行的。而在培训中，培训师会要求他们通过角色扮演的形式展示他们所掌握的技能，许多人都不愿意这么做。

最大的问题存在于模仿练习中。模仿练习也是一种角色扮演，假装是不真实的。但是，他们是销售人员，不是演员。我发现很多有经验的销售专家都在同行面前时，迟迟不肯开始角色扮演。当我坚持要求他们进行角色扮演时，他们往往表现较差，并寻找一些保全面子的理由，或者更糟糕的，表现得像小丑。他们需要保全面子，需要让其他人明白，他们的角色扮演不是真实的，表现的不是他们每天的工作情况。此外，当他们在角色扮演中失败了时，他们更加确定，他们原来用的销售方法更为有效，而他们在培训中所学习的新的销售技巧完全不起作用。这是销售人员对培训产生抵制情绪的主要原因。

对问题的反应

为了缓解学员的抵制情绪，你应该从四个方面着手，虽然这四种措施中的每种方法都有其独特的作用，不过我觉得综合使用这些方法效果会更好。

设定角色扮演的目标和标准。对销售人员进行培训时，在角色扮演中存在的一个主要问题就是，扮演客户的那个学员往往会将课本上学习到各种刁钻古怪的方法都使出来，用来为难不扮演销售人员的那个学员。在你的培训中，千万要避免这种情况。你可以用书面形式，对角色扮演的场景进行详细的描述，为扮演客户和销售人员的学员分别设定具体的练习目标，这样在练习过程中他们就有的放矢。此外，你还应该让扮演客户的学员提出一点或者一些拒绝购买的理由，让扮演销售人员的学员作出真实的、具体的反应。

通过给出详细的书面指示，可以保证学员在扮演过程中使用你所教授的技能，这样就可以起到练习的作用。在练习过程中，你还应该提出一些建设性的反馈意见。随着学员销售技能的提高，你可以进一步加大客户的挑剔程度，使培训尽量接近真实的销售情形。学员进行扮演时，你应该进行适当的控制。

具有真实性。尽量使角色扮演接近真实的情况。可能的话，你可以以真实的客户和销售人员为角色原型，塑造角色形象。通过这种方式，你可以使扮演情形更为有趣，而且对学员的反应要求也比较高。

必要的话，进行角色扮演时，可以模拟客户环境。我曾经尝试着将角色扮演场景设定在模拟的客户办公室或者客户家里，并对扮演过程进行录像，这种方法效果非常好。扮演结束后，我同学员一起观看录像带，并对其中的某些细节问题进行分析，帮助销售人员进一步提高他们的销售技能。

保持自信果断。如果你能够对角色扮演起到很好的引导和控制作用，就可以使角色扮演顺利开展。当扮演销售人员的学员不能应付扮演客户的学员时，或者扮演跑题了时，你应该打断学员。在这个过程中，你应该维护学员的面子问题。你可以问问学员是否还有其他办法可以解决“客户”提出的问题，让全班同学开展讨论，让其他学员提出相应的解决办法，然后再让表演的学员继续角色扮演活动。当扮演客户的学员跑题了时，你也应该打断他们，提醒他们注意角色扮演的规则。只有当学员在角色扮演的过程中集中精力练习所教授的销售技能时，他们才能够通过角色扮演有所收获。

使扮演过程充满趣味性。采用角色扮演的形式时，有两种方法可以激发学员的参阅性：一是让学员以小组的形式参加扮演；另外一种办法就是使扮演活动像游戏一样有趣。让学员以小组为单位参加角色扮演时，你可以让最优秀的销售人员扮演客户的角色，并对他或者她予以适当的引导，然后把其他学员分成几个小组，每个小组扮演一个角色，每次只允许一个学员同“客户”交谈，但是当其他学员有更好的意见或者解决办法时，他或者她可以接替这个学员的位置，同“客户”进行交谈。当然，小组之间可以开展竞争。我觉得这种角色扮演的方法虽然有点不怎么有趣，但是你还是应该对其进行必要的控制，不要扮演人员就会随意发挥，起不到任何学习作用。

我觉得如果使扮演活动以游戏的形式进行，也可以起到非常好的练习效果。在这种情形中，“客户”和“销售人员”组成一组，在游戏开始时每个小组都有一定的基准分数。如果该组在扮演的过程中，使用到了关键了话语或者销售技巧，就可以获取更多的分数；如果一方打败了另一方（“销售人员”成功地卖出了产品，或者是“客户”成功地拒绝了“销售人员”的推销），那么这一方就可以得分；如果某一方没有按照规定行事，就会扣分。在有的游戏中，还要求每组中的成员都应该轮流扮演不同的角色，不然的话，就应该扣分。通过这种方式，你可以激发学员的参与性，即使是那些最害羞

的学员，也会积极参与到活动中的。[5] [428 页]

销售活动中的学习原则

培训销售人员时，你应该着重注意两种学习原则：主动学习/被动学习；甘愿学习/抵制学习。下面我们分别看看这两种学习原则在销售中的应用。

主动学习/被动学习。有些销售培训，经常是以被动的讲座形式进行的。销售经理将下属召集起来，对他们发表长篇大论的演说，并称其为销售培训；有的公司购买了录像带让销售人员观看，也称其为销售培训（关于录像带的正确使用方法，请参考第九章）；有的公司高薪聘请激励咨询师或者运动明星到公司来，发表一个小时的鼓舞士气的话，也称其为销售培训。所有这些方法可能都有一定的激励效果，但是它们都不能称作培训。我们只有通过实践才能真正学有所获。为了对销售人员起到实质性的培训效果，就必须让他们主动参与，而在以上的几种做法中，销售员工都是被动的。

我在前面已经提到，角色扮演是一种激发学员参与的最好的方法之一。但是，除了角色扮演之外，还有其他方法能够激发学员的主动参与性：

1. 尽量使用苏格拉底式提问方法。通过苏格拉底式提问，了解学员的销售经历和特点，不要一味的讲授。
2. 让学员自己思考如何解决问题。在培训过程中，可以让学员以小组为单位，共同讨论问题的解决办法。
3. 不要一味的讲授，而是要提问。问问学员，如何向客户描述产品的优点，不要直接告诉他们，而是让他们自己思考。
4. 让学员以小组的形式确定销售目标，并定义现状。我最近开展过一次非常激动人心的培训课程，培训对象是高级销售人员，培训方式是让他们创建一个市场计划。在培训课堂上，他们以小组为单位进行大脑风暴。两天以后，该公司推出了一项极具独创性的市场计划，这个计划就是那些高级销售人员通过小组讨论而提出的。他们提出了这项非常棒的计划，所以他们迫切想将其付诸实践。
5. 让学员自己设计考题，自己设计角色扮演活动。你可以让学员以小组为单位，通过小组竞争，自己设计考题或者角色扮演活动。
6. 设计案例场景，让学员对同一个客户打一系列的电话。让学员以小组为单位，共同讨论如何完成这个任务。

记住，学员在培训中的参与性越高，他们就越容易将培训课堂上所学到的知识运用到实践中去。

甘愿学习/抵制学习。在前面我已经提到过，销售人员一般都对培训有一种抵制情绪。除了那些我们已经讨论过的抵制培训的原因之外，还有一个原因，那就是他们不愿意改变自己的习惯。其实我们大部分人都有这种倾向。即使自己的习惯并不好，他们也不愿意改变自己已有的习惯，而通过学习去接受新的行为方式。你现在应该还没有忘记我们在第一章中讨论过的抵制的其中形式吧？在培训中你应该积极地应对这些抵制情绪。希望以下方法能够对你有所帮助。

1. **思考这个问题，“此次培训对我有什么好处？我为什么要接受这次培训?”，设身处地为学员着想。**如果销售人员能够认识到培训对他们的积极作用，他们就不会抵制培训了。你可以向他们保证，此次培训将会涉及他们在销售过程中所遇到的各种棘手问题；向他们演示，你的培训能够使他们的工作很为简单。如果学员没有认识到培训对他们的好处，他们就会对培训产生抵制情绪，甚至会低估培训的作用。
2. **必要的话，尽量争取赢得学员的信任。**向学员显示，你对他们是非常了解的，当然不要随便说大话，你只需让他们知道你曾经也处在他们的位置上，曾经也面临着他们现在所面临的问题。如果你没有和他们相同的经历，也不要紧的，你所要做的就是给他们举出与他们的经历相似的例子。在课堂上，你应该向学员显示，为了这次培训课堂，你作了大量的准备工作，此外，你还应该按时开课，转换话题时做必要的提示，并且严格按日程安排行事。这样，学员就会对你产生信任感，他们就会相信你所说的话。
3. **让学员说出他们对你所教授的课程的理解情况，以及理解上存在的疑问。**你应该同学员一起设定明确的学习目标，并且在课堂上，以积极的话语，重申学习目标。
4. **尽量减少改变的程度。**基于学员过去的经历进行讲授，并对那些有着特殊销售风格的学员进行指导。不要强迫他们进行不必要的改变。
5. **创建一些学员有可能出错的销售情形。**在培训过程中，应该防止对学员作出判断、使学员尴尬或者羞辱学员的情况出现，你应该创建一种有助于学习的学习氛围。我经常建议别人使用他们采用的方法，如果那种方法非常有效的话；不过，适当尝试一下介绍的新方法，也是很不错的。让学员讨论一下他们他们对新方法的感觉，而不是他们使用新方法的表现。这样，当他们表现很好时，他们就会认可新方法，并采用这种方法。如果他们开始时对新方法并没有什么好感，你至少不应该简单地对他们的表现作出判断，他们都不希望丢脸。

6. **注意，销售人员对同行都非常的敏感。**在他们的工作中，他们每天都会遭受客户的拒绝，对于这一点，他们在朋友或者同行面前非常敏感。你可以请激励咨询顾问或者同行的领导过来讲话，帮助你创建一个积极的学习氛围。在培训中，你可以让学员讲述他们的销售经历，并让他们做小组领导，让他们自己设计练习任务。如果是小组组成设计的任务，小组成员一般都会买账的。
7. **以强硬的姿态开始培训。**培训开始时，你应该给学员积极的第一印象。销售人员都习惯了采用心理战术，也希望你能够在培训中采用心理战术策略。他们希望自己像销售方面的专家，也希望你能够像培训方面的专家。

最好要提出一点，在我的经验中，我发现那些对培训有抵制情绪的销售人员一般最后都会认可培训的，他们能够比其他人更早地认识到培训的作用。你越早帮助他们消除抵制情绪，学习效果就越好。

零售行业的培训

零售行业的培训有其自己的特点。主动学习和被动学习仍然是一条很重要的学习原则，但是在零售行业的培训中，学员的抵制情绪并没有像外部销售人员那么强烈。这种差别的产生主要在于外部销售人员和零售人员的组成结构不同。根据国家劳工部和美国零售联盟（NRF）发布的消息，零售行业中的每年流转率高达100%。[6]［428页］根据美国零售研究机构（NRF的一个分支机构）发布的消息，零售占美国兼职工作的25%。这些兼职工作人员大部分的年龄都在25岁以下，兼职只是权宜之计，他们一边兼职，一边寻找其他的工作机会；而且，这些兼职工作人员中，60%以上是女性，她们有的没有必要从事全职工作，有的是没有足够的时间从事全职工作。对于三分之一的零售销售人员而言，从事零售只是他们的一个选择之一。此外，据有关统计显示，零售占美国所有工作的40%。

以上信息对培训的启示是非常明显的。这些零售工作人员从事零售工作，是因为他们愿意从事这种工作，他们大部分都是新手，所以他们认识了他们必须通过学习来提高自己的技能。因此，对培训的抵制情绪一般很少。但是，由于这些员工一般都不会在公司里呆很久，所以公司一般都不会为这些员工的培训提供大量的资金。因此，零售人员存在的问题不是抵制培训，而是缺少培训机会。因此，对零售人员进行培训时，培训师应该着重关注学员的士气和学习动机，而不是抵制问题。因此，像麦当劳和沃尔玛等大型的零售企业，经常会在培训中对员工进行激励，其主要目的是为了鼓励员工了解公司的情况，并且更好地为顾客提供服务。

美国零售研究机构的高级管理委员会花了两年的时间研究零售行业的工作技能标准。该委员会的组成成员包括许多知名企业的零售巨子以及政府、教育界和劳工部的有关代表。

该委员会所确定的零售行业的工作技能标准包括六个部分，每部分都展示了优秀的零售工作的最低要求。这六个部分分别是：

1. 提供个性化的客户服务的技能，其中包括人际交往技能、礼仪以及应付情绪化的客户的技能等等；
2. 销售并推广产品的技能，其中包括提问、倾听、强调产品的优点、交叉销售、应付客户的拒绝、结束谈话以及发展将来的客户关系等基本销售技能；
3. 监控库存情况的技能，其中包括记录和组织等技能；
4. 维持店面形象的技能，其中包括展示、安排、穿着以及形象等；
5. 保护公司的资产的技能，主要是指处理碰撞事件、设备操作以及数学技巧等；
6. 发挥团队协作精神的技能，主要是指创建团队以及激励培训等。

在培训过程中，你应该特别针对以上每部分的技能对学员进行培训。但是，该高级管理委员会同时还提出了一些零售人员应该掌握的基本技能：

- 阅读和理解
- 算术和数字技能

- 倾听技巧
- 清楚明了的写作技能
- 基本的现金登记技能，以及计算机操作、电话使用等技能
- 团队协作精神
- 培养积极向上的态度
- 良好的礼仪
- 诚信可靠
- 敢于尝试
- 树立自信心

以上讲述的都是零售技能。你可能已经注意到了，在对零售技能的探讨过程中，我们着重强调了个人发展和激励技巧。在培训中，应该让学员在实际的环境中对这些技巧进行练习，你所设定的练习环境越真实，学员就越容易将所学的技能应用到实际工作中去。例如，Broyhill 公司在对销售人员进行培训时，练习环境就设在一个展示厅中，展示厅中展示着该公司销售的所有家具，这些家具按照实际销售中的情况进行摆放，这样做就是为了让学员具有真实感，更容易将所学技能运用到实际销售工作中。

小结

在这一章中，我们首先探讨了一下培训师对技术工人和蓝领工人的态度，以及这些工人对培训所持的态度。接着我们分析了这些态度产生的原因，并且讨论了如何克服某些不良因素的问题。然后，我们讨论的问题是，如何将学习原则应用到技术培训中，如何赢取学员的信任，如何在培训中创建标示，以及如何激发学员的主动参与性。我们还讨论了对培训的抵制问题，以及如何缓解学员的抵制情绪。

关于销售行业的培训中，我们首先讨论了销售培训的两大主要任务：一是主动学习，而不是被动学习；二是消除学员对培训的抵制情绪，使学员甘愿接受培训。我们还特别针对零售行业的培训，探讨了零售行业的从业标准。

在本章的最后部分，我们提供了两份课程，一份是针对技术培训的（见本章前半部分），另一份是针对销售培训的（见下页）。

销售培训课程计划样本

培训课题： 产品的特点、优点以及对客户的益处

培训时间： 一个小时

培训对象： 20 个销售代表

培训目标： 此次培训结束之后，学员应该能够做到：

- 解释人们购买的原因；
- 比较并对比产品的特点、优点以及对客户的好处；
- 思考产品对客户的好处；
- 在角色扮演中陈述产品对客户的好处。

准备阶段 12 分钟：

- 提问："我们为什么会购买我们所购买的产品？"
- 提问："谁最近购买了大型家用电器？汽车？房子？"
- 选出两到三个学员，让他们讲述一下他们自己的购买情况。
- 提问："你所购买的原因是什么？你所购买的产品有什么优点促使你作出购买的决定？"
- 对于该问题的答案，回答应该是诸如风格、容量、颜色、价格、售后服务等方面的优点。
- 提问："你是不是真的由于产品的风格、容量、颜色、价格、售后服务等方面的优点而作出购买决定的？是不是因为你购买了某种风格独特的产品，你就觉得自己很时尚了？"

讲授阶段 5 分钟：

向学员解释，产品或者服务的某种特性也会促使我们作出购买的决定。正是由于这些特性，我们才作出购买的决定的。

练习阶段 10 分钟：

- 将所有成员分成四人一组
- 让每组研究对策，并列出：

-我们产品或者服务的特性
-这些特性在同类产品中给我们带来的销售优势
-这些特性对客户的用处

讲述阶段 18 分钟：

将讨论结果在活动挂图中展出。让小组中每个成员提出一点，直到他们想不出更多的点子为止。

练习阶段 24 分钟：

- 将所有成员分成两人一组

让每组讨论产品或者服务对客户的益处，并写出来
（每个小组必须提出两到三点益处）

	● 利用讨论出来的措施进行角色扮演，每组成员交换扮演客户和销售人员的角色
评估阶段 15 分钟：	（与以上练习同步进行） ● 倾听每组的讨论情况，并提供适当的反馈意见

练习

1. 列出针对技术人员进行培训时，赢取学员信任的5种技巧。
2. 撰写教授某种工艺技能的课程计划。记住课程计划中，讲授和练习的比例应该维持在60/40左右。完成课程计划后，将练习时间增加20%。
3. 设计一个角色扮演的场景。设计“客户”和“销售人员”的品性、背景以及观点，并为每一方确定关键的要求和目标。列出在角色扮演中将使用的主要短语以及关键技巧。

第四部分

培训管理

简介

这一部分主要讲述的是培训经理可能会遇到的问题，不管他们负责大型的培训部门，还是负责对单个人进行培训。我将培训经理所面临的问题分为三大类：管理培训部门（例如：时间安排、预算以及管理下属等等）向管理阶层和其他部门推行培训计划与外部的咨询师、其他部门、管理者以及下属员工进行协商交流。作为一名培训经理，不管是资深的培训经理，还是新上任的培训部门负责人，这些技能都是必须掌握的。实际上，这部分的内容主要就是列出了培训经理的职责范围。

本章所采用的方法同本书的其他章节是保持一致的，尽量提供一些指导性的信息，而且避免复杂的讲述。虽然掌握以上技能还有其他的方法，但是没有什么方法比正常的操作更为有效。

在第 15 章中，我们讨论的主要是对员工和资金进行日常管理的问题，其中会涉及对某个研讨会或者培训项目作普通的预算和精确预算的方法。在这一章中还包括不同培训任务的详细分类、员工（即培训部门的培训师）表现水平的评估，以及目标管理的形式等等。此外，在讨论赫西和波兰查德的培养员工技能和能力的情景领导体制的同时，我们还探讨了对下属进行评估、激励以及批评的具体方法。

第 16 章主要讨论的是如何为你的培训项目在公司的发展蓝图中争取一席

之地，以及如何在公司中保持良好的形象。因为培训项目的推行对书面交际能力要求很高，因此在这一章里我们还介绍了有关的写作知识。

第 17 章主要讨论的是谈判的一般原则，并将这些谈判原则运用到实际的谈判情形中，例如，同外部的咨询顾问、下属或者同行进行谈判协商等等。本章认为，谈判受到不同的变量的影响：时间、信息和权利。本章还提供了一系列的问题，可以帮助你为谈判做好准备，另外，本章还列出了一些具体的谈判技巧，可供你参考。

这一部分的知识可以作为你的培训工作的参考，也可以作为对基本技能进行培训的教材。你还可以采用本章的内容对培训部门的员工进行培训，使他们更好地完成自己的培训任务。

第十五章

对培训部门进行管理

管理的职责主要可以分为三大块：物理资源管理、人力资源管理和财务管理。大部分经理都只是擅长于其中的某一种管理或者两种管理，而认为另外的一种管理无足轻重。只有当他们有时间的时候，他们才会想到去应对这种管理。在第 11 章中，我们已经讨论过物理设置的重要性。作为培训师，人力资源管理是你的主要工作。大部分的培训师都将精力放在这两种管理上，而对于财务管理，只是在作预算的时候，才会考虑到。这一章即讨论了人力资源管理的有关内容，还探讨了财务管理的有关问题，并且是以财务管理开始的，因为我们经常忽视财务管理这个问题。

对财务资源进行管理

作为经理，你是不是经常忽视培训的财务方面的知识呢？在培训中，你其实完全不应该忽视财务管理方面的知识的。对于财务人员而言，培训人员是一种额外的债务，是公司额外的开支。没有什么比精心地分配财务资源更能赢得财务人员的尊敬了，这是发展政治伙伴的一种很好的方式。

实际上，预算对你有很多益处的。通过预算，你会对现行的活动进行分析，并且清查库存，并将你的注意力集中在将来和对将来的策划中。预算结果还可以作为对你自己的表现和下属员工表现进行评估的参照点。预算还可以激励你设定目标，并为实现目标而付出努力。预算将你的注意力集中在最重要的事情上，还可以促使你对将要发生的事件采取及时的行动。[1] [428 页]

你首先要认识的到的是，其实每个人都有能力作预算的。进行预算的难点在于，你的预算是否能够反映显示情况，并为将来的需求作出准确的计划。

开展预算的益处

- 促使你对现行活动进行分析
- 使你集中注意力对将来进行策划
- 提供对你和员工的表现进行评估的参照点
- 激励你达成设定的目标
- 使你将主要精力放在最重要的事情上
- 使你作出及时的行动

计算一下，如果你的预算中包括了一些不必要的内容，你的预算结果就是无用的。因此，进行预算的第一步工作是收集准确的信息。

你所收集的预算信息应该能够回答以下三个问题：

1. 过去培训的成本是多少？
2. 公司的现行状况是怎样的？
3. 你想达到什么目的？

基于前两个问题的答案，你能够确定达到目的需要作出多少的努力。

预算中应该包含两种类型的成本：固定成本和可变成本。每种预算形式中都会考虑到这两种类型的成本，但是侧重点不一样。如果所发生的主要是固定开支（例如，工资、管理费用、设备抵押、材料成本以及维修成本等等），那么你最好采用固定成本预算。但是，如果所发生的成本中涉及大量的可变成本（即，新设备的购买、课程包的购买、聘请咨询顾问、场地租赁以及设备租赁等等），那么你最好采用可变成本预算的形式。

固定成本预算

固定成本预算主要有两种形式，第一种是计划、编程和预算；第二种是零起点预算。

计划、编程和预算形式。采用这种方法进行预算时，涉及五个主要的步骤：

1. 确定并分析你的目标。你可以追踪调查去年员工的表现情况，并将其同现行的表现水平进行比较，确定你希望在下一个年度中达到哪些变化。
2. 分析每个目标对公司的价值。你可以从节省的资金或者增加的盈利的角度，列出每个培训目标对公司的益处，即展示每个目标对公司的影响作用。
3. 利用步骤 1 和 2 中所得出的结论，对今后几年内（比如说 5 年内的）的总开支进行预测。
4. 列出达成你的目标的所有途径，并对这些途径进行分析。这一步非常关键，它可以帮助你说服管理人员接受你的预算，并且认可你的培训计划，还可以鼓励你作出持续性的计划。此外，如果你所提出的方案没有被认可，你还可以采用这些途径中的其他方案。
5. 将资金方面的数据转化为临时成本和总成本。如果这些都得到了管理层的认可，那么就可以将这些资料当作你的预算。

零起点预算形式。20 世纪 70 年代，由卡特组织兴起的。这种预算方式是指，假设在过去，预算是以零为起点的。你可以按照以下简单直接的步骤进行操作：

1. 将所有的活动按决定分成几块，即，确定并列出所有的活动，然后将相关的活动放在一块。
2. 对每个活动模块进行分析，并按其重要性进行排序；
3. 根据你的排序情况合理分配资源。如果你想完成所有的活动，开支就会增加，所以你应该优先完成最重要的活动。

这种预算形式要求你确定活动的优先级，然后根据活动的优先级分配资金。优先完成最重要的事情，那些不重要的事情如果完不成，后果也不大。

可变成本预算

固定成本预算所存在的最大问题就是，它不能处理突发事件。可变成本预算可以处理突发事件，不过其准确度有限。使用可变成本预算这种形式时，你可以采用四种方法：

1. 直接估算
2. 最小值－最大值
3. 相关标准
4. 单位成本

直接估算。直接估算主要是指对突发事件的成本作出计划，你根据过去年度中的成本情况对将来可能发生的突发事件的成本作出估算。如果你所在的公司还处于起步阶段，没有过去年度可以参照，你可以参照行业标准，使用你的培训网络中的数据，或者是你所在的公司与培训部门相似的部门的信息。你可以对突发事件的成本估算出一个大致的范围，而在预算中取该范围中的最大值。例如，有些城市的政府部门经常使用这种方法对铲雪工作的成本作出预算，如果某年降雪量小，铲雪资金可以结转到下一年度。

最小值－最大值。在这种方法中，针对可变成本，你需要创建两种预算：维持现状的最小成本，以及允许你有一定发展空间的最大成本。你汇报上去的是最小成本，不过如果条件有变，你可以支出最大成本。每月运行开支的计算，就是将最大成本和最小成本的差值除以浮动率（例如，变化程度、培训费用、旅行成本，或者是公司外部场地租赁费用等等）。最小成本是开支的基准线，最大成本是上限。

相关标准，或者历史标准。相关标准是可变成本预算最常用的方式。首先你先计算出每个月的开支，然后将每个月的开支同上一年度同月份的开支进行比较，在比较过程中，考虑你所希望达到的改变。这种方法的理论基础是，虽然每个月的开支不同，但是不同年度同月份的开支应该是不变的。当然，有时候情况并不总是这样的。

单位成本。相关成本的一种变体形式就是将所有的成本以单位成本的形式进行计算。对于培训而言，单位成本就是指每个学员的培训成本。开展预算时，你可以将过去的每个学员的培训成本乘以你将要培训的人数，这样就可以得到总的培训成本。采用这种预算形式还有一个作用，那就是对学员的到课情况进行检测。公共研讨机构、广告代理商以及采用邮寄的方式进行市场调查的公司都经常采用这种方式进行预算。

关于预算的一些建议

以下关于预算的一些建议对于新上任的培训经理会非常有帮助的，对于那些经验丰富的培训经理也能起到一定的借鉴作用：

1. 将预算工作分为每周、每月和每季度的预算，详细列出各种开支。这样，如果某个月份开支过高，那么这个月的开支就可以通过某个开支较低的月份得到平衡。
2. 通过设定临时目标，利用历史数据对某个预定时期的开支进行预测。不过，在此过程中，还应该不断对历史数据和临时目标进行调整，并从中发现开支的变化趋势。进行长期的预算时，这种方法尤为有效。
3. 将主要目标转化到这些临时的目标中去。例如，如果将购买设备的开支分散到每个预算期中去，那么在年度预算中，这些设备看起来就不是那么昂贵了。
4. 考虑租赁和购买对预算的影响。进行这项工作时，你可以求助于公司的会计人员或者采购人员。购买是一次性的、变动资金支出，而租赁是预算期内的经常性的固定开支。

项目预算

到目前为止，我们讨论的都是部门的预算问题。除了部门预算，还有一种非常重要的独立预算形式，那就是培训项目预算。开展项目预算时，你需要收集两方面的信息：直接培训费用和公司成本。（具体的成本问题请参考第四章。）第一种成本经常被称为显性成本，第二种被称为是灰色地带成本和隐性成本。至于你在预算中主要包括哪种成本，则取决于你预算的用途。

显性成本。不管在哪种情况下，你首先要考虑的都是显性成本，即培训预算。显性成本是最简单的预算形式，指的是你所在的部门在某个特定的培训项目中所有开支的总和。为了便于比较，你还可以将这个总成本除以培训学员的人数，这样你就可以得到人均培训的单位成本，你可以通过这个数据来比较不同培训方式的成本高低，向公司提供培训所需的最低开支，还可以引起公司对部门预算增加的注意力，等等。

显性预算主要包含以下变量：

- 启动新的项目
- 开展评估
- 准备并且分发给学员培训资料
- 创建新的视听教学手段
- 获取外界资料（例如公司外部的咨询顾问或者培训课程包等）
- 租赁外部设备
- 提供培训现场或者培训后服务（例如提供茶点等等）
- 培训师的旅行费用

灰色地带成本。这些开支一般不会出现在培训部门的预算中，但是它们是公司预算应该考虑的重要内容之一。灰色地带成本存在于那些输送人员参加培训的部门或者分支机构的预算中，主要包括以下内容：

- 受训学员的旅差费用（包括交通、住宿、饮食以及娱乐费用）
- 因培训而占用的受训学员的工作时间

隐性成本。这些成本主要发生在维持培训的过程中。例如，开展一项研讨会，既包括实际的培训工资，也包括研讨会的准备费用。此外，培训的空间成本（如暖气、水电等费用）也是公司总成本中应该考虑的内容。公司的财务部门对这些成本进行着监控，因此你也不应该忽视这种开支。

为了便于比较，在所有的培训预算中，一般都包含每个受训成员的单位成本。是否在成本中包括灰色地带成本，则取决于你的预算的用途。如果你的预算是要给经理过目的，灰色地带成本对于他们而言是不可小觑的，那么你就千万不能漏掉了这种成本。但是，如果管理层是关注大型的开支，那么你就可以忽视这种成本。

隐性成本一般只对培训部门有影响，对培训部门以外的其他部门没有直接影响。但是，为了为所有的开支正名，特别是当你处在公司减少开支的运动之中，那么你不能忽视了维持培训的费用。如果能够将这些成本（显性成本、灰色地带成本、隐性成本以及总成本）同没有开展培训的成本进行比较，那么就会非常有说服力。

人力资源管理

人力资源指的是那些替你工作的人。在本章剩下的内容中，我们主要探讨的是人力资源的管理问题，旨在为人力资源管理中存在的问题寻求一些解决方法，并为那些有经验的培训经理提供一点借鉴。

进行人力资源管理，需要对以下过程进行监控：如何让员工完成工作任务，鼓励员工热爱他们所从事的工作，并且提升员工的技能，使他们能够更好地为公司工作——总之，人力资源管理的最终目的就是为了让员工能够进行自我管理。人力资源管理的第一种职能往往被称为人事安排；第二种职能包括两个方面，业绩评估和员工激励；第三种职能指的是员工发展。下面我们依次探讨以下人力资源管理的这三种职能。

人事安排

简而言之，人事安排就是指劳动力分工。[②] ［428 页］如果某项工作过于复杂，单凭自己的力量无法完成，或者是你预料到自己可能无法单独完成这份工作，那么你就应该考虑雇佣一个或者多个下属来分担某些工作任务。作为培训经理，你的任务就是协调并且控制员工的工作，即了解他们的工作分工和工作进展。

什么时候应该考虑雇佣人员？这个问题的答案取决于你需要雇佣人员完成什么工作任务。在培训中，存在 12 种工作。在大型的企业种，可能许多员工共同完成某一项工作，每一项工作都有一个经理或者主管；然而，培训经理往往是雇佣员工或者咨询顾问来完成一项或者多项工作。

许多培训师都身兼数职，只要在那些大型的企业中，培训中的 12 种工作才有可能每一项都成为一种独立的工作职位。但是，当你考虑雇佣新员工或者给现有的员工分派工作时，你应该将这 12 种工作的每一项工作都当作是一项独立的工作任务。

培训中的 12 种工作分工

1. 技术培训
2. 销售培训
3. 主管培训
4. 管理培训和行政技能提升
5. 教学体制设计
6. 内部咨询
7. 人力资源计划
8. 职业发展
9. 培训行政管理
10. 视听教学手段管理
11. 结构优化发展
12. 培训管理

技术培训。技术培训主要是指向技术人员传授技能，这些技能涉及的范围很广，从安排培训或者重型设备的操作到文字处理，从出纳培训到电话技巧和计算机操作技能，等等。这些技能都是公司运作的基础，主要针对初级员工、办公室职员、有经验的员工以及生产员工。在第 14 章中，我们已详细地讲述如何开展技术培训。技术培训往往是整个培训项目的核心内容。如果培训项目比较大，你最好将整个培训任务按培训对象所从事的工作进行分类，例如，分为办公室职员培训、生产员工培训以及客户服务培训等等。

销售培训。销售是一种第一线的技能，需要直接同客户进行沟通，同时也是一种专门的技能（见第 14 章）。在很多情形中，一个市场决策就可能导致很高的员工流转率。因此，大部分对销售工作依赖性很强的公司都会对员工进行定期的销售培训。在现实情况中，销售培训往往由销售部门自己完成，他们认为只有销售代表才能够教授销售技能。你可以雇佣一个销售专家来解决这个问题。

监管培训。有些公司大力鼓励员工的发展，不过那些坐到主管位置的熟练员工可能对主管职能一无所知。因此，需要对他们进行这方面的培训。关于这个问题，我们已在第 12 章和第 13 章进行详细的讲述。你可以依赖于某些专业的服务机构，例如美国管理协会，该协会有一门课程就是专门针对那些初次接触主管工作的员工的。但是，如果你所在的公司机构庞大或者存在特殊的监管问题，那么最好不要依赖于外部的培训课程。

管理培训和行政技能发展。员工成为经理以后，为面对新的问题和新的责任，因此，有必要对经理进行培训，在培训中开设预算、策划、体制设计、目标管理、演讲技能和谈判技能等方面的课程。随着管理等级的增加，受训学员的人数就会减少，所开设的课程也可以减少。在这种情况下，你可以聘请专业的服务机构或者咨询顾问。

教学体制设计。有些培训师可能需要设计和撰写新的培训项目。本书的第二章主要就是针对的培训项目的撰写的。在大型的培训组织中，新项目的策划就是一种全职的工作；不过在小型的培训机构中，一般是让培训师停止固定的工作来完成这项工作，或者从公司外部聘请咨询顾问。

内部咨询。在有些公司里，培训部门的财务体制正在向以利润为中心的方向转化。这样，培训部门的职责就相当于一个咨询顾问，为其他部门设计培训项目，并且提供培训服务，而其他部门则需要向培训部门支付相应的培训费用，这样培训部门就有利可图。在这种体制中，需要有人扮演联络官、销售代表、市场策划员、需求分析师的角色，一般情况下，这个人就是培训项目设计师。

人力资源策划。本小节讲述的就是人力资源管理的问题。此项培训工作包括长期的人力资源策划和整个公司的人事安排，还涉及薪资标准、工作时间、公平就业机会条例的执行以及福利待遇。

职业发展。职业发展是培训行业中一个相对比较新的分支，主要是指帮助未来的管理者实现他们的职业目标，包括为这些未来的管理者提供一个学习的机会，并且创建对他们进行筛选和考核的评估标准。

培训行政管理。培训行政管理主要是指培训课堂的运作、培训课程安排和培训人事安排，以及学员的登记等事项。如果你一年只对三个学员进行培训，这项工作就非常简单；但是，如果培训对象非常复杂，这将是一项繁杂的工作。一般情况下，这项工作由一名监管人员来完成，他或者她也许还不是一名熟练的培训师，但可以从事培训的监管工作。

结构优化发展。从事这项工作的人都是促进变革的专家能手。当公司需要开展一项全公司的变革时，最好聘请一位复制的结构优化发展专家，他或者她的工作就是对所需要的改革进行策划和监管。结构优化发展专家还可以策划一些不受欢迎的变革，例如新的工作制度、裁员，或者购进新的节省人力的设备等等。

培训管理。开展培训管理的人员往往是指培训的负责人，他或者她全权负责培训的策划，培训的协调工作以及培训的人事安排。根据培训机构的规模以及培训工作对公司的重要性，这个职位可能是一线经理或者主管，也可能是第四层或者第五层的高级管理人员或者副总裁。培训经理全权负责所有的培训工作，其他的所有培训人员都必须向培训经理汇报工作。

评估

评估，是人力资源管理的第二种职能，这项工作对于管理层而言是一项繁琐的小事，而对下属而言测试一项考核。其实，这两种定位都没有道出评估的实质。雇佣下属，是为了帮助你完成某些工作，这样你就可以有精力去做其他工作。如果下属对他们所从事的工作并不擅长，那么你就需要花费很多时间来帮助他们纠正工作中的错误或者重做他们的工作，这简直就是自欺欺人。评估的主要目的即使为了测评下属的工作表现，并提供积极的反馈信息，鼓励他们提高自己的工作技能。当他们对自己的工作表现有一定了解之后，他们能够更好地进步；当你对他们的工作表现有了了解之后，你就会对他们的工作能力有了更深刻的认可和肯定。

为了对员工的工作表现进行评估，你首先需要明确这项工作所包含的具体内容。当然，你的分析没有必要像正式的任务分析（见第六章）那么详细，但是你需要将每个下属的工作分解为具体的工作任务，然后将这些工作任务进行分类，以便对他们的业绩进行评估，将他们的表现分为不同等级，从优秀到不可接受。在这个过程中，你首先应该分析每项工作任务所涉及的职责和行为，建立评估标准，然后确定每项工作任务的预期表现，即业绩标准。

开展这项工作时，你最好同下属一起工作，这样他们就可以接受你所设定的业绩标准和评估结果，不会产生不满情绪。这样，就可以从工作需求、而不是个人表现的角度，来看待评估过程。当评估的核心是放在工作需求上时，就可以避免产生主观的人际纷争。

设定了工作要求之后，下一步你应该确定：多长时间对下属进行评估，采用何种方法或者尺度对下属的表现进行评估，以及如何处理你所收集的信息。对下属进行评估的频率往往取决于：

- 你的下属的成熟度（见本章后面关于发展的章节）和你想要提高下属能力的积极程度；
- 评估工作的时间限定；
- 公司政策（如果公司有关这方面的政策）；
- 许多公司一年对员工进行一次评估，而有些公司则是半年一次。如果你非常积极于下属技能的发展，你可以增加评估的频率，每六个星期或者每个月开展一次评估，至少每季度一次。

评估方法取决于你所设定的业绩标准。一般情况下，你可以设定下属的工作标准，并且对下属的工作表现作有记录，这样就可以对他们不同时期的表现进行比较。一般在评估中会考察以下内容：[3] ［428 页］

- **个人品性。**个人性格包括主动性、领导能力、积极的态度以及竞争的态度等个人品质。你应该确保员工的每项品性都与工作直接相关。
- **工作表现行为。**工作表现行为主要是指工作所需要的技能。你的下属是否能够很好地掌握这些技能？你可以依据所设定的标准对下属的表现进行测评。
- **工作业绩。**有时候以积极的态度和正确的方法去完成工作是不够的，工作业绩是你进行评估的重要标准之一。

设定标准的方法。在给员工表现作出评估时，一般会使用到以下四种方法：

1. **比较标准。**使用比较方法设定家评估标准时，我们将每个员工的表现同他或者她的同事进行比较，划分等级。在每个工种中，都会有表现优秀的员工、表现一般的员工和表现较差的员工。学校的评估体系采用的就是这种方法。诸如业绩奖金和销售竞赛等激励性的活动中，也经常采用这种方法。那些表现出色的员工获胜，而那些表现较差的员工则无法获得奖励。
2. **绝对标准。**使用绝对方法时，由公司或者管理人员设定员工的表现标准，在设定标准的过程中，有时候也会有员工的共同参与。所设定的标准是员工工作的客观描述，通过测评员工的表现是否达到了或者超过了所设定的标准，来对员工进行评估。培训目标（见第二章）就属于这种类型。在学校的考试体系中，有时候会设定及格和不及格的标准，采用的也是这种方法。在这种方法中，存在两种类型的标准：

- 定性标准测评的是员工在真实的或者模拟的条件下工作表现的正误。员工在实际工作中严重的失误或者突出的表现都会被记录下来，进行分析；而模拟条件下的表现则主要是发生在公司定期开展的培训活动中（例如，火警演习、飞行演习、战争游戏或者角色扮演等）。这种条件下的评估主观性很强，但是明确设定的标准使得这种评估非常有意义。你可以在培训部门中采用这种评估体系，我们将会其进行详细的讨论。
- 定量标准是指员工应该达到或者超过的明确的目标。这些标准同体育竞赛中的评分标准有些相似：时间、速度或者是运动员力求打破的记录；销售配额有销售经理设定；而入学分数则有学校或者大学设定。实际上，定量标准就是指员工力求达到或者超过的水平或者标准。

3. **设定目标**。在这种方法中，采用一种称为“目标管理”的体系，在这种体系中，员工和经理共同设定员工在限定的时间内应该达到的业绩目标。④ ［428 页］ 工作标准是达到这些目标的一种手段。最终的评估将在限定的时期结束时开展，通过衡量员工是否达到了所设定的目标，对员工的业绩进行评估。如果将这种方法同绝对标准中的定量评估方法结合起来，将会非常有效。实际上，当你想通过培训改变学员的某些行为方式时，你就可以采用这种方法。你首先确定你的目标（即培训目标），然后对学员进行培训，培训是否成功取决于培训结束后是否达到了所设定的培训目标。对于培训经理而言，这是最简单的评估方法之一。
4. **直接参数**。在第二章和第五章中，我们讨论过这种方法，培训师在衡量自己是否达到了情感学习目标的时候，就是通过这种方法来测评自己培训的有效性的。⑤ ［428 页］ 在这种方法中，你将态度同具体的工作表现联系起来，然后对这些具体的工作表现进行观察。旷工率、流转率、销售额、客户投诉以及员工的时间安排等参数都可以反映员工的工作态度。

基于行为表现的测评尺度。讨论绝对标准时，我提到了定性测评方法。这种方法既有激励的作用，也有评估的作用。这种方法被称为BARS，BARS是其英文首字母的缩写，也是对这种评估方法的最好描述。

为了涉及一种培训中使用的评估体系，你首先需要涉及一张考核表，通过考核表，可以客观地、定量地测评员工所应该达到的行为标准。为了做到这一点，你需要：

- 将反映员工表现水平的行为方式、特性或者特征等参数分离出来。
- 将以上参数进行简单地排列，或者设计一种对这种行为方式进行评判的尺度，例如，“总是如此”、“经常如此”、“有时如此”、“很少如此”、“几乎不”，或者“从来不”。

通过以上尺度或者考核表，你可以测评员工的表现是否达到了你所设定的标准。虽然你所作的观察并不是完全客观的，但是你所设定的标准是客观的，而考核尺度是基于你的工作表现标准的，而不是基于主观判断的。

BARS体系（基于行为方式的测评尺度）在对员工进行评估的基础上，对员工还有激励的作用。因为你是通过一个标准对下属进行评估的，所以在这个标准的设定过程中，最好让员工共同参与。如果他们参与了标准的设定，他们就不会对标准的公平性产生怀疑。此外，采用BARS体系，你设定的不仅仅是一个标准，而是一系列的、不同层面的行为标准，每个层面的行为标准都高于其下一个层面的行为标准。最终你会得到以下BARS层面：

- 反映优秀表现的行为方式
- 反映极度良好行为的表现方式
- 反映良好行为的表现方式
- 反映一般行为的表现方式
- 反映几乎达到一般行为的表现方式，即还有待进一步提高的表现方式
- 反映比一般行为很多的表现方式，还需作大量的提高和改进
- 反映不可接受的表现行为方式

以上所有尺度都是员工行为的表现水准，员工可以按照这个尺度进行努力。在尺度的设定过程中，你应该同时使用积极的和消极的描述，并且同员

工一起设定标准。为了让这个尺度成为所有员工的工作标准，你也可以参照其他部门下属的表现参数，并且不断地对这个尺度进行调整，直到所有员工都接受这个评估尺度。一旦所有人都认同了这个评估尺度，你就可以同每个培训师协商，让培训师选择其中一个层面的标准。对培训师进行评估时，只需要测评其是否达到了所选择的 BARS 层面。

BARS 体系的关键是线形的描述员工的表现水准。BARS 表现水准的撰写与培训目标的撰写很相似，应该做到以下几点：

- 有具体的行为表现的例子。
- 有真实的行为表现的例子（尽量避免“好”、“可以接受”等定性的形容词和副词）。
- 有可测量的、可观察的行为方式；避免“知道”和“了解”等假设性词汇。
- 采用描述性表述，而不是规定性表述；对行为方式进行描述，而不是号召员工多长时间应该进行一次这种行为方式。
- 中性的；对行为方式进行具体的描述，但是不要设定对员工工作的要求或者表现限定。

在 BARS 层面的描述中，不要使用“培训师行动自如，有很好的仪态，大部分时间身势语言比较生动”等表达方式，这种表达方式太抽象了，而且采用了过多的修饰语。相反的，你应该这样描述：“培训师没有懒散地在课堂上走动，他或者她在课堂上笔挺地站立，他或者她做手势时，两手都在腰际线以上，双臂张开，手腕有力。”

设定目标。BARS 也可以作为一种促进员工发展的工具。BARS 与管理目标相吻合，是促进员工发展的成功的体系，BARS 在最近这些年里，非常受欢迎。[6]［428 页］BARS 体系与员工的表现相关，而不是规定员工应该怎么做。也就是说，BARS 体系着眼于最终的表现结果；其基于这样一条原理：结果可以反映方法。经理和员工共同设定员工应该达到的表现水准，为了达到所设定的表现目的，员工可以采用任何方法，而他们是否成功，则取决于最终的结果。

目标管理是一种非常使用的管理方法。这种方法表面上看非常的机械，其实当你意识到在这种方法中，最终的结果往往是积极的行为目标和技能目标时，你会发现这种方法其实非常人性化的。在我多年的培训体验中，我发现如果与项目任务结合，这种方法最为有效：即设定一个既定的任务，由经理和下属共同确定这个任务的最终结果；设定一个时间限制，管理层保证在任务的完成过程中提供必要的资源；而员工则保证在规定的时间期限内，顺利完成工作任务。这个协议是双向的：管理层负责提供资源，而员工则负责完成任务。

在前面我已经提到，开展评估活动的频率取决于公司的标准、员工的积极性、工作的发展性质以及管理层和下属的需求。基于某项任务对员工进行评估时，评估可以在任何时间开展，而基于整个工作进行评估时，最好是一年一次。最终的评估标准可以基于员工的自我提升程度、BARS 尺度或者直接参数。

激励

我已经提到过，这一章主要是针对新上任的培训经理的，并对那些有资深的培训经理提供一些思考的方向。因此，我只想涉及激励的一两个方面。关于激励，最重要的一点是，不管你所在的部门是否有正式的激励体制，你每天都需要对自己、对下属进行激励。人们需要对他们所从事的工作有一个良好的感觉，如果工作中不满意的地方超过满意的地方，或者是当他们没有得到必要的认可时，他们就会感觉不自在。下面我们就从满足感和个人认可的角度看看激励的问题。

满足物和不满足物。相信许多读者都对弗雷德力克・海兹伯格（Frederick Herzberg）[7]［428 页］提出的概念有所了解。在 20 世纪 60 年代海兹伯格对那些经理们觉得对员工有激励作用的因素进行了研究，开激励研究的先河。他的研究结果表明，那些经理们觉得对员工有激励作用的因素只能够在有限的情形中对员工起到激励作用，而且有时候还会起到一定的副作用。他称这些激励因素为卫生激励因素，因为因为就像脏手一样，只有当手足够脏的时候，才会引起我们的注意力。我们洗手是为了除去脏物，但是我们从来不会把洗手当作一种目标。海兹伯格所列出的卫生激励因素中，包括工资（只有当我们发现自己的工资比从事同种工作的人的低时，我们才会引起注意）、工作条件以及工作时间等因素。

海兹伯格相信，除了这些卫生激励因素，还存在另外一些因素，它们能够对员工产生积极的激励作用。人们往往能够为他们所信仰的事情（自我价值的肯定）而努力工作，他们从中能够获得一种成就感，从工作中能够得到快乐。海兹伯格称这些激励因素为真正的激励因素。

在我的研讨班中，我喜欢询问哪些参与者有业余爱好。我往往会选择一种需要花费很多时间的爱好，然后与学员一起讨论，为何那些业余爱好者在一天的辛苦工作之后还会花费那么多的时间在这项爱好中。讨论的结果总是如此：

- 一种自我满足感
- 一种成就感
- 获得进步的潜力
- 同行的认可
- 认为这项任务充满了乐趣和挑战性，不像工作那么无趣
- 一种个人责任感

这些因素能够对我们起到真正意义上的激励作用。当然，其他因素也能够激励我们，不然就不会出现那么多的电视节目了。但是，我们刚刚提及的这些激励因素经常被管理阶层所忽视，因此我们应该引起注意。

综合使用目标管理、赫西和波兰查德的情形领导作用以及 BARS 体系，能够使员工在工作中产生一种自我发展感，而不是为日常工作所累的疲倦感。如果我们强调的是员工的进步和发展，而不是对员工的测评和评估，那么我们的角度就转换到了激励上面。从这个意义上讲，管理目标变成了个人挑战，而评估只是对个人进步的考核而已。

为了达到这种目的，你应该设法使下属为你所设定的标准觉得骄傲，并且在 BARS 的每个层面都建立奖励机制，将目标当作个人的挑战，而不是仅仅为公司利益而作出的牺牲。横向地给员工布置任务，而不是纵向地。* 你还应该适当地表达你对员工工作的骄傲或者不满，并通过目标管理，让员工看到自己的进步和提高。用切实可行的目标来激励员工，并培养他们的团队

---

* 横向的布置任务是指给员工布置那些能够扩展他们的技能和责任的工作任务。不幸的是，大部分经理布置工作任务时，都是采取纵向的手段，也就是说，大部分经理倾向于增加同一项工作的工作量。我们的效率也许提高了，但是我们觉得厌倦，工作没有挑战性，枯燥乏味。

合作精神。最后一点，你应该为员工建立正式的期望表现层次，当员工从一个层次上升到下一个高度时，你应该为他们的进步而庆祝。通过以上措施，你可以为员工创建一种自我价值感，使他们觉得有不断提升自我的必要，激励他们不断进步，不断超越自我。不过在这个过程中，你应该小心行事，切记不要吓倒新来的员工。针对新员工，你应该首先给他们设定一个简单的目标，在他们实现这个简单的目标之后，再让他们加入整个激励计划中。

肯定认可。激励的另一个关键内容就是对员工的肯定认可。对于我们大部分人而言，我们都觉得自己没有得到足够的认可和肯定。即使是那些已经取得了很高成就的人，也觉得自己想要得到更多的认可。不幸的是，我们总是等到别人确实作出了非常出色的成就之后，我们才会去表扬他们；或者相反，我们过于频繁地表扬他人，以至于我们的表扬失去了价值。利用我们在本章中讨论的评估体系，你可以建立如下表扬程序：

1. 对于那些取得了巨大成功的员工，当他们超越了所设定的目标时，对他们提出表扬；
2. 对于那些成就一般的员工，当他们达到了所设定的目标时，对他们提出表扬；
3. 对于那些鲜有成就的员工，当他们快要达到所设定的目标时，对他们提出表扬。

我发现我提出的这个表扬程序与我们的惯例是格格不入的，我们总是只表扬那些取得了成就的人。但是，如果我们不对那些从来没有达到目标的员工提出表扬，他们就失去了继续尝试的动力。通过对他们的努力提出表扬，你可以帮助他们继续努力，实现所设定的目标，进入到那些总是能够实现目标的人群中去。这样，他们就可以看到自己的进步，产生一种成就感，体会到自我价值的存在；而对于你而言，你得到的是更加熟练、更乐于工作的下属。

对下属提出表扬时，你可以适当地提及你所设定的标准或者目标。你的表扬应该具体，而且将员工所取得的成功同员工的个人品性或者特征（持之以恒，勤奋刻苦，等等）联系起来。同时，你还应该表示你为他们的工作和进步觉得骄傲。

与表扬相对的另一面是批评。当你需要对员工提出批评时，应该提出建设性的批评意见。提出批评时，经理们往往会大发雷霆，不留余地，毫无情面可言。失望之余，我们大声咆哮，暴跳如雷，对每一件事情都提出批评。但是，在所有员工的表现中，即使是那些最差的表现中，也有做得比较好的一部分。在对员工提出批评时，你应该对他们表现中良好的那一部分提出给予肯定，你的肯定并不会降低批评的作用，相反的还会让批评更为客观、更为专业。为了对下属提出公正的批评，你可以参照以下五点建议：

1. 与下属一起，确认下属表现中不尽如人意的地方；
2. 表达你对下属工作中良好的那一部分的肯定；
3. 解释下属工作中所存在的问题（称之为问题，而不是错误）；
4. 具体地描述你的解决方案，如果下属能够提出纠正失误的方案，效果就更好了；
5. 让下属保证改进工作，这将成为他们的下一个工作目标。

员工发展

通过以上激励和评估措施，你可以建立起一个高效的、团结的培训师团队。但是，不要忘记，人力资源管理还有第三个任务：发展。

一成不变的工作使人觉得枯燥乏味，例如，如果让下属的培训师一年之内教授12次相同的培训课程，培训师最终肯定会觉得枯燥。如果某个人一遍又一遍地做相同的工作，他们就会停滞不前，毫不进步。当员工觉得他们的工作是一成不变的时候，你就很难对他们进行激励了。要解决这个问题，你就应该让每个培训师的工作有所发展，在整个部门的工作中进行调整。

你所要做的不是简单地增加培训师的工作量（横向任务布置），而是设定一系列具有挑战性的工作任务。你应该好好设计这些工作任务，使每项任务都对整个部门有所帮助，每项任务都使用到不同的培训技巧，每项任务都对完成这项任务的培训师具有一定的挑战性。任务设计好以后，你就可以给下属布置相应的工作任务，这样他们的工作就不至于一成不变，他们可以做不同类型的工作（纵向任务安排）。

假设，在前提原则（见第四章）的关照下，你发现需要在将来的12个月或者18个月中对某个工作领域进行培训。在这种情况下，你可以让一个下属完成需求分析的工作，让另一个下属完成项目发展的工作，而将项目提案的工作交给另一个下属，将课程撰写的工作交给第四个人，而将视听教学工具的创建交给第五个人。所有这些任务都需要下属在正常的培训工作之余完成，你只需要起到指导和协调的作用。

通过这种方法，每个培训师都可以在培训的不同领域有一定的工作经验。每当有新的培训项目时，你可以安排不同的培训师做不同的工作。这就是发展。最终，会有一部分培训师在所有领域都精通，成为全方位的培训专家。

为了实行以上发展计划，你可以遵循以下五个步骤：

1. 将整个项目分成具体的工作任务；
2. 将这些任务按发展顺序排序；
3. 准备为学员提供帮助和指导的相关资料（例如这本书）；
4. 为每个培训师准备个人工作流程图；
5. 使用发展指导技巧，对每个培训师进行鼓励。

在这个过程中，设定具体的时间限制是很好的，但是大部分工作任务都无法按照预定的时间安排完成；因此你的发展计划应该是以任务为导向的，也就是说，只需设定一个大概的时间框架，而没有必要设定具体的完成时间。这就像是一种继续教育一样。在上面提到的五个步骤中，大部分都非常直接的，并不难操作，但是对培训师进行适当的指导还是非常必要的。赫西和波兰查德的情形领导模式在这个过程中非常有用。[8] ［428 页］

情形领导模式主要基于工作情景的两个层面：工作任务成熟度和领导反应。第一层面考虑的是员工是否能够和是否愿意工作，而第二个层面指的是经理给下属布置工作任务的方法的类型或者层次。第二层面是第一层面的一种反映。不成熟的员工需要经理极大的关注，而成熟的员工很少需要经理的帮助。下面我们依次探讨一下这两个层面：

工作任务成熟度。工作任务成熟度同员工的实际年龄以及在公司的工作年限没有关系，而是与工作任务直接相关，反映了员工是否有能力完成工作任务。为了确定工作任务成熟度，你首先应该思考以下三个问题：

1. 他或者她是否掌握了该任务所需的相关技巧？
2. 他或者她是否能够设定切实可行的目标来完成这项任务？
3. 他或者她是否能够承担完成这项任务的相关责任？

在情景领导模式中，一个能够满足以上三种情形的员工是完全成熟的，成熟度为 4 级。相反的，如果员工无法满足以上三种情形中的任何一种，则表示这个员工工作任务不成熟，成熟度为一级。成熟度 2 级和 3 级表示员工的成熟度处于 1 级和 4 级之间。工作任务的成熟度不是取决于工作任务的难度，而是取决于下属的工作能力和工作态度。

领导反应。针对不同的工作任务成熟度，需要采取不同的管理方法：说教、兜售、参与或者任命等等。针对任务成熟度 1 级，你需要对员工进行指导，并进行严格的监管。他们自己没有能力设定目标，缺乏相应的工作技能，也不能够承担相应的工作责任。因此，你需要告诉他们下一步该做什么，教他们设定目标，帮助他们承担工作责任。这种方法就是说教，你需要同员工进行大量的基于工作任务的交流，而对人际关系方面的交流的要求则很少。

随着员工的工作任务成熟度上升到 2 级，情况就有所改变，你需要改变管理策略或者领导方法。员工的技能得到了提高，设定目标的能力得到增强，工作责任感也得到了提升。在这种情形中，你需要对员工进行鼓励；对人际关系方面的交流很重要，基于工作任务的交流也很重要。你是在向下属兜售工作任务。

随着员工的进一步发展，他们已经能够很好地掌握工作技能，并且能够熟练地设定目标，工作责任感也更为强烈，他们的任务成熟度达到了 3 级。在这种情形中，你所要做的不是告诉员工该怎么做，而是同员工一起工作。你所采取的管理方法是参与，你需要同员工进行大量的人际关系方面的交流，而无需再对员工进行工作方面的指导。这是员工发展的团队阶段。

最后，当员工达到了成熟度 4 级，他们已经完全掌握了工作技能，熟练地设定目标并完成目标，并且能够完全承担工作责任。在这种情形中，你所要做的就是任命员工独立完成工作任务。你无需同员工进行太多的交流，因为员工正忙于各自的工作任务。

为了简化讲解过程，赫西和波兰查德采取了一些缩写形式（见图 15－1）。M1 到 M4 表示成熟度，S1 到 S4 表示管理方法。如果你的下属处在成熟度 M1，那么你采取 S1 管理方法：说教；如果下属的成熟度为 M2，那么相应的你采用 S2：兜售；成熟度为 M3 时，采用 S3：参与；成熟度为 M4 时，采用 S4：任命。你所采用的管理方法取决于员工在工作任务中的成熟度，所以，同一员工在同一天的工作中，也许需要四种不同的管理方法。此外，随着员工的不断进步，同一员工对同一工作的成熟度会不断改变。如果你没有很好地给员工的发展定位，过早地让员工独立工作，他们就有可能失败，那么你不得不回到上一个管理方法。

情形领导模式弹性是一种弹性很大的动态理论。但是在实践中，可能会出现以下三种问题：

图 15－1 情形领导模式

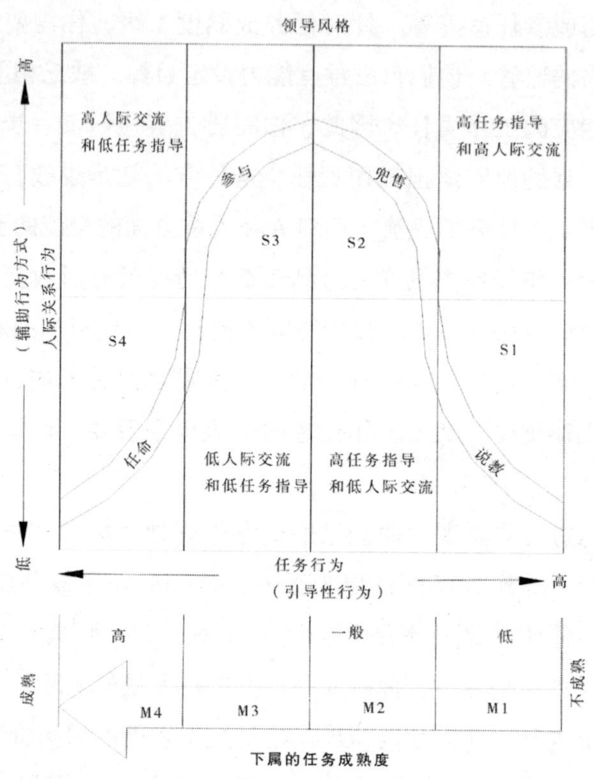

1. 经理们很难同时记住所有这些原则。如果没有系统地采用这种模式，随意为之，这种模式就会失败，因为当员工工作出现失误时，你很容易马上沉不住气，这样你就不会想到去调整 S 层；
2. 对于经理而言，员工的任务成熟度很难确定，因此这个模式有时候并不起作用；
3. 经理们很容易将员工定位在某一固定的成熟度上，并且给员工横向的安排工作任务，而不是纵向的安排工作量，这样员工的工作能力就很难得到提升。

资料来源：保罗·赫西，肯尼斯·H. 波兰查德，《组织行为管理：利用人力资源》第四版，1982，P200，经由新泽西普雷提斯－霍尔公司授权

重印。

不管怎样，这种模式还是会对你的工作有所帮助的，因为我已经解决了以上问题。我们已经在前面提到过，我们需要将培训部门的工作任务分解开来，并将其按照发展顺序进行组织，然后在流程图中表明每个下属的工作进展。这样就解决了第一个问题。作为培训经理，对于针对什么样的人，应该在何时使用哪种管理方法这个问题，你最清楚不过了。使用 BARS 体系和目标管理方法，你可以轻松解决第二个问题。通过为下属纵向地安排工作任务，你可以看见下属的进步和发展。下属的不断进步，能够消除你对他们的固定定位。

情形领导模式的目的就是为了促进员工发展。通过这种管理模式，你可以得到一群技能娴熟的一流培训师。然而没有什么是一成不变的，所以你应该为你的培训师创建动态的学习环境。这样他们就有可能为自己的学员创建同样动态的学习环境，学员就成了激励措施的最终受益者。

小结

本章主要探讨了管理三大问题中的两大问题：财务管理和人力资源管理。培训部门的财务管理主要是指进行精确的预算，并将培训开支控制在预算之内。我们讨论了预算的重要性，并提出了预算的三种形式：计划、程序和预算体系；零起点预算；以及基于多种变量的预算。

本章剩下的内容讨论的是培训部门的人力资源管理问题。我们主要讨论了三个问题：工作分工、员工表现评估和员工激励，以及员工发展。在工作分工的小节中，我们讨论了培训部门中传统的 12 种工作。

在员工表现评估和员工激励的小结中，我们集中讨论了提高员工工作满足感的不同方法。利用基于行为方式的测评尺度（BARS）和目标管理等以目的为导向的评估方法，你可以激励员工进行自我提升。另外，采用纵向的任务布置，并且对员工工作进行肯定和认可，也可以对员工起到一定的激励作用。此外，我们还对表扬和批评提出了一些建议。最后，我们讨论了员工发展的问题，利用情形领导模式来提高培训师的工作技能。

练 习

1. 基于你现有的培训工作职责，起草一份下一年度的零起点预算表。在预算中，应该包括部门所有的活动和隐性成本，但不要包括灰色地带成本。此外，在预算中还应该包括下一年度新设备的购买成本以及新项目的开展成本。另外，在预算中你还需要分清每件事的优先级。
2. 选择一个你正在开展的或者你计划开展的培训项目，采用变动成本预算的形式为这个项目做一个全面的预算。
3. 选择一个员工。创建基于行为方式的测评尺度，对该员工的表现进步进行评估。
4. 在你自己的表现中采用赫西和波兰查德德情形领导模式，如果可能的话，在你的同事和下属的表现中也采用这种模式。将这种管理模式运用到受训学员的表现中。

第十六章

培训的宣传工作

在第一章我们给培训下了定义，培训是一种促成变革的途径。公司创建培训部门是为了通过培训部门给整个公司带来变革，公司聘请或者任命培训师来促成这种变革。从这个意义上讲，培训师就成了变革的催化剂，当有必要产生变革时，培训师就是一种管理资源。因此，我们需要探讨一下培训的市场情况。

作为培训师，你是一种管理资源，出现了问题时你可以提供解决方案。但是，只有当公司需要开展培训时，公司才会想到你，这种情况非常被动，在第四章中我们已经讨论过这个问题。作为培训师，你有必要让管理阶层注意到你的存在和你的工作的重要性，这也是你的一部分工作。有些管理人员能够意识到培训部门的重要性，但是许多管理人员往往忽视了这一点，因此，你应该时刻提醒他们。

这并不是说你应该创立一个个人帝国，虽然我曾经看到有些培训经理利用培训来达到这个目的。我所强调的是，你应该在公司内部宣传培训工作的重要作用。作为一名咨询顾问，某些培训部门经常邀请我去为他们做咨询。有时候其他部门也会邀请我去做咨询，因为他们不知道其实自己公司的培训部门能够为他们提供咨询信息。出现这种情况时，我会觉得很沮丧，因为这意味着该公司的培训部门没有成功地推销自己。作为培训经理，就像销售人员一样，你不能坐等别人来找你，相反的，你应该与客户联系，主动提出为他们解决问题。

推销培训工作的步骤

为了成功地进行市场营销，你应该参照以下六个步骤：

1. 确定目标市场
2. 确定你所要推销的产品或者服务
3. 对目标市场进行调研
4. 选择最为有效的市场渠道
5. 销售产品和服务
6. 售后追踪服务

下面我们从培训的角度分别讨论一下这六个营销步骤。

确定目标市场

你是否知道公司其他部门或者分支机构对培训部门的看法和定位？如果这个问题的答案是否定的，那么你就必须做一些市场调查工作。首先你应该画一张公司的组织结构图（如果你所在的公司规模庞大，你还应该划一张你所在部门的组织结构图）。勾掉那些你已经培训过的部门，而在那些你未曾培训过的部门上画圈。针对那些你未曾培训过的部门，将这些部门中从高级执行官到一线主管的名字都写下来，这些人就是你的目标市场。

确定你所要销售的产品或者服务

一旦你确定了目标市场，你应该思考一下：为什么我到现在没有为他们提供服务？问题的答案可能是多样的，例如，在那个领域缺乏经验，或者培训人手不够，等等。然后，思考你能够给他们提供何种服务和产品。你能够提供的服务和产品可能是：

- 针对明确需求的研讨班
- 针对他们尚未发现的需要的研讨班

- 对他们或者他们的员工有益的研讨班
- 雇佣外界咨询顾问进行培训的经验
- 需求分析
- 对外部研讨班或者自学项目的推荐
- 视听教学材料

对你所确定每个目标市场，为当前选择一个产品，另外还为将来选择两三个产品作为长期目标。

对目标市场进行调研

对你的目标市场进行调查和分析，询问那些与这些部门有过交往的人，或者向有关管理人员了解信息。你还可以从人事部门那里了解相关信息。你所要了解的信息包括：

- 他们是怎么看待培训的?
- 他们是怎么看待你的（不是针对个人，而是针对整个培训部门)?
- 他们曾经输送员工去了哪些外部的研讨班?
- 他们是否曾经邀请公司外部的咨询顾问来对员工进行培训?
- 他们对你的培训部门所提供的培训课程是否了解?
- 他们是否受到了公司现行改革或者将来的改革的影响?
- 他们在公司政治立场是怎样的?
- 他们是否有培训预算?
- 他们在其他公司的竞争对手是否开展了培训?

通过思考以上问题，你能够确定如何最好的演示你的培训提案。在需求分析阶段，注意整个公司的改革环境，也是非常重要的。

选择最好的销售渠道

要接近一个人，你可以采取很多种方法。例如，你可以同他们会面，询问他们的需求。提问是你应该态度坦诚，表明你只是在以培训师的身份进行调查。将目标市场中相关人员的名字添加到你的备忘录中，然后告诉每个人你已经完成过的培训，并且每当有新的培训项目完成时，就通知他们。

在公司重要的会议中，不妨申请占用五分钟的时间，向公司其他部门汇报一下培训部门最近的工作动向。你还可以邀请那些接受过你的培训的人对你的培训进行宣传，这样可以提升培训部门的口碑。此外，你也可以张贴海报，或者在公司内部发行的刊物上撰文，对培训部门的工作进行宣传。实际上，你还可以主动申请在内部刊物上开辟一个专栏，专门对培训工作进行宣传。

你还可以举办一个客户发言会，邀请那些经常参加你的培训的学员谈谈培训后的体会，当然你还应该邀请目标市场的有关人员到场。最后，你还可以在公司全范围内开展一次对培训需求的调查活动，在调查中你可以提出以下问题：

- 你们现在的需求是什么？
- 你认为你们将来会有什么需求？
- 如果我们开展 x、y 和 z 等培训课程，你们会输送员工来参加培训吗？
- 你是否了解到我们主要在 a、b 和 c 等领域开展培训？
- 在过去的五年中，你曾经参加过以下哪些研讨班或者培训课程？或者你曾经输送员工参加过哪些研讨班或者课程？

推销产品或者服务

选择一两个推销渠道，然后大力推行你的培训项目。在此过程中，你应该小心谨慎，你并不是想成为一个讨厌鬼，你只是想让人们注意到培训部门，并将培训加入到部门的发展计划中。

售后追踪服务

一旦你成功地吸引了员工参加你的培训项目，你就应该进行追踪服务。培训结束三个月以后，调查一下员工从研讨班中有哪些收获，或者调查一下那些部门的员工是如何使用在培训中学到的知识的。即使你只是寄送一份简单的调查问卷，你也应该进行追踪调查。这些工作能够帮你树立培训部门在公司中的整体形象。

温和劝服的艺术

进行培训项目的推销工作，其中一个重要的途径就是劝服。劝服是指争取他人心甘情愿的合作或者同意。劝服工作中最重要的一点就是要让他人心甘情愿。只要你有权利，你可以强迫他人做任何事情，虽然通过强权你可以让别人做任何你想要别人做的事情，但是那不是别人自愿的。人们讨厌被逼迫着行事，只要有机会，他们就会反抗。如果你在公司中取得了某些权力，永远记住，通过劝服你能够取得更佳的工作效果，强权是行不通的。

劝服的要素

对他人进行劝服时，可以采用很多种方法。但是，为了确保你的劝服有说服力，你应该在劝服中包括三个要素。你不能确保他人能够同意你的意见，但是你可以给他们施加压力，让他们同意你。劝服的这三个要素是：

1. 逻辑诉请
2. 情感诉请
3. 道德或者权威性诉请

下面我们分别看看这三个要素。

逻辑诉请。你所要求的东西应该是合情合理的，而且从他人的角度来讲也应该是合情合理的。对他人进行劝服时，你应该提出一个具有说服力的论点，并用有力的论据来论证它。首先你应该明确指出对方部门中存在的问题，然后提出你对这个问题的解决方案，向对方证明你的方案是最合逻辑的解决办法。在此过程中，你应该努力给对方这样一种印象：除了你所提出的解决方案，其实你还有其他解决办法；不过经过深思熟虑，你选择了这一种解决方案。此外，你还应该向对方解释采取这种措施的理由，提供事实依据，不要片面地夸大其词。

情感诉请。进行劝服时，你应该表现得非常兴奋，但是不要大声咆哮，或者歇斯底里。不要忘记了阿尔波特提出的三种基本的人际关系信息，我们在第三章中提到过这一点。你应该表现得热情激昂，让对方明白，这件事情对于你而言非常重要。此外，你还应该努力表现出对对方的喜爱之情，如果人们觉得你不喜欢他们，他们就很难被你劝服。另外，你还应该表现出对对方的事情很关心的样子，表示你所作的是为了对方的利益着想。另一方面，你还应该大胆果断，表示你是这方面的权威，在劝服的过程中，对自己充满百分百的自信，这样对方才会相信你，并且同意你的提议。

劝服的一般规则

1. 如果你的提议能够满足人们的需求，或者是你的论点符合人们的态度，那么他们就容易被劝服；
2. 人们一般不会百分之百地转变自己原有的观念，所以在劝服的过程中，你应该把你的论点分成一个个小的观点，循序渐进，让对方慢慢地接受；
3. 如果人们实在不情愿做你所劝服他们做的事情，或者是没有能力做，他们就不会接受你的提议。

道德或者权威性的诉请。为了劝服他人，你应该让对方觉得你请求对方做的事情是正确的，让他们相信接受你的提议是一个正确的决定。道德诉请从更为广阔的角度论证了你的提议：服务大众，公平竞争，被剥削的人必然会得到补偿，帮助那些需要帮助的人。这些理由都有很强的劝服作用，因为它们触动了人们的良知，人们对公平的渴望，针对的是人们的道德行为。

权威性诉请的出发点是权威或者受到尊重的人物。在劝服中，你可以委婉地提到，公司总裁希望看到这个变化，针对当前的竞争形式有必要采取这种措施，政府的相关政策证明了这一点，等等。这些理由都会对对方产生一定了压力，使得他们相信你，他们会认为你和你的提议具有权威性。

以上三种诉请都是非常有说服力的，虽然我不能说，采取了以上三种诉请就一定能够成功地劝服对方，但是，当你综合运用以上三种诉请时，对方很难拒绝你的提议。逻辑诉请为你的提议提供了理性依据，而情感诉请让对方觉得很想认可你的提议，道德或者权威性诉请为对方提供了接受提议的理由。如果对方认为有理由这样做、很想这样做，并且理直气壮地应该这样做，那么他们就会接受你的提议。

以上讨论的都是劝服的要素。此外，为了使你的劝服更有说服力，你还应该考虑其他因素：

- **信赖**。这是相信和信任的结合。如果人们相信你是这方面的专家，那么他们就会信任你所说的内容，他们就会信赖你。然而，如果他们并不认为你对你所说的十分在行，他们就不会信赖你。根据心理学家杰罗米·布鲁纳提出的观点，我们可以通过两种方法获取他人的信任，也就是信赖，那就是权威和真诚。①［429页］因此，在劝服的过程中，你可以适当引用权威的话语或者权威资料，让对方觉得你对所说的内容其实十分在行的。此外，你应该态度真诚（不要假装真诚）。这样你就很容易让对方信赖你。
- **同类性**。为了劝服他人，你应该让对方觉得，你对他们的情况非常了解，你其实和他们处在相同的境地。对他人进行劝服之前，你应该做好充分的准备，掌握对方情况的大量资料。在劝服的过程中，你可以从他们的角度出发，提出他们所存在的问题，让他们觉得，你对他们的情况了如指掌，你"对他们的起起伏伏、过往今来都非常了解"②。［429页］
- **独特性**。电视商业广告的制作过程中，首先总是由广告写手在一起讨论产品的"独特卖点"，他们考虑的是该产品有什么特点，与市场上其他产品有什么不同之处，然后在广告中着重表现这个差异。如果你说"我的产品是另一个x、y或者z"，没有人会被劝服的。为了成功地劝服他人，你应该向他们表示，你的提议、方法或者解决方案是独一无二的。
- **数据**。人们相信实际数据，面对着大量的数据，他们就会动摇原来的看法。众所周知，计算机也会出错，可以面对着计算机高速的计算统计能力，还有人会对计算机统计出的数据产生怀疑吗？在劝服过程中，你应该使用大量的统计结果、事例和数据，以提高你的论点的可信度，让人们无法拒绝你。
- **具体性**。不要像政客一样，发表空洞抽象的言论，在劝服的过程中，尽量将你的提议或者论点同事实、实例或者具体的解决办法联系起来。

- **连贯性。**你的劝服应该前后连贯，不要过于松散。如果你一味地同对方那个提出的相反意见进行斗争，而忽略了对自己论点的论证，那么你就会失去对方的信赖。人们会想，一个良好的解决方案怎么会是这样缺乏论证力度的呢？因此，在劝服过程中，你应该紧扣自己的提议或者论点。
- **广度。**最有力度的道德诉请就是向对方表明，你这样做不仅仅是为了我们两方的利益，而是为所有人的利益着想。

通过以上劝服方法，你可以对他人的决定产生影响力。此外，在劝服的过程中，你还可以采用其他的一些技巧。例如，如果你的提议能够满足人们的需求，或者是你的论点符合人们的态度，那么他们就容易被劝服；人们一般不会百分之百地转变自己原有的观念，所以在劝服的过程中，你应该把你的论点分成一个个小的观点，循序渐进，让对方慢慢地接受；如果人们实在不情愿做你所劝服他们做的事情，或者是没有能力做，他们就不会接受你的提议。

作为对劝服策略的补充，在对管理阶层进行劝服时，你可以运用下面提出的九个基本的劝服原则：

1. **从管理阶层的立场出发。**你的老板并不想从你的角度来思考问题，他们只想从自己的角度来思考。这是人之常情。当我们请求他们提供帮助，或者请求他人批准我的申请时，不都是从自己的角度出发吗？但是，这种请求没有力度。这种请求会成功，往往是由于对方觉得有义务接受你的请求，或者对方觉得这样做对自己有益。当然，在劝服的过程中，你可以采用这种小技巧，不过得谨慎行事，因为它们会降低你的论证的力度，并且影响你的道德形象。最好的办法是给对方这样的感觉：这样做对自己是大有裨益的。不过，你最好不要明示这一点。但是，当你的劝服对象是公司老板时，你可以名正言顺地表示，这样做对他或者她是有好处的，可以帮助他或者她实现公司目标。从公司管理目标的角度出发，从成本降低的角度出发，从提高效率的角度出发，从公司正在推行的大型活动出发，或者从提高竞争力的角度出发，来论证你的观点。
2. **根据对方的需求提出建议。**你应该向对方证明，他们存在一个非常严重的问题，必须对这个问题引起足够的重视，而且这个问题不是一般性的问题，而是非常具体的实际问题。我习惯使用 EASE 公式：

E **例子**：列举实际的例子

A **扩展**：阐述这个问题对其他部门的影响，强调这个问题的严重性，以及这个问题所牵涉的诸多事项，等等。

S **具体化**：告诉他们你认为应该怎么解决这个问题，展示你的提议，请求管理阶层提供更多的资金、人力、材料和空间等等。

E **实施第一个步骤**：计划第一个实施步骤，一旦这个步骤展开，就会将所有有关人员牵涉到你的计划中。告诉他们，“如果你们允许，我将会继续下去”，或者“我已经做好了需求分析，如果你允许我从今天开始行动，我能够在 x、y 或者 z 星期内替你们准备一项新的培训课程”，等等。这表示你已经打起了头炮，是否继续下去，取决于他们。

3. **描述预期的结果**。如果管理层批准了你的新项目，并且答应拨出巨额预算资金，会产生什么样的结果？你应该对这个结果进行描述，你的描述应该详细而且具体。

4. **对成本进行描述**。你不能够对成本问题避而不谈，相反的，你应该认真地讨论成本问题。成本是管理层非常关注的一个问题，因为成本会削减利润。正如你的作用是给公司促成变革，管理层的任务是控制成本，制造最大利润。有的培训师会避开成本问题，或者在提议中含糊不清地掩盖成本问题。你千万不要那样做，相反，你应该提出成本问题，并且还应该讲明所有的开支的用途，为其正名。如果收益足够大，成本就微不足道了。此外，详细地列出项目成本，还可以赢得对方对你的信赖，因为这表示你已经做好了充分的准备工作，而且表示你是从管理层的角度出发考虑问题的。

5. **做好政治准备工作**。因为政治因素，有时候一些非常可行的提案也会遭到拒绝。虽然这种说法有点直白，可是我们不可否认，从一定程度上来讲，管理问题就是政治问题。你的提案层次越高，所承受的政治压力就越大。因此，你应该提前做好准备工作，弄清楚在公司内部，谁会是提案盟友，谁会是反对派。在正式推出提案之前，你应该同这两方进行交谈。直接跟可能的反对派进行交谈，询问你怎么才能获得他们的支持。即使他们给出的答案是干脆的四个字“绝不可能”，这样做也表示你已经尽力争取了。此外，你还应该欣然接受他们提出的建议。如果你的提案必须经过很多人的同意才可以实施，那么一方面你要紧紧团结盟友，同时你还应该避免冒犯了那些持反对意见的人；并且将主要精力放在那些尚未拿定主意的人身上，尽量争取到他们的支持。在议会中，这叫做压力政策，总统也经常采用这种手段。如果你的提案对于你来说非常重要，你就应该不遗余力，全力争取。

6. **回答那些尚未提出的问题。**为了避免遭到拒绝，有一个绝妙的技巧，那就是在问题提出之前，主动给出答案。如果你猜到有人会提出某个问题，那么不妨在他或者她提问之前给出问题的答案。这样，那个人就会觉得你已经从他们的角度对提案进行了考虑，而且你已经作出了充分的准备。一旦对方公开地提出了反对意见，那么就可能引发争论，这是得不偿失的。

7. **对你的提案的历史事件进行描述。**据调查，只有7.5%的人具有真正的开拓创新意识，而对于其他人，你则需要提醒他们，你的提案会起作用的，因为过去有过类似的事件。进行劝服时，你可以引用历史数据和信息，或者以行业中其他公司的项目为例子，等等。他们也许会觉得，“如果这种项目对竞争对手有帮助，那么必然对我们也有帮助的”。

8. **切合实际。**如果经过劝服之后，管理层只批准了你的提案的四分之三，那么你应该接受。如果管理层同意了你的全部提案，这表示你的劝服非常有效；但是，如果他们抵制提案中的某些内容，这表示他们觉得有必要这么做。如果你认为管理层的反对毫无道理，那么你就应该继续同他们协商，不过你仍然需要切合实际。

9. **让管理层全面了解你的提案。**让管理层对项目的预期结果有所了解，这样做你可以取得许多意想不到的效果。首先一点，有时候当人们同意了某些事情之后，他们会产生一种“买家的后悔心理”，他们担心自己作出了不明智的决定。如果你不断地给他们提供项目的进展信息，就可以减少他们的这种担心。这样做可以让他们觉得，自己仍然掌握着控制权；虽然他们作出了决定，但是他们没有被这个决定给限制住。

其次，这样做还表示你对预期的结果非常有把握。此外，知识就是力量，对于管理层而言，尤为如此。如果他们能够掌握项目的所有信息，他们就不会觉得他们掌握着控制权的，你是为他们工作的，而不是在建立自己的权利帝国。管理层不喜欢下属擅自行事，他们希望你发挥团队精神。最后，这样做你还可以拉近同管理层的距离，这样他们更容易接受你的下一个提案。

写作技巧

对培训项目进行推行时，很多地方都会涉及写作。事实上，对于培训经理而言，良好的写作技能是一项非常重要的技能。我认识几个高级经理，他们将极其糟糕的写作样本放置案头，这些糟糕的书面文档让人难以理解，而且没有传递写作人的真正意图。此外，还有很多没有重点的便条、含糊不清的提案，或者是胡乱书写的评估报告等等。虽然写一张让人迷惑的便条，公司并不会因此开除你，但是提高写作技能对于你来说，会大有裨益。如果你掌握了良好的写作技巧，你的上司就有可能将你当作主要的信息源，并且取得上司的信任。这样，上司就有可能因为你的写作技能而给你提职。

管理交流方面的咨询专家贝弗利·海曼指出，学校并没有教会你通过写作进行交流。[③]〔429 页〕在学校里，老师教我们正确地写作（拼写、语法以及书法），教我们进行大量的写作（段落、篇章，很多的篇章），教我们表达随意的想法（比如，我们去年夏天做什么，我们想成为什么样的人，等等）——但是，老师从未教我们通过写作进行交际。

清晰明了的写作与卓有成效的培训有着很多相似之处，培训中的很多原则都可以应用到写作中。正如教学一样，质量上乘的写作是精心准备和策划的结晶。你无法在毫无准备的情况下对学员进行培训，同样的道理，你也无法不假思索就写出简明扼要的备忘材料。如果在写作的时候，你没有考虑材料阅读对象的阅读兴趣和需求，你就无法得到你所需要的答复。此外，冗长复杂的细枝末节也会使读者丧失阅读兴趣。我们经常会接收到一些冗长复杂的材料，必须阅读五六遍才能读懂写作人的写作意图，相信很多人都有这种经历。在公司里，含糊不清、冗繁复杂的文档材料已经非常普遍，撰写培训材料的时候你就不要再犯这种错误了。

进行有效写作的四个原则

贝弗利·海曼为你的写作提出了一个四步“菜单”，你可以在写作过程中参照以下四个写作原则：

1. **下笔之前认真思考。**不要想当然地胡写一气，动笔之前你首先应该考虑一下你所要表达的主要内容，理清写作思路。正如海曼博士所指出的那样，每次你撰写备忘录、提案或者报告，你同时也是在书写你的个人简历。虽然一般情况下这些文档并不会收归在你的个人档案中，但是这些文档材料的阅读人可以从其中看出你的工作能力和态度。

2. **充分考虑读者因素**。首先，问问你自己，“我所要撰写的文稿的阅读对象是谁?”你到底是想向谁传递书面信息？在培训中，你的教学内容和教学方法在很大程度上都是取决于受训学员的，进行写作时，情况亦然，你必须充分考虑读者因素。下笔之前，思考一下文档的阅读对象是否对你所要说的内容有所了解。如果他们已经熟知了这些内容，那么你就没有必要累赘，那只会浪费时间。在这种情况下，你只需要简要地介绍一下有关背景知识就足够了，这些介绍有助于唤醒他们的记忆。其次，你还应该考虑一下，“关于这个话题对方想要了解哪些内容?”撰写备忘录时，你首先要考虑的就是这个问题。只要当你的备忘录、提案或者报告中包含了阅读对象所要了解的内容时，他们才会阅读你的写作成果。不要隐藏核心信息，也不要把关键内容放在文稿的最后部分，那只会激怒你的读者，降低他们的阅读兴趣。最后一点，如果你已经确定阅读对象想要了解的内容，那么接下来你就应该考虑他们必须了解的内容。这是交流的核心部分，其他的内容都是可有可无的。在第二章中讨论课程计划的撰写时，我们也提到过这一点。

3. 确定你的写作目标。现在你所要考虑的是：“通过这篇文稿，我希望阅读对象采取哪些措施?”确定你你所必须表达的内容之后，你还必须确定你所应该采取的表达方式。实际上，这也就是确定你的写作目的。无论是撰写备忘录、报告、提案，还是课程计划，还是其他任何类型的文档，你都应该有一个明确的写作目的。如果你没有明确的写作目的，那么你就没有必要进行写作。

4. **组织你所要表达的信息**。在你已经确定了在文稿中不必要包含的内容，阅读对象想要了解的内容以及他们所应该了解的内容，你还确定了你所期望达到的结果，现在你所要做的就是组织你所要表达的信息。组织写作信息时，你可以参照第二章中所描述的组织结构方式。

进行写作的时候，你还应该记住最为重要的一条原则，那就是将最重要的信息放在文稿的最前面，然后在结语中对该信息进行重申。至于文稿的整体结构，你可以尝试使用问题—解决方法模式或者因果模式。如果完全以主题为线索组织文章结构，这种方法是可行的，但是这种结构会降低读者的阅读兴趣，采用这种方式时，最好同时使用一下其他结构模式。此外，严格按时间顺序组织文章结构也不是一个好办法，因为这会牵涉到太多的细节问题，而且一步一步地开展下来，太耗费纸笔和时间。除非你是想对某个已经完成的程序或者步骤（例如，菜单）进行描述，不然的话，就不要采用这种严格的时间顺序组织结构。

在进行写作的时候，不妨利用标题和小标题，将大块的信息分成小部分。读者可以通过标题抓住主要信息，也可以看出你的写作思路。此外，你还可以通过加黑或者下划线等方式着重强调关键信息，不过这些手段也不能过多使用，不然它们的作用就会降低。

永远记住“化繁为简”的原则。一旦你说完了你所要表达的信息，就立即搁笔。进行写作的时候，你有责任确保交流畅通。如果你能够遵照海曼的四步“菜单”进行写作，相信你可以杜绝含糊不清的写作文稿。

“措辞技巧”：为你所要表达的内容提供理据

市场分析的核心内容是市场定位，也就是说，向你的目标客户描述你所销售的产品或者服务的特点，而且你所描述的方式应该能够打动你的目标客户。要使你的写作富有说服力，你也必须注意这条原则：

其他人的阅读反应决定于你所选择的措辞，以及你讲述问题的方式。

普通语义学家采用了一个非常有趣的隐喻来描述这个现象。他们认为，人们所使用的措辞是一幅地图，展示了他们所想要表达的意思。[④]［429 页］我非常欣赏这个隐喻，因为它形象地表明了语言的功能。我们都知道，地图知识实际是现实的一种反映，我们不是在路线图上驾驶的，而是在实际的道路上驾驶，但是路线图告诉我们如何选择路线以及每条道路的起点和终点。因此，地图对我们的行驶起到了引导和控制的作用。

同一区域可以有着许多不同的地图，你如何行驶，取决于你所选择使用的地图，每种地图都教我们以不同的方式行事。我曾经在研讨会中解释过下水道线路图和街道线路图的区别所在，实际上，线路图能够控制人们行驶的路线。撰写备忘录、提案、报告或者其他文档时，你不妨就把它们当作是一幅路线图，其读者将根据这幅路线图来作出决策。你应该认真组织你的路线图，这样读者才不会感到迷惑不解，或者沉闷乏味，这也有利于达成你的写作目的。

另一个研讨工具是“抽象阶梯”。当你看某一个物体时，如放在桌上的一支圆珠笔，你可以用很多种方式对它进行描述。对于同一支笔，你所选用的措辞可以是完全不一样的。如果你把所选用的措辞按照抽象程度进行排列，从最为具体点用词到最为抽象的用词排序，你就可以得到抽象阶梯。就当我们刚刚提到的圆珠笔作比方吧，你可能会得到以下列表：

- 国民生产总值
- 美国影响
- 计划折旧
- 总净值
- 低成本小商品
- 非贵重小物件
- 我的财产
- 脏乱的房子
- 混乱的房间
- 混乱的桌子
- 书写工具
- 笔
- 价格便宜的圆珠笔
- 甲乙丙公司生产的中碳塑料圆珠笔
- 甲乙丙公司生产的中碳塑料黑色墨水圆珠笔

同样是针对一支笔的描述，如果这是化学家或者设计师在工作中的列表，它就会更为详细具体，可能还会涉及物质的分子式等因素；如果这是国际贸易合同中的一份列表，它就会比较抽象，可能还会涉及整个世界的经济环境等因素。当你给我留个便条，提醒我注意桌子的清洁时，我可能会把笔重新放好，整理桌上的物件；但是如果你提醒我注意自己的小物件时，我很可能不会联想到笔的问题；如果你提醒我不要把价格便宜的圆珠笔随意扔在桌子上，因为这样会造成负面形象*，那么请大声说声“不”！因此，选择措辞的时候，你应该尽量选择具体的用词，为了避免人们对你所说的内容产生误解，你应该尽量使用抽象阶梯下端的词汇。在我的经历中，当我和他人经过讨论，用具体的措辞代替抽象的措辞之后，80%到90%的分歧就可以得到解决。这也是为什么我们一直在强调应该“化繁为简”。

撰写培训文档

在前面我们已经提到，良好的写作技巧对于培训项目的宣传有着至关重要的作用。在培训工作中，培训经理可能会面临着很多文字工作，例如，向管理阶层提交报告，回报培训的进展情况；此外，培训课堂中所涉及的培训材料也非常重要，不可草率地撰写；而备忘录则需要做到清楚明了；有必要的话，你需要在公司内容的宣传刊物上发表文章，这是宣传培训工作的最好渠道之一。撰写培训文档时，你可以参照贝弗利·海曼提出的“四步”原则以及其他语言手段。最好提出一点，如果清楚地撰写个人记录以及文档，将会大有裨益。

对于培训经理而言，最重要的文字工作莫过于撰写培训提案了。撰写培训提案的目的，是为了争取管理阶层的同意，获取培训资金，或者争取他人的支持。培训提案的撰写，涉及市场分析、劝服以及写作技巧，一般情况下，培训提案包括以下四个方面的内容：

1. 简介
2. 论据
3. 描述
4. 结语

简介

撰写提案的时候，你首要考虑的就是阅读对象的有关因素。你的目的是

---

* “负面形象”也处于抽象阶梯的高端位置，你还可以说，“因为如果路过桌子的人看到笔随意地放在桌子上，他们可能会认为你作风懒散，做事粗心”。

为了获得对方的同意，因此撰写提案的时候不妨以这个问题的答案开头，“我为什么要同意你的提案?” 在简介中你应该告诉阅读对象你所要讨论的主要内容，其中包括项目名称、项目所涉及的有关人员（培训对象的人数和层次）以及培训的频率和所需的时间。在简介中你只需要对这些内容作简单地介绍，无须累赘。

论据

这部分内容是提案的核心内容，你需要阐述项目可行的理由依据。你可以从管理阶层的角度阐述公司现行存在的问题，为了成功地做到这一点，你需要对管理阶层已知、欲知和须知的内容进行调查和分析。你需要让管理阶层觉得你对所存在的问题有深入的研究，而且你所提供的依据应该能够让他们认可所存在的问题。

通过展示你所提出的解决方案对公司的重要性，你可以向管理层阐述公司该项目的需求。但是，如果你需要通过相关数据和资料来支持你的论据，千万不要把那些数据和资料放在提案中，你最好把它们放在后面的附录中。如果你所提议的项目能够解决公司现行存在的某个问题，你首先应该明确地指出这个问题，详细地指出这个问题会引发的资金投入，并计算出你的提案能够为公司节省的资金。如果你的提案是为了阻止某个可能发生的问题，或者同公司的某个大型项目相关，那么你需要指出你所预见的问题，并阐明这个问题对现行项目的影响，此外，你还需要解释为什么你的提案能够避免这个问题的发生。

在论据的结束部分，你应该明确指出你的提案的管理目标。管理阶层的目标无非是降低成本、提高效率和增加盈利。当然，管理阶层中间还存在一些个人目标，例如，个人喜好的项目和活动，或是个人政治地位的提高，等等。在提案中不要直接地指出这些个人的管理目标，但是你可以间接地进行暗示。

虽然项目依据是整个提案的核心部分，但是你无需进行长篇大论的说教，一般情况下，五分钟就够了。如果你无法在五分钟内抓住阅读对象的注意力，那么你的整个提案也许就永远不会有实质性的效果。在撰写提案的过程中，尽量保持文稿的简洁明晰。

对项目的描述

一旦你抓住了阅读对象的注意力，接下来你所要做的就是详细地描述你的提案以及项目的成本。你可以首先列出你的培训目标（见第六章），然后详细地列出培训内容和日程安排。日程安排无需过于详细，只需列出相关时间顺序（见第八章）。在这部分的末尾，你还应该阐述一下你将使用的评估方法，其中包括对短期表现和长期效应的评估（见第五章）。最后，你还应该详细地作出成本预算。

结语

用一两句话描述你的计划，结束提案的撰写。通过重申你的目标，并阐述你的依据，请求管理层认可你的提案。

如果你所提议的项目不是一个具体的培训课程，而是涉及新领域的大型的培训活动，这项活动可能会涉及一系列的培训课程，那么在提案中你应该把重点放在你所计划的行动上，而不是具体的培训内容；如果你的提案是为了为已有的培训课程争取项目资金，那么你就应该对员工在过去的年度里的表现进行描述，并对你今年的计划进行阐述；如果你的提案是为购买新的视听设备争取资金，那么在提案中你应该描述如何使用这些设备、这些设备的优点以及通过这些设备如何能够更好地解决管理问题。

小结

良好的公共关系对于培训部门而言至关重要，因为培训项目一般会耗费大量资金。本章主要论述的是培训经理在宣传培训部门的工作中所起的作用。谈到培训项目，人们往往首先想到的就是资金问题，作为培训经理，你需要具备前摄的思想，并且让整个公司意识到培训工作的重要性。本章论述了市场计划的分析和组织以及对培训项目进行宣传的渠道。

因为提高培训部门公共形象的主要工作就是宣传，所以我们探讨了劝服的艺术，其中包括三种基本类型的劝服手段以及劝服工作中所涉及的相关技巧和因素。市场分析还涉及写作，因此，我们讨论了如何提高写作技能。在本章的结尾部分，我们以撰写提案为例，讨论了撰写培训部门文档的有关技巧和格式。

练习

1. 为了进一步加强你所在公司的培训工作，设立一个宣传计划，在练习中请参照本章提到的进行部门宣传的六个基本步骤。
2. 选择一个你想说服管理层认可的培训问题。遵照本章讨论过的劝服的三个基本原则，并且充分考虑对劝服工作有影响的相关因素。利用以上材料，撰写一份劝服文档。在文档的撰写过程中，你可以使用本章讨论过的有关写作技巧。
3. 利用本章讨论过的宣传技巧、劝服技巧和写作技巧，遵照本章提到的撰写提案的有关步骤，为培训项目撰写一份提案。

第十七章

谈判和培训

现代谈判之父杰纳得·尼仁伯格给谈判下的定义是，“谈判是一种改变人际关系的交际行为”[①]［429 页］。作为培训师，你所从事的工作就是促进变革的产生，通过教授培训课程，给企业带来变革。宣传培训工作，就是为了让人们改变对培训工作的看法和定位；有时候你还需要说服公司管理阶层认同你的培训预算、培训项目以及提案，这也是一种促进改变产生的过程。我们促成的改变，在大多数情况下都是关系的改变。例如，培训经理需要挖掘员工的潜力，在这个过程中，他们也是在改变同员工的关系。当然，当你购买设备或者服务的时候，从销售代表到零售客户，所发生的改变是你所扮演的角色。我们每个人所处的环境都不是一成不变的，要促成变化的发生，往往就需要进行协商。下面我们探讨一下谈判的特点和步骤。

谈判中的三个变量

不管谈判的具体内容是什么，总是有三种变量因素会影响谈判，它们分别是：

1. 时间因素
2. 信息因素
3. 权利因素

如果你能够充分考虑这三个变量因素，你就可以在谈判中占据强势地位。

时间因素

Ecclesiates 曾经说过，“每件事都存在一个时间安排问题”。有效地安排时间，对于谈判工作而言具有重要的作用。申请项目预算，最好是在高级管理层对员工培训引起高度关注的盈利年度，而不要在对员工实施裁员的亏损年度。劳动合同一般总是在公司处于困境的时候终止的，你应该注意到了这一点。你所选择的谈判时间将会对谈判产生重大的影响。

其次，谈判不是一个单独的事件。谈判是一个长时间的过程，我们不可以断然说某个谈判彻底完成了。在我的谈判课程中，有的学员对这个说法会产生疑问，“一旦签署了合同，不就表示双方达成了一致意见了吗”？是的，双方是达成了一致意见，但是谈判并没有完全结束，这只是谈判的一个开始而已。合同签署以后，就到了合同的履行阶段，双方必须遵守合同中的条款，他们也有可能无法遵守合同中的条款。不管是抵押合同、订单，还是婚约，它们都是活生生的例子，证明并非双方达成了一致意见，谈判就结束了。例如，有些难以应付的学员可能同意参加培训课程，但是在培训中他们可能会一直捣乱。如果双方或者一方没有遵守合约，那么双方就必须进行再次协商，来改变双方的关系，因此，我们可以说，任何谈判都不能完全完成的。

综合考虑以上两种因素，我们可以发现，一旦你认识到谈判是一个持续发展的长期过程，而不是一个最终的事件，你就可以等候最佳的时机作出让步或者提出报价。

关于时间控制的第三个注意点是：比起那些没有时间压力的人而言，那些感到迫在眉睫的人更容易在谈判中作出让步。这一点非常普遍，在最后期限面前，人们都会感到有很大的压力。在我们的国家中，很多法律法规都是在议会换届之前作出的。为什么学生提高课程论文之前会忙得焦头烂额？为什么赶飞机的时候我们行色匆匆？在最后期限的遏制下，人们的工作效率非常之高，所以人们需要设定一个明确的时间限制，这个限制可以让他们觉得他们的工作任务是一个大型的事件。谈判不是一个事件，所以我们需要设定一个时间限制，使其变成一个事件。但是，实现限制是随意的，认识到这一点，你就可以在谈判中占据优势。在谈判中，你应该给自己和谈判对方设定一个最后期限，并且对他人的时间限定应该有一个宽容的心态。

千万不要让对方知晓你真实的时间限定，这是一个定律。相反的，你应该设定时间限定，让对方感觉到压力。此外，将最棘手的问题放在最后讨论，因为到那时双方都感到了强大的时间压力，双方更容易相互妥协。

信息因素

专业的谈判人员都认为要想在谈判中取得成功，最重要的一个步骤就是进行充分的准备。你对谈判对象了解得越多，你就越容易取胜。关于谈判对象，你所必须了解的有对方的技术背景（包括过去的经历、谈判行为、谈判目标以及社会地位和经济地位等）以及个人性格特征（职业立场、情感需求以及小缺点等）。你对他们了解得越多，你就越容易在谈判中占据优势地位，因为你可以在谈判中讨论他们已知的内容、欲知的内容和须知的内容。这一点我们在前面已经提到过。通过需求分析和苏格拉底式提问，你可以获取这方面的信息。实际上，培训也是一种谈判形式，一种学习合约。

对于谈判对象，你最应该了解的是对方对你的企图。开始谈判之前，你是否明确了自己的需求和所存在的压力？这些信息是不是占据了你的大脑？一般情况下，你可能会一味地考虑自己的需求，但是这种做法只会给你增加压力。为了缓解这种压力，给自己一些释放的空间，你应该思考，“他们对我所拥有的东西的需求程度是怎样的”？考虑对方的需求时，你就可以从心理上获得一种优势感。如果这个问题的答案是对方并不需求你所拥有的东西，那就表示现在并不是进行谈判的最好时机，在这种情况下，你应该设方让对方对你所拥有的东西产生兴趣。这就是为什么你需要为你的项目提案设定明确的管理目标，对于管理阶层而言，管理目标就是诱饵，是他们与你建立或者改变关系的理由，是批准或者支持你的理由。

权势因素

如果谈判双方或者一方可能将其看作是输赢之争，谈判也可以定义成是一种权势的争斗。但是，如果双方都没有从谈判中获取他们所需要的东西，他们没有遵守合约的必要，那么谈判就不是一场输赢之争了，因为谈判并不会完全结束，你应该相信你总是可以从对方那里获取你所想要的东西的，谈判是必须持续下去的。可以说，谈判双方要么双赢，要么皆输。

不幸的是，那些没有对对方的需求进行分析的经理们往往是抱着必胜的心理进行谈判的，他们害怕失败，他们眼里只看到那些要么你输要么我赢的结果。他们认为谈判是一场权利之争，在这场争斗中只有彻底打败对方才算是取得了真正的胜利。作为培训师，你的任务是要保证你所提供的培训课程能够给管理阶层带来益处，让主管们看到支持培训工作的好处，让受训学员看到向你学习的益处，让咨询顾问和零售商们看到你的培训专业技能并力求满足你真正的需求，而不是仅仅向你推销他们的产品和服务。

因此，谈判权势远远不是显示你所拥有的力量那么简单，它意味着对谈判氛围的微妙控制。对培训而言（例如在培训中你与学员讨论学习规章制度），谈判氛围是一个非常重要的成功因素。通过开门见山地道出你的需求，你可以创建一种双赢的谈判氛围。在谈判中，你应该做到坦诚有信；不要接受你无法接受的条件，并向对方解释你无法接受这个条件的原因；坦诚地提出你的条件；照顾对方对谈判的公平性，关于这一点，后有详述）的要求：保持冷静，不要急躁。记住，只有当对方在谈判中占了上风，并且你从谈判中没有取得任何你想要的东西，才表示你输了这场谈判。如果你和谈判对方都从谈判中取得了各自需要的东西，那就表示你们获得了双赢。

在谈判中，还可以通过一些其他的方法权衡双方的权势，通过这些方法你们可以在谈判中达成双方都满意的结果。

● **先例**。如果你拿先例做依据，对方就很难提出异议。“以前就是用这种方法进行处理，所以就应该用这种方法来处理。”在谈判中，如果你将你的要求同以前类似的经历联系起来，或者同公司政策联系起来，或者是同公司正在推广的大型活动联系起来，你就可以在谈判中取得很大的优势。

● **合法性**。在谈判中，基于众所周知的需求所提出的条件总是能够占据合法地位。不管是在哪种类型的谈判中，你都应该树立诚信，诚信有利于增加你所提出的条件的合法性。如果你觉得对方对所谈判的内容不甚了解，你就可以稍稍展示你在这方面的专业知识，通过这种方法也可以增加合法性。此外，白纸黑字的材料也可以增加你所提出的条件的合法性，利用打印出来的表格、合同书等文件增加你在谈判中的合法地位。

● **风险**。同要戏法的人玩过扑克牌的人都知道，可以通过冒险取胜。工会组织罢工，也是一种通过冒险来争取权利的方式，如果管理阶层不能够冒更大的险，那么工会就会取胜；但是，如果管理阶层能够冒着让罢工进入无法控制的局面的险，工会就会失败。不幸的是，罢工是一场输赢之争。一旦工会举行罢工，每个人的利益都有可能受到影响，管理阶层和工会双方所能够做的是将损失控制在尽量小的范围内，而不是讨论如何取胜。但是，在证券市场和赌博场，情况则不然，大庄家，也就是风险最大的人，拥有最大的控制权势，他们能够获取最大盈利的机会也是最大的。

● **坚持**。通过不断地提出自己的要求，你也可以在谈判中获得优势。有些谈判历时数年，取得了最终的胜利。如果你能够认识到谈判过程的性质，并将谈判当作一个长期的过程，你就可以通过坚持自己的条件来获取胜利。同样地，如果你反复给同一位销售代表打电话，久而久之，他就很难拒绝你的请求。

● **耐性**。和坚持类似的另一个方法是耐性。实际上，如果对方一味地坚持自己的条件，在这种情况下，你所能使用的杀手锏就是超凡的耐性。如果你能够耐心地等待时机，你就很可能会争取到你所想要的东西。

● **果断**。与耐性相对的另一个方法是果断，当机会来临时机成熟时，你必须果断地抓住机会。这个时候如果你还耐着性子，机会就会溜走。对于自己所追求的目标，你要有耐性，但是机会成熟时，就应该果断作出决定，正所谓“该出手时就出手”。在正确的时机果断行事，能够增加你在谈判中的权势，也能够帮助你赢得别人的尊敬。如果你面对的是受训学员，情况就尤为如是了，正如我们在第三章中谈到的那样，在培训课堂中，决断的领袖作风非常重要。

● **道德**。如果你反对某个道德氛围内的请求，别人就可能认为你这个人缺乏道德，这个罪名可不小，一般情形下我们都不会冒这个险的。当你申明你的要求是“公平的”，“为了双方共同的利益”，或者“道德的”，对方就不得不同意你的请求，除非他们设法证明你的请求是“不公平的”，“非双赢的”或者是“不道德的”。在谈判过程中，不妨使用“这是不是挺公平的?”等语句，让对方觉得你的要求确实是公平的。

● **空间**。在探讨培训技巧（见第三章）的时候我们提到过，当你站在培训教室时，你对空间的利用也可以反映你的权势。坐在桌子后面，可以让人产生权威的感觉；远离桌子而坐，或者是坐在桌子旁边，可以让人产生亲切之感。

当谈判双方面对面坐在长形的谈判桌两侧时，会制造一种对立的氛围，而不是合作的氛围。当你接待客人时，你会选择坐在在办公室，或者是坐在桌子的首席位置，这样可以显示你的权威；如果你在客人的办公室与他们见面，或者是坐在桌子的侧边，你的权威就有所降低。你还可以通过占用他人的办公室或者他人的空间，来显示你的权威。在正式的谈判中，谈判双方一般是坐在圆形的桌子周围，双方互不侵犯对方的空间，也是基于这个空间原因的。

在谈判中，以上三个变量——时间因素、信息因素和权势因素都是相互作用的。你首先应该对它们有所了解，这样你才能在谈判中充分利用这些因素，来获取谈判的最终成功。

谈判技巧

为了有效地进行谈判，你应该掌握以下五种技巧，它们分别是：

1. 善于发现整体性解决方案，摒弃分解性方案；
2. 避免谈论定位问题；讨论对方的利益问题；
3. 理解对方；
4. 作好战略计划；
5. 采用适当的谈判战术。

优秀的谈判专家善于综合运用以上五种技巧，而对于我们当中的大多数人而言，我们可能只在一两种技巧的运用中比较得心应手；因此，我们在谈判的某些部分中可能比较游刃有余，而对于其他部分可能不是很擅长。如果你能够逐步掌握以上每种技巧，你的谈判能力将会大有提高的。

寻求整体性解决方案

当两方或者是多方都想占有同一件事物时，传统的做法一般是首先进行争论，然后各方均分。虽然这种做法看似公平，但是这并非最好的解决方案，因为可能双方都没有得到他们实际想要的那一部分，他们对于谈判结果就会不满意的。最经典的例子是小孩分苹果，平均分给每个人一块是分解性做法，这种方法分解了现有的资产。另外一个办法就要高明得多，那就是再找一个苹果，这样每个人都可以分得整个苹果。还有一个更好的办法，那就是将苹果做成苹果派，这样每个人都可以得到一块苹果派。这就是整体性解决方案，也就是说在谈判过程中从整体上考虑问题，并且综合考虑其他解决方案，而不是仅仅局限于一种方案。

在我对谈判课程中，我经常会让大家做这个的游戏，我将所有学员分成两人一组，并告诉他们我将给每组其中一个人1000美元（假想的，并不是实际的），他或者她必须与小组中的另外一个人共享这1000美元，这1000美元的持有者可以选择给另外一个人的比例，不管他或者她给多少，他或者她都必须给出一部分，而且在分配的过程中，双方不允许进行谈判协商，持有者必须一次性作出决定；小组中的另外一个人可以选择接受或者拒绝他们得到的那一部分钱，但是他们不能够讨价还价，而且一旦持有人决定了给出的那部分钱，就不容许改变决定。但是，如果小组中另外一个人拒绝了持有人的开价，我就可以收回这1000美元，小组双方都得不到任何一分钱。通过这个游戏可以培养学员的双赢思想。

1000美元的持有人想给另外一个人尽量少的钱，努力设想给出多少对方会接受；而另外一个人则要考虑的是在那个分水岭上，他们宁可放弃整个交易，也不会接受不公平的开价。这就是分散性解决方案的陷阱。

这么多年来，我所遇到的最成功的解决方案就是将开价转化为整体性解决方案。有个1000美元的持有人提出，如果对方在12个月以后给他支付1500美元，那么他就将这1000美元全部给对方；结果对方同意了这个决定，因为比起将1000美元平均分配的方案来，双方均获得了更大的收益。虽然这个方案涉及资金利息的问题，但是对方为了得到全部1000美元，肯定会同意这个决定的。这就是整体性解决方案。

整体性解决方案的高明之处就是跳出分散性解决方案的束缚，从更为广阔的角度考虑问题，将双方联系在一起，作为一个整体，而不是单独的个体。

避免讨论定位问题；讨论实际的利益问题

在某个著名的零件公司的小型机动车手套的广告中，一大群客户涌进手套经销点，用拳头砸着柜台大声说：“我不准备为这种手套付那么多钱!”。这就是一种强硬的态度问题。有些谈判人员往往一开始就设定了一个强硬的态度，希望随着谈判的发展，以这个定位点为基准逐步降低要求。这就是定位谈判。

在管理阶层和员工的争议中经常出现这种定位。切断电源水源和罢工都是非常极端的定位方式。一旦有一方宣布了他们的定位措施，双方就会进行协商，结果是远离这个定位点。这是传统的做法，但是非常耗费时间，这种方法还可能引起双方的仇恨心理，甚至引起骚乱。比较好的做法是，双方都明确地道出他们定位背后所期望得到的利益，找出导致极端定位措施的原因并尽力避免极端定位措施的实施。

经验丰富的谈判人员都会避免诸如“我绝对不会支付……”之类的强硬定位，相反的，他们会认为，这个人之所以作出这种决定是因为他不想为自己购买的产品支付过高的资金，不希望被别人占便宜，这个人不可信任，行为极端。如果这个人能够以平和的心态进行协商，而不是采取强硬的措施或者以强硬的态度示人，就可以取得更好的谈判效果。

理解对方

这是一个非常重要的谈判技巧，因此在我的为期两天的谈判课程中，花了整整一天的时间专门讨论如何观察和影响他们的行为的问题。可惜这本书不是专门讨论谈判技巧，我无法全面展开讨论。不过在这本书中，你会发现很多有益于提高谈判技巧的建议，相信它们对你非常有帮助。例如，成人学习法则就可以运用到谈判中，毕竟在谈判过程中你尽力让别人明白你的定位点，并努力观察对方的定位。在第一章和第三章我们讨论过人类行为的问题，主动倾听、提问技巧以及独特性等章节都会对你有所帮助。此外，关于非言语行为和语义问题的讨论也会使你受益匪浅。

在谈判中，理解他人是为了激励对方朝着对双方都有益的目标努力。因此，你应该对激励理论的知识有所了解。你可以从以下专家的著作开始着手，Abraham H. Maslow 的《动机和性格》(Harper & Row，1970)；《人们在艾力克伯里玩的游戏》(Ballantine，1978)；Thomas A. Harris 的《我好，你好》(Avon，1982)；Maurice Villere 的《工作中的业务分析：商业专业人员指导手册》(Prenticehall，1981)；Frederick Herzberg 和 Philip W. Yetton 的《领导与决策》(匹兹堡大学出版社，1976)，等等。这些书籍都非常有趣，通过阅读这些书，你可以了解到别人的行为方式的动因以及如何改变别人的行为方式。

做好战略计划

不管是在哪种类型的谈判中，你首先要做好的就是战略计划。实际上，做好了谈判的知识准备工作，并做好了谈判的心理准备，就可以作出战略计划了。当然，这个计划仅仅是初步计划而已。我曾经看到有些谈判人员最终放弃了他们的定位，因为谈判进程和发展与他们的计划大相径庭，他们无法跳出谈判计划的束缚，并适应情况的改变。一旦谈判情况发生改变，你就应该重新评估和设计你的谈判战略。

做谈判战略计划时，你可以从以下七个方面着手。一旦你确定了以下问题的答案，你就可以利用答案作出战略计划。

作战略计划时应该思考的七个问题

1. 你的权利基准是什么？对方有多么想要你所拥有的东西？
2. 谈判的问题产生的原因是什么？有没有其他解决办法？
3. 谈判中涉及哪些个人需求和公司需求？
4. 对方的主要行为特征是什么？
5. 你的上限和下限分别是什么？
6. 要解决这个问题，能够采取哪些战略？
7. 你需要使用哪些辅助工具？

---

1. **权势基准是什么？**考虑一下自己到底多么需要对方所拥有的东西，然后思考一下对方到底多么需要你所拥有的东西。如果你自己都不清楚这个问题，你就应该设法调查明白。此外，你还应该明确双方的时间期限，以及对方可能动用的资源。你可以动用那些资源来帮助你获取谈判的胜利？
2. **导致谈判的问题产生的原因是什么？**在大多数情况下，如果我们消除了导致问题产生的原因，问题就可以得到解决，也就没有必要进行谈判了。对所讨论的问题寻根究源，这样你就可以对整个问题有个全面的了解，并且发现对方定位后面存在的问题。找到问题产生的根源之后，你就可以提出很多有创意的解决方法或者整体性解决方案。特别

是当双方关于某些方面争持不下的时候，这个方法非常有效。

3. **谈判中涉及哪些个人需求和心理需求？**在这里你就可以运用到激励理论的有关知识了。除了所谈判的问题之外，人们往往还深深地受着个人需求的影响。有些公司决策就是基于一闪之念或者个人偏好作出的，还有的甚至是基于恶意的或者幼稚的想法作出的。人是心理动物，我们基于精神和情感的网络行事。所以，为了达成理想的谈判结果，你有必要对对方的心理需求以及自己的心理需求进行分析。当然，你还得分析对方公司的需求。不过，个人心理需求不像公司需求那么明显，思考这个问题，可以帮助你在谈判中达到双赢。如果你对对方的需求不了解，你就不知道如何帮助他们达到目标，那么自己的目标也很难达成的。
4. **对方的主要特征是什么？**他或者她的举止如何？对方是属于动机强烈、十分渴望成功的类型呢，还是属于分析型的？分析对方的行为特征，然后作出决定。面对这两种类型的对手，你必须采取完全不同的谈判方法。动机强烈的人只看重结果，希望立即采取行动，而对实际情况则很少考虑，他们总是有很强的时间紧迫感；而分析型的人比较有耐性，面对压力他们也不会仓促地作出决定。

目前存在一些测试人物性格的系统，这些系统的测试效果都非常好，你可以选择一种系统对对方的性格进行分析，然后想出应对策略。对人物性格进行分析时，我推荐你使用 David Keirsey 和 Marilyn Bates 的《请理解我：性格特征和脾性类型》（Prometheus，1978）。此外，Otto Kruger 的《工作中的类型分析》（Bantam Doubleday Dell，1993）也非常实用有趣。

此外，分析行为类型的时候，还可以采用相互作用分析的方法，这种方法还可以为每种类型提供不同的应对方法。[2] ［429 页］对谈判对手进行充分的分析，对你的谈判会起到很大的帮助。

5. **你的上限和下限分别是什么？**有些人赌博的时候输掉的钱大大超过了他们所能支付的范围，还有的人一不留神就买下了大量无法支付的东西。这些情况屡见不鲜，但是希望这种情况不要发生在你身上。为了避免发生这种情况，你应该给自己设定一个上限，千万不要超过这个上限。对于培训而言，我推荐你考虑以下三个方面的问题：

   A. 你必须得到的东西

B. 你希望得到、但是得不到也没有多大影响的东西

C. 你能够放弃的东西

这些就是你的上限和下限。

这个列单有以下使用方法：你首先应该确定了你的谈判目标，明确了你必须得到东西，知道自己在哪些方面不能妥协；然后你应该列出你会努力争取、但是如果争取不到将会放弃的东西；你还应该列出那些对方尽力争取的、但对你没有多大用处的东西。如果你能够在谈判之前认真考虑这三个方面的问题，你就可以在谈判中占据一定的优势地位。

6. **你可以采取哪些战略？**利用上面的上限－下限列单，决定你可以作出哪些让步，并按重要程度将其排序。如果对方采取强硬的态度，或者他们所要求的东西超出你能够让步的范围，你该采取怎样的措施，以及你该如何面对？在谈判开始之前，这些问题你都应该思考清楚。

到这一步的时候，你还应该考虑你的诚信问题。如果你认为对方会占你的便宜（由于对方认为你对所讨论的问题缺乏了解或者你没有能力识别到这一点），你就应该考虑如何树立自己的诚信。有一个南方的议员曾经说：“我认为开篇语结束时，谈判就算结束了。”他利用开篇语来衡量对方的态度。因此，你开头的几句话应该是负责任的、有所依据的，这样你才可以一开始就赢得对方的信任。

下一步你所要考虑的问题就是，当你向对方争取你所需要的东西时，你将会遇到哪些形式的抵制呢？此外，你还要考虑如何应对这些抵制。你可以思考下面的问题：

- 你所争取的是什么？
- 对方可能会有什么反应？
- 对于这些反应，你的成本（让步、谈判氛围以及关系改变方面的）是什么？
- 作出这种让步是否值得？
- 如果不值得，你还能采取哪些成本较低的应对措施？
- 记住，你只是在思考可能采取的应对措施，而不是最终将会采取的措施，这是可以随着谈判情况的改变而灵活处理的。

7. **为了实施你的策略，你需要哪些辅助工具？**你可以使用的辅助工具有

三种，语言上的、技巧上的和战略上的。为了更好地讲述你的观点，你应该怎么措辞？谈判双方是否存在语言交流方面的困难？由于语言方面的困难，你是否需要使用新的术语？你所要做的就是尽可能地小心措辞，让对方明白你的观点。

至于技巧上的工具，你可以是使用提问技巧和主动倾听的技巧，这些我们都已经在前面讨论过了。你可以在谈判开始前一个星期，有意识地训练自己的提问和倾听技巧，并注意观察人们的非言语行为。这样开始谈判时，你就可以利用这些技巧使自己在谈判中占据优势地位。

运用恰当的谈判战术

谈判开始之前，你应该考虑一下为了对谈判对手产生压力，你将会采取哪些策略。在下面的部分中，我们将介绍一些标准的谈判战术，对于有些战术可能你已经比较熟悉了，你可以从中选择适合谈判情况的相关战术，以求达成最佳的谈判结果。每次需要谈判的时候，你可以分析一下这个战术列表，从中选择适合情况的战术。

想要了解更多的关于谈判战术的信息，你可以阅读 Gerad Nierenberg 的《完全谈判专家》（Nierenberg - Zeif，1986）或者是他前期的著作《谈判的艺术》（Cornerstone，1981）。这两本书中都介绍了关于谈判战术的有关知识。如果你想了解具体的操作步骤，你可以参照 Setven Samuel 的《如何谈判》。

意大利香肠片。大型的问题有时候看起来太复杂了，似乎很难解决。如果把整个大问题分解成小的问题（像香肠片），那么它们就容易解决了。

试飞气球。以“如果我们……那么……”的形式提出你的建议或者报价，这样双方就可以以假设的形式来考虑问题，而不是真正的作出决定。这种说法不是一锤定音，给双方留有思考余地，而且在假设的过程中，你还可以对对方进行详细的观察。

推迟大问题。如果你一开始就某个大问题死死纠缠，那么你很难解决这个问题。还不如从比较容易解决的问题着手讨论，这样随着已经解决的问题的增多，分量增加，双方就那个大问题不得不相互作出让步，力求达成一致意见。此外，随着谈判战线的拉长，那个大问题的重要性就降低了。如果这个大问题解决了，双方就对整个谈判的成功有了信心。

首先作出让步。如果你首先作出让步，你就可以在很多方面占据优势，对于这一点很多谈判专家可能持有异议，不过我认为事实确实是这样的。例如，如果你首先作出让步，你就可以树立一个“良好的”形象，对方会认为你确实想通过协商找到问题的解决办法，这使你在道德上首先占据了优势。此外，谈判是基于公平展开的，你已经作出了一步让步，那么对方不得不作出一步让步。最后一点，如果你首先作出让步，相当于你设定了谈判的基调，你可以引导整个谈判的进程。

救命草问题。你在某个无关紧要的问题上大做文章，这是一个比较狡猾的做法。对于那个小问题，你据理力争，好像它很重要似的，然后在最后作出让步，目的是为了使对方作出一次大的让步。

假装。这是救命草手法的另外一种形式。关于某个问题，你就其某个方面进行讨论，目的是为了掩饰它的缺陷，希望大家在关注正在讨论的方面，而不要注意到它的缺陷。

撤退。开始谈判之前计划好必要时你将如何撤退，如果你确实需要作出让步，千万不要轻易地作出让步，你的让步也应该对你有所作用，在你作出让步的同时，确保对方也会作出相应的让步。对方想要的不仅仅是打一次胜仗，他们需要从你这里得到他们想要的东西。同时记住，当你作出让步时，不妨称赞对方几句。

作出交易。在谈判中，出现僵局的时候，你可以提出双方作一对一的交易，这样可以打破僵局。

僵局。在谈判中出现僵局并不是什么好事，但是有时候你需要更多的时间思考，或者是你认为对方逼得太紧了，可能对方有很大的时间压力，这个时候你可以适当地制造僵局，拖延时间。

温和的撤退。在谈判中经常使用这种技巧，双方或者是其中一方答应对方的要求，继续下面的谈判内容。如果对方想激怒你，或者预测可能会遭到你强烈的反对，不妨答应他们的要求，让他们“大失所望”，大吃一惊。

回旋。这是一种非常狡猾的防卫战术。我建议你只有当你认为对方占了便宜的时候，才使用这种战术，你只需要说，“我改变主意了，我不同意到目前为止达成的任何一致意见，让我们从头开始吧”。为了不让所有努力都付诸东流，这个时候对方可能就会迎合你的意思，作出一个大的让步。除了自我防卫之外，千万不要轻易使用这种战术，毕竟这有点不道德，而且还会导致输赢之争。

大发雷霆。我发现律师似乎特别喜欢用大发雷霆的方式来威胁他人，有些经理也习惯于通过发怒来震慑员工，使他们按章行事。我将之定位为一种管理工具，是因为通过这种工具可以对他人起到震慑的作用，还可以激怒他人。当别人怒气冲冲的时候，你最好保持冷静和理性，并感谢对方的诚恳和直白；或者是平静地告诉他们你不知道是什么使他们生气，并让他们作出解释。通过这种方式，你可以迫使他们理性地讨论问题。

走开。避开是指当你设定一个底线后，告诉对方你不能超越这个基准线，然后避开这个话题不谈。当然，这样做的时候，你并不需要生气。走开就是暗示你不能再作出更多的让步了，你并没有从谈判中得到你想要的东西，你不打算继续谈判了。对于对方，如果他们已经在这次谈判中投入了大量的时间和精力，他们宁可作出让步，也不愿让所有的努力付诸东流。从另外一个角度来讲，如果对方无法再作出让步，那就表示你的走开是正确的，因为双方已经没有继续谈判的必要了。如果走开的那一方是对方，就暗示下一步你该有所举动了，但是，你也没有必要非得作出点什么。当你对他们的走来无动于衷的时候，如果他们确实想继续谈判，他们走开后迟早会回来重新谈判的。如果他们回来，你就占据了优势了，因为他们回来是有求于你的；但是，如果他们走开后不再回来，那就表示这轮谈判结束了。

契据。这是一个非常有用的技巧，在谈判中经常使用到它。实际上，很多法律系统都是基于契据而建立的。契据，就是表示事情已经发生了。从谈判的角度来讲，就是指谈判中的某一方单边采取某种行动，然后告诉对方结果，在这种情况下，对方要么接受这个事实，要么终止谈判。传票是契据，车票、法庭庭谕、警察袭击以及其他类似的时间也都是契据。你先斩后奏，先采取行动，然后询问对方的看法，在这种情况下，等于是让对方没有选择的余地。这种技巧操纵性很强，使用的时候一定要非常小心。如果使用这种技巧的是对方，那么你就该保持冷静和理性，沉着地应对。

谈判情景

下面列举了一些涉及培训经理的谈判情形，我们来探讨一下以上谈判技巧在具体谈判情景中的应用。

如何同上司进行谈判

想要同上司达成一致意见时，我们还得回到前面提到的三个变量因素：时间因素、信息因素和权势因素。一般情况下，上司控制着时间因素，他或者她可以选择谈判开始的时间，也可以选择何时终止会见。如果你能够对所要陈述的内容进行合理的安排和组织，充分利用时间因素，在最恰当的时机说最正确的话，那么你还是可以对谈判情景进行控制的。在谈判开始之前，你应该做好充足的准备，在谈判中用精练精明的语言陈述你所要表达的内容。如果上司习惯于掌控谈话进程，那么你就应该简洁扼要，时刻记住自己的目的；如果上司是个慢性子，你就应该谈及所有相关的内容，并且引导他或者她思考。

和上司进行谈判时，信息因素是你的主要优势。如果上司掌握的信息比你的更多更准确，那么你就很难取胜。你在提供信息的时候，应该指出能够带给公司以及上司个人哪些益处。这些益处应该是非常详细具体的，你所选用的措辞应该是处在抽象阶梯（见第 15 章）的最低端。

至于权势因素，占明显优势的那一方应该是上司，因此，关于权势的控制，你应该做得非常微妙。你可以将你的提案同以前类似的项目或者正在举行的大型项目结合起来，写一份极具说服力的项目提案，争取多方的支持，等等。如果你的上司比较崇尚事实，你可以试行项目的一部分内容，让他或者她看看项目的实际效果。此外，你还可以使用统计数据和电脑打印稿件，但是不要在细节上花太多的时间，只需将它们作为辅助的证据。

回答战略计划中的七个问题。思考我们在前面提到过的战略计划中的七个问题，在谈判中着重强调你的提案能给公司带来的益处，并试着从双赢的出发点来讨论问题。总之，你可以参照在第 16 章提到了关于向管理层宣传培训项目的有关办法。进行谈判之前，你自己首先必须对所讨论的问题非常熟悉，对其他解决方法也应该有所了解，并向管理层解释为什么你所提出的方案比其他方案有效。

进行谈判之前，你还应该清楚地给自己定位，确定自己的优势和弱势。你的心理需求是什么？你必须保全什么“面子”？思考一下上司是否非常需要你所能够提供的东西，然后找出你所能够提供给他们的东西。同时你还应该分析上司的个人和政治需求，并尽量迎合他们的这些需求。此外，你还应该分析上司的个性特征，在谈判过程中注意不要作出与之相抵触的事情。

为你的诉请确定一个上限和下限。你的下限是你必须保住你的职位，因此你不能强迫上司按照你的意思行事，同时你又希望上司能够同意你的提案，因为这个提案对你对公司都非常重要。因此，在谈判过程中，一方面你应该努力说服上司，同时还应该坚持自己的立场。

在计划谈判战略的时候，记住你和上司其实是有着相同的出发点的，都是从公司的利益出发的。不妨使用以下四种战略，它们可以帮助你在谈判中占据优势地位。

与上司进行谈判

（以公司的至高利益为核心，并发扬团队协作精神）

时间因素	由上司进行控制 减少占用的时间 跟上上司的时间节奏——慢或者快，等等 等待上司作出决定；少安毋躁
信息因素	你的优势所在；提前做好准备工作 从公司的利益或者目标出发来陈述你的提案
权势因素	上司占有优势 利用以前成功的例子，并争取其他人的支持 将你的提案同上司偏好的项目结合起来 利用事实来论证项目的可行性；展示你所提议的项目的必要性 利用既定事实——如果这样做不是太冒险的话

战略计划	1. 明确你的优势和弱势；找出上司非常需要的东西，并在你的提案中提及 2. 清楚地描述现存的问题，显示为什么你的提案比其他方案好 3. 分析上司的个人需求、政治需求以及组织需求 4. 分析上司的性格特征 5. 列出你的最低需求和最大需求 6. 向上司展示他或者她以及整个公司能够从这个项目中得到的益处 7. 为你所选择的战略路线作解释

1. 表示你能够理解上司的观点；
2. 给出你的提案在其他地方获得成功的例子；
3. 将你的提案同他或者她现在的兴趣结合起来；
4. 展示提案能够带给上司个人的益处，并且着重展示你的提案能够带给公司的益处。

向管理层展示提案的时候，经常存在一个问题就是，管理层的态度模棱两可，他们既没有明确地表示到底是支持还是反对你的提案。出现这种情况的时候，你就需要在项目中作出适当的让步。你可以在项目中作出两到三个可供选择的计划，并单独作出预算。着重强调其中一个计划，这个计划成本最低，可是收效最少；将另一个计划放在希望上司同意的位置，这个计划成本稍高，不过收效也很大；将第三个计划当在可有可无的位置，这个计划成本合理，收效最大。向管理层展示这三个计划，然后让他们从中进行选择。这个过程的关键是每个计划的收效应该有明显的区别。第一个计划能够展示目前存在的问题，但是无法真正地解决这个问题，如果这个计划被管理层接受了，那么你至少可以维持现状。第二个计划能够解决问题，可是成本很高，第三个计划不仅能够解决问题，还能够给公司带来很大的益处，同时成本也非常合理。从管理层的目标出发，为每项预算正名，这样你取胜的几率就比较大。

当然，在谈判中你还可能找到各种形式的抵制，你应该为此做好准备。最好的做法是，在上司提出质问之前，就对他们可能提出的问题进行解释。

提前做好政治调查，在谈判的时候，着重向那些可能提出反对意见的人进行解释，争取他们的同意。

这么多年来，在同上司进行谈判的时候，我一般会使用到以下战术：

- 试飞气球
- 首先作出让步
- 救命草问题
- 假装
- 撤退
- 僵局（等待恰当的有利时机）
- 温和的撤退
- 契据

向管理层争取加薪的时候，争取上司同意我提议的项目、活动和预算的时候，我一般会首先作出让步。与管理层进行谈判的时候，不管你使用何种技巧，始终应该记住你是整个团队中的一员，你应该将公司的整体利益放在首位。

如何同下属进行谈判

谈判如何同下属进行谈判的时候，我们首先还是来看看时间因素、信息因素和权势因素这三大变量。与下属进行谈判的时候，你明显在时间控制上占据了绝对优势，但是你还是应该小心行事，防止有些下属死死纠缠，这样只会浪费你的宝贵时间。

记住谈判是一个过程，而不是一个事件。为了确保下属不浪费你的时间，你应该给他们足够的准备时间。

开始谈判之前，你还应该对所讨论的问题作一个全面的了解。你对下属以及其工作表现了解越多，对他们想要争取的内容了解越多，你就越容易在谈判中占据优势地位，并从下属那里争取到你所想要的东西。

与下属进行谈判

（制造一种双赢的局面）

时间因素	由你进行控制 防止下属死死纠缠，浪费大量时间
信息因素	提前了解相关信息 对谈判所涉及的人物和事件进行了解
权势因素	微妙地运用权势
战略计划	1. 你的下属拥有哪些权势？你的权利受到哪些限制？你能够轻而易举地为下属提供哪些他们想要的东西？ 2. 下属为什么要同你进行谈判？这是不是一个非常严重的问题？有没有其他解决办法？ 3. 确定公司需求、下属的需求以及你个人的需求； 4. 下属的主要性格特征是什么？ 5. 确定你能够提供给下属的上限和下限； 6. 预计可能遇到的抵制，并提前想好应对措施；让谈判在友好的氛围中进行； 7. 利用言语工具。

在谈判的过程中，你还可以微妙地运用权势优势。你可以根据自己的意愿来选择谈判地点。如果需要的话，你还可以提前准备好相关文件；向下属展示你对所实际情况的了解；适当地对下属的福利情况给予关心，并从下属的角度来思考问题。

回答战略计划中的七个问题。与下属进行谈判的时候，首先思考一下他们的权利基础是什么。他们有多么需要你所能够提供的东西？你有多么需要他们所能够提供的东西？你的权利会受到哪些限制？谈判开始的时候，你可以同意给他们一部分他们想要的东西，你给他们的东西不一定是他们这次所要求的东西，但必须是对他们有用的东西。

猜测下属为什么要同你进行谈判。除了谈判之外，还有没有其他解决方法？这是不是一个非常严重的问题？如果这个问题非常严重，它产生的根源（不是表象）是什么？通过谈判能够解决这个问题吗？如果谈判不能解决问题，那么还需要采取哪些措施？

确定下属的个人需求，同时思考你自己的个人需求。这样你可以以非正式的形式同下属进行交谈，还可以保全你和下属的面子。此外，你还要分析下属的主要性格特征。

确定你的上限和下限。不管你给下属提供什么，你至少应该给他们提供一些东西的，除非你是一个独断专行的人。此外，你还要明确自己想通过谈判从下属那里得到什么，以及你愿意作出哪些让步。你所提供给下属的东西千万不要超过你的能力范围，同时，你每作出一步让步，你都应该从下属那里相应的争取到一些东西。开始谈判之前，你可以对他们可能会要求的东西和他们可能会产生的抵制进行预测，并做好相应的应对措施。

最好提一点，开始谈判之前，你应该确定你将使用的谈判方法和谈判技巧，必要的话，你可以提前进行练习。关于谈判技巧，除了我们在前面提到的那些技巧之外，在这里我还想补充几点：

- **查看过去的档案记录。**查看你和下属以往的表现记录。看到过去发生的事情，可能会对眼下的谈判产生积极的影响。
- **进行需求分析。**如果谈判成功，就表示双方的需求都得到了满足。在某些问题上总是很容易达成一致意见的，无法达成一致意见的往往就是那个最棘手的问题。
- **给下属下最后通牒。**千万不要在谈判开始的时候给下属下最后通牒，这样做完全没有意义，还会使你陷入僵局，如果情况转变，你将难以改变立场。你应该选择合适的时机下通牒，而且你这么做的时候，态度一定要谦和，给下属留有余地，使他们能够带着尊严撤退。

综上所述，与下属进行谈判的时候，你可以采用以下谈判技巧：

- 化整为零
- 试飞气球
- 首先作出让步
- 温和的撤退
- 发怒（必要的话）
- 查看过去的档案记录
- 需求分析

● 最后通牒

如何同公司外部的卖家进行谈判

与公司外部的卖家进行谈判时，你占据了时间优势。这是一个买方市场，即使你受到某种压力（例如预算上的压力），你还是可以设定一个虚假的最后期限，给对方施加压力。此外，你还应该分析自己的需求，并且提前做好准备。往往有些厂商会预告价格的上涨，或是提出在限定的时间内完成项目的话，需要特殊的报酬，他们以这种方式来给你时间上的压力。如果你对这种方式确实感到有很大的压力，你就应该置之不理，或者直接拒绝他们。时间压力也许是存在的，不然在后面的阶段你可能需要支付更多，毕竟这还是比较公平的。如果他们提出的限期交易只是一种宣传手段，并不是实际存在的，这种手段不行的话，他们可能还会想出另外的办法。面对着销售人员，你不妨让他们在你身上投入大量的时间和精力，这样的话，他们就不会轻易放弃这项交易，那么你就可以要求他们作出让步了。但是，如果你面对的是咨询顾问，这种方法就不奏效，因为他们销售的就是时间。如果你占用他们时间，他们就会向你收取费用；也许你会获得暂时性的让步，但是他们可能在后面的阶段中向你收取更多的费用。

信息因素非常重要。你手中应该随时掌握着订户的名单，并经常进行核实。同时，你还应该同其他培训师或者咨询顾问保持联系，看他们的服务质量是怎样的，或者是试着使用培训课程包。你可以雇佣他们从事某一项工作，看看他们在这项工作中的表现，然后再考虑是否聘请他们从事更多的工作。记住，虽然你需要他们为你工作，但是比起你的需求而言，他们更需要你给予他们这份工作。如果你确实非常需要某一位咨询师，你应该记住除了他或者她以外，还有其他咨询师可以选择，也许其他人比他或者她更加优秀。

你在权势因素上占有优势，对方是有求于你的。诚然，你也有求于他们，但是这一点已经是双方都知道的，而且他们也非常需要你。在谈判中，你可以使用我们在前面提到的所有谈判技巧，以一种自信的方式跟他们进行讨论。你可以提及到过去类似的例子，谈判时态度要果断，并充分利用好空间。此外，你还应该申明这次谈判是由上一级管理者决定的，这样如果对方要求你立即采取行动时，你就有时间延缓他们的请求。

如果谈判进行得不顺利，不妨转而采取另外的措施。进行谈判之前，你应该对自己能够采取的措施有所了解。

回答战略计划中的七个问题。在这种谈判中，需求有着非常重要的地位。你除了培训需求之外，你所购买的服务或者签署的合约都会对你产生影响的。优秀的咨询师们或者销售代表都深知这一点，他们会想方设法使你有一个良好的感觉。你可以从他们对你的态度来分析他们的兴趣所在以及他们对自己的产品的自信程度。

从另一个角度来讲，卖家也有他们自己的需求。他们希望能够销售他们的产品或者服务，希望能够扩大他们的市场。销售人员关注的主要是销售量，而咨询师关注的则是时间。此外，他们都有虚荣心，所以你不妨对他们进行适当的恭维。例如，咨询师需要知道他们是这个行业中的佼佼者，他们所提出的建议被采用了。如果资金方面存在问题，那么使用培训课程包是比较恰当的。

分析卖方的工作需求和个人需求。热忱待人，细心倾听他们的讲话，虚心接受他们的建议，尊重他们。当他们打电话给你时，你一定要回电话；带他们一起去吃午餐；给他们解决问题的机会。如果他们的虚荣心和自尊心得到了满足，他们就容易与你在谈判中进行协作。

与公司外部的卖家进行谈判

（这是一种双赢的局面）

时间因素	充分利用时间优势 谈判开始时给予充分的时间对问题进行概述，避免双方感到太大的压力 对那些要求你立即作出决定的报价置之不理 不要不切实际 提前与咨询师预约，不要拖到最后一分钟
信息因素	明确你所需要的东西 让对方提供有关成功的客户的信息 与其他培训师保持联系 在购买之前进行测试
权势因素	微妙地运用权势 明确指出你需要向上一级领导征询意见

战略计划	1. 比起你对他们的需求来，他们更加需要你 2. 做好放弃谈判的准备，然后再尝试其他解决办法 3. 需求是此次谈判的核心。明确自己的需求，并分析对方的需求 4. 卖家会根据你的行为特征来调整他们的行为 5. 明确自己的上限和下限；以公平的价格争取你所想要的东西 6. 建立自己的诚信；做好遭受抵制的准备 7. 特别注意自己的措辞，也得注意对方的用词

与卖方进行谈判的时候，卖方的主要性格特征并不是重要的考虑因素，因为优秀的销售人员都善于迁就你的性格特征。如果你能够正确地预测他们在谈判中的行为，你就可以更好地组织你的谈判。

确定你的上限和下限。特别是当你同咨询师进行谈判时，这一点尤为重要。很多咨询师都是独立工作的，他们的收费具有很大的弹性。如果你明确了自己的需求、自己想要的东西以及自己能够给予的东西，你也可以做到在谈判中灵活应变。如果你对自己的需求、上限以及下限非常清楚，你就可以在上下限之间灵活处理。

特别注意你的措辞，同时你也得注意对方的措辞。卖家都喜欢高谈阔论，但是在谈判中你有必要在适当的时候进行提问，防止遭受欺骗或者导致误解。如果课程包的销售代表说他们的产品是“量身定做”的，那么他们的产品是和咨询师的完全不一样的。让对方尽量进行详细的描述，应该将所选择的措辞控制在抽象阶梯的最下端。

记住卖方并不是你的敌人，他们同你一样，也是为生活奔波的普通人。因此，你在和他们的谈判时，应该建立一种伙伴关系，这种伙伴关系能够：

1. 以你所能够担负的成本给你提供你所需要的服务；
2. 使得卖家能够有与其能力相匹配的工作表现。

在谈判中你能够选择使用那些积极的谈判技巧，不过千万不要使用那些带有敌意性质的伎俩。

如何同政治对手进行谈判

同政治对手进行谈判时，时间是一个不可忽视的因素，因为正确的预测对方的压力所在，能够帮助你在谈判中占据一定的优势。实际上，谈判双方都存在时间限制的。记住不管谈判过程中发生了何种情况，你都得遵照你的时间限制来行事。谈判只是一个过程，无需太紧张，将眼光放远一点，不要只盯着眼前的利益。

在这种谈判中，信息因素非常重要。如果你的下属中有人的朋友在为你的对手工作，你可以从他或者她那里获取有关信息，那么情况对你就非常有利。当然，这种小伎俩有点类似间谍行动，如果你不屑使用这种办法，就不要这么做。此外，你还可以监视对手的行动，这样你大概能够猜测出他们在公司中的职位。

与政治对手进行谈判时，权势是一个非常危险的因素。因为公司内部政治的不安全性，大部分人都倾向于采取中立的态度，这种态度最安全。施展权势就等于是在制造政治敌人。从另外一个角度来讲，轻易放弃你的权势，这种做法也太不明智了。因此，你应该尽量采取中立的态度，避免权势之争，谈判不是为了打败对方，而是为了维持一个双赢的局势。

回答战略计划中的七个问题。你必须知道对手多么想要你所拥有的东西。如果他们对你所能够给予的东西没有提出索求，你就不用着急，保持冷静；他们总有一天会主动提出索求的。如果你想争取他们的支持，你就应该确保你这里至少有一样东西是他们想要的，不然你在谈判中就没有优势了。

当你讲话时，也请他们说出自己的看法。可能的话，赞同对方的观点，这样一来，就等于对方欠你一次人情了。你还可以与某个权势人物站在同一战线上，这样你就可以轻易地超过对手，没有必要再继续谈判了。也就是说，在开始谈判之前，你要认真分析公司政治氛围，认清公司的政治形势。

与政治对手进行谈判的核心还是需求问题，双方都需要满足各自的需求。你没有必要喜爱你的对手，但是你们都有目标要达成，都需要满足归宿感、支持、自尊以及认可等个人需求。如果你能够找出对手的需求，然后帮助他们满足他们的需求，那么你就可以在协商过程中占据优势地位。这是一个双赢的办法，这个态度强调的是“我怎样才能帮助你?”而不是“我怎样才能从你那里得到我想要的东西?”

与政治对手进行谈判

（记住，你们为同一家企业工作）

时间因素	不确定 不要有过多的时间压力 利用对方的时间压力 逐步获取你所想要的东西。
信息因素	可能的话，通过人际关系网获取对方的信息 监视对方的行动
权势因素	非常危险，尽量保持中立 保持双赢的态度
战略计划	1. 你必须知道对手多么想要你所给给予的东西，准备用你所拥有的东西向对手交换你所需要的东西 2. 尝试一下他们提出的解决方法，也许你的方法比他们的强很多 3. 满足需求是关键，尽量争取双赢的局面 4. 分析他们的性格特征，尽量称赞他们的工作作风 5. 上下限问题不是关键，不过你还是应该确定一个底线 6. 每次作出让步时，确保你能够得到相应的补偿。如果对方无法给予你所需求的东西，就没有必要进行谈判 7. 使用外交手段和语言技巧

作为同事，你们都会同一家企业工作，因此你应该适当地称赞对方的做事风格。心理学家 Jard Decille 在他的著作《领导的心理：管理资源和关系》[3]［429 页］中提到了同事竞争的一些方法。在这本书中，DeVeille 提出了一些对同事进行迎合和恭维的行为模式，这些行为可以减少与同事之间的摩擦。

比起其他类型的谈判情形而言，在与同事进行的谈判中，上下限的重要性是最低的，不过你还是应该列出你所想要的东西以及你所愿意给予的东西，然后坚持自己的决定，并在谈判中严格遵守自己的上限和下限，避免对方占你的便宜。

建议你在谈判中小心作出让步。只有当你能够从对手那里得到你所想要的东西的时候，才慷慨地作出让步。与同事进行谈判时，不用过多地考虑诚信或者身份的问题，除非谈判过程中涉及这种问题。此外，你还应该记住，没有人愿意来个一百八十度的大转弯，因此，劝服对方的时候，你应该一步一步地来。当然，你可能会在谈判中遭到抵制，不过这种抵制一般来说都是个人性质的，所以也应该在个人层次上进行解决。如果你预计可能会遇到强烈的抵制，你可以有以下三种选择：

1. 给予对方一些他们难以抗拒的东西；
2. 从道德的角度进行协商；
3. 推迟谈判时间，等待合适的时机。

与同事进行谈判时，你的用词和表达方法非常关键。在这种谈判中，几乎所有的分歧都是由于双方对对方的意图或者行为产生的误解而产生的。如果你谨慎地选择措辞，就可以避免产生误解，谈判困难也可以迎刃而解。当然，仅仅靠恰当的措辞是不够的，你所采取的解决方法还应该是正确的，不然即使是双方暂时达成了一致意见，在以后的过程中还会发生摩擦的。

与同事进行谈判时，你最应该练习的谈判技巧就是外交手段。良好的倾听技巧和积极的反应都会对你有所帮助的，此外，你还应该观察对方的非言语行为，并且进行适当地提问。你可以采用以下技巧：

- 交易
- 首先作出让步
- 试飞气球
- 救命草问题
- 假装
- 契据

此外，你还可以进行需求分析，并且查看有关档案记录，在讨论与下属的谈判中，我们已经提到过这两种方法。不过，与同事进行谈判时，千万不要下最后通牒。

小结

谈判是为了达成双方都满意的结果，它是一种改变双方关系的手段。在谈判中存在三种变量因素：时间因素、信息因素和权势因素，这三种因素相互作用，每种因素都会对谈判结果有所影响。

许多人都认为谈判是一种输赢之争，其实不然。对于所达成的协议，双方应该都满意的，这就是说通过谈判，对方至少能够争取到一点他们所想要的东西。

谈判成功与否，准备工作非常重要。为了帮助你做好谈判的准备工作，本章提出了准备战略计划的七个问题。此外，在本章中还探讨了一些常用的谈判技巧。在本章的末尾，我们讨论了培训经理如何在四种常见的谈判情形中灵活运用相关谈判技巧，来获取谈判的成功。这四种谈判情形分别是：与上司进行谈判，与下属进行谈判，与公司外部的卖家进行谈判，以及与同事进行谈判。

练习

1. 选择一种谈判情形，设计出至少三种解决问题的办法，并综合这三种解决方法，对促使双方形成对立的问题提出一个整体性解决方案。
2. 在某个谈判问题上选择一种立场，分析对方的立场，并分析对方的兴趣所在。为什么他们选择这个立场？他们想得到什么？是什么促使你选择自己现在所处的立场？
3. 设想一个即将开始的谈判，回答战略计划中的七个问题。

第五部分

培训及其发展

简介

这一部分内容主要是关于培训活动的概述，以及对培训发展趋势的预测。本部分共包括三章，每部分都论述了培训现状及发展的某一个方面，你可能会遇到的问题，解决这些问题的比较可行的办法，以及在下一阶段的发展趋势，等等。

在第 18 章中，我们探讨的是培训经理经常会碰到的诸如文化水平审核和建立公司内部的文化项目等问题。我们谈论了如何对跨文化工作团队进行培训和管理，以及如何处理国际性事务。在这一章的最后，我们讨论的是为了使员工能够胜任新的工作任务，如何对他们进行再培训。

第 19 章讨论的是培训的整体性。现在，培训师和公司管理层都意识到，为了提供公司的运作效率，有必要将培训融入整个公司的运作计划之中。如果培训能够协同公司的管理层，共同作用于员工绩效的提高，就表示培训的作用得到了充分的发挥。这就意味着必须将培训列入公司的战略计划之中，而且培训的影响作用不仅是表现在培训进行之中，还表现在培训后员工的表现中。第 19 章探讨的就是如何使培训在培训结束之后继续对员工发挥影响作用。

在研讨会议和培训文献资料中经常会涉及一些目前存在的培训问题，

这些问题在今后的很长的一段时间内仍将存在。在本书的最后一章中，我们将探讨一下这些培训问题，其中包括技能培训、管理培训以及组织结构发展的重要角色初级员工所存在的问题以及如何通过培训来解决这些问题高新科技对培训产生的影响以及应对措施。此外，本章还预测了培训行业的发展趋势，特别是培训职业的发展趋势。

第十八章

培训中所存在的特殊问题

1991 年在本手册的第二版中，我指出了培训中存在的两大问题领域。这两大问题领域分别是：

1. 文化水平低下，越来越多的人缺乏基本的工作技能；
2. 员工的跨文化特性愈加明显。

在过去的五年里，这两个问题不仅没有得到缓解，反而愈发严重了，这是我不愿意看到的。一方面，我应该觉得欣慰，因为我的预测是正确的；同时，我觉得悲哀，因为完全能够解决的问题不仅没有得到解决，问题反而愈加突出了。

在过去数年中，美国的教育危机像瘟疫一样蔓延着，大量没有技能的毕业生涌向社会工作岗位。虽然联邦政府和国家的福利制度能够帮助那些没有任何工作技能、没有工作经验的人找到初级的工作，但是大部分公司都没有认真对待员工的文化水平问题，只有 10% 左右的公司对员工进行文化技能培训。一方面，政客们着力于控制文化水平低下的移民的数量，而另一方面，我们忽视了对那些文化水平低下的人进行培训，我们的培训对象一般是那些公司雇佣的已经掌握一定技能的员工。照目前的情况看来，在今后的十年里以及更长的时间里，文化水平低下和跨文化员工组合的问题将会继续存在，对培训工作产生很大的影响。因此，我们专门编写这一章，着重讨论如何应对和解决这两个问题。

缺乏基本技能

几年前，我的一个客户投资了数百万美元，将其重型机器制造厂的流水工作线完全自动化了。这是一个非常强大的系统，通过某个公司信息管理部门设计的计算机程序，就可以控制整条流水线大部分的运作。当工程师安装系统以及其他辅助设备以后，在试用阶段，情况非常理想，什么问题也没有发生。然后，工程师教授主管和一线的工作人员如何进行必要的监控，文字处理，如何输入相应的计算机程序，以及如何启动系统。

这简直是场噩梦！在试用阶段，整个系统无懈可击，运作良好，可是在实际工作中就是不起作用。进行调整之后，系统还是无法启动。工程师同主管和一线工作人员谈话之后，才发现48%的人不能准确地阅读计算机的输出指令。因为工作人员在实际操作中害怕犯错误，这些在公司工作过二三十年的老员工竟然随意地输入数据。他们已经工作了几十年了，很难承认自己没有阅读和理解能力。此后，公司对这些员工进行了提高文化水平的培训，这个问题才得到解决，公司新设的系统也运作良好。

在1987年，NYNEX公司为了招聘2100个操作员和维修工人，对57，000个应聘者进行了测试，也就是平均而言27人竞争一个职位。① ［429页］测试主要是考察应聘者是否能够进行简单的数学计算、解决实际问题、阅读说明书并遵照说明书进行操作。

在美国的工业中，员工基本技能的缺乏问题越来越严重了（关于这个现象，我将在第20章中进行详细的讨论）。因为基本技能的缺乏，严重地影响了经理和员工掌握同工作相关的技能，导致工作效率的低下。因此，培训师必须想法解决这个问题。在这里，我们主要讨论两个方面的问题：进行文化水平考查和实行公司内部的文化推广项目。

进行文化水平考查

文化水平考查是一种特殊的需求分析形式。在工作中，文化水平低下主要表现在三个方面：

1. 阅读和理解必要的说明书、表格和文件的能力；

2. 进行基本的数学运算以及在工作中正确地进行数学计算的能力；
3. 在与工作相关的领域中组织和解决逻辑问题的能力。

为了改变员工在工作中的表现，也就是提高他们的文化水平、计算能力和交际能力，培训师首先应该对这个问题的广度和深度有所了解，这一点和其他培训问题是一样的。要想弥补员工在工作表现中的缺口，培训师首先必须对这个缺口进行定位。文化水平低下所存在的主要问题是，那些文化水平有待提高的员工往往不愿意承认他们缺乏这种基本的技能，这是一个非常敏感的心理问题，作为培训师，你应该小心处理。② ［429 页］

此外，那些文化水平有待提高的员工已经逐渐学会了如何在工作中掩饰他们在阅读理解、数学计算和交际等基本技能上的不足，这使得问题更加复杂。有些人甚至自己都没有意识到他们缺乏这方面的技能。但是，一旦让他们从事一些与他们的例行工作不同的工种，例如，准备技术升级，他们就无法应付了。往往在公司进行变革的时候，员工基本技能方面的不足就会凸现出来。

文化水平考查的目的是为了找出员工在基本方面所存在的根本问题，其中包括与工作相关的阅读理解能力、计算能力、解决问题的能力以及交际能力等基本能力的缺乏。进行文化水平考查的时候，你可以遵循以下四个步骤：

1. 观察；
2. 收集并分析那些需要用到以上基本技能的材料；
3. 通过访谈来核实你的观察和分析结果；
4. 设计适合员工实际情况的表现测试。

在第四章、第五章和第六章中我们已经探讨过开展这四个步骤的基本技巧，不过运用到文化水平考查中时，这些技巧还是有所变动。下面我们分别看一下这些技巧在文化水平考查中的应用。

观察员工的工作表现。观察员工的工作表现是为了确认从事这项工作需要哪些相关的技巧。你需要对员工的工作进行为期一整天甚至是两到三天的观察，确保你观察到了与该工种相关的所有工作任务。记录员工进行阅读、写作或者数学计算所需要的时间，记录时间的时候，你还应该注意到员工所使用的材料和工作环境，以及使用这种技能的目的。此外，你还应该观察员工是否是独立地运用这项技能。

假如你事先同员工建立起了良好的关系，能够同他们和睦相处，那么你的观察工作就会容易很多。如果员工认为自己受到了监视，那么他们就会有意识地避免那些他们不擅长的工作任务。因此，观察工作应该是在一种轻松和谐的氛围中进行的，不要对员工产生压力。对于你而言，这种观察应该是一次学习的经历，而不是对员工的考核。我并不是推荐你作假，但是如果被观察的员工对你的观察动机有所怀疑，或者由于自身技能上的缺乏而感到恐慌，你就有必要将观察工作同其他操作程序结合起来，例如规范操作程序，或者是为了设定培训标准而进行正式的任务分析。

收集在工作中使用到的材料。收集在工作中员工需要进行阅读或者撰写的材料。通过分析这些材料，你可以发现从事这项工作所需的技能水平，并确定员工所应该掌握的阅读水平或者是词汇量。材料的风格也是一个重要的考虑因素。有时候问题不是出现在员工阅读技能或者写作技能的缺乏上，而是出现在材料的风格上。如果材料过于复杂，措辞古板，很多员工就会在阅读或者写作上出现问题。退一步来讲，即使是律师，面对那些文绉绉的法律文件，有时候也会产生理解上的错误。

此外，你还应该分析材料的内容，并确定它们的实际作用。到目前为止，你关注的仍然应该是这些材料的使用者们的技能问题，也许考查结束之后，你还可以想办法简化这些材料，不过在我们的讨论范围之内。在文化水平考查中，你所要做的是确定员工所需要掌握的技能水平，这样你才可以有针对性地对员工进行技能测试，并设计相关的培训课程来提高员工的技能。

对员工和主管进行访谈。有时候我们对自己所从事的工作的看法往往和实际工作情况不一致。你必须注意到这种差别，以确保你所培训的技巧是工作中所需要使用到的技巧。在访谈过程中，将那些表现一流的员工认为是最重要的技能记录下来，然后询问他们，哪些技能在工作中使用的频率最多，以及他们在什么情况下如何使用这些技能。对于主管，你要了解的是，从事某项工作他们认为员工应该掌握哪些必须的技能。

设定技能标准并确定所有员工的技能水平。综合考虑你的观察结果、你所收集的材料以及访谈结果，然后对于每项考查的工作，针对从事这项工作所必须掌握的阅读、写作和计算技能，撰写一份工作职责描述或者是任务分析。对员工的工作表现进行再次观察，验证并改进你的工作描述。如果在这个阶段出现问题（即员工的工作表现和你的工作描述相差很大），那么你需要同员工和主管们再次进行谈话，从中了解更详细的信息。

一旦你用这个方法确定了技能标准，接下来你就需要设计与每项工作相关的技能测试。你可以使用这项工作的工作语言来设计测试问题，针对员工在工作中应该掌握的技能，设计测试问题。

现在你就可以将测试结果同你在前面作出的工作描述进行比较，然后确定从事某项工作员工技能上的缺陷。

提高员工文化水平的培训措施

一旦你确定了员工技能上的缺陷所在，你就可以从三个方面采取补救措施。第一种措施是，根据员工现有的技能水平，改变员工的工作任务，并重新编写与工作相关的阅读和写作材料。专业可以减轻你的培训负担，简化工作任务难度。

第二种方法是根据你所确定的技能水平，针对从事这些工作的新员工，设计一个全方位的培训项目，确保培训结束之后，员工能够掌握工作所需的全部技能。这个方法和前面提到的第一种方法都能解决公司现行的文化水平问题，而且公司可以根据你所确定的技能水平来招募新员工。

开展文化水平考查的有关步骤

1. 观察员工在实际工作中的表现，记录下他们何时需要进行阅读、写作和计算工作；
2. 收集并分析员工在工作中涉及基本技能的相关材料；
3. 对员工和主管进行访谈，对你前面的分析结果进行验证和改进；
4. 利用你所确定的技能标准，涉及需要使用到工作所需技能的模拟练习和测试，对所有员工进行技能测试。

第三种方法就是针对现有员工的技能水平，设计具体的培训计划，来弥补他们的技能缺陷。在这个过程中，你需要注意到三个方面的问题：

1. 正如开展其他类型的培训一样，你需要确定提高现有员工技能水平的工作需求，设定一个详细的培训目标；

2. 什么样的员工需要参加这项培训？你需要设计一个标准来挑选有待培训的员工；
3. 你必须对此项培训的预期效果进行预测。

有些管理人员根本就没有意识到员工糟糕的工作表现其实同文化水平相关的，通过以上工作，你就可以为你所提议的基本技能培训或者是文化水平培训正名，你可以向管理层证明开展这项基本技能培训是非常有必要的。此外，那些有待培训的员工往往会拒绝参加这种培训，当他们认识到培训的必要性和预期效果之后，他们的抵制情绪就会得到缓解。

为你的培训项目进行正名时，你可以围绕以下问题展开思考：

- 公司现在没有达到哪些目标或者是表现标准？
- 公司的业务或者业务环境是否会有所改变？如果有所改变，是否会有新的目标产生？现行的表现标准是否需要改进？
- 在过去的五年中，从事某项具体的工作需要哪些技能？
- 员工个人或者是团体是否缺乏这些技能？
- 通过文化水平培训，员工在工作表现上会有何种改变？这种改变会对公司产生什么影响？
- 你如何确定是否达到了这些预期的培训效果？

开展文化水平培训

开展文化水平培训时，有几个重要问题需要引起注意。首先我们需要强调项目需求的有关内容，这些内容在第二章和第七章有所描述；接着，挑选受训员工的时候，我们需要设计一种技能保全员工的尊严又能减少他们的抵制情绪的挑选方式；此外，我们需要寻找对文化水平培训的培训效果进行评估的最好方法；最后，我们将探讨一些两种培训模式的特征。

确定与工作相关的培训目标。在文化水平培训中，你应该确保所有教学内容都是围绕工作任务展开的，而不是单纯为了提高员工的基本技能。你所开展的技能培训是为了使员工能够更加有效地工作，这是我们培训的首要目的。在正式的学校教育中，很多人都会碰到的一个问题就是，他们好像是单纯为了学习技能而学习技能，而不是为了在实际任务中运用这些技能而学习的，这种学习效果是非常不尽人意的。因此，在培训中你应该首先教授员工技能，然后让他们把所学技能运用到工作实践中。这就是说，给员工教授技能时你所使用的练习、评估和实例都应该是真实的，是同员工的工作相关的，是员工在实际工作中会遇到的。

基于工作需求而教授技能，而不是单纯为了教授技能而教授技能，可以帮助你将基本技能同思维过程结合起来。在解决工作问题的过程中，员工不自觉地就掌握了所学技能，这样员工就会以一种积极的心态进行学习，而不会认为他们是在尴尬地接受你的指令。

如果培训中的每项教学任务都与员工的实际工作紧密相关，就可以充分调动员工现有的工作知识，还可以给员工提供相互学习的机会，包括向你学习的机会。这样，你所设定的培训目标就同员工的个人目标以及公司员工表现方面的整体目标结合起来了。

同时，你也应该认识到，提高文化水平也是员工自身的渴望。你可以和员工探讨一下他们的个人学习动力，这些个人动力可能会包括以下内容：

- 高等同等学历（GFD）
- 取得其他证书或者执照
- 阅读和撰写小说、自传和诗歌
- 处理个人的账务以及其他方面文件
- 阅读文学作品
- 帮助小孩完成家庭作业

招收受训学员。对于大部分成人而言，如果要他们承认自己连小孩都会的技能都掌握不了，这简直是一种耻辱。虽然员工非常希望掌握你将要教授的技能，但是由于心理原因，他们还是会抵制你的培训课程。作为培训师，你应该尽量减少学员的抵制情绪。

为了帮助学员积极地接受文化培训课程，你可以从以下几个方面着手。首先，将文化培训当作年度培训计划中的一部分进行推广，必要的话，给文化培训取一个积极的名称，例如“高级处理技能”，“掌握高新科技”或者是“2000 工作技能”等等。

策划文化培训课程以及开展文化水平考查的时候，尽量使更多的员工和主管参与进来，争取他们对这项活动的看法和建议。有条件的话，你还可以邀请员工和主管所信任的人来授课，毕竟口碑的影响作用比任何宣传都有效。

此外，你还应该向员工说明此次培训的目的，可能的话，尽量将培训项目同公司的奖励政策结合起来。当然，这种奖励无需太大，对于大多数员工而言，提职或者加薪就是最好的奖励了。“参加这项培训对我有什么好处?”奖励其实就是这个问题的一个答案，奖励政策能够在很大程度上提高员工的积极性。

如果可能的话，培训课程就可以在员工日常的工作环境中展开，这样可以使员工时刻将所学技能同实际工作联系起来。培训氛围无需像学校授课那样正式，尽量让学员觉得放松。最后要提的一点就是，尽量将培训课程安排在工作时间内，不要让员工在工作结束之后或者周末参加培训，这样可以让员工觉得公司对这次活动非常重视，并且领悟到公司希望他们掌握好所学技能，更好地开展工作。

对文化培训项目进行评估。工作中的文化水平问题是最近才发现的，因此对于文化培训的效果，目前还没有固定的评估标准。也许将来也不会出现一套固定的评估标准，因为文化培训的效果应该是同具体的工作任务和职责联系在一起的。从目前的情况看来，员工在标准阅读测试中成绩的提高对他们的实际工作表现并没有直接影响，所以我们不能将标准阅读测试当作对培训效果进行评估的手段。

因此，为了对文化培训的效果进行有效的评估，你必须创立新的评估工具。可以用你的文化水平考查阶段中考查的那些活动和设立的标准，来对员工培训前的表现和培训后的表现进行测评，然后比较员工在培训前后的表现水平，就可以大致得出文化培训的效果。你还可以同结业学员和主管进行交谈，了解他们对文化培训效果的看法。此外，还可以设定一个 Polaroid 式的评估计划（下面将进行详细的描述），同主管一起协作，每隔几个工作时间单位就对员工进行一次测评，观察员工工作态度和工作习惯上的改变情况。你还可以邀请主管到培训课堂上来，让他或者她对你的教学表现和受训班学员的表现作出评价。

两个文化培训项目模式。Polaroid 公司开展的文化培训项目堪称文化培训项目的楷模，经常被其他公司所借鉴。在 Polaroid 公司开展的文化培训中设计到四种与工作相关的基本技能，员工必须通过培训熟练地掌握这些技能。

1. 基本的文化水平，包括读写能力；
2. 算术，包括加减乘除算术运算以及分数、小数以及百分比的运算；

3. 数学计算，不仅包括代数和统计知识，还包括进行科学计算，计算机操作以及阅读和理解说明书的能力；
4. 解决问题，包括学习技能和听说技能等。

通过员工技能考核和主管推荐的方式来挑选接受培训的学员，学员要么参加公司内部的文化培训，要么参加大学或者公司外部的服务机构开设的具体的培训课程。不管是参加哪种培训课程，员工都是自愿的，考核官和主管只能起到推荐的作用，但是没有权利强迫员工参加培训，是否抓住学习和自我提高的计划则完全取决于员工个人。但是，结业学员对这种培训课程的大力称赞以及他们在工作中表现的提高，对于其他员工而言则是最好的劝服方式。

公司对新招聘的员工或者主管新推荐的员工在前面提到的四个方面进行技能考核。对于那些在考核中成绩低于最低标准的员工，公司会安排专门的辅导人员对他们进行每周四个小时的指导，两小时在工作时间内，另外两小时在工作时间之外。员工工作时，指导老师四处走动，对他们的工作进行指导，这些指导都是同员工的实际工作密切相关的。

具体的指导内容则由指导老师、员工以及员工的直接主管共同决定。一般情况下，培训课程结束之后，指导老师会给员工一份指导手册，手册上记录中工作中时常会使用到的用语或者操作程序。培训结束后，指导老师和主管一起，每十个小时对员工的表现进行观察和再指导，确保他们能够将所学技能运用到实际工作中去。最后，对于每项基本技能，公司都有一个文化支持小组，小组成员每月在早餐时间聚集两次，这样员工就可以和他们存在相同问题的员工进行交谈。

Ideal 纸箱公司是一家私人家族企业，专门制造瓦楞纸箱。公司雇佣了大量移民，大部分来自墨西哥。虽然 Ideal 公司的文化培训项目不是特别针对他们的工作环境而设计的，但是那是我所见到多的最棒的文化培训项目。公司在工厂附近的特殊的教室里开展文化培训课程，授课内容是高中同等学历课程，授课人员是外部聘请的教师，他们亲临公司进行现场授课。每次培训课程为期两小时，这两个小时分别属于两个工作时间段，这样一来，每个员工只会旷一个小时的工。

英语是第二语言，不过在所有的高中课程中都会涉及英语。此外，公司将培训课程扩展到大学水平的课程，这样员工就可以获得一个专科文凭。

该公司的文化培训课程最高明的地方在于其融资手段。公司只支付一半学费，另一半由员工自己支付，不过如果员工从培训课程中结业，公司将会全额补偿他们所支付的学费，作为对他们顺利结业的奖励。这项文化培训课程非常成功，后来该行业很多公司都效仿这种培训模式。当然，该公司的员工对公司的忠诚度也非常高。

跨文化员工

对于培训师而言，跨文化问题是另一个培训热点。一是由于工业全球化的发展，二是由于越来越多的其他国家的人都在美国寻找和从事初级的工作和技术工作，公司员工的跨文化倾向于来越明显了。这就要求培训部门帮助本土员工，包括管理人员和低层员工，有效地同国内外的外籍员工共事，同时培训部门还必须给新的外籍员工开设关于美国文化和习俗的课程，帮助他们了解美国的文化习俗。

当然这本书并不是教你如何同其他各民族进行交际的，但是在本章中将会给你提供一些处理跨文化问题的方法和建议，它们可以帮助你在工作中作出关键性的决定。

第一个建议是你首先应该对管理人员进行培训。为了避免工作环境中的文化冲突，你有效的方法就是对本土的中层管理人员和主管进行培训，他们同外籍员工接触最多，他们应该知道如何处理文化差异问题。此外，非本土的中层管理人员和主管也可以协同他们处理文化差异问题。一旦你完成对经理和主管的培训，下一步你就应该给那些需要同外籍员工接触和共事的员工开设一系列的文化培训课程，帮助他们认识并正确地应对文化差异问题。

确定跨文化问题

如果仅仅是由于文化差异，倒是不会导致什么问题。实际上，在旅行中，或者当我们同其他文化的人交往时，我们往往会觉得很开心，因为他们同我们不一样。在工作场合当不同的文化产生了冲突时，就会导致矛盾。[③]［429页］

其实产生冲突的不是双方的文化，而是该文化中的人们所认可的价值观念。价值观念是指某个人或者某个团体认为是特殊的或者习以为常的事情或者行为，包括做事的方式、身势语言、理解、信仰，甚至技能。当两个团体用不同的方式行事，或者有着不同的信仰，而他们又必须在工作中相互交流协作时，就会产生摩擦和矛盾。这就是所谓的文化冲突，实际上产生冲突的是双方的价值观念。

人类学家爱德华·霍尔定义了十种类型的行为，在所有文化中价值观点都是围绕这十种行为而形成的。他称其为基本信息系统（PMS），第一种基本信息是指我们相互交往的方式，包括我们的谈话方式、衣着方式、身势语言、音量、音乐、俚语、行话、对幽默的反应以及喜怒哀乐等等。对于某些事情我们可以进行嘲笑，可是对于其他的事情则不应该进行嘲笑。对于日本人而言，微笑是表达尴尬的重要方式；睁大眼睛对于美国人而言表示惊讶，而对于中国人而言则表示发怒。在这种基本信息系统中，经常会产生文化冲突。

霍尔的第二种基本信息同公司的组织结构以及员工相互之间的交往方式有关。地位是我们的信息系统中的核心内容，在几乎所有的文化中，地位都会影响到人们的行为。美国人总是希望和他人建立平等坦诚的关系，不过在其他文化中，人们总是强烈地希望存在严格的地位等级关系，他们认为美国人有时候表现太正式了，有时候又太随意了。在美国，即使是在上下级关系中，大家也习惯于称呼他人的名字，但是在其他文化中，则不可以如此随意，称呼必须严格地反映上下级地位关系。由于这种差异，外籍经理管理下的美国本土员工曾经投诉其公司区别对待员工；有些欧洲员工拒绝接受“有失身份”的工作任务，他们认为这与他们的身份不符。这是一个很重要的文化冲突问题，培训师应该帮助员工理解对方的文化，加强相互之间的沟通和理解。

第三种基本信息是生活习惯，生活方式对与工作相关的价值观念冲突也有一定的影响作用。生活习惯是指我们准备食物和进食的方式、我们的居住方式以及衣着习惯等等。由于不同文化的员工之间在生活习惯方面的差异，经常会发生一些非常“有趣”的事情，但是在工作场合，生活习惯方面的差异会导致严重的文化冲突。例如由于不同文化的员工在清洁和卫生方面的差异，在工作交往中，他们就会产生摩擦。不过除了清洁和卫生问题以外，其他生活习惯并不会导致工作场合下的文化冲突。

第四种基本信息是性行为，在工作场合与性有关的行为和看法也会导致文化冲突。性行为不仅是指性爱问题，还包括男性和女性如何定义“合适”

的行为举动：哪些是可以接受的女性行为举动以及哪些是可接受的男性行为举动。性行为信息确定了男性和女性在文化中所应该扮演的角色以及不同性别的人群之间的交往规则。来自有些文化的人认为美国女性的开放是非常可耻的，而有些文化的人则认为美国的两性交往过于拘谨，压制性太强。同时，我们也不喜欢其他文化中的两性交往方式。两性交往行为方式不是一个跨文化道德方面的问题，而是对文化规范和价值观念的反映。

第五种基本信息是指领地信息，这种差异问题容易解决。虽然由于对领地持有方面的差异我们心理可能会感到不舒服，但是这种差异一般并不会导致冲突。领地信息是指我们对座位和工作空间的选择习惯、泊车习惯、办公室大小、与他人进行交流时所保持的距离，等等。只有当某些人利用空间地势来显示自己在权利和地位方面的优势时，才会导致冲突的发生。实际上，在第三章中我们对空间利用的问题进行了探讨。

霍尔的第六种基本信息是指时间。人们对时间的看法和对时间的利用方式将会导致文化冲突，可能是因为在基本信息系统中时间信息是一种非常明显的信息。我们认为自己对时间的看法和安排是非常自然的，但是同时来自其他文化的人也这么认为。在拉丁文化中，人们习惯于在同一时间内做多件事情；但是阿拉伯人就不是这样的，他们习惯于一次做一件事情。此外，在中东人们花在讨论和争辩上的时间比花在具体的指导和操作上的多得多。在世界上很多文化中，人们没有“按时”的概念，相反的，他们认为事情发生了，是因为发生这件事情的时机成熟了，无所谓按时不按时的。欧美人士眼中的“按时”的概念对于在这些文化中生活的人而言，毫无实际意义，他们甚至会对所谓的“按时”感到迷惑不解。对于时间的看法和安排，也是造成文化冲突的一个重要因素，开展跨文化培训时，我们一定要注意到这个问题。

第七种基本信息是学习信息，不同文化中的人们对于学习的价值以及如何进行学习的看法是大不相同的。这本书主要是基于西欧和北美的学习观念而编写的，本书中所论及的学习规律在其他文化中也是适用的。但是，不同文化中这些学习规律的具体内容和应用是大相径庭的。在法国、西班牙以及大多数阿拉伯民族中，人们认为篇章是非常重要的学习单位，应该集中更多的精力学习篇章。在很多国家里，人们认为角色扮演和案例分析都是小孩子的游戏，不屑在培训课堂中采用这些教学方法。在有些国家里，教学一般是以教授的形式进行的，而且人们认为教授是最好的教学方法；不过来自其他文化的人则不同意这种看法。如果你能够认识到这些差异的存在，并在培训中调整学习任务和时间安排，就能够避免由于这种原因而引发的文化冲突。

第八种基本信息是指游戏。不同文化的人们对于游戏有着全然不同的看法。但是，通过游戏可以把学员团结在一起，使他们相互交流，所以游戏对于培训教学还是有着不可或缺的作用的。当你努力理解其他文化中的笑话时，就表示你在努力理解他人的文化，这对于跨文化交际而言，是有着积极的作用的。

第九种基本信息是指防御性行为。作为培训师，你有必要意识到很多防御性行为其实都是一种表象而已，并不代表对方真的对你心存蒂结，在培训中，你也应该让学员明白这一点。只有当我们觉得受到了威胁时，我们才会进行自我防卫。防御反应一般是由其他的一些基本信息所激发的。当你准备文化培训课程时，你应该观察人们是怎样表达防御性行为的，这样你就可以在培训中教授学员识别他人的防御性行为，并判断该行为背后所存在的问题。

霍尔的提出的第十种基本信息是工具使用行为，指的是来自不同文化中的人们如何使用工具以及什物器皿，主要包括计时习惯、交通规章制度、衣着习惯、预算方法以及对工作工具的态度等等。有的人习惯于使工作场合的所有器具都保持保持整洁有序，而有的人则不然，这就会导致文化冲突。

如何应对文化冲突

霍尔接着还从人们如何认同并运用文化价值观念的角度，描述了三种文化价值观念。对于培训师而言，最容易处理的是技术水平的文化价值观念，包括学员如何掌握技能、如何使用工具以及一般工作能力等等。这种文化价值观念最容易处理，是因为这些内容在很大程度上与技能培训密切相关。但是，不要忘记，来自不同文化的人的学习信息系统是不一样的，因此你应该在培训中根据其他文化中的学习信息系统对培训活动进行适当调整，而且你首先应该对主管进行这种培训，这样他们可以对来自其他文化的员工进行有效地指导。

第二种文化价值观念是指那些人们通过正式的学习才掌握的价值观念和行为方式，主要是指那些人们在学校里学习到的或者他人教授的价值观念和行为方式，包括语言、利益、时间使用以及其他日常技能。因为这些技能是在一定的正式条件下学习到的，所以可以通过培训来帮助学员重新学习并适应美国的工作文化。

霍尔提出的三种文化价值观念中，最难处理的是非正式的学习和举止，包括所有通过潜意识学习到的行为方式和观念，它们一般只存在于独特的文化之中。对于生活在特定文化中的人而言，这些行为方式和观念就是“正确的”行事方式，毫无怀疑可言。如果要他人改变这种行为方式和观念，用另外的行为方式行事，他们就会觉得荒唐可笑，至少他们会觉得非常生气。这种行为方式和观念就是导致文化冲突的真正原因。

如何应对文化冲突？那就需要你首先疏通文化摩擦，找到文化冲突是由哪种层次的文化价值观念而产生的，接着你需要找到这种层次的文化价值观念中所包含的基本信息系统。然后你应该思考以下问题：

1. 双方是在哪些价值观念上存在差异？
2. 冲突产生与哪个层次的文化价值观念？该层次的文化价值观念中涉及哪些基本信息系统？
3. 在公司中持有这些文化价值观念的双方是哪些人，或者哪些群体？
4. 双方的政治地位如何？
5. 在公司外部以及内部，双方拥有哪些同盟或者支持者？
6. 哪些文化价值观念同公司的目标是一致的？
7. 解决这种文化冲突有哪些可行的方法？
8. 每种解决方法中，冲突双方需要对哪些观念进行改变或者调整？
9. 目前公司是否存在由于文化冲突而无法解决的问题？
10. 还可以采取哪些解决措施（例如改变员工章程、开展培训或者进行结构调整）*？

对于文化冲突，没有所谓正确的解决方法，双方都认为他们的观念是根深蒂固的和千真万确的，而对方的则是错误的。要解决文化冲突，最好的步骤就是首先进行疏通，然后倾听双方意见，并进行积极的协商。

---

* 这些问题转载自《培训师工作室》1987 年第 12 期上刊载的 Donald Weiss 的文章《管理多文化员工：如何处理文化冲突》。

跨文化培训

在跨文化培训中，你需要教授学员具体的交际和行为管理技巧，并带领他们进行联系，这样当文化冲突发生时，员工就可以自动使用这些交际和行为管理技巧。[④] ［429 页］下面是一份交际和行为管理技巧的列单，在后面我们将依次对这些技巧进行详细的探讨。

- 在言语以及非言语行为上尊重他人的文化
- 容许差异的存在，接受他人的行为方式
- 和来自其他文化的员工慢慢地建立和睦关系
- 摒除偏见
- 承认其他文化中的行为方式并不比自己文化中的差
- 倾听他人的观点
- 当他人的行为方式与自己的不一样时，要具有耐性。

学会尊重他人是员工必须首要学会的重要技巧。如果我们认为对方尊重我们，我们就会容允对方所有的社会和文化习俗。管理人员和员工都需要学习他们所管理的员工或者共事的员工的文化中表现和接受尊重的社会规范，掌握其表现尊重的语言形式和非言语形式，并在适当的时候使用这些尊重的表现形式。

容允也非常重要。在跨文化工作环境中，如果你不能容允其他文化中的行为方式和价值观念，你将寸步难行。容允不仅表示你不能持有偏见，还表示你应该接受那些对于你而言是不可思议的行为方式。人们并不能以我们所要求的方式行事，他人的工作作风和我们的不一样，并不代表他们的工作效率低下。如果管理人员没有容允的管理态度，只是按照教条行事，只会徒增烦恼。成功的多文化管理中，在一定程度上允许下属有着各自的行为作风。

美国人办事节奏快，目的性强，这是世界公认的，而其他国家的人办事时，还需要处理相关的人际关系。实际上，在大部分阿拉伯国家中，管理者和员工的关系远比实际工作重要得多。在这些国家中，与谁共事是最重要的，你如何行事以及工作表现如何倒在其次。美国的经理们也应该学会如何与同事和下属建立关系。

与他人建立关系时，一项很重要的技巧就是不能心存偏见。如果其他人瞧不起我们或者给我们很大压力，我们就很难舒心地开展工作。武断的判断往往会导致误解，在跨文化交际中，情况尤为如此。经理们应该在完全了解了问题背后所包含的文化行为模式，才能作出判断，对于其他在多文化环境中工作的人而言，也应该如此。

我们以我们所熟知的方式来认识和理解世界，因此我们认为我们自己的方式是唯一的行事方式，至少是最正确的方式。在国际交流中，这种态度是致命的，即使是在同一种文化中，这种态度也会导致问题的发生。在佛罗里达，一些承包商和服务员工对他们的创可贴胶带感到非常自豪，他们宣称："我们才不理会北方的人是怎么做的呢！"跨文化环境中的经理应该阻止这种偏见行为，有时候其实其他文化中的方式比自己的更好。

在跨文化环境中工作时，我们非常有必要倾听并思考他人的观点。经理们可以通过游戏、模仿练习、案例分析和角色扮演等方式来练习从他人的立场思考和看待问题。

最后一点，经理必须具备耐性。如果我们想改变其他人的工作行为方式，我们必须首先认识到，对于他们而言他们现在的行为方式是无可置疑的。在这本书中，我们也一直提到，人们往往会按照他们所熟悉的方式行事。对于外籍员工而言，他们所熟悉的行为方式也许总是同美国本土经历的方式有所出入，而外籍员工会认为他们自己的方式是最好的，而经理的方式则没有效率。需要通过很长时间才能改变员工的这种心理，因此，你必须具备耐性。

针对海外工作任务开展的培训。如果你所在的公司输送部分经理和员工到其他国家工作，那么你所开展的跨文化培训应该是双向的。首先你应该根据我们在本章中所论述的文化的各方面内容，在培训中涉及将要访问的国家的文化习俗，帮助员工学习他国的文化。第二步你所要做的就是建立一个论述文化的资料库，着重针对每种文化的主要方面，给员工安排一系列的自学阅读材料。员工可以接受你所安排的定期的跨文化培训课程，也可以参加公司外部的大学课程、研讨会、文化中心或者向外籍咨询师进行咨询。

小结

本章主要论述了当今培训领域所存在两个主要问题：第一个问题是员工文化水平低下的问题，其中包括新员工文化技能的缺乏和现有员工技能上的落伍；第二个问题是公司中的跨文化问题。

针对员工文化水平低下的问题，我们首先讨论了开展文化水平考核的方法，并论述文化水平考核和常规的需求评估的区别所在。开展文化水平考核，你不仅需要确定员工开展工作所需要掌握的技能水平，还需要根据员工的文化水平或者基本计算技能来考查工作中使用到的材料的难易程度。在本章中，我们讨论了开展文化水平考核的具体步骤。

通过文化水平考核，我们可能会发现有必要开展文化水平培训，因此接下来我们讨论了开展文化水平培训的几个主要方面。开展文化水平培训，其关键是要使培训内容和工作密切相关。在文化水平培训中，我们所要教授的技能不仅是指阅读、写作、计算以及交际等技能，重要的是这些技能在工作环境中的具体运用。

挑选参加文化水平培训的员工也是一件不容易的事情，因为有些员工会对这种培训产生抵制情绪，他们不愿意承认自己缺乏基本的文化技能。因此，作为培训师，你需要从积极的角度来宣传文化水平培训，让员工乐意接受这种培训。最后，我们还探讨了对文化水平培训进行评估的问题。

对于工作环境中日益显著的跨文化问题，我们强调有必要由上至下进行培训。管理层和主管们应该能够应对文化差异，处理文化冲突。如果经理和主管们不能很好地应对文化冲突，对员工进行文化培训也不好起到很好的效果。因此，文化培训应该首先从公司负责人着手。

接下来，我们基于人类学家爱德华·霍尔提出的文化价值系统，分析了每种文化中的人们同他人进行交流时所使用到的十种基本文化信息。这十种基本文化信息主要反应在三种学习和行为方式中。根据这三种学习和行为方式，培训师可以对员工进行文化培训。此外，我们还提出了一系列的文化培训问题，培训师可以围绕这些问题展开文化培训。

本章在最后一部分中简要地探讨了如何对在海外工作的员工进行文化培训的问题。

练习

1. 遵照本章所讨论的文化考核步骤，为你所在的公司开展一次文化水平考核。如果你已经准备开展一次需求分析，那么就在需求分析中包含文化考核的相关内容。
2. 选择一项工作任务，确定完成这项工作任务所需掌握的基本文化技能。即使你没有发现文化水平问题，你还是可以在正常的培训课堂中涉及这些基本的文化技能。
3. 利用爱德华·霍尔提出的文化价值系统，为你所在公司中的外籍员工创建一份文化价值表。对每种文化中的代表进行访谈，阅读相关的文化书籍，来充实你的文化价值表单。
4. 基于以上分析，撰写一份全面的文化培训项目。即使你现在不需要开展文化培训，但是迟早会有这种需要的，所以你可以提前做好准备。

第十九章

培训概念的扩展

培训的目标永远是：改变员工的工作行为。改变员工的工作行为，这就是为什么我们需要在工作环境中开展培训，也是为什么中世纪的行会创立学徒制度并开展技能学习和练习课程。对于培训而言，最基本的要求就是改变或者提高员工的工作技能，我们可以说，如果没有提高员工的工作技能，就不能称其为培训。不过今天很多所谓的培训都没有带到这种改变或者提高工作技能的要求。一项报告显示“平均只有10%到20%的培训能够帮助员工提高或者改变工作表现。”[①] [429页]

问题的性质

这是一个学习的运用问题：结束培训之后，员工是否能够将所学内容运用到实际工作中？上面所提及的报告中显示的结果似乎是正确的。有很多培训对受训员工的工作技能似乎毫无积极的影响作用。

但是，大部分人都会同意，那些无法帮助学员掌握所需的工作技能的课程不是真正意义上的培训，称其为“信息会议”也许更为合适 。这些课程一般为期不足一天，由专业的演讲人简要介绍一些某个课题上的知识，一般会使用到生动的视听教学手段，所介绍的课题都是与工作相关的。不可否认，有些课程确实知识量很丰富，但是它们不是培训，只是研讨会而已，因为它们没有给学员练习所学技能的机会，也没有任何形式的反馈和评估。正如在大学课堂上一样，学习主要取决于学生，对于教授讲授的知识，学生可以选择接受，也可以选择不接受。如果没有给学生安排知识运用的机会，大概只有10%左右的学生能够接受并掌握所学知识。

正是由于这种情况，才产生了“培训至上”这个术语，该术语表示培训没有能够给员工带来预期的改变，因此我们必须在下个阶段寻找培训之外的措施，确保能够达到预期的结果。采用这种方法的问题在于，它包含了太多的信息会议型的教授活动，并引用大量的反例。但是，采用本书所提到的那些实实在在的培训技巧，对成千上万的员工和管理人员成功地进行了培训；那些在工作中使用计算机进行操作的员工也是通过培训掌握到相应的计算机操作技巧的；很多生产线的员工都参加过课堂培训，接受过课堂指导，才能够缩短学习时间的；大部分经理都是通过培训学会如何对下属进行管理的；卡车司机也需要接受驾驶培训才能获得驾驶资格；ISO9000 和 QS9000 检查人员也需要接受严格的质量检测培训。这些都是不可忽视的事实。通过培训，学员能够学习并掌握相关的知识和技能，并且把所学的技能运用到工作实践中。虽然，在将所学的技能运用到工作实践中的过程中，存在一些问题，但是这并不是培训的过错，其根本原因在于管理层和理论家混淆了有效的培训和信息会议的概念。

实际上，公司文化在很大程度上影响着员工对培训的反应，公司的运作方式、战略计划的实施、对工作业绩的评估以及公司的整体目标，都会影响到员工对培训的看法和反应。下面这个例子讲的就是公司文化对培训的影响。

联邦快递公司和联合包裹服务公司

企业发展专家 Peter Capellis 和 Anne Crocker – Hefter 曾经对联邦快递公司和联合包裹服务公司这两大包裹递送公司的异同点进行了详细的研究。[②]［429页］对于 Peter Capellis 和 Anne Crocker – Hefter 而言，“人力资源的工作能力的产生”同“由此产生的商业战略”是密切相关的。他们探讨了商业战略和人力资源部门以及培训部门之间的关系。

他们曾指出，“那些善于抓住新的机遇的公司在工作弹性上具有很大竞争力，在这个过程中员工的表现并没有得到提高”。[③]［429页］联邦快递公司的优势在于能够快速地对市场变化和高新科技作出反应，因此，它将其大部分培训工作进行外包，这样就使公司能够相对灵活地运转，便于快速地作出反应。举一个我个人经历过的例子吧：几年前我被邀请负责对员工进行谈判技能方面的培训。然后，在1997年春，联邦快递公司的几个飞机维修员工又来参加我的讲座“对培训师进行培训”。联邦快递公司虽然也设有内部培训机构，但是其内部的培训仅仅限于几个关键的技能上，该公司宁愿选择进行培训外包，这样灵活性更大。这是他们的战略模式之一。

但是，联合包裹服务公司更注重建立团结的工作环境，他们建立了完善地关键技能培训和业绩标准制度，这是其他公司所无法企及的。公司内部的培训部门对员工进行关键技能的培训，并采用业绩标准对员工的表现进行评估。这种培训是在公司内部进行的，非常全面，虽然起效慢，但是培训部门却是联合包裹服务公司的中流砥柱，确保UPS能够保证高质量的服务。当新科技产生时，公司的培训部门就会围绕这种新的科技对员工进行培训。

我们可以看到，员工的技能水平和培训文化决定了这两大递送巨头的市场和商业战略，而市场和商业战略反过来又受到了员工技能和培训文化的影响。

敞开大门

当我获得学士学位时，我所工作的公司领导要见我。在我四年的大学生活中，我以兼职的形式，在暑假和周末，为这家公司工作了三年时间。我喜欢这份工作，也非常崇拜公司的CEO，他是公司的创始人，也是这个行业中的先驱之一。居然是这个大人物要见我，我怀着激动的心情走进了他的办公室。

他的第一句话是：“好，你已经完成了第一步教育了。”

对此，我瞠目结舌，我已经毕业了！我已经完全完成了我的教育！我不仅仅是完成了第一步，而是完全完成了我的教育。他的这句话让我觉得很有挫败感。在这次会见中，他给我安排一份薪水很高的全职工作。我拒绝了他，因为我希望从事与我所学专业相关的工作。我准备从事教学工作，后来我成了一名教师，现在仍然从事着这份工作。

现在我意识到，我当时的反应是非常普遍的。我关掉了课堂学习的大门，走出大学校园，就认为自己已经完成了所应该接受的教育，认为自己就已经是一位经验丰富的行家了，丝毫没有意识到自己在所希望从事的工作上一点经验都没有。

培训结束时，就是因为这种态度，问题往往会产生。如果我们认为培训仅仅就是指在课堂上的教学内容，我们就大错特错了。如果培训开始于培训课堂，也结束于培训课堂，那么这项培训就无法成功地改变员工的工作表现。在任何公司中，培训都不是孤立的一次行动，而是整个公司的一个不可或缺的部分，与公司的整体目标和发展蓝图息息相关，这样才能对改变员工的工作表现。培训课堂上的教学内容仅仅是培训的第一步，而不是培训的全部，正如大学毕业不是教育的结束一样。培训课堂的大门必须为员工继续敞开。

补救措施

William J. Rothwell，“培训之外”概念的支持先锋之一，曾经在他的著作《培训发展之外：提高人类表现的绝顶战略》中提出了一系列非常好的问题。通过思考这些问题并寻找问题的答案，能够将公司的培训部门同公司战略密切结合起来，并能够使培训对员工的工作产生实际的影响作用。Rothwell提出了以下问题：

- 培训发展部门对实现公司的战略目标有什么积极的作用？对满足客户的要求有什么积极作用？
- 培训发展部门是如何开展需求分析的？
- 培训发展部门是如何证明培训投资能够产生相应的效益的？
- 那些必须通过培训才能得到解决的问题和那些必须通过管理手段才能得到解决的问题有什么区别？
- 生产线管理人员是如何帮助员工在工作中运用他们在培训中所学到的技能的？[④] [430 页]

Rothwell 提出这些问题的目的是为了建立能够改变员工的工作表现的培训项目。在这一点上，我完全赞同他的这种观点，也赞同其他致力于推行“人类表现”做法的专家的意见。改变员工的工作表现，这是18年来我一直强调的内容。正如表现咨询师 Dana 和 James Robinson 给培训所下的定义，“培训的关键是同管理人员一起努力，帮助员工的工作中有更好的表现……

[培训] 应该能够同管理一起，为实现表现和商业需求作出贡献”。[5] [430 页] 这无疑是现代培训的核心任务。

这些专家认为培训应该在特定的培训环境下进行，应该与公司其他活动隔离开来，单独进行。单纯的培训，即那种能够随时开始随时结束的活动，很难帮助员工将所学的知识和技能运用到实际工作中，因为当培训结束后员工回到工作岗位时，他们就容易关掉学习的大门。作为培训师，我们应该将我们的作用扩大到工作环境中，而不仅是局限于培训课堂中，在培训开始之前和结束之后，培训都应该发挥作用。我们怎样才能做到这一点呢？Rothwell 提出的问题可以在本书前面的部分中找到答案。

培训发展部门对实现公司的战略目标有什么积极的作用？在第四章中讨论需求分析时，我们讨论了如何对公司产生变化的环境进行评估、同哪些人结成同盟以及如何同公司内部的关键人物进行联系等问题。此外，在第七章中，我们讨论了如何将培训目标同公司的管理目标结合起来的问题。另外，在本章中我们将运用实际的例子阐述如何利用培训技能进行创意管理。

培训发展部门是如何开展需求分析的？需求分析是第四章的核心内容，在这一章中我们讨论了如何对员工现有的表现水平进行评估以及如何确定通过培训员工所须达到的表现水平等问题。此外，这一章有一节专门讨论了需求分析的可行性，以及如何将培训同管理计划结合起来的问题。

培训发展部门是如何证明培训投资能够产生相应的效益的？第四章详细地讨论了培训过程的评估和培训成本的正名问题。此外，第五章讨论了如何从三个方面的培训对公司利益的影响进行评估的问题。

那些必须通过培训才能得到解决的问题和那些必须通过管理手段才能得到解决的问题有什么区别？第四章中有一个章节讨论的是需求分析所能显示的问题类型以及如何处理每种问题，其中包括组织性问题（管理上的），体制问题（市场和科技上的）以及培训问题（技能上的）。

生产线管理人员是如何帮助员工在工作中运用他们在培训中所学到的技能的？第五章详细地讨论了培训对工作的直接影响。第 13 和 14 章讨论了培训后的评估问题，还涉及了经理和主管如何帮助员工在工作中运用他们在培训中所学到的技能的问题。此外，在本章后面的部分我们将继续深入地讨论这个问题。

培训和管理之间的密切关系

高级管理人员逐渐意识到了培训对战略计划和市场计划的重要影响作用。公司继续寻找培训专家帮助他们在正式实施培训之前作出改变。下面我将一些事例对这个问题进行说明。

Anchor/Darling 阀门公司

Anchor/Darling 阀门公司制造应用于核工业中的阀门，即应用于防御系统中，也应用于公共设施中。该公司是这个市场中的主要供应商。但是，最近几年里，军备开支的降低和外国竞争者的出现给这个市场造成了很大压力。1995 年，该公司的管理层通过周密的市场预测和市场调查，颁布了一项动态的市场计划。不幸的是，在全国以及世界各地的市场经理对这个计划的反应速度比管理层期望的要慢出很多，他们对整个计划和相关数据等情况均缺乏了解，所以这个计划没有达到预期的效果。

因此，1996 年该公司尝试了另外一种方法。众所周知，如果某项计划是自己想出来的，那么我们在实施的过程中我们就会全力以赴。Anchor/Darling 阀门公司要求市场经理设计出符合高级管理层的目标的市场计划，关键一点是，这项市场计划要有可行性。该公司聘请我为他们的培训咨询师，对市场经理进行团队和计划培训，引导他们设计出 1996 的市场计划。

我和市场经理们一起开展了几次团队训练，包括研究对策、问题/解决方案练习、演示以及团队管理项目等练习。公司提供相关的市场资料和预测信息；而市场经理则进行思考，设计市场计划。经过的为期一天的激烈讨论，市场经理们提出了 Anchor/Darling 阀门公司 1996 的市场计划，对于这次计划，市场经理们积极性非常的高，迫不及待地想将计划付诸实践。

加拿大的太阳生活公司

从前面我所举的例子中我们可以看出，培训和管理的协作比起单独的培训要重要得多。正如 Rothwell 所建议的那样，为了在下个世纪保证培训活动的重要地位，充分发挥培训活动的重要作用，非常有必要在培训之前和培训结束之后将培训同管理结合起来。加拿大的太阳生活公司就是这方面的典范，他们成功地将培训和管理结合起来了。我们已经在第五章中对此进行过详细地描述。

在培训中，培训师要求学员写下培训结束之后的行动计划；在培训快要结束时，培训师要求学员将他们的行动计划同所学的技能技巧结合起来，力求能够在计划的实施过程中运用到所学的技能技巧；培训结束两周之后，经理会同受训学员一起讨论他们在工作中的表现，经理会帮助学员更好地实现事先定下的行动目标，通过这种方式，能够帮助学员将培训中所学到的技能运用到实际的工作中，改变学员的工作表现。

在最后阶段中，学员和经理进行讨论之前，应该处理好以下事项：

- 在培训开始之前，培训部门和管理层就已经有协作关系；
- 经理们已经接受过良好的培训，他们知道如何给员工提供实质性的反馈和指导；
- 采用这种方法的部门应该设立目标管理体制，由员工和经理共同设定行动目标，员工在经理的帮助和指导下实现这些目标。太阳生活公司的杀手锏在于，员工所设定的行动目标是与培训中的活动紧紧联系在一起的，这样培训的作用就不仅局限于课堂之中了，在日常工作中学员也可以对所学的技能进行实践练习；
- 培训结束之后员工和经理们的讨论会应该不止一次，应该在培训结束之后定期召开。这样，培训目标就成了员工日常工作目标中的一部分了，也可以把培训目标的实现情况当作员工表现评估的记录。

这种做法在像太阳生活公司这种白领工作环境中效果非常好。为了将这种做法应用到制造行业或者设备操作工作环境中，我们就应该把行动目标改成表现标准和操作步骤。员工在主管的监督和指导下，力争做到实际表现与标准和操作步骤能够保持一致。当主管对员工的工作进行视察时，主管从表现标准和操作步骤的角度来对员工提供反馈信息。这样在培训中所学到的概念和知识就可以运用到实际工作中了。在第 13 章中我们曾详细地讨论过这种做法。

Standard & Poo r' s

我们所举的这最后一个例子主要讲的是如何在培训开始之前和结束之后将培训和管理结合起来，以及如何将培训的作用发挥到改变员工工作表现的整个过程中。

几年前，我和我最亲密的同事贝弗利·海曼一起被聘请为Standard & Poor' s公司对其技术分析师进行写作技能培训。Standard & Poo r' s是一家安全评估机构，主要为公司、市政当局、银行和政府进行投资质量评估。该公司的技术分析师为这些公司和机构提供商誉等级评估信息，这种评估对这些公司和机构在股票市场的融资能力有很大的影响。很多公司都希望能够获得良好的评估等级。

S & P发行一系列的周刊和日刊，确保其客户对评估信息有全面的了解。通过读者调查，公司发现大部分读者对该公司的刊登的分析评估文章不是很满意，他们觉得这些文章太紧凑了，而且刊物上挤满了数据和资料，几乎没有空白之处，这给读者造成了很大的阅读困难。这不足为奇，因为这些文章都是由S & P公司的分析师所撰写的，他们是商誉分析领域的专业人士，但是他们对写作和排版设计却不是很在行。S & P公司希望能够改变他们的刊物风格，并为他们的分析文章的写作设立严格的表现标准。为了达到这个目的，贝弗利·海曼和我被聘请为他们设计一种文章风格，并对分析师进行必要的写作技能培训。

首先我们开展了一系列的针对核心人群的访谈，访谈对象包括S & P公司的终端用户和该公司的客户，希望通过访谈了解到客户对文章风格的要求。公司的发行经理们参与了每次访谈工作。通过访谈，我们大致得出了刊物风格的要点以及所必须教授的写作技能。

S & P公司的特殊环境在于，公司由经理专门负责分析程序，并且对分析文章的写作具有最后的决定权。此外，正如其他发行机构一样，S & P公司里有编辑负责对文章进行编辑校对，他们对文章的撰写也拥有发言权。显而易见，如果没有发行经理和编辑的积极协作，仅仅对分析师进行写作培训，是很难带来预期的改变的。因此，我们设立了两个初步的培训计划，一个是针对编辑的，另一个是针对分析师和发行经理的。我们的任务如下：

1. 说服他们参加我们的培训，与我们合作；
2. 让他们认识到改变写作风格的必要性；
3. 说服他们相信我们能够带来所需的改变；
4. 让他们指导我们拥有管理层和客户的支持；
5. 帮助他们学习有关写作技能，我们将对分析师进行这些技能上的培训。

这些培训任务结束之后，我们开始启动培训项目。每次培训课程中，至少有一位编辑、几位高级经理以及经验丰富的分析师父和新员工参加。如果受训学员对文章风格产生了歧义，我们直接拨打发行家热线，对产生争议的问题进行咨询。通过这种培训方式，参加了两天的培训之后，他们的工作就达到了公司所要求的水平了。

一周之后，公司的刊物就有所改变了；几个月之后，客户对该公司刊物的进步大加赞赏，认为分析师所写的文章条理清晰、论点显明。

能够取得这么显著的成就，关键在于公司愿意改变自己的风格和形象，改变员工的工作表现。培训不仅仅简单的指对员工进行培训，还包括设定表现标准、说服公司其他人认识到问题的重要性并接受培训项目，支持培训工作以及在培训课堂上积极的参与培训活动等过程。诚然，贝弗利·海曼和我取得了成功，但是如果学员自己在培训结束之后就关掉了学习的大门，我们就不会取得成功。这次培训就是在培训开始之前、培训之中和培训结束之后，培训与管理密切结合的例子。

小结

本章针对的主要是培训师所关注的一个问题，那就是他们认为传统的培训仅仅是指一种课堂上的服务活动，这种培训对改变员工表现的作用不大。越来越多的专家们都认为培训应该在整个改变公司现状的活动中发挥作用。实际上，许多人认为我们应该选择需要给公司带来哪些改变，并考虑如何将改变同公司战略目标结合起来。

这就是贯穿整本书的核心思想，不过在本章中我们主要讨论的是这个过程包含哪些具体的活动，以及如何达到这种目标。我们讨论了如何在计划、需求分析、培训以及培训的后续活动中将培训和管理密切结合起来。

练习

1. 以以前接受过你的培训的学员为访谈对象，至少进行两次访谈，了解他们是否将所学的知识和技能运用到了实际工作中，他们是否对你所教授的内容产生了抵制情绪。
2. 以那些让员工参加培训的主管和经理为访谈对象，进行访谈，了解他们认为员工从你这里所学到的最实用的知识和技能是什么，以及你的培训哪些地方有待提高。
3. 开展一次需求分析。
4. 寻求某位高级经理的支持，让他或者她在培训计划中与你共同协作。
5. 设计一种类似于加拿大的Standard & Poo r’s公司的培训体制，在这种体制中，在培训结束后，管理应该是同培训密切结合的。

第二十章

培训中存在的问题

在这本书中我们涉及了很多培训中的热点话题。在这最后一章中，我想对这些问题进行综述，并对培训职业在今后十年中的发展趋势进行预测。大部分培训问题都属于三种类型：员工的改变、科技的发展以及市场环境的改变。下面我们依次探讨一下这三种类型的问题。

员工的改变

很多培训问题都是由于员工组成的改变而产生的。几年前，有一本关于员工改变的书非常畅销，即由印第安纳波利斯的哈得逊研究所于 1987 所编写的《2000 年员工组成：21 世纪的工作和员工》。这项研究成功中都对培训有一定影响作用的结论主要包括以下几点：

- 在下一个十年中，27% 的工作只需要最低的初级技能。目前这个比例是 40% 。
- 此外，大多数新工作（50% 以上）都要求有高中以上的学历。对于大多数工作而言，仅仅凭初中学历或者 ΓΕΔ 是不够的。
- 现在的中等技能对于今后而言，只能算是最低的工作技能。
- 劳动大军中年轻员工的比重将由今天的 50% 降低到 40% 左右。
- 员工的平均年龄将会从 36 岁增加到 39 岁。一方面员工的平均年龄增加了，同时对新技能的要求也很高，这就意味着对再培训的需求很大。

- 很多员工会在一生中换五六次工作（不一定是换公司）。
- 80%的新员工是妇女、少数民族以及移民，这三种人是美国工业劳动力的主力军，但是他们接受的教育和培训都很少。
- 到1999年，只有10%的劳动力能够解决简单的代数方程。

自从哈得逊研究所作出这些预测以后，事实证明这些预测还是相当保守的。

美国管理协会关于1995年的测试和培训的年度报告中提到：

33.1%的应聘者在961家公司的技能测试中，没有通过基本技能测试，在1994年，这个数据是38.5%…… 该报告对基本技能的定义是“基本的工作文化水平，例如阅读说明书、撰写报告以及做与工作任务难度相当的数学计算的能力”。

虽然这个数据比起去年来有所下降，但是研究发现应聘者在数学测试中的不合格率非常高。在单纯的数学测试中不合格率高达48%；而在文化水平测试中，不合格率则为32%。[①] ［430页］

如果公司想要在市场中保持竞争力，并且逐步发展壮大，他们就必须采取以下六种措施之一，来应对这些预计可能发生的变革：

1. 他们可以忽视文化水平的问题，只雇佣那些能够通过基本技能测试的员工；
2. 提高基本工作的工资，吸引更多的符合要求的员工；
3. 降低工作要求，着手更多的、缺乏基本技能的初级员工；
4. 在基本技能水平比较高的国家（例如，爱尔兰、巴巴多斯、波兰以及另外一些前东盟国家）设立分公司；
5. 与学校建立合作关系，让学校按照公司的要求，对学生进行基本技能上的教育；
6. 对缺乏基本技能的员工进行培训，使他们达到高中同等学历水平。这样公司就可以招收更多的员工，并通过培训将其转化为有效的工作团队。

下面我们依次探讨一下这六种措施的可行性。

如果面对变革，公司无动于衷，那么公司注定会在竞争中处于落后地位。现在很多研究都表示，能够通过基本技能测试的应聘者的比例将会继续降低，雇佣到满足条件的员工将会需要更长的时间，雇佣成本也会提高。同时，公司所需的技能难度也会提高。1996 年，一项由 105 位人力资源主管以及培训师作出的研究报告显示，在邮政、计算机操作、因特网、性骚扰事件、多样化、安全问题以及 ISO9000 质量检测等技术领域，对培训的需求将会增加。[②]［430 页］面对这种变革，无动于衷就等于是慢性自杀，公司必须采取相应的应对措施。

只有少部分公司会提高初级工作的薪酬。一旦公司采取了这种措施，当合格的应聘者越来越少时，继续招聘新的员工就会非常困难，成本将会更高。这无异于是慢性自杀。

如果为了保证员工数量而简单地降低工作技能标准，员工的工作效率就会降低，同时新员工对工作的适应时间也会拉长；此外，现有员工的工作效率也会受到新员工的影响，而产品质量也会受到技能标准的影响。这些都会严重到影响到公司在市场上的竞争力。

多数公司都认识到前三种方法是不可行的，因此他们寻找其他解决方案。在国外设立分公司，这种方法看起来可行（初级员工的技能提高了，而且他们的工资要求也降低了），但是从长远的角度来看，这样做会削弱美国的经济。随着全球化经济的发展，这种做法也会削弱公司的竞争力。

通过以上分析，我们发现几乎只有后两种措施是可行的：与学校合作以及在公司培训开展培训。与学校合作可行性也不是很大，因为事实证明即使是最棒的合作伙伴，其成功几率也是有限的。与学校协作，协作双方应该相互信任，承担共同的责任，有着密切的合作关系，并且有着明确的评估手段。

如果要同学校进行协作，首先应该从公司高级管理层着手，你应该首先争取他们的同意，接着你还得争取到学校领导人的支持。为了取得协作的成功，你应该考虑以下因素：

1. 对学校老师进行必要的培训，并对他们提供必要的帮助。即使是最有经验的老师，面对某些特殊领域的教学任务时，他们还是需要接受培训的。
2. 要求学校在项目的计划阶段起草一份协作项目的行动计划，务必在计划中包含 SMART 培训目标（见第二章）。

3. 建立明确的评估程序。协作项目的失败，往往是由于缺乏有效的评估措施对协作成果进行指导和评估。
4. 设立评估阶段。评估应该灵活多变，这样学员可以一边学习一边进行调整。
5. 做好记录。对学员情况、教学活动、志愿参加项目的人以及志愿者的活动时间进行记录。
6. 对学员的思想和态度以及具体的成就进行考查。
7. 对涉及的相关人员汇报协作情况。使用宣传册、会议、年度报告以及媒体等形式，让人们对协作项目的进展有所了解。
8. 举行开学和结业典礼，这就相当于是对你的协作项目作公开宣传。

最后一种措施是，公司自己对员工进行培训。显然，公司内部培训，是提高员工技能的最有效的方式，对于基本技能，也是如此。Hoechst Celanese 在其罗德岛的化学工厂里，针对工作中所需的化学和数学知识，对其所有的在职员工进行了培训。此外，摩托罗拉以及通用等公司在培训上也取得了显著成就。

针对员工缺乏必要的基本技能培训的问题，有些人提出了完全不同的建议，他们认为要从根本上改变这个问题，我们首先应该从学校体制改革上着手。1996 年大选中的总统候选人都提出了改革教育体制的问题。目前，虽然大部分学生至少接受了 12 年的教育，可是教育结果却无法令人满意。如果我们能够适当地对学校课程进行调整，从具体的 SMART 目标出发，教授学生具体的技能，学校的教育效果将会大有提高。这种教育方法在工业培训中已经使用过很多年，现在我们应该把这种方法运用到学校的教育体制中去。

不过，我认为这种教育方法存在两个问题。如果要采用这个教育方法，我们必须对现有的老师进行再培训（即使老师们愿意接受再培训，这项任务仍然非常艰巨，更何况大多数老师都不愿意接受再培训）；此外，那些对老师进行再培训的学校也必须对其培训课程进行调整。要完全做到这一点，几乎是不可能的。我更担心的是第二个问题，即那些想要对教育体制进行改革的“专家”们都希望通过计算机教学和其他高科技的运用来达到课程改革的目的，这也是我们将要讨论的第二个问题。

科技的发展

培训师正面临着科技大餐的威胁。到处都是宣传便携性、经济性以及有效性高新科技媒体，而且这种现象愈演愈烈。在第十章中，我们对培训中使用得比较多的科学技术进行过详细的讨论，例如，虚拟现实、CD－ROM 互动媒体，远程教育以及多媒体视听教学手段等等。在这一章中，我想对培训经理提供一些参考建议，使他们跟上 21 世纪的发展步伐，并确保培训质量。

毫无疑问，以上四种科技对学习能够起到很大的辅助作用。每种科技都在某一方面非常有效，可是实践证明它们在某些方面起不到任何实质性的作用，它们的辅助效果是有限的。因此，问题不在于我们是否该在培训中使用高新科技，而在于我们应该如何使用高新科技来提高培训效率和质量。

基于学习理论、人类特性以及教学理论，我们指导处于以下状态时人们的学习效率最高：

- 人们有机会对所学的内容进行练习和使用。
- 学习时，人们可以同其他人进行互动交流。
- 人们可以向培训师提问，并了解更多的信息。
- 他们可以对所学知识提出质疑。
- 他们可以按照自己的想法，对所学知识和技能进行独特的运用。

如果通过科学技术能够帮助学习者达到以上状态，那就表示科技起到了积极的作用；反之，如果科技对学习没有任何帮助，那么我们只会浪费时间、人力和金钱。

虚拟现实是一项高新技术，它能够帮助学习者随意地或者在程序的指导下对知识进行探索。这是一种完全互动的技术，能够提高学习者的能力，并且帮助他们纠正错误。很多程序员从来没有阅读过编程指导书或者参加编程课程，他们通过自己的编程摸索，慢慢学会了编写新的程序。但是，虚拟现实这种技术并不是对所有人都有帮助，如果缺乏正式的教学指导，大部分人仅仅通过这种方法，都很难取得良好的学习效果。因此，虚拟现实只能作为对面对面教学指导的补充，通过虚拟现实技术，学习者可以对所学的原则进行实践。

计算机辅助培训也能够起到一定的培训效果，但是只有当计算机能够提供与真实世界相仿的模拟和互动练习时，才能对学习者起到积极的作用。计算机辅助教学一般采用一系列的测试题和多项选择试题的形式，对学习者进行提问，这种方式对学习者缺乏必要的教学指导。计算机辅助教学忽略了人的社会性，将人当作一种没有生命的机器来对待，这种技术只会对那些宁愿单独学习的人起作用。

远程学习也是将学习者孤立起来，而且更加枯燥。更糟糕的是，远程教育一般都是通过视听教学软件开展的，学习者只能面对着视听屏幕进行学习。到目前为止，这是最常用的远程教育模式。

多媒体的运用，使得视听教学更为生动活泼。采用多媒体教学手段时，我们可以对某个话题增加色彩或者动作，甚至可以显示具体的变化过程。但是，如果没有人的参与，多媒体也无法单独对学习者进行教学指导。多媒体教学能够激发学习者多感官的参与，并且使得教学课程引人入胜，但这只是单方面的。如果你在培训中以多媒体教学为主，那么你的培训很有可能会失败，因为学员没有主动参与到学习过程中去。也许学员会记住那些精彩的多媒体演示，觉得这些东西很有趣，但是他们什么也没有学到。

即使在美国、日本和德国等其他科技高度发达的国家里，大部分培训仍然是以现场培训的形式进行的，而且在今后的时间里，依然会以现场教学的形式为主。这是因为在与人交流的过程中能够取得更好的学习效果。学习就像是对话，是一种人文活动，科技只能对学习起到辅助作用，但是绝对不能代替学习。

同时，通过这本书的讲述我们看到，培训将会占用大量的时间，而时间，正是培训师最宝贵的东西。因此，培训师会对科技产生越来越强的依赖性，面对更大的培训需求，他们需要科技来将他们从繁琐的工作中解放出来。从磁带和幻灯片到远程学习网络、虚拟显示和计算机辅助培训程序，培训经销商推出了形式多样的培训辅助工具。不过只有很少一部分辅助工具能够起到良好的学习辅助效果。

在第九章中我们讨论过如何选择培训辅助工具的问题，你要时刻记住，不管你选择哪种辅助工具，其底线是，这种辅助工具能够帮助你实现你的培训目标。

在第七章中我们也讨论过选择辅助工具的方法。通过培训辅助工具，你的目标是建立一种有利于学习的培训环境。如果你必须在培训中使用到远程教育或者计算机辅助培训等高新科技手段，你应该做到以下几点：

1. 确保学员之间能够相互交流，而且你能够给学员进行现场指导。
2. 利用多媒体技术，调动学员的积极性。记住，学员在实践中学到的东西比通过观察和聆听学到的东西要多得多。
3. 可能的话，给学员提供个人反馈信息；使学习变成一种对话活动。

科技并没有错，错就错在我们为了单纯科技而使用科技。如果科技能够帮助你实现培训目标，那么你就应该大胆地在培训中采用科技手段，与此同时，你还应该加强人际交流，这样你就可以使科技为你服务，并且能够提高培训质量。1996 年 10 月，科技巨子比尔·盖茨在接受 David Frost 的采访时说道，“电子世界是永远不可能代替真实世界的”。

市场变化

自从中世纪的行会时代产生了一对一的学徒培训模式，培训发展到了今天已经进入了全盛时期。传统的教学模式失败了，对掌握初级技能的员工的缺乏越来越明显，这个缺口由另外一群人来填补，如残疾人、妇女和移民。

此外，由于市场压力，许多公司进行了裁员，这使得公司对交叉培训的需求增大，公司需要现有的员工同时负责下岗员工所从事的工作。虽然美国管理协会在 1996 年 10 月的调查显示，裁员的风潮已经过去了，有些公司已经开始增员，但是大部分公司仍然处于裁员的阶段中。不管是裁员还是增员，公司都需要对员工进行培训。

这是个令人兴奋的时期，培训的发展进入了全盛时代。很多员工在其职业生涯中，需要进行不止一次的再培训；新员工也需要接受更好的培训。随着科技的快速发展，为了在市场上占有一席之地，公司不得不采取措施提高服务和产品质量，而这就需要通过培训来优化人力资源。培训师进入了一个崭新的时代。虽然美国的培训行业比像其科技那样发展迅速，但是对培训的需求只会有增无减。美国的商业管理是世界上其他国家所无法企及的，目前在中国、东欧、非洲以及世界上其他国家里，对商业管理培训的需求越来越大。随着对美国式培训需求的增加，很多培训师都出国为其他国家的企业开展培训。不管是出国为其他国家的公司进行培训，还是留在国内满足日益增加的培训需求，在下 20 年里，培训都将是不错的职业选择，在这个行业里，培训师将会大有作为。

小结

在这一章里，我们主要讨论以下几个方面的内容：

- 员工组成的改变；
- 科技在培训中的应用；
- 裁员等近期事件对培训的影响。

我们从培训的角度对以上三个问题进行了探讨。此外，我们还提供了应对这些改变的有关建议。在本章的结尾部分我提到，在新的世纪里，培训行业将会取得巨大的发展，这个行业很有发展前途。

练习

1. 收集有关虚拟现实、计算机辅助培训和远程教育的文章，建立一个剪贴簿。收集有关这些领域中的专家的信息。对这些领域进行充分的了解，并思考如何利用这些信息。
2. 对你迄今为止开展过的培训进行评估，并思考如何利用科学技术提高培训质量。
3. 寻找与当地的学校进行合作的机会，为公立学校以及私立学校的教育贡献一份自己的力量。联系并安排学生进公司实习。讨论如何帮助学校教授工作所需的技能。
4. 为你所在培训部门的发展（或者你个人职业生涯的发展）确立一个十年计划。

附录一：注释

第一章

①Edward L. Thorndike，《人类学习》，纽约：世纪出版社，1931

②Edward DeBono，《新思维》，纽约：Avon 出版社，1971

③Beverly Hyman，《管理变革》，纽约：AMACOM 出版公司，1981

④Jard De Ville，《领导心理：管理资源和人际关系》，纽约：Farnsworth 出版社，1984

⑤Solomon Asch，《团队对改正错误判断的影响作用》，匹兹堡：Carnegie 出版社，1951

第二章

①J. R. Anderson，《对神经映像表征的思考》，心理观察，85（1978：247－249）

第三章

① Based on Stanley L. Payne，《提问的艺术》，普林斯顿：普林斯顿大学出版社，1980 John McConnell，AMACOM，1973

② 基于 Gerard I. 在《谈判艺术》（纽约：Hawthorn 出版社，1968）中提出的问题类型。

③Ray L. Birdwhistell，《人体动作学：身体动作的交流艺术》，费城：宾夕法尼亚大学出版社，1970；Birdwhistell，《人体动作学简介》，路易斯维尔：路易斯维尔大学出版社，1952

④ Paul Watzlawick 编著，《人类交际语用学》，纽约；Norton 出版社，1967

⑤Albert Mehrabian,《非言语交际》，芝加哥：Aldine – Atherton 出版社，1972

⑥ Edward T. Hall，《沉默语言》，Greenwood 出版社，1980；Hall,《隐形语言》，纽约：Doubleday 出版社，1996

⑦Beverly Hyman,《教师在课堂上使用的主要模式和隐喻》，纽约：纽约大学出版社，1980

⑧ 这份材料主要来自 Glenn Pfau 在美国管理协会研讨会上的一次题为《展示积极的管理形象》的演讲。这种研讨会经常在美国和加拿大各地举行。

第七章

① B. F. Skinner，《机体行为》，纽约：Appleton – Century 出版社，1938；Skinner,《有关行为主义》，纽约：Random 出版社，1974

② 这个比较是基于 Tom Kramlinger 和 Tom Huberty 的《行为主义和人文主义》，摘自《培训与发展》杂志，1990 年十二月刊。

③来自 Beverly Hyman 在 1987 年的美国管理协会上给学员分发的资料，《对培训师进行培训》。

第八章

①Karl R.，《开放社会和其敌人》，普林斯顿：普林斯顿大学出版社，1966

②Beverly Hyman,《加强对培训师的培训》，来自 1987 年美国管理协会课程。

第十章

①这种针对培训科技发展的方法是由公司管理服务机构的 Deborah Steele 博士所创造的，在其美国管理协会课程《如何在培训中使用多媒体技术》中对这种方法进行过描述。

②Gloria Gery,《电子表现支持系统》，Ziff 研究所，1991

③Maureen Minehan,《虚拟现实：培训的下一个发展阶段》，HR 杂志，1996. 8

④见《多媒体和录像监控》，1992. 3

⑤Gloria Gery,《我从计算机辅助培训项目中得到的十点启示》，明尼阿波利斯：Lakewood 书籍出版社，1988，P212

⑥Floyd H, Allport,《社会心理学》，波士顿：Houghton Mifflin 出版公司，1924

第十二章

①Douglas McGregor,《公司人性的一面》，纽约：McGraw - Hill 出版社，1960

②Peter R. Scholtes,《团队手册：如何利用团队作用来提高质量》，曼迪逊：Joiner 协会，1995

③Ibid. , pp. 6 - 11

④Deborah and Alan Solbodnick,《团队杀手》，人力资源焦点，1996【6】：P22 - 23

⑤Oren Harari,《理想的团队》，《管理观察》，1995 年十月刊，P29

第十四章

①当然，我相信应该技术家培训师在 ASTD 之下有其自己的培训兴趣。

②除了以上引用内容之外，这次讨论均来自 Joan Chesterton 的文章《揭开小时工人的神秘面纱》，摘自《管理观察》，1995 年十月刊，P56 - 60

③Ibid

④引用部分来自 Michael P. Seidam，DDS，PC，1996. 8

⑤这个游戏是由加拿大多伦多的科技交流协会的 Cathy 和 Peter Chartier 设计的。

⑥这一部分完全基于 Barbara Solomon 的文章《零售商在教育优先权上达成一致意见》，摘自《管理观察》，1995 年六月刊。

第十五章

①基于 Paul E. Guilmette 在 1987 年研讨会上的一次演讲《预算》。

②David W. Brinkerhoff,《人力资源专业人士》，pp. 174 - 178

③Richard W. Beatty 和 Craig E. Schneier,《人事管理：一项技能建立方法》，Addison - Wesley 出版社，1981

④George S. Odiorne,《人事经理的目标管理方法》，pp. 101 - 110

⑤Beatty and Schneier，op. cit

⑥Odiorne，op. cit

⑦Frederick Herzberg,《工作和人类的本性》，纽约：Thomas Y. Crowell 出版社，1996

⑧Paul Hersey 和 Kenneth H. Blanchard,《组织行为管理：利用人力资源》（第四版），Prentice Hall 出版社，1982

第十六章

①Jerome Brunner，《通过媒体建立诚信》，媒体生态研讨会，纽约：198④四月。

②Lorraine Hansberry，《太阳中的葡萄干》，纽约：新美国图书馆，1961

③来自 Beverly Hyman 的《写作》课程。

④S. I. Hayakawa，《思维和行动中的语言》（第四版），niuyue：Harcourt Brace 出版社，1978

第十七章

①Gerard I. Nierenberg，《完全谈判专家》，纽约：Nierenberg－Zeif 出版公司，1986

②Dudley Bennett，《培训师助理和经理》，纽约：AMACOM 公司，1976

③Jard De Ville，《领导心理：管理资源和人际关系》，纽约：Farnsworth 出版社，1984

第十八章

①引用自美国管理协会的《基本技能：AMA 关于测试和培训的研究报告》，纽约：AMACOM，1989

②材料来自教育部门和劳动部门合办的刊物上的《底线：工作中的基本技能》，华盛顿：GPO，1988

③关于文化差异的讨论来自 Donald H. Weiss 的《管理多元化员工：如何处理文化冲突》，培训师工作室，1987.12 以及 Edward T. Hall 的《沉默语言》，纽约：Fawcett 出版社，1959

④Philip R. Harris 和 Robert T. Moran，《管理文化差异》，休斯敦：Gulf 出版社，1990，pp. 95－96

第十九章

①M. L. Broad 和 J. W. Newstrom，《表现咨询：培训之外》，旧金山：Bennett－Koehler 出版社，1996，P1

②Peter Cappelli 和 Anne Crocker－Hefter，《多元化的人力资源是公司的核心竞争力》，企业动态，1996 冬，P21

③Ibid.，p. 19

④William J. Rothwell,《培训发展之外：提高人类行为的绝顶战略》，纽约：AMA-COM，1996

⑤Ibid.，pp. x，xi

第二十章

①《基本技能的缺乏问题依然存在》，人力资源焦点，1996 年八月刊，P16

②《明天的培训》，人力资源焦点，1996 年八月刊，P16

附录二：培训资源

协会：

◎美国管理协会

纽约百老汇大街1601号，邮编NY 10019

◎美国培训发展协会

亚历山大国王大街1640号，1443邮箱，邮编VA22313

出版刊物

◎国家事务局《培训公告板》

华盛顿25大街N. W.，1231号，邮编DC20037（202）452-4200

（每月五页长的培训消息）

◎雷克伍德出版社《培训》

明尼阿波利斯南边第九大街，50号，邮编MN55402（612）333-1471

（非常出色的培训刊物，主要有专家撰写，能够对培训起到很好的指导作用）

◎高级人事系统《培训和发展视窗》

罗斯韦尔1438邮箱，邮编CA95661（961）781-2900

（月刊。对当今世界上培训文章和书籍的详细的总结）

◎《培训和发展杂志》

（文章主要有培训师撰写，有些专门集中讨论某一个培训热门话题）

培训评估机构

◎国际研讨会清算事务所

圣保罗市波勒默塔，630号，邮编MN55101（612）293－1044

（对其会员参加或者购买的培训进行评估的网上评估汇总）

培训视听资源

◎MPCS视听工业视听设备和视听服务目录

◎Bill Daniel公司

（其中包括与视听有关的所有设备）

◎《视听使用者手册》，皮特· 乌特兹，Prentice Hall出版社，1981

（非常详细地对制作视听培训材料的非技术性指导，解释了如何操作视听设备，如何制作视听材料，以及如何对结果进行评估。）

书籍*

Apps，Jerold W.，《教学：从心底开始》，墨尔本：Kreiger出版社，1996

Bird，Malcom，《如何使你的培训物有所值》，伦敦：商业书籍公司，1991

Bowsher，Jack，《美国教育》，纽约：Prentice Hall出版社，1991

（讨论了美国教育中所存在的问题，并提及了由IBM前教育主管提出的培训教学办法）

Brinkerhoff，Robert O，《培训解决方略》，旧金山：Jossey－Bass出版社，1987

（由培训经理撰写的非技术性书籍，论述了如何加强培训效果，并详细地论述了培训的设计、操作和评估过程。）

Broadwell，Martin M.，《主管和在岗培训》（第四版），Addison－Wesley出版社，1995

Brookfield，Stephen D，《理解和存进成人学习》，旧金山：Jossey－Bass出版社，1995

Burnham，Byron R.，《评估人力资源，项目和结构》，墨尔本：Krieger出版社，1995

Carr，Clay，《精明的培训：提高员工表现的培训指导》，纽约：McGrw－Hill出版社，1988

Casner－Lotto，Jill，编著，《成功的培训战略：26种创新公司模式》，旧金山：Jossey－Bass出版社，1988

Clark，Ruth，《开展技术培训》，Addison－Wesley，1989

Cohen，Norman H.，《指导成人学习：教育家和培训师的指导手册》，墨尔本：Krieger出版社，1995

Coleman，Barrie，《如何成为一名优秀的经理》，Gower出版社，1990

Craig，Robert L.，《培训发展手册》（第三版），纽约：McGrw－Hill出版社，1987

* 这部分内容来自David Kippen为贝弗利．海曼协会所做的研究成果。

（本书论述了培训的作用，以及培训的方法、应用以及相关资源）

Dean，Gary J.，《设计成人学习指导》，墨尔本：Krieger 出版社，1994

Eitingoton，Julies，《赢家培训师》（第二版），休斯敦：Gulf 出版社，1989

（本书堪称是一本基本的培训技巧的百科全书，并利用 100 多张活页编写了主要的培训概念，便于复印。在书中还包含了谜语、练习和角色扮演等形式，并论述了需求分析、团队建设以及培训评估等课题。）

Ellis，Steven K，《如何完成培训任务：兼职或者临时培训师的指导手册》，Addison – Wesley，1988

（这是一本培训师的自学手册，其中包含了设计培训项目、培训过程以及培训评估等章节）

Garder，James E.，《选择有效的培训项目》，纽约：Quorum 书籍出版社，1987

Garder，James E.，《针对工作技能的培训项目》，纽约：Wiley & Sons，1981

（论述了如何设计和管理针对新员工的培训项目，其对学习原则和指导技巧的论述很有启发意义。）

Gilley，Jerry W.，《人力资源发展的原则》，Addison – Wesley，1989

Goldstein，Irwin L.，《公司培训：需求分析，项目发展和评估》（第二版），Brooks/Cole 出版社，1986

（本书涉及了需求培训，评估和指导方法等章节，还包括了项目设计和信息调查等内容，主要从公司的角度来看待培训。）

Hawthorne，Elizabeth M.，《评估员工培训项目：人力资源经理指导手册》，Quorum 书籍出版社，1987

（详细地分析了如何对员工培训的不同阶段进行评估，并论述了对员工开展培训的具体方法。）

Jordan，Dale R.，《帮助成人克服学习困难》，墨尔本：Krieger 出版社，1996

Kirkpatrick，Donald L.，《针对主管的培训指导手册》，Addison – Wesley，1983

（主要是针对经理以及人事和培训主管的指导手册，书中给培训新手以及经验丰富的培训师提供了很多可行的培训建议。）

Knowles，Malcolm，《成人学习》（第四版），休斯敦：Gulf 出版社，1990

Laird，Dugan，《培训和发展方法》（第二版），Addison – Wesley，1985

（对培训方法、培训成本以及学员选择等问题进行了非正式的描述和分析。）

Lambert，Clark，《成功培训师的秘诀》（第四版），Addison – Wesley，1995

London，Manuel，《管理培训企业》，旧金山：Jossey – Bass 出版社，1989

Mellander，Klas，《学习的力量：加强员工成长》，One Irwin 商业出版社，1993

Moore，Allen B.，和 R. L. Brooks.，《转变群体》，墨尔本：Krieger 出版社，1995

Moore, Allen B. , and James A. Feldt,《促进群体和决策团队》，墨尔本：Krieger 出版社, 1993

Munson, Lawrence《如何开展培训讨论会：针对管理、市场、销售、技术以及教育的讨论会》，纽约：McGraw - Hill 出版社，1989

（这本书穿插有精彩的实例和故事，全书涉及了培训的所有步骤，还包括针对研讨会的需求分析、计划以及预算等内容.）

Nadler, Leonard, and Garland D. Wiggs,《人力资源管理》，旧金山：Jossey - Bass 出版社, 1986

（针对人力资源经理的实用手册，其中涉及了人力资源管理的涉及、组织以及相关政策。每章结尾部分还有员工所作的总结。）

Nilson, Carolyn,《如果对培训进行管理》，纽约：AMACOM 出版社, 1991

Nilson, Carolyn,《如何启动培训项目》，纽约：AMACOM 出版社, 1992

Nilson, Carolyn,《对非培训专员进行培训：经理的自学手册》，纽约：AMACOM 出版社, 1990

Nordhaug, Odd,《公司中的人力资源：能力、培训以及学习》，纽约：牛津大学出版社, 1993

Odiorne, George S. , 和 Gary Rummler,《培训和发展：针对专业人士的指导手册》，芝加哥：商业结算事务所, 1998

（该书适用于不同层次的管理，其中包括项目涉及、课程涉及以及学习理论等章节，还涉及了课堂有效性、培训科技以及组织技巧等知识。）

Pike, Robert W. ,《创新培训技巧》，明尼阿波利斯：Lakewood 书籍出版社, 1989

Piskurich, George M. 主编,《ASTD 工业技术》，纽约：McGraw - Hill, 1993

Quick, Thomas L. , 《人力资源的权势、影响以及有效性》，Addison - Wesley 出版社, 1988

（该书强调，作为一名有效的培训师，你必须建立权势，并且必须具备影响力，该书涉及了如何发展战略关系、如何克服对培训项目的抵制以及如何提高公司对培训的定位等章节。）

Rae, Leslie. ,《如何对培训有效性进行测评》，纽约：Nichols 出版社, 1986

Rae, Leslie. ,《培训技巧：针对经理和培训专员的指导手册》，伦敦：Gower 出版社, 1983

Rece, R. Wayne, 和 Brent D. Peterson,《人力资源培训和组织发展分析》，Addison - Wesley 出版社, 1988

Roscow, Jerome M. , 和 Robert Zager, 《培训——保持竞争力的杀手锏》，旧金山：Jossey - Bass 出版社, 1988

（该书详细地讨论了公司的培训项目同公司政策之间的关系，涉及了培训成本、项目设计以及如何向不同地区的员工教授技能等内容。）

Silberman, Mel.，《主动培训》，列克星敦：列克星敦书籍出版公司，1990

Tracey, William R.，《设计培训和发展体制》，纽约：AMACOM 出版社，1981

Van Wart, Montgomery N.，Joseph Cayer，和 Steve Cook，《针对公共部门的培训和发展手册》旧金山：Jossey－Bass 出版社，1993

Ward, Gary，《高风险培训：针对高风险职业的培训项目管理》，休斯敦：Gulf 出版社，1988

Wexley, Kenneth N. 编著，《发展人力资源》，华盛顿：BNA 出版社，1991

Wheelan, Susan A.，《发展培训团队》，纽约：Praeger 出版社，1990

White, Bren.，《一流的培训》，达拉斯：Odenwald 出版社，1992

Zaccarelli, C. S. C.，和 Herman E. Brother，《教会经理如何进行培训：提高员工表现的实用手册》，哈里发：Crisp 出版社，1988

其他论文：

Becker, Stephen，《培训过程的十个步骤》，培训，1980.1

Forbes－Greene, Sue, L. M. S. W.，《打破僵局种种办法》，大学协会，1996.

Gorlin, Harriet.，《设计培训项目的指导》，培训发展，1981

Hall, J.，《NASA 生存任务》，大学协会，1996

McNamara, J. Regis.，《为何员工不能达到我们的培训要求》，培训，1980.2

Mill, Cyril.，《培训师活动：50 种实用设计》，大学协会，1996

Molly, William F.，《在培训中发挥角色扮演的作用》，培训，1981.5